"研究生学术论文写作"丛书

先秦古史研究论文写作
案例与方法

◎主　编　宁镇疆　高晓军

Paper Writing

上海大学出版社

图书在版编目(CIP)数据

先秦古史研究论文写作:案例与方法/宁镇疆,高晓军主编. —上海:上海大学出版社,2021.11(2022.3重印)
ISBN 978-7-5671-4366-1

Ⅰ.①先… Ⅱ.①宁… ②高… Ⅲ.①中国历史-先秦时代-论文-写作-教材 Ⅳ.①K220.7

中国版本图书馆 CIP 数据核字(2021)第 218320 号

责任编辑　贾素慧
封面设计　缪炎栩
技术编辑　金　鑫　钱宇坤

先秦古史研究论文写作:案例与方法
宁镇疆　高晓军　主编
上海大学出版社出版发行
(上海市上大路99号　邮政编码200444)
(http://www.shupress.cn) 发行热线 021-66135112
出版人　戴骏豪

*

南京展望文化发展有限公司排版
上海普顺印刷包装有限公司印刷　各地新华书店经销
开本 710mm×1000mm　1/16　印张 18　字数 304千
2021年11月第1版　2022年3月第2次印刷
ISBN 978-7-5671-4366-1/K·244　定价 54.00元

版权所有　侵权必究
如发现本书有印装质量问题请与印刷厂质量科联系
联系电话: 021-36522998

"研究生学术论文写作"丛书编委会

主　任　汪小帆

副主任　刘文光　李常品　曾桂娥

委　员　（按姓氏笔画为序）
　　　　　于瀛洁　王廷云　王远弟　毛建华
　　　　　卢志国　田立君　闫坤如　李凤章
　　　　　沈　荟　张勇安　张新鹏　姚　萱
　　　　　姚　蓉　聂永有　黄晓春　曾　军

总 序

教育部办公厅《关于进一步规范和加强研究生培养管理的通知》明确指出，研究生培养单位要加强学术规范和学术道德教育，把论文写作指导课程作为必修课纳入研究生培养环节。上海大学积极响应，安排各个学院组织开设相关课程并纳入研究生培养环节，取得良好效果。

为了进一步提升研究生培养质量，上海大学研究生院和上海大学出版社联合策划了"研究生学术论文写作"丛书，作为研究生学习学术写作的指导用书。本丛书内容涵盖文科、理科、工科、医学、经济、管理等多个学科，邀请各学科教授及学术骨干领衔担任主编，并根据学科特点，采用以下两种编纂模式：一是对已发表的高水平论文进行综合分析，归纳出写作要点；二是在已发表的论文案例基础上，论文原作者解析撰文过程和注意事项。这种"案例＋方法"的编纂模式，通过论文作者现身说法的方式，从问题意识、论证方法、创新之处等方面揭示论文的成文之道，为研究生提供可参考、可借鉴的学术写作范例。

上海大学老校长钱伟长生前指出，研究生培养分为两个阶段，一个是课程学习阶段，另一个是论文写作阶段。钱校长非常重视研究生学术论文写作能力的培养，他曾经在研究生开学典礼的讲话中指出："论文很重要。写论文以前，你首先要到第一线找到人家的'肩膀'在哪儿。"本丛书的编纂，践行钱伟长教育思想，探索案例和方法相结合的教学途径，为研究生提供学术研究的"肩膀"，为各学科研究生提供学术论文写作的方法指导，也可为青年教师撰写学术论文提供思路启发。

我们真诚地希望使用本丛书的教师、学生以及广大读者对其中存在的问题提出修改意见或建议，交流互鉴，共彰学术。

"研究生学术论文写作"丛书编委会
2021 年 9 月

目 录

前言 1

新邑考 .... 彭裕商　1
　　复盘与导读 21
中原王朝政治的形成对中国早期历史进程的影响 .... 谢维扬　24
　　复盘与导读 31
多重文献所见厉世政治与厉王再评价 .... 杜　勇　33
　　复盘与导读 56
出土文献与《山海经》新证 .... 刘　钊　58
　　复盘与导读 79
西周时期的赐服制度与设官分职 .... 贾海生　82
　　复盘与导读 111
商周东土夏遗与夏史探索 .... 陈　絜　113
　　复盘与导读 140
西周金文所见佚记古国及相关问题讨论 .... 邹芙都　马　超　143
　　复盘与导读 165
"二重证据法"的界定及规则探析 .... 李　锐　169
　　复盘与导读 194

1

从清华简《筮法》看早期易学转进 ……………………………… 刘光胜 197
    复盘与导读 ……………………………………………………………… 217
由清华简《芮良夫毖》之"五相"论西周亦"尚贤"及"尚贤"古义 …… 宁镇疆 219
    复盘与导读 ……………………………………………………………… 238
原壤所歌：逸诗《狸首》考 ………………………………………… 胡 宁 241
    复盘与导读 ……………………………………………………………… 256
古书成书研究再反思——以清华简"书"类文献为中心 …………… 程 浩 259
    复盘与导读 ……………………………………………………………… 275

前　言

这本书的编纂首先要感谢上海大学出版社期刊社党委书记曾桂娥教授和文学院副院长姚蓉教授。2020年11月我就听说曾书记策划了一套"研究生写作指导丛书",定位为研究生的教材。我对编教材毫无经验,总感觉这事离自己很远。由于我和姚院长同一办公室,一次她向我提及:您也可以编一本啊?我说怎么编呢?姚院长给我出点子:可以约请一些学界大咖或权威刊物的作者,就自己的文章来个"复盘",以此给初学者提示治学特别是写作门径。经她这么一说,我也觉得比较可行,这书的基本思路就有了。

说到研究生的写作能力,我想很多硕士生、博士生导师可能和我一样都有这样一个深切体会,这的确是当前研究生培养中面临的一个突出问题。这里说的写作能力既指基本的语文表达水平,也包括以学术的语言把自己的材料辨析、推理论证讲清楚。就这两方面存在的问题来说,当前的研究生,甚至初入行的年轻学者都不同程度地存在。语文表达水准,坦率地讲在中学阶段就应该过关的,但很遗憾,这些年来我们越来越多地听到导师们这样的抱怨:经常要给学生"改病句"。这一定程度上也反映了这些年来高考扩招带来的问题。至于用学术的语言把自己的材料辨析、推理论证讲清楚——这应该是学术性写作的要义所在,也是本书编纂主要目的——那显然是更高一层的要求了。所谓"眼高手低",这些年我发现不少学生问题他也明白,但一写出来就不是那回事。心到手到,或者说我手写我口,甚至写我心,看起来好像挺自然、很简单,但真正做起来,在很多同学那里并不是很容易的事。因此,遴选一些权威刊物上的文章,并请各位作者略作"复盘"以提示治学及写作门径,我想对年轻学子来说还是非常有帮助的。

收入这本集子中的文章基本上都曾在权威期刊上发表过,虽然学术水准与刊发平台不是一回事,一些具体的古史问题学者的意见也不尽相同,但就给古史研究领域年轻学子提示写作示范来说,这些文章尤其是文后所附各位作者的"复盘"心得,相信对年轻学子的治学和行文都不无裨益。实际上,单纯的写作技术之外,各位作者的"复盘"心得还每每涉及前人成说的检讨、问题意识的形成、史料的选择和辨析、难题攻坚,以及推理论证、最终成文的整个"心路历程",可以说涵盖了古史研究流程的诸多重要环节,这对于有志于从事古史研究的年轻学子来说尤其具有示范价值。文集中文章的作者既有先秦古史研究领域的前辈大咖,又有晚近崛起的学界中坚和后起之秀,年龄段涵盖老、中、青。他们研究兴趣虽各有偏好,写作风格也不尽相同,但大家严谨、求实的治学精神则是一致的。从他们的研究兴趣看,涉及古文字、古史、古文献、经学甚至理论等多个领域,这既显示了先秦史研究一贯的广袤气象和宏大格局,也反映了当前先秦史研究向精密、专业化推进的趋势。写作技术之外,这也是本集子编撰特别想向各位读者传达的信息。

　　这里要特别向各位作者表示衷心的感谢! 我们提出编这个集子的设想后,得到各位作者的鼓励与支持。各位作者治学上多惜时如金,加之教学、研究甚至行政上庶务多烦,但即使如此,他们仍然抽出宝贵时间写出金针度人的"复盘"心得,我本人是非常感动的。这里我想特别说明的是,由于出版社规定的交稿时间比较紧张,还有很多学界大咖和他们的典范文章未及收入,这是非常遗憾的。但窥一斑自可见全豹,集子中的这些文章一方面可以大致反映晚近先秦古史研究的动态和前沿。另一方面,这些不同风格、不同选题的文章,我想也会在写作技巧和治学方法上给初学者提供多样的示范和参考。我还想向《中国社会科学》杂志社的晁天义先生表示感谢,晁先生帮我们高效地解决了本集子所收文章知识产权方面的问题,使文集的编辑进程大大加速。感谢本书责编贾素慧老师,她认真、细致的编校使本书避免了不少错误。另外,我的博士生高晓军同学为集子文稿的编辑、统合付出了大量的辛劳,也要向他表示感谢。晓军同学既是文集的编辑者,同时也是第一位读者。在编辑文集的过程中,他多次跟我说读各位作者的"复盘"心得收获很大,这与单纯读文章的体会是不太一样的。从他激动与兴奋的眼神中,我明白我们这个工作还是非常有意义的,也真诚希望年轻学子从中能有同样的收获。

宁镇疆
2021 年 6 月 10 日

新 邑 考[*]

彭裕商[**]

内容提要：作洛为周初大事，学者对这一重大史实的讨论至今尚未结束。《尚书》中的"周"即成周，作洛时成周业已存在，而周初的作洛，实际上是营建王城。周初殷民的迁徙实际上有前后两次，第一次是在成王三年践奄之后，第二次是在新邑即王城建成之时。

关键词：新邑；成周；王城；洛邑

"新邑"一词见于周初金文和传世的周初文献，学者多以为即是成周始建时之名。笔者研究西周金文，接触到该问题，做了一番考察之后，觉得新邑并非成周，故撰此文以乞正于方家。

对新邑的考察，直接关涉周初营洛，故本文先就该问题做一简要的介绍。

一、周初营洛诸说

关于周初营洛，自古至今，学者意见多有分歧，大致有三种不同说法。

（一）双城说。即认为周初在洛所作为两城，即成周与王城。此说自古流传，是诸说中最早的。

1.《公羊传》宣公十六年："夏，成周宣谢灾。成周者何？东周也。"昭公二十二年："秋，刘子、单子以王猛入于王城。王城者何？西周也。"昭公二十六年："冬，十月，天王入于成周。成周者何？东周也。"

---

[*] 原载《历史研究》2000年第5期。
[**] 彭裕商，四川成都人，四川大学历史文化学院教授。现任四川大学古文字与先秦史研究中心首席专家。主要从事古文字、先秦史研究，为四川大学历史文献学学科带头人。先后出版专著8部，参编工具书3部，发表学术论文百余篇。代表性论著有《殷墟甲骨断代》(1994)、《西周青铜器年代综合研究》(2003)、《述古集》(2016)。

2.《汉书·地理志》河南郡雒(洛)阳,自注:"周公迁殷民,是为成周。"河南,自注:"故郏鄏地。周武王迁九鼎,周公致太平,营以为都,是为王城,至平王居之。"

3. 郑玄《诗·王城谱》:"周公摄政五年,成王在丰,欲宅洛邑,使召公先相宅,既成,谓之王城,是为东都,今河南是也。召公既相宅,周公往营成周,今洛阳是也。"

4.《后汉书·郡国志》:"雒(洛)阳,周时号成周。""河南,周公时所城雒(洛)邑也,春秋时谓之王城。"

5.《书·洛诰》:"我乃卜涧水东、瀍水西,惟洛食。"孔传曰:"今河南城也。""我又卜瀍水东,亦惟洛食。"孔传曰:"今洛阳也。"

6.《书·多士》:"惟三月,周公初于新邑洛,用告商王士。"孔疏:"以《洛诰》之文,成周与洛邑同时成也。"

7. 陈梦家:"西周时代东西两都并立,而各有'双城',一为宗庙而一为王宫。"①

8. 陈昌远:"新邑洛实为二地:一为成周,一为王城。""成周与王城实为二地。周公为了经营东方,在雒(洛)水北、瀍水东、西筑了两座城,总称雒(洛)邑。"②

9. 唐兰:"(令方尊)王是王城,即王都的简称,下文说'明公归自王',御正卫簋说'懋父赏御正卫马匹自王',均可证。据《书·洛诰》周公营洛时,'我乃卜涧水东、瀍水西,惟洛食;我又卜瀍水东,亦惟洛食。'所说涧东瀍西之地,在汉代为河南郡河南县;瀍东之地为雒(洛)阳县。"③

10. 许倬云:"新邑大约有两个城,一为周王的东都,一为殷遗迁入的成周……王城在西,成周在东。然而两地合称则是新邑。"④

(二) 包摄说。即认为周初所建仍为两城,但统称为成周,或王城为成周的一部分。

1. 宋吕祖谦《大事记解题》卷1:"孔子序《洛诰》曰:周公往营成周,则成周乃东都总名。河南,成周之王城也;洛阳,成周之下都也。"

---

① 陈梦家:《西周铜器断代》(二),《考古学报》10册,1955年,第135页。
② 陈昌远:《有关周公营雒邑的几个问题》,《中国古代史论丛》8辑,福建人民出版社,1983年。
③ 唐兰:《西周青铜器铭文分代史征》,中华书局,1986年,第211页注19。
④ 许倬云:《西周史》,生活·读书·新知三联书店,1994年,第124页。

2. 童书业:"王城即成周之内城,成周乃东都之总名。"①

3. 李学勤:"西周初年,周公禀承武王的遗志,在今洛阳地区营建了东都,并把商人遗留下来的'顽民'迁到该地。东都宗庙宫寝所在,后称为王城;被迁来的'顽民'聚居的地方,据《尚书序》在其东郊,逐渐也形成城市。用汉代的地名来说,王城即是河南,'顽民'所居即是洛阳……西周时期,成周包括王城,并不是相排斥的两个地名。"②

4. 杨宽:"成周是东都的总称,王城只是东都的宫城,并非相距四十里的两个邑……至于《令彝》说'明公朝至于成周','明公归自王','王'该指王城,王城也是指成周的宫城。"③

5. 王玉哲:"这个新大邑包有两地:一为王城,一为成周。中隔瀍水。西周铜器《令方彝》反映得甚清楚:既说'明公朝至于成周',又说'明公归自王(城)',可证'成周'与'王城'是二非一。""大概'成周'是这一地区的总名,包有'王城'。"④

6. 史为乐:"我们认为周公所营洛邑即成周,王城是成周的一部分。"⑤

(三) 一城说。即认为周初所建只有一座城,成周、王城、洛邑均为一地异名。

1. 李民:"在西周时期,洛邑与王城并非两地,当时,仅有洛邑(成周)之称,而无王城之名。当时,洛邑的范围既包括涧、瀍之间的周人聚居区,也包括瀍水以东的殷人聚居区。若把洛邑分为王城与成周二地,并说前者在西,后者在东,恐与西周的史实不相符合。"⑥

2. 曲英杰:"自汉以来,学者多以为周人在此地营筑有二城,王城在西,成周在东……实际上,此地在整个周代作为王都者一直是只有一座城,即成周城。所谓洛邑、王城等,原是其不同称谓。"⑦

3. 杜勇:"在可信的西周文献中,我们不曾看到'王城'一词,即使《尚书》有多篇言及营洛事,'王城'也无一见。""周王频频活动于成周而与王城不相瓜葛,

---

① 童书业:《春秋王都辨疑》,《中国古代地理考证论文集》,中华书局,1962年。
② 李学勤:《东周与秦代文明》,文物出版社,1984年,第14页。
③ 杨宽:《西周初期东都成周的建设及其政治作用》,《历史教学问题》1983年第4期,第5页。
④ 王玉哲:《周公旦的当政及其东征考》,《人文杂志》丛刊《西周史研究》,1984年,第140、147页注23。
⑤ 史为乐:《西周营建成周考辨》,《中国史研究》1984年第1期,第149页。
⑥ 李民:《说洛邑、成周与王城》,《郑州大学学报》1982年第1期,第18页。
⑦ 曲英杰:《周都成周考》,《史学集刊》1990年第1期,第1页。

是成周乃东都,王城为子虚。""要之,周初营建东都洛邑,只有一座位于涧东瀍西的成周城,双城说是与历史事实不相符合的。"①

上举一城说都认为周初所建只有一城,即成周城,而王城之名起于春秋时期。

以上是各家对周初营洛所持的不同看法。不难看出,要弄清这一段史实是有相当难度的。对以上各家的说法,本文不打算逐一加以评论,只是提出自己的意见,供大家选择。我认为,弄清这一段重要史实的关键,乃是对新邑的考定。新邑所指究为何处?是否就是成周?就这一重要问题及与之密切相关的其他问题,本文试做如下考察。

二、新邑与周

在西周金文中,提到新邑的目前所见有四器:嗷士卿尊、臣卿簋、臣卿鼎(两器铭文相同)、柬鼎。数量既很有限,铭文又都非常简略,没有提供可资考察的材料,故仅凭此无法确定新邑究竟是不是成周。但传世的周初文献相比之下有较多的记载,可据以对这一问题进行考察。

在《尚书》中,有不少篇章都提到新邑,其中有些可以看出新邑与周对言,而不是周。

> 惟三月哉生魄,周公初基作新大邑于东国洛,四方民大和会,侯、甸、男、邦、采、卫、百工、播民,和见士(事)于周,周公咸勤。
> ——《康诰》
> 周公曰:王肇称殷礼,祀于新邑,咸秩无文。予齐百工伻从王于周。
> 予惟以在周工往新邑。
> ——《洛诰》

《康诰》的"见士"即西周金文的"见事"。

以上材料可见,新邑与周对言,而不是周。《康诰》的记载说明,在新邑营建以前,此地早已有周。《洛诰》"予惟以在周工往新邑"一句,更是清楚表明新邑与

---

① 杜勇:《周初东都成周的营建》,《中国历史地理论丛》1997年第4期,第42、45、52页。

周是两个地方。

新邑既不是周,那么,周又是指的什么地方呢?由以下几点来看,应是指的成周。

(一)成周在周初也单称周。《史记·周本纪》言武王"营周居于雒(洛)邑而后去",可推知武王所营当时即称之为周,即后来的成周。

著名的保卣,其铭文云:"遘于四方会王大祀侑于周",我们曾指出,保卣为迁居洛地的殷遗所作之器①,该器出于洛阳,这里的周也显然是指的成周。

(二)《康诰》说"周公初基作新大邑于东国洛",可知周公当时已在洛。周公既在洛,则为营建新大邑而举行的"大和会"和"见事"都不可能到西土的周去举行。并且下文还说"周公咸勤",也证明"大和会"和"见事"不是在西土的周,不然周公就不能在洛"咸勤"这些人了。四方民和"侯、甸、男、邦、采、卫、百工"为营建新邑而"和会",也不可能千里迢迢到西土的周去"见事"。所以这里的周明显应在洛地,应即成周无疑。

(三)《洛诰》前既云"予齐百工伻从王于周",后又云"以在周工往新邑"。稍加分析,也可看出这里的周应即成周。

1. 周公和百工往返于新邑与周之间,说明周在新邑附近。

2. 当时成王和周公均在新邑,则"从王于周"之周不得为西土之周。

3. 据《酒诰》的记载,百工实为殷人。下文将要指出,这些人在营建新邑时已迁至洛地,所以即使成王当时在西土之周,他们也不可能千里跋涉跑到西土的周去从王,然后又返回新邑。这些都可看出,周非成周莫属。其实,《洛诰》一篇的周都是指的成周,这个问题我们在下面还要谈到。

结合金文材料来看,新邑也不是成周。按照一般的说法,新邑是成周始建时的称呼,后来改称成周,就不称新邑了。但我们发现实际情况并非如此。

(一)1966年出于宝鸡的何尊,铭文与《西清续鉴甲编》所著录的"周甲戌方鼎"和传世的德方鼎有联系②:

惟王初迁,宅于成周,复禀武王豐(丰)福自天。在四月丙戌,王诰宗小子于京室,曰:"昔在尔考公氏,克弼文王……惟武王既克大邑商,则廷告于

---

① 彭裕商:《保卣新解》,《考古与文物》1998年第4期。
② 李学勤:《何尊新释》,《新出青铜器研究》,文物出版社,1990年,第39页。

天曰:'余其宅兹中国,自之乂民'……"

——何尊

惟四月,在成周,丙戌,王在京宗,赏在安……

——周甲戌方鼎

惟三月,王在成周,延武王福自镐,咸,王锡德贝廿朋,用作宝尊彝。

——德方鼎

很明显,上面一组铜器为一时所作。何尊铭文引武王的话"余其宅兹中国,自之乂民",意在说明时王迁宅于成周乃是秉承武王之遗志,则时王非成王莫属。德所作器除方鼎外,尚有方座簋,与鼎系同一批铸造。方座簋器形纹饰又与周初记载武王伐纣的利簋完全相同,也证明这一组铜器的年代在成王早年。何尊铭末有"惟王五祀",可知作于成王五年,即成王营建新邑之年①。这一组铜器都有成周之称,最早的德方鼎所记为成王五年三月事。而《康诰》《召诰》《洛诰》等篇所记也是成王五年三月以后事,都称"新邑"。尤其是《洛诰》,据篇末记月,知该篇之作在成王五年十二月,晚于何尊等器,但仍称"新邑"。这就说明新邑和成周是某一个时期同时并存的两个名称。

又有学者认为周初有所谓周公摄政七年,其实这是一种误解。周公并无摄政之事,成王五年以前也不存在一个周公摄政七年的时期,何尊等铜器与《召诰》《洛诰》是同时的。这一问题笔者另有专文②。

(二)称新邑的铜器在年代上也不早于称成周的铜器,如朿鼎和臣卿簋。朿鼎器形同应公分裆鼎③,也接近献侯鼎。其共同特征是器腹加深,腹壁略向外鼓,与周初武成之际的分裆鼎有明显的不同。后者继承晚殷作风,主要特征是器腹较浅,腹壁直。献侯鼎铭文已提到成王,器当作于康王初年④。应公所作器除分裆鼎而外,据陈梦家先生所言⑤,尚有圆鼎、方鼎等11件。目前可考见器形者,包括分裆鼎共7件⑥,都是西周早期的形制,陈梦家先生定其时代在成康时

---

① 彭裕商:《周公摄政考》,《文史》45辑,中华书局,1998年。
② 同上①。
③ 唐复年:《西周青铜器铭文分代史征器影集》46,中华书局,1993年。
④ 彭裕商:《谥法探源》,《中国史研究》1999年第1期。
⑤ 陈梦家:《西周铜器断代》(三),《考古学报》1956年第1期,第67—68页。
⑥ 陈梦家:《西周铜器断代》(三)图版5、6(方鼎、甗);唐复年:《西周青铜器铭文分代史征器影集》160(簋);《西清古鉴》13卷第18页(簋);《故宫》下册上编图138(卣);《西清古鉴》16卷第1页(卣)。

期。其中两件簋,以器形纹饰而论,应在康昭之际。由上可见,柬鼎的年代不会太早,至少是晚于成王五年的何尊、德方鼎等诸器。

总之,从金文材料来看,成周和新邑也是并存的,并非同一地的先后两个不同名称。

考察营建的时间,也可看出新邑不能是成周。

先来看成周的营建。《史记·周本纪》记载,武王克商后为了稳定政局,曾"营周居于洛邑而后去",其记载本于《逸周书·度邑解》。其营建的具体地点,据《度邑解》"自洛汭延于伊汭"的记载,可知所营"周居"在伊洛地区,正是后来的成周,是成周的营建当上溯到武王时期。这与上所论新邑营建以前洛地早已有周的情况是吻合的。

《左传》昭公三十二年援引周敬王的话说:"昔成王合诸侯,城成周,以为东都,崇文德焉。"把成周的营建归之成王。但《左传》成书于战国中期①,所言周初之事自不能与周初文献相比。如文中所说的"城成周",即修成周的城墙,就与周初的情况不符。有考古学者指出②,从考古发掘的情况来看,不仅商代晚期都城殷墟没有城墙,而且迄今为止,也还未发现商代晚期和西周时期其他城堡的遗迹。所以成周和王城在始建时应该是没有城墙的。《左传》所说的修城墙是春秋时期的情况③。并且,徐中舒先生还指出,《左传》一书多有预言,如三家分晋、田氏代齐等,在书中均有端倪,可见该书并非全为实录。故其所言周初之事,不能全视为周初实录,只能看成是战国中期的一种说法。

至于新邑,其营建即周初的"作洛",在成王五年,晚于成周。

《尚书大传》说"周公摄政……五年营成周",《书序》说"成周既成,迁殷顽民",自汉代以来,学者多认为新邑是成周。究其原因,不外乎因成王也于是年到成周"即辟"以治天下,所以很容易使人想到新邑就是成周。但如仔细推敲,就会发现这是有问题的。据《召诰》记载,新邑的正式大规模营建是在三月二十一日甲子,前此只作了"经营""攻位"等项工作。而又据该篇,也就是在三月二十一日甲子这天,成王已在新邑④。何尊、德方鼎等器也明确记载成王于是年三、四月在成周,并有在京室诰宗小子等事。但以新邑当时的情况而论,成王不能在此地

---

① 徐中舒:《左传的作者及其成书年代》,《左传选·后序》,中华书局,1979年。
② 郑杰祥:《商代地理概论》,中州古籍出版社,1994年,第10—11页。
③ 《逸周书·作雒解》说周公"及将致政,乃作大邑成周于土中,城方千七百二十丈"云云,也是东周人的说法。
④ 彭裕商:《周公摄政考》,《文史》45辑。

就天子之位是很明显的。且当时西土尚有镐京,成王也没有必要急于跑到一个刚开始营建的新邑去就位。这样就产生一个矛盾,这一矛盾李学勤先生早已发现了,他说:"据《召诰》,召公在三月戊申到达洛地,卜宅经营。至乙卯日,周公至洛。甲子日,周公用书命庶殷诸侯,兴建新邑。所以,在三月份不能有周王来成周,四月丙戌也还不能有什么京室,这是十分明显的。"①为了解决这一矛盾,他就把何尊、德方鼎等铜器的年代定在了康王时期。实际上,如本文所论,新邑不是成周,成周的兴建在武王时,成王是到成周就位而不是在新邑,则上述矛盾自然就不存在了。下文我们将要指出,成王到新邑是为殷民相宅。

综上所论,我们可以得到这样的两点认识:一是新邑不是成周;二是新邑与成周相近,同在洛地。

三、新邑与王城

由上面的考察,我们知道新邑不是成周,本节的讨论将进一步指出,新邑即后来的王城。

首先我们来看新邑的居住者及其方位。从《尚书》的记载来看,新邑的居住者主要是殷遗民。

> 惟三月,周公初于新邑洛,用告商王士。
> 王曰:告尔殷多士,今予惟不尔杀,予惟时命有申。今朕作大邑于兹洛,予惟四方罔攸宾,亦惟尔多士,攸服奔走,臣我多逊。尔乃尚有尔土……今尔惟时宅尔邑。
>
> ——《多士》
>
> 王肇称殷礼,祀于新邑。
> 孺子来相宅,其大惇典殷献民。
>
> ——《洛诰》

《多士》记载周公在新邑告商王士,说明商王士当时在新邑。文中记述营建新邑的目的时又说"予惟四方罔攸宾",宾即宾客之宾,此作动词用,犹《易·观卦》:

---

① 李学勤:《何尊新释》,《新出青铜器研究》,文物出版社,1990年,第43—44页。

"观国之光,利用宾于王"之宾。"攸宾"谓四方来朝贡时宾客之住处。从这段话可以看出,修建新邑有两大目的:一是作为四方朝贡时之住处;二是用以居住殷遗民。该篇接着又说"尔乃尚有尔土","今尔惟时宅尔邑",可知新邑是商王士的长期居住之地。正因为新邑是用来让殷遗民居住的,所以《召诰》记载修建新邑的才是"庶殷"。《洛诰》称成王用殷礼祀于新邑,又称成王"来相宅"而"大惇典殷献民",也都说明新邑的居住者主要是殷人。以前的学者因不明新邑的居民主要是殷人,所以觉得周王用殷礼在新邑祭祀很不好理解,于是就把殷礼讲成盛大之礼。其实,《尚书》中许多篇章如《召诰》《洛诰》《多士》《无逸》《君奭》《多方》等,文中的殷字均是殷商之殷。《君奭》还说到"殷礼陟配天","殷礼"也即《洛诰》的"殷礼"。

新邑的居住者为殷人,也可从西周金文中得到证明。西周金文提到新邑的有㺇士卿尊、臣卿簋、臣卿鼎、柬鼎等,其铭文如下。

　　㺇士卿尊:丁巳,王在新邑,初口。王赐㺇士卿贝朋,用作父戊尊彝。子口。
　　臣卿簋:公违省自东,在新邑,臣卿赐金,用作父乙宝彝。
　　柬鼎:癸卯,王来奠新邑,口二旬又四日丁卯,口自新邑于柬,王口贝十朋,用作宝彝。

由铭文很容易看出来,㺇士卿尊和臣卿二器的作者都是住在新邑的,前者铭末有族徽"子口",大家知道,族徽在殷代各家族中是最为普遍的,而甲骨文中的"子某"都是与商王室有血缘关系的殷商贵族,即多子族,这个问题下面还要谈到。所以㺇士卿尊的作者无疑是殷代贵族;臣卿二器没有族徽,但有"父乙"称谓,以天干称其父祖是商人的特征。在商代,商王在故去后,后人即通过占卜的方式,选择故去商王的最佳祭日,祭日选十天干不选地支。在王室而外,殷人的其他家族也用这种方式来称呼其父祖,于是就有祖甲、祖乙、父丁、父庚等称呼,有的还在日干前加一日字,如著名的商代三戈的"祖日某""父日某""兄日某"以及金文中的"文考日某"等等,所谓日,即是指的祭日。西周时期,殷代遗族仍沿袭其传统,如微氏家族以天干称其父祖,其他众多署有族徽的西周器铭称其父祖也用这种方式。这方面的情况笔者曾有一小文论及[①],可参考。

---

① 彭裕商:《谥法探源》,《中国史研究》1999年第1期。

而周人则与此不同。首先，王室就不以日干称其父祖，王季、文王、武王、成王、康王等称呼，就与商王不同。王室而外的其他周人族氏也从王室，一般也都不以日干称其父祖，如何尊、班簋、师𩛥鼎、师丞钟、盠驹尊、毕鲜簋、召伯虎簋等等，其作者皆为周人，父祖之称均不以日干。这种情况反映了殷周两种不同文化的差异。臣卿二器有"父乙"称谓，其作者当为殷人。

柬鼎铭文有残缺，但其大意可知：癸卯日"王来奠新邑"，丁卯王从新邑去柬，临行前赐与该鼎作者贝十朋，说明作者居住在新邑。该鼎措辞多同殷墟甲骨文，如"二旬又四日丁卯"，就是常见于殷墟甲骨文的说法。铭首记干支"癸卯"，也常见晚殷器铭，这些都说明其作者是使用殷文化的殷代遗民，情况与保卣类同。

上举金文材料所反映的情况与文献所载相合，都说明新邑的居住者是殷遗民。

我们再来看新邑的位置。这方面的记载目前材料较少，但仍可看出来，新邑是在成周的西面不远。《多士》记载周王对殷人说："告尔多士，予惟时其迁居西尔，非我一人奉德不康宁，时惟天命。"是说要把殷民向西迁徙。下文我们将要论到，殷民初迁时居于成周附近的洛，至此始迁居于新邑。这样，新邑既在成周之西不远，且其规模又较大，称为"新大邑"，由此看来，新邑应即是后来的王城，其初建成时称为新邑。

《洛诰》云："公不敢不敬天之休，来相宅，其作周匹休。""相宅"又见《召诰》，都是指相新邑之宅，"作周匹休"，匹乃匹配之意，当然是指营建新邑。这里的关键是周，如讲成西土之周，而以新邑为成周，这句话就不大通顺了。因为成周也是周，不能与周相对而称为"周匹休"。新邑与成周为匹，也非王城莫属。

历来学者多认为王城所居为周王，这恐怕是把王城之王理解为周王的缘故，故而王城也即为周王所居之城。但实际情况不是这样的。下一节将要指出，自成王以降，西周时期周王并不居于王城。那么，殷遗所居又何以叫王城呢？

《多士》说："周公初于新邑洛，用告商王士。"可知新邑居住的主要是商之"王士"，什么是商之"王士"呢？结合甲骨文的记载来看，所谓"商王士"应是指与商王有血缘关系的一些氏族。据甲骨文记载，商代有王族、多子族，还有多生，如：

甲子卜争：雀弗其呼王族来？（《缀合》302）
己亥贞：令王族追召方，及于……（《南明》616）

丁酉卜：王族爰多子族立于砃？（《南明》224）

贞：令多子族比犬暨廪蜀叶王事？（《前》6、51、7）

惠多生飨？惠多子？（《甲编》380）

　　笔者曾在一篇小文里谈到①，卜辞的"王族"，其核心人物为时王的直系亲属，主要是其子辈，"多子族"的核心人物为前王的子辈，他们或是时王的亲弟兄、从父弟兄，或是时王的诸父诸祖。也就是说，这些族氏的首领都与商王有或近或远的血亲关系，他们就是《多士》所称的"王士"。将《多士》与《多方》相对照，也可以清楚地看出这些人与商王室的关系。《多士》诰告的对象是"商王士"，文中说"乃命尔先祖成汤革夏"，称成汤为其先祖，则其为成汤后裔甚明。又说"惟尔王家我适"，称其为商之"王家"，"王家"当然是与商王有血缘关系的人。《多方》诰告的对象则主要是商王朝的异姓族邦，文中说"乃惟成汤，克以尔多方简代夏作民主"，又说"乃惟尔商后王"，既不称成汤为其先祖，后王前面又加商，措辞与《多士》迥然不同。在称呼上，二者也是不同的。《多方》云："告尔有多方士暨殷多士。"很明显，"有多方士"是指殷商时代的异姓贵族，"殷多士"则指与商王室有血缘关系的同姓贵族。《诗·文王》提到"殷士"，"殷士"当然就是《尚书》的"殷多士"，该诗上一章又称其为"商之孙子"，与上举《多士》称成汤为其先祖相合，其与商王有血缘关系甚明。《多士》记载迁往新邑的就是这些"殷多士"。这些"王士"在商代地位高，权势大，是商王朝的中坚力量，具有较大的社会影响，故后人称之为"殷顽民"。这些"殷顽民"是周初统治者最不放心的，《史记·周本纪》记载武王灭殷后即计划要营建大城堡（定天保）以迁居殷遗（"悉求乎恶，贬从殷王受"），所以在成王平叛以后，即秉承武王遗志，将其迁到洛邑以防不测。至于"多生"，则是与商王无血缘关系的异族，其中也有不少家族与商王室有婚姻关系，但其社会地位明显不如王族和多子族，这一类人在周人眼里是相对次要的，《左传》定公四年记载分鲁公"殷民六族"、分康叔"殷民七族"就是这一类氏族，而《多方》的"有多方士"则应为其首领及其上层人物。又据《多方》"告尔有多方士暨殷多士"，既提到"有多方士"，则迁往洛邑的殷人中也应有一部分地位较高而与商王室关系密切的"多生"族。

　　我们说居于新邑的殷人主要是与商王有血缘关系的商代贵族，还有一些旁

---

① 彭裕商：《非王卜辞研究》，《古文字研究》13辑，中华书局，1986年。

证。上文已经提到,噩士卿尊、臣卿二器以及柬鼎,由铭文来看,其器主都是住在新邑的殷代遗民。此外,在洛阳出土的殷遗所作殷式铜器还有保卣、我方鼎等。大家知道,殷商时代能铸造和拥有铜器的都不是一般的人,这说明迁到此地的绝不是一般的殷民,而是在商代很有地位的人,他们不仅带去了已有的铜器,同时还带去了百工,在洛阳继续铸造殷式铜器。噩士卿尊还记有族氏名"子口",属甲骨文的多子族,也即《多士》所说的"商王士"。

由上所论,可知新邑居住的并不是周王,而主要是商之"王士",则王城一名之由来,当不谓周王所居之城,乃指殷商"王士"所居之城。周王理应居于武王时所营的"周居",即成周。

王城初建时称为新邑,后定名为王城。其定名的时间,据目前所见最早提到王城的昭王初年的令方尊铭文推测,至少在昭王以前,即成康之世。以理推之,王城既指商王士所居之城,其定名可能在商王士迁居新邑后不久,即成王时期。

综上所述,王城实建于西周初年,所以西周金文的"王",应即王城。这一点唐兰、陈梦家等先生早已指出,杨宽、王玉哲等先生也同意这种说法(详本文第一节)。以前一些学者由于要否定王城为西周初年所建,曲解西周金文的"王",认为不是指王城。其实,金文的记载是非常明白的,正确理解并不困难。昭王初年的令方尊、方彝铭文记周公子明保在成周用牲于京宫、康宫之后,再用牲于"王",然后再从"王"返回(明公归自王)。"用牲于王"的典礼,应自《洛诰》"王肇称殷礼,祀于新邑"而来。"王"与在成周的京宫、康宫对举,很明显是指的王城。令本为殷代氏族,相当于上文提到的"多生",因世为作册,殷亡后遂为周作册之官,应与周之其他官吏同居于成周,这在铭文中是看得出来的。令器出在洛阳,也证实了这一点。所以"明公归自王"一句是指明公自王城返回成周,返回以后再赐令物品,文意通畅。如把"王"讲成周王,谓"自王祭所而归",而王祭所又在成周,则所谓归,实在不知归于何处。又,应侯钟说:"王归自成周",与"明公归自王"句法相同,也可见"王"应是地名。在令器外,提到王城的还有穆王时的御正卫簋,铭云:"懋父赏御正卫马匹自王",该铭"自王",明显就是令器"明公归自王"的"自王",王即王城。有学者认为是懋父之马赐自周王,以之转赐御正卫,这种说法是很牵强的。西周金文言转赐者,其措辞与御正卫簋不同,如效尊铭云:"王赐公贝五十朋,公赐厥涉子效王休贝廿朋",说得清清楚楚。所以如果真是懋父将王所赐之马转赐御正卫,则当云:"懋父赏御正卫王休马匹"。可见"自王"确应如唐兰、陈梦家等先生所言,理解为"自王城"为是。

四、西周时期的成周与王城

由上所论,成周和王城的营建虽略有先后,但在西周初期均业已建成。本节将以传世文献和西周金文为依据,进一步对二者在西周时期的大致情况作一简要的讨论。

首先,从政治地位来看,成周显然是当时东方的政治中心。由周初文献和西周金文可知,西周时期,周王和周东都之百官居于成周。

《洛诰》记载成王在新邑对周公说"予小子其退,即辟于周,命公后。"历来学者由于把新邑当成是成周,所以就把这句话的周讲成了西土的宗周镐京。但这样一来,这句话就不好讲了。据何尊铭文可知,成王居于成周是贯彻武王"余其宅兹中国,自之乂民"的遗志,《召诰》也说:"王来绍上帝,自服于土中。"是说成王要居成周以治天下,与何尊的记载相合。而来了之后马上又说要走,实在是莫名其妙。并且,《洛诰》在"予小子其退"以后还记载周公说"其自时中乂","中乂"当然是指在成周治天下,如果成王所说"即辟于周"果真是到西土的宗周即位,则周公当不会在其后又说"其自时中乂"了,所以这里的周应指成周无疑。

"命公后"也不是说命周公立后,后即该篇"迪将其后"和《多士》"朕不敢有后"之后,乃先后之后,有继续的意思。周公本应随成王到成周就辅相之位,但当时新邑的营建尚未完工,所以成王先到成周"即辟",而命周公留在新邑继续董理新邑的营建,也就是下文所说的"迪将其后,监我士师工"。周公在成王之后到成周就位,这就是"命公后"。《洛诰》下文又记载成王对周公说:"公定,予往已。公功肃将祗欢,公无困哉!"定,止也。谓周公留在新邑而成王往周"即辟"。功即《金滕》"公乃自以为功"、《诗·七月》"我稼既同,上入执宫功"之功,谓土功,此指营建新邑之事。这几句是成王勉励周公的话,也是"命公后"最好的注足。

由上可见,成王只在新邑始建之时到过新邑,或曾作过短暂的居留,然后即往成周就天子之位。《史记·鲁周公世家》记载"周公在丰,病,将没,曰:'必葬我成周,以明吾不敢离成王。'"也说明成王居于成周。

但《召诰》又记载,召公在新邑向成王进言时曾提到"宅新邑",这是不是说成王居于新邑并以之为东都呢?我们认为,由以下几点来看,恐不能作此理解。首先,《洛诰》记载成王在新邑说"余小子其退,即辟于周",何尊铭文也说成王"宅于成周",已清楚地表明成王不在新邑居住。其次,《洛诰》说:"孺子来相宅,其大惇典殷献民",可知成王到新邑是为殷人"相宅",并非以此为东都。第三,以当时的情况而论,新邑既为"商王士"所居,而令尊等金文材料又清楚地表明,周之百官居于成周,则成王自不当离开周之百官而与"商王士"住在一起。李学勤先生指出,宅字本身并无定都的意思,如《多士》"今尔惟时宅尔邑",《多方》"今尔尚宅尔宅"等,都只是一般的居住之意①。所以《召诰》说"宅新邑",可能是因成王当时在新邑的缘故,或者新邑也建有周王的居宅,类似后代的别宫。总之,不管这句话应作何解释,成王并未在新邑长久居住是可以肯定的。

在西周金文中,最早记载成周的是上列成王五年的何尊等器,铭文记载成王初宅于成周。以后西周各时期的金文材料也都有记载周王在成周的,所记与文献相合。而据上面第一节所引《汉书·地理志》的记载,周王居王城是从平王才开始的。

周王既居成周,则东都之百官也自应在成周,所以令方尊记载明公到成周"舍命"于周之百官。

而王城则只是殷遗民居住,虽其规模较大,但在性质上只是个一般的城市,自然很多事情都不会与其相关涉,其政治地位远不能和成周相比,所以目前能看到的非常有限的西周文献材料没有提到王城。金文的记载相对多些,但也少见王城,除前列举令方尊、方彝和御正卫簋外,不见其他器铭。

其次,成周有周之宗庙。何尊、周甲戌方鼎记载成周有京室、京宗;令方尊提到成周的京宫和康宫,京室、京宗也即京宫;敔簋有"成周大庙"。凡此都可见周之宗庙建在成周,所以《多士》说"比事臣我宗多逊","我宗"即成周之宗庙。新邑也有宗庙,《洛诰》记载成王在新邑祭文王武王,并入太室祼,说明新邑是有庙的。但该篇记载成王祭祀文王、武王主要是为了向二王报告留周公在新邑继续董理营建之事,这不是一般的常规祭祀。并且该篇上文还说:"王肇称殷礼,祀于新邑",看不出来此地所建为周之宗庙。推测新邑所建为殷庙,成王在殷庙举行祭祀,其情形与周原甲骨文记载商纣王在周原的周庙里祭祀其父帝乙相类同。

第三,在规模上,王城大,成周小。《康诰》《洛诰》《召诰》等周初文献称新邑为"大邑"或"新大邑",可知王城的规模是较大的。考古发掘目前尚未发现西周时期的成周与王城,这恐怕与当时未修筑城墙有一定关系。不过,东周承自西

---

① 李学勤:《何尊新释》,《新出青铜器研究》,第40页。

周,我们可据东周时期的情况来做推断。1954年,考古学者在洛阳涧河东岸找到了汉河南县城的位置①,为王城位置的确定提供了可靠的依据。后来在汉代城址的城外又发现了一座东周城,据《洛阳涧滨东周城址发掘报告》②,这里发现的东周时期的城址,"城墙大约建于春秋中叶以前,从战国时代以至于秦汉之际曾迭加修补;到了西汉后期以后,就逐渐荒废了。代之而起的当是大城圈里的小城圈(汉河南县城)。"这里的东周城显然是王城,据发掘者所言,其面积大约是汉河南县城的4倍,与周初文献记载王城为"大邑"的情况相吻合。关于成周城,据文献可知,其面积较王城小,《左传》昭公三十二年记载敬王"使富辛与石张如晋,请城成周。"杜注云:"子朝之乱,其余党多在王城,敬王畏之,徙都成周。成周狭小,故请城之。"后来诸侯城成周,才扩大其规模,把狄泉包括在城内了。以理推之,西周时期成周不如王城大也是合理的。成周营建较早,在武王时期。当时政局尚未稳定,众多的"庶殷"也还未迁往洛邑,尚不具备营建大规模城市的条件;并且当时东西两都并立,成周仅为东都,还有镐京作为西都,周王两都并居,故成周也无须太大的规模。而王城则不同,其居住者为商之"王士",这些"王士"又各有私属,如营建新邑时具体劳作的"庶殷"和《多士》提到的"尔小子"之类,其人数必然远远多于成周之百官,没有大规模的城邑是无法安置的,所以王城的建造必须是"大邑"的标准。而东迁以后,周王朝只有东都了,成周就显得狭小,所以自平王开始周王就居于较大的王城了。由此而论,《汉志》记载王城"至平王居之",应该是符合实际情况的。

王城既比成周大,则非成周内城也就不辨自明了。

五、其他相关问题

以下将简要讨论与周初新邑营建密切相关的两个问题,以作为上文的补充。

(一)周初殷遗的迁徙。周初成王平叛以后,曾将大批殷遗民迁到洛邑地区。学者多以为殷民是一次迁徙到成周,以后再未动过。但如仔细考察,就会发现殷民的迁徙实有前后两次。第一次是由殷都迁到成周附近,第二次则是由第一次的迁徙地再迁往新邑作长久的居住。

---

① 郭宝钧:《洛阳古城勘察简报》,《考古通讯》1955年第1期;《一九五四年洛阳西郊发掘报告》,《考古学报》1956年第2期。
② 中国科学院考古研究所洛阳发掘队:《洛阳涧滨东周城址发掘报告》,《考古学报》1959年第2期。

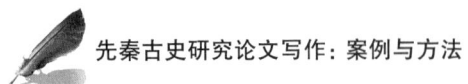

关于周人迁徙殷遗民,《尚书》和《逸周书》有如下的记载：

> 王曰：多士，昔朕来自奄，予大降尔四国民命，我乃明至天罚，移尔遐逖，比事臣我宗多逊。王曰：告尔殷多士，今予惟不尔杀，予惟时命有申：今朕作大邑于兹洛，予惟四方罔攸宾，亦惟尔多士，攸服奔走，臣我多逊。
> 　　　　　　　　　　　　　　——《书·多士》
>
> 尔乃自时洛邑，尚永力畋尔田。
> 　　　　　　　　　　　　　　——《书·多方》
>
> （成王）二年又作师旅，临卫政殷，殷大震溃……俘殷献民，迁于九毕。
> 　　　　　　　　　　　　　　——《逸周书·作洛解》

由《多士》的记载，可以很清楚地看出来，殷民的迁徙前后实为两次。"昔朕来自奄……移尔遐逖，比事臣我宗多逊"，是第一次迁徙；"今朕作大邑于兹洛"几句是第二次迁徙。第一次迁徙在篇中是追述，所以用"昔"；第二次迁徙是目前的事，所以用"今"。"昔"与"今"相对，分别表示前后两次迁徙之命。

第一次迁徙，时间是"昔朕来自奄"，《多方》作于成王践奄还归宗周时，已说"尔乃自时洛邑"，可知殷人已迁至"洛邑"，二者的记载是吻合的。成王践奄在成王三年①，这就很明白地告诉我们，殷人自殷都地区迁往洛地的时间是在成王三年。《作洛解》记载殷民的迁徙在成王平叛以后，时间也大致不差。其迁居的具体地点，《多方》说是"洛邑"，《作洛解》说在"九毕"。《多方》的"洛邑"肯定不是新邑，因为新邑当时还没有开始营建。"洛邑"也不是成周，因为周初文献和古文字材料，从未见到称成周为洛邑的例子。并且《多士》说"比事臣我宗"，比者近也，可知殷民所迁之地是在"我宗"附近，"我宗"为周之宗庙所在，当然是指成周，这也说明"洛邑"不是成周。《作洛解》所说的"九毕"，孔注云："成周之地"。唐兰先生认为九毕应为九里之误，九里为成周之地②。所谓"成周之地"，当然也是成周附近之地，不然，何不直接说迁于成周，而要说九毕。总之，殷人所迁的洛邑既不是成周，更不是成王五年才开始营建的新邑，而是洛地的另一座城邑。这座城邑由甲骨文的记载来看，至迟在晚殷时期已经存在。以下是两条帝乙帝辛时的

---

① 彭裕商：《周公摄政考》，《文史》45辑。
② 唐兰：《西周青铜器铭文分代史征》，第25页。

卜辞：

癸丑[卜在]洛贞：王[旬]亡祸？（《合集》36959）
癸丑[王卜]在洛師①贞：[旬亡]祸？王[占曰]吉。（《合集》36960）

由上可见，当时商王住在洛地，则此地必有宫室等建筑，其为城邑是无疑的。第二条卜辞还称洛为師，師者师之所驻，说明此地的城邑还应有一定规模。甲骨文的洛和洛師应该就是《多方》所说的洛邑②，成王三年，殷人自殷都一带迁往此地。《召诰》记载新邑的营建者是"庶殷"，也说明殷人早已迁至此地。不然，如此地在成王三年尚属荒野，很难想象能将大批殷民迁到此地。汉魏时代尚有文献记载洛阳东北有周初殷顽民曾经居住过的"上商里"。《后汉书·鲍永传》："赐永洛阳商里宅。"李贤注："《东观记》曰：'赐洛阳上商里宅。'陆机《洛阳记》曰：'上商里在洛阳东北，本殷顽人所居，故曰上商里宅也。'"甲骨文的洛、洛師，《多方》的洛邑，应即此地或其附近一带。

伪古文《尚书·毕命》有这样一段话："惟周公左右先王，绥定厥家，毖殷顽民，迁于洛邑，密迩王室。""王室"应指成周无疑，所迁之洛邑密迩王室，即在成周附近，与本文上面所论相合。伪古文《尚书》学者多不屑一顾，但近年已有学者持不同观点，如李学勤先生早已指出，流传至今的大量古籍一般都要经过历代的整理，并有较大的变化，才能定型，古人整理古籍的要求和标准可能和今天不一样，"清代学者批评的今本古文《尚书》"（按：即伪古文《尚书》），其中有些问题也许就出于整理的缘故。"③笔者同意李先生的看法。关于周初迁殷民的详情，《书序》云"成周既成，迁殷顽民"，足证汉人已不太清楚，而《毕命》却说"毖殷顽民，迁于洛邑，密迩王室"，早已超出汉人的师说范围，必有所本。

由上所论，殷人第一次迁徙在成王三年，从殷都迁往洛邑。洛邑是晚殷以来的旧城，其规模应不会很大，地面建筑恐怕也不能与殷商王士在其故都的居住条件相比，但因当时在"我宗"成周附近也无更好的安置地，所以只好安置在此地居住。至成王五年，政局已经稳定，周人即开始营建新大邑以作为所迁殷人的长久

---

① 本条卜辞由拓片来看，"洛"字和"師"字之间也可能还有缺字，但"在某師卜"乃第五期卜辞常见的文例，所以我们仍然可以肯定本条卜辞的"洛"是指洛地的城邑，而非洛水。

② 郑杰祥先生也认为甲骨文中的"洛"应在古洛水下游，今洛阳市所处的河洛平原之上。详见《商代地理概论》，中州古籍出版社，1994年，第280页。

③ 李学勤：《对古书的反思》，《李学勤集》，黑龙江教育出版社，1989年，第45—46页。

居住之地,于是便有了殷人的第二次迁徙。

关于殷人的第二次迁徙,《多士》说"予惟时命有申",申,《尔雅·释诂》云"重也",有继续和追加之意,是说在原有第一次迁徙之命的基础上更有所追加。追加之命即"今朕作大邑于兹洛"几句,是命居于洛邑的殷人再迁往新作的大邑。《多士》又记载周王对殷民说:"告尔多士,予惟时其迁居西尔,非我一人奉德不康宁,时惟天命,无违,朕不敢有后,无我怨。"所谓"奉德不康宁"是指周人已在成王三年将殷人迁至成周附近的洛邑,至此营建新邑,又再将殷民向西迁往新邑。这样一再迁徙,就有"奉德不康宁"之嫌,所以成王才用"时惟天命"来向殷人解释,并且许以"朕不敢有后",以抚安之。又说:"尔乃尚有尔土,尔乃尚宁干止……今尔惟时宅尔邑,继尔居,尔厥有干有年于兹洛。"表示此乃殷人长久定居之地,以后不会再有迁徙之事了。

综上所论,周初殷遗民的迁徙前后实有两次,第一次是由殷都地区迁往成周附近的洛邑暂时居住,第二次再由洛邑向西迁往新大邑长久居住。

《书序》记载殷民的迁徙,说"成周既成,迁殷顽民",以成王五年的营洛为营建成周,而系殷遗的迁徙于是年,与《多士》《多方》等篇的记载明显不合。所说迁徙地点成周是错误的,而时间则属殷人的第二次迁徙。

(二)关于《尚书》中的洛及洛邑。《尚书》中与本问题有关的洛或洛邑见于以下一些篇章。

1.《康诰》:惟三月哉生魄,周公初基作新大邑于东国洛。

2.《召诰》:越三日戊申,太保朝至于洛,卜宅。

越三日庚戌,太保乃以庶殷攻位于洛汭。

若翼日乙卯,周公朝至于洛,则达观于新邑营。

3.《洛诰》:予惟乙卯朝至于洛师,我卜河朔黎水;我乃卜涧水东、瀍水西,惟洛食;我又卜瀍水东,亦惟洛食。

4.《多士》:惟三月,周公初于新邑洛,用告商王士。

今朕作大邑于兹洛。

尔厥有干有年于兹洛。

5.《多方》:尔乃自时洛邑,尚永力畋尔田。

以上各篇提到的"洛",所指有下面几种情况。

1. 指晚殷以来的洛邑。

《多方》作于成王三年践奄还归之时,当时新邑尚未营建,所以该篇的洛邑即甲骨文中的洛和洛师。

2. 指新邑及其所在的地区。

《多士》"周公初于新邑洛",称新邑为洛,此应为新邑之初名。究其所以,盖因洛邑原为殷遗所居,新邑的居住者也是殷人,故称其所徙之城邑也为洛。这种情况就像周一样,周人也称其先后所居之地为周,如岐周、宗周、成周等,同时也都可单称为周。并且新邑本在洛邑附近,大范围也可称为洛。

《洛诰》"我卜河朔黎水"几句,历来没有讲好,这几句两言"惟洛食",洛字所指也无人作仔细的探讨。笔者认为,将此句与《召诰》相联系,可以看出这里的洛与《多士》相同,实指新邑所在之地。《召诰》记载召公"先周公相宅",于三月五日戊申到达洛地并卜宅,得卜后即开始"经营",三月七日庚戌开始"攻位",历经五日甲寅而位成,可知新邑的营建不仅已通过占卜确定了位置,并且已开始动工。甲寅的次日乙卯,周公至洛,然后通观新邑的营建。《洛诰》说"予惟乙卯朝至于洛师",所言与《召诰》相合。这就是说,周公至洛的时候新邑的营建已在召公的主持下完成了前期工作,这个时候本不需要再卜宅了,但《洛诰》为什么记载周公至洛后又做了多次的占卜呢?其答案就是该篇上文所说的"予乃胤保,大相东土"。胤者,继续之意,大相即广泛相视。原来周公的卜宅是继召公以后,更为广泛地占卜新邑的位置,以检验召公的卜宅是否正确。推其原因,无非是表示慎重,以达到安抚殷人的目的。所以周公说卜了河朔黎水、又卜了涧东瀍西、又卜了瀍东,算是"大相东土"了,结果都是洛地吉,以此证明召公的卜宅是对的,已选定了最佳位置。所以这里的洛应指刚开始营建的新邑的所在地。本来新邑的位置也在涧东瀍西的地区内,但可以看出,周公是将河朔黎水、涧东瀍西、瀍东等地与洛对卜,这种选择性的卜问,常见于殷墟卜辞[1]。河朔黎水、瀍东等地与洛对卜而不是洛,可知同样与洛对卜的涧东西也不会是洛,而应是这一地区除洛以外的其他地点,不然这几句话就讲不通了。然自汉代以来,由于学者对周初洛邑地区的情况没有详细的了解,所以对这几句话的解说往往经不得推敲。最主要的是,各家都认为周公先卜宅并献图与卜兆于成王以后新邑才开始营建,新邑的位置是待周公卜宅以后才确定的。这就必然要附会王城和成周的位置,从而指涧东瀍西为王城,瀍东为成周,同时也就必然要把洛字讲成洛水,并置河朔黎水于不顾。但问题是涧东瀍西和瀍东明明是两个不同的地方,如两处均为吉地,则古

---

[1] 彭裕商:《殷代卜法新探》,《夏商文明研究》,中州古籍出版社,1995年。

人何不云"惟食",而要多加一洛字,说成"惟洛食"呢?可见这里的洛并不是涧东瀍西和瀍东。不然,把两处都笼统地称为洛,其不合理是显而易见的。并且周公卜宅时早已有成周,则瀍东不得为成周也是很明显的。

《洛诰》记载成王对周公说"公既定宅",可知献图于成王也不是让成王裁定在何处建新邑,而只是备案性质的。据《逸周书·度邑解》,新邑的位置应是在武王时就大致定了的,召公和周公的卜宅只是证明这个地方是吉地而已,以此来安抚殷人,并非胸中无数的广为占卜,然后再视占卜结果而定新邑的位置。

《召诰》"太保朝至于洛","周公朝至于洛",《洛诰》"予惟乙卯朝至于洛师",太保和周公都在洛或洛师卜宅,所以洛和洛师也都指新邑始建时的地点。《洛诰》称"洛师",师者众也,表示洛地因营建新邑而人员众多。《诗·公刘》记载公刘率族人到京地时,也因当时京地人口众多而称"京师"。

《康诰》"作新大邑于东国洛",《多士》"作大邑于兹洛"、"尔厥有干有年于兹洛",也都是指新邑所在的地区。

3. 指洛水。

《召诰》"太保乃以庶殷攻位于洛汭",这句话的"洛",因后面有"汭"字,可知是指洛水。

由上所论,"洛"字在《尚书》中意思并不是一成不变的,前后实有三种含义,即:① 晚殷时已有之洛邑;② 新邑及新邑地区;③ 洛水。

本文结论可归纳为下述几点:

1. 新邑不是成周,而是后来的王城。

2. 成周的营建较早,约在武王克商后的两年间;王城的营建较晚,在成王五年。周初的所谓"作洛",实际上是营建王城,不是成周,但成王也于是年始迁居成周以治天下。这两件政治上相互关联的大事是同时进行的,所以周初文献和金文材料对此有较多的反映,也因此而引起了一些误会。

3. 周初王城的居住者主要是与商王室有血缘关系的"王士",周王不住在王城。周王与周之百官都住在武王时营建的"周居",即成周。周王居王城是平王东迁以后的事。

4. 城市规模,王城大,成周小。但在政治地位上,王城不能和成周相比。

5. 周初殷民的迁徙,前后共有两次。第一次在成王二年,从殷都地区迁到晚殷时已有的洛邑。第二次在成王五年"营洛"之时,从洛邑再迁往"新邑"。

6. 《尚书》中的洛,所指有三种情况:一是晚殷时之洛邑;二是新邑及新邑地区;三是洛水。

成周和王城的兴建是周初政治上的重大举措,直接关系到政局的稳定。这样的大事理应见于典籍的记载,但历来由于学者多把新邑看成是成周,指作洛为营建成周,所以王城的营建就不见于载籍了,因而引起了种种推测和论议,意见难以统一。

 复盘与导读

上海大学宁镇疆教授拟将小文《新邑考》(《历史研究》2000 年第 5 期)收入《先秦古史研究论文写作:案例与方法》一书,要我把当时的写作经过和感想写出来,供青年学子参考。

1996 年夏商周断代工程启动,西周年代问题是当时的热点课题,我对西周历史以及铜器断代的兴趣由来已久,遂将研究重心转移到这上面来。《新邑考》大致写作于 1998 年,其实是一个"副产品"。当时我正在写《周公摄政考》(后刊于《文史》第 45 辑),想弄清楚"周公是否摄政"以及相关的问题。"周公摄政说"的主要依据就是"成王幼"和《尚书·洛诰》所载"惟周公诞保文武受命惟七年"。为辨明这一问题,首先得弄清《洛诰》的成书年代。《洛诰》主要记载成王时作洛之事,那么这项工程的具体情况是怎样的呢?通过联系周初金文及传世周初文献,"洛"地应该在成王五年以前已属城市,所谓"作洛",实际上只是周成王要在洛邑居住,故而在原有基础上扩建而已,《洛诰》应作于成王五年。

"作洛"的始末弄清楚了,但"洛"地所指却是一大问题。传世与出土文献中的"洛""王城""成周""新邑"相互纠葛,历来各家就对这一问题看法不一,学者多认为"新邑"即是成周始建时之名,但从写《周公摄政考》的过程中所接触的材料来看,似乎并非如此。我认为要弄清这一段史事的关键,在于对"新邑"的考订。鉴于"新邑"问题较为复杂,如将这一问题放到《周公摄政考》一文去探讨,一方面会影响该文的框架安排,另一方面行文还会显然过于冗长,故单独将《新邑考》构思成文。

"洛"地所指,有双城说(认为周初在洛所作为两城,即成周与王城)、包摄说(周初所建仍为两城,但统称为成周,或王城为成周的一部分)、一城说(周初所建只有一座城,成周、王城洛邑均为一地异名)。针对这种分歧,需要对相关传世文献及金文、考古资料作一系统、仔细的考辨，才可能厘清这一问题。

从传世文献《康诰》《洛诰》来看，新邑与周对言，周即成周，从金文材料"何尊""周甲戌方鼎""德方鼎""柬鼎""臣卿簋"等看也是如此，成周和新邑并存，并非同一地先后两个不同名称。成周的营建应该较早，武王克商二年即已初成规模。那么同在洛地的"新邑"才是周初的"作洛"，也即后来的王城，其营建在成王五年，晚于成周。

从《多士》来看，我认为周初修建新邑有两大目的：一是作为四方朝贡时的住处，一是用以居住殷遗民。从西周早期金文，如"士卿尊""臣卿簋""臣卿鼎""柬鼎"等也可证明新邑的居住者为殷人。正是因为新邑是用来让殷遗民居住的，所以《召诰》记载修建新邑的才是"庶殷"。《洛诰》称成王用殷礼祀于新邑，又称成王"来相宅"而"大惇典殷献民"，也都说明新邑的居住者主要是殷人。以前的学者因不明新邑的居民主要是殷人，所以觉得周王用殷礼在新邑祭祀很不好理解，于是就把殷礼讲成盛大之礼。其实，《尚书》中许多篇章如《召诰》《洛诰》《多士》《无逸》《君奭》《多方》等，文中的"殷"字均是殷商之殷。

那为什么殷遗民所居后来被称为王城呢？《多士》已经讲得很明白了，新邑居住的主要是商之"王士"，"王城"一名亦由之而来。我曾在《非王卜辞研究》这篇小文中具体考察过，卜辞的"王族"，其核心人物为时王的直系亲属，主要是其子辈，"多子族"的核心人物为前王的子辈，他们或是时王的亲弟兄、从父弟兄，或是时王的诸父诸祖。也就是说，这些族氏的首领都与商王有或近或远的血亲关系，他们就是《多士》所称的"王士"。这些"王士"在商代地位高，权势大，是商王朝的中坚力量，具有较大的社会影响，故后人称之为"殷顽民"。这些"殷顽民"是周初统治者最不放心的，《史记·周本纪》记载武王灭殷后即计划要营建大城堡（定天保）以迁居殷遗（"悉求夫恶，贬从殷王受"），所以在成王平叛以后，即秉承武王遗志，营建新邑并迁殷遗于此以防不测。

现代考古调查通过汉河南县址确认了东周王城的所在，后来在汉代城址的城外又发现了东周城。虽然尚未发现西周王城，但从东周王城的情况来看，其规模较大，史籍亦称之为"大邑""新大邑"。相对来说，成周的狭小《左传》已有暗示，王子朝之乱以后，敬王准备迁往成周，才"使富辛与石张如晋，请城成周"，杜预就说："子朝之乱，其余党多在王城，敬王畏之，徙都成周。成周狭小，故请城之。"从当时的情况来考虑，西周时期成周不如王城大也是合理的。成周营建较早，在武王时期。克商之初政局尚未稳定，众多的"庶殷"也还未迁往洛邑，尚不具备营建大规模城市的条件;并且当时东西两都并立,成周仅为东都,还有镐京作为西都,周王两都并居,故成周也无须太大的规模。而王城则不同,其居住者为商之"王士",这些"王士"又各有私属,如营建新邑时具体劳作的"庶殷"和《多士》提到的"尔小子"之类,其人数必然远远多于成周之百官,没有大规模的城邑是无法安置的,所以王城的建造必须是"大邑"的标准。"新邑""大邑"也是该城最初的名称,从"令方尊"铭文"王"(王城简称)来看,至少在成康之时,已定名为"王城"。

以上就是我写《新邑考》的背景和一些思路。总之,对相关问题的考察,必须建立在扎实的考证基础上。在运用青铜器铭文时,必须对青铜器本身的年代、铭文内容有正确的认识。只有在此前提下,才能对相关材料记载的历史信息,有较为可靠的认知。

中原王朝政治的形成对中国早期历史进程的影响*

谢维扬**

近年来中原周边地区一些发达史前文化遗迹中许多新的重要发现,促使人们考虑这些地区较早进入文明时期和形成国家的可能性,而且有不少学者已明确提出最早的国家出现在这些文化中的意见。这些研究无疑具有重要意义,但其中还有一些方法上的问题需要更全面和深入地思考。如以单纯物化证据标准衡量的方法认定考古学资料可能具有表明国家存在的意义,就至少有如下几点必须注意。

首先是有些被当作物化证据标准的事项,在大范围检验中存在反证。如文字的出现,虽然长期以来在大量研究中都被当作文明和国家出现的标志,但很早就有学者陆续提到在这个问题上存在反证;其他如冶金术、城墙等,也存在类似问题。有学者指出,在对中国龙山时期新石器文化遗址分析时,被当作证据标准的各项文明因素从没有在这一时期任何一个遗址内同时出现过。这等于说对于被当作国家形成物化证据标准的事项,并不能确定其中哪一项或哪几项是作为国家制度存在的证据而必须具备的。所以物化证据标准方法在不同个案中的运用并没有确定的规范,并不能简单作为"单线的证据"看待。

二是学术界迄今对物化证据与国家制度出现之间的实质性关系并未做过完整研究,因而关于这种联系的必然性或合理性缺乏系统论证。对于所谓证据标准意义成立的理由,考古学或其他学科也都从未给出过必要的、完整的论证。因

---

* 原载《历史研究》2017年第5期。本文系国家社科基金重大项目"中国国家起源研究的理论与方法"(项目编号:12&ZD133)阶段性成果。

** 谢维扬,曾任华东师范大学中国史学研究所所长、博士后流动站站长。退休前任上海大学古代文明研究中心主任、历史系主任、教授、博士生导师,中国先秦史学会副会长。主要著作有《周代家庭形态》《中国早期国家》《至高的哲理:千古奇书〈周易〉》《传统与转型:江西泰和农村宗族形态》(合作)和译作《结构人类学》(第一、第二卷,合译)等,发表论文数十篇。

此现代考古学家往往感觉到"很难区分最高等的(或'最大的')酋邦与最早的国家"[1]。许宏曾介绍伦福儒对考古学如何反映中国国家形成问题时表示:在做中南美考古的学者眼里龙山时期的那些共同体就应该是国家了,但对于做埃及或两河流域考古的学者来说会觉得只有像殷墟那样的社会才是国家,至少也应是二里头那样[2]。这很明显反映了有关考古证据意义认定理论的不成熟和不确定性。

在目前考古学所高度关注的早期文化遗址中出现大型公共建筑基址(如古城墙等)的证据意义的问题上,单纯的物化证据标准方法的根本局限性在于,大型公共建筑遗址虽能反映某些早期社会个体中所存在的最大权力的程度,但不能直接表明其行使的方式和手段(正如哈斯曾经指出过的)[3],也就无法断定其性质,当然也就很难进一步确定这些权力是否已建立在国家制度之上。总之,对于多地发现的发达史前文化遗迹,能否确认最早的国家制度是在这些地方首先出现的,还需做更进一步和更完整的研究。

但与此同时,我们对古代中原王朝(夏、商、周)在中国早期历史进程中产生过特别重要的作用这一点却是完全可以确定的。而由于这一点在说明中国早期历史进程中具有突出的确定性,对于探讨中国早期历史进程特点就特别有价值,理应得到研究者特别重视。

一、中原王朝国家制度形成的巨大历史性影响

对于中原王朝在中国早期历史发展中的重要作用,首先应指出的是中原王朝是迄今可确认的中国古代最早发生长期和广袤区域性影响并形成重要历史性后果的早期国家案例。

对于中原王朝的这个作用和地位,可以指出两个主要方面。一是它作为早期国家制度,在特定地域内明确地建立起国家权力合法统治的传统。国家的本质是针对地域内所有人群管理的权力,因此国家制度的出现便意味着在特定区域内形成权力的合法施行的传统。也就是国家一经产生,对于它作为公认的权

---

[1] Joyce Marcus. The Archaeological Evidence for Social Evolution, Annual Review of Anthropology, vol.37, (2008), P262.
[2] 许宏:《何以中国》,生活·读书·新知三联书店,2014年,第96页。
[3] 参见乔纳森·哈斯:《史前国家的演进》,罗林平等译,求实出版社,1988年,第147—148页。

力的承认将在特定地域内成为被普遍接受的、或者说是"合法的"传统。所以塞维斯说:"一个国家是合法地构成自己的,它使它使用强力的方式和条件明确化,并使所有其他像它在对个人和人群间的争执予以干涉时那样使用强力的做法成为非法。"①这就是国家制度形成的意义深远的历史性作用。这使得国家制度具有强大的持续发展的动力,并成为真正区域性的制度。而中原王朝历史中后朝统治者对前代和再前代国家合法性的承认,恰好反映了这一点。而这种情形目前在更早时期的史实中是观察不到的。这应该是古代中国国家制度形成和演进过程本身造成的结果,在一定意义上反映出古代中国在特定地域内建立合法统治的传统最初形成的最可能的时期。对这方面问题的研究,可能对探讨中国早期国家进程较早阶段的特点有帮助,甚至可能具有重要指标意义。

二是从中原王朝历史中,可以完整地看到国家制度发展的历史性影响。国家制度形成后对周边区域的发展产生巨大和长期的影响,这是在已知早期人类国家化进程案例中有目共睹的现象。其中最值得注意的一点是在相邻区域中,先在国家会对后进文化人群发展的路向有改变作用。这在中原王朝形成和演化过程中表现得尤其明显,中原王朝的整个历史可说完全表现了这点。而至今可以完整地从周边人群文化和历史的发展中观察到某个古代国家制度存在与发展的事实的案例,应该只有中原王朝(夏、商、周)一例。而近年来被高度关注的中原周边地区一些有很高物质发展水平、同时也可以观察到较复杂政治和社会发展状况的史前文化,虽然在许多方面已表现出具有非常接近国家制度存在的某些特征,但明显缺乏能从它们与相邻文化的互动中表现出作为先在国家对周边文化影响的任何明确和完整资料。这只要同中原王朝发展中出现的对周边地区文化和人群的巨大、深刻和长期性影响的情况相比较,就会有明确感受。如果中原周边区域早于中原王朝形成国家制度,那么对于导致已确认的中原王朝政治出现的种种条件,包括相邻区域文化和政治制度发展情况对于中原政治发展的作用和影响等,就需要做出完整和有理的解释,而由于实际上并没有相应资料,至少目前要做到这一点是十分困难的。这表明对于中国早期广袤区域内国家化进程的研究,中原王朝国家制度形成后对周边区域发展产生的巨大历史性影响还是一项具有标志性意义的事实。

在此还可以提到,在研究方法上,辨认和重视文献记载有关内容的合理内

---

① E. R. Service, *Profilesin Ethnology*, New York: Harper&Row Publishers, 1971, p.498.

核,对于探讨中原王朝在中国早期历史进程中所起作用问题具有特别的重要意义。应该注意到,在中国早期国家研究中,早期文献记载实际上具有双重的作用。一方面它们为我们了解早期历史的诸多细节从正面提供了大量极其宝贵的资讯,另一方面所有这些文献资料总合在一起,实际上构成某些关键性内容的内核,也可以说为我们讲述古代国家历史给出了一些不支持随意通过的"底线";当我们的研究可能超出这些"底线"时,在方法上应该有更严格的要求。在古代国家问题上,传统文献总体上并不支持在中原王朝国家进程以外在周边地区有其他独立国家进程的认识,同时也没有理由说已知文献总体有一个系统隐匿的问题,这就成为古代文献内容的一个很重要的"内核"。如果周边地区早于中原形成国家,那不仅将提出文献有否失记的问题,更重要的是文献所反映的(同时也由大量科学考古资料所支持的)整个中国早期包括中原地区的历史进程都将完全改观,由此提出的一系列问题也无疑是十分严峻的。

二、中原王朝国家国土结构的大地域控制特征

追求大地域控制是中原王朝国家在国土结构上的明确特征,而且在三代王朝的经营中是一贯的,因此可以说是中原王朝国家制度的基础和中国古代国家概念的要素之一。有些研究曾提出所谓"周代城邦"这样的概念,其实是很不确切的,因为欧洲早期历史上的城邦是完全各自独立的,而周代的诸侯国和其他性质的王朝属地,尽管有相当突出和重要的自治性,但绝对不是真正独立的政体。这方面有大量材料证明。

就中原三代王朝国土结构演进的总趋势而言,直至春秋时期,一种较弱和不甚完全的中央权力即王权还是存在的,只是中央对地方的控制已越来越被削弱和变得不完整,在整个历史进程中也不再起最重要作用。地方势力(诸侯)拥有的霸权在很多方面超过中央即周王室的作用,成为左右历史走向的最大力量。因此国家制度上松散性特征的发展是春秋时期国家制度演变的主线,而原有的周朝中央与地方关系的基本框架则处于颓势和守势。但在西周时期,国家制度中中央对地方控制的一面则应该说还是主要和首要的特征。在这一时期可以更完整地看到,周王朝对地方势力的控制是维持整个国家制度框架存在的基本要素。由于还没有出现春秋时期那种严重的地方反制倾向的干扰,西周王权在这方面的表现更为明确。

周朝国家制度的这种特征,同商朝国家概念之间是有连续性的。对于商朝国家结构中存在对地方势力拥有某种控制和支配权的中央权力(王权),无论在传世文献的记载或对卜辞资料的研究中,都可以看到有证据效力的材料。如《诗经·商颂·殷武》"昔有成汤,自彼氐羌,莫敢不来享,莫敢不来王,曰商是常",《玄鸟》"古帝命武汤,正域彼四方,方命厥后,奄有九有……肇域彼四海,四海来假",都表现了商王对于"四方""九有"各类地方力量或人群的统摄地位,表现了商王作为一个对地方有控制权的中央权力的形象。在卜辞方面,如20世纪70年代出土的周原甲骨中记录了为商王帝辛的一次隆重典礼而进行的几次占卜,而整个占卜活动则是由周人进行的,卜辞乃周人所为,并且表现出商代晚期周作为一个地方势力明确称商王为"王"。因此,商朝国家中央与地方势力间并不只是"联盟"关系是可以认定的。

但中原王朝国土结构上追求大地域控制模式应该还可以追溯到更早,在夏史中就已可以看出这个方向或路线。笔者曾在讨论禹会涂山传说故事的意义时提出,这些传说反映了禹和夏朝君主在极其广袤地域内有显示其控制力的活动,不排除在一定程度上和以某种形式有对广袤地域治理的关系①。这非常生动地体现了中国早期国家形成过程中国家制度构建的一个突出趋势和目标,那就是实现大地域控制。也就是说,中国早期国家制度的出现和形成同早期超强政治实体对大地域控制的追求是有重要关系的。

禹会涂山传说所反映的中国早期国家形成过程中的这一特点,在后来的中国早期国家制度的发展和演化上得到体现,那就是商周时期国家制度的总体架构都呈现出大地域控制的样式,成为中原王朝连续发展的特征。当然,这不排除在三代国家制度性质的问题上存在不同程度的早期性特征,尤其是国家结构上明显松散的特点,包括地方势力拥有一定程度甚至较大的自治性,乃至对中央权力的离心倾向。但是王权对地方势力的控制,仍然是维持整个国家制度框架存在的基本要素。由此可以看出,大地域控制模式是中国早期国家化进程中达到某种结果的一个平衡点。也就是说,中国早期国家制度在出现时,其结构就是为满足大地域控制目标的。而在此之前,所有有关政治和社会变动的结果还是不确定的,国家作为一个真实和完整起作用的制度总体并没有真正出现。从世界

---

① 参见谢维扬:《禹会涂山之意义——中国早期国家形成过程的特点》,中国社会科学院古代文明研究中心等编著:《禹会村遗址研究——禹会村遗址与淮河流域文明研讨会论文集》,科学出版社,2014年,第240—245页。

历史范围看,早期国家形成案例中的大地域控制模式并非只是在中国出现,但从中国早期国家形成过程中大地域控制模式对古代政治有巨大规定作用的事实看,这应该是中国早期历史发展上最为重要的特点之一。

三、中原王朝对周边地区国家化进程的影响

中国早期历史发展的又一特征,是中原王朝对周边地区的国家化进程有决定性影响。笔者曾提出中国中原周边地区的国家化进程有三种不同形式或类型,即殖民模式、土著自动模式和浅层控制模式[①],而这三种模式的进程中都有中原王朝的作用,在先秦历史上完全与中原王朝活动无关的真正独立发生的国家化案例至少在已掌握的文献及考古发现资料中还未确认。

所谓殖民模式,是指中原王朝对新控制的、政治组织发展程度较低地区采取由中央王朝派出官员或贵族直接治理的方式使之进入国家化进程的做法。例如周朝对鲁、齐、燕的分封都具有这种性质。甚至吴和秦进入周朝诸侯行列也主要不是当地土著自发发展的结果,而主要是由于所在地区被中央王朝控制并接受了中原王朝国家对其政治理念的改造。因此这部分极为广袤区域的国家化进程,与中原王朝的决定性作用是分不开的。

至于土著自动模式,则是指先秦时期在有些周边地区中由土著居民起主要作用、相对独立并有很突出自发性质的国家进程,例如楚、越、徐、巴、蜀、中山等进入国家化均有这种特征。但是我们现在能确认的这类以土著自动模式进入国家进程的案例都发生在中原王朝形成之后很长时期,这实际上可以说明这些区域的国家化虽不是中原王朝直接控制和干预的结果,但中原王朝作为先在国家制度的引领和影响应该是促使它们最终实现国家化的重要因素和条件。中原王朝对这些政治发展后进人群是持有最终将其纳入王朝体系和秩序的目标的,而中原王朝政治对后进人群也具有吸引力。像《国语·晋语》所说周成王"盟诸侯于岐阳,楚……与鲜卑守燎",就表现了中原王朝对这些地区人群的政治性接触,虽然还没有直接将其纳入周朝国家体制内,但实际上是以周的国家制度概念在影响它们。所以即使是以土著自动模式进入国家化进程的案例,也毫无例外是中原王朝政治影响的结果。

---

① 参见谢维扬:《中国早期国家》,杭州:浙江人民出版社,1995年,第475—506页。

在对周边区域政治制度发展趋势所发生的影响这点上,我们可以清楚地看出近年来被高度关注的一些中原周边地区发达史前文化与中原王朝的差别。中原王朝作为确定的国家制度的影响力以及所导致的结果,是在其他早期发达文化表现中看不到的。这对我们完整理解中国早期政治制度发展过程是有重要启示的。

四、中国古代文献传统对中原王朝国家制度发展的作用

中原王朝在中国早期历史发展上之所以有特别重要和不可替代的作用,还与中国早期有非常发达的文献活动分不开,这些活动对正在形成中的中原王朝政治及其发展有重要支撑作用,其所达到的成就是独特的。笔者曾将这一现象称为中国古代的文献传统,而在对中国早期历史发展特点的研究中对中国古代这一传统的重要意义应充分注意到。

所谓中国古代文献传统,亦即在古代中原王朝政治框架内开展的中国早期的文献活动,其主要内容包括:(1)在形成国家制度条件下中国很早就形成和具备了完善的关于国家和私人活动的原始记录系统,其中包括史官制度;(2)有很高水平的资料整理系统(促使古代成系统的实用文献和古书的出现);(3)形成具有专业水平的资料著录系统和检索方法(目录学的雏形和对古书引用的传统);(4)出现古代水平上的批评系统(史官职业准则的形成和非官属著作活动的出现);(5)文献作为国家政治活动一部分的严肃的地位(这点尤其是中国早期文献活动特有的素质)[1]。中国早期这种极为发达的与国家活动紧密相关的文献传统的形成与发展,就其整个表现来看,在与世界其他古代文明和早期国家案例的比较中是具有独特性的。

不难看出,早期中国文献活动或者说古代文献传统的重心是为国家目的服务。在古代强大文献传统支配下发生的包括"史学"在内的古代智力活动最核心和重要的解释性目标,都与国家意志有关。在早期文献中可以看到最具全局性的命题,就都是诠释国家政治的合理性和对国民或属地人群的要求的,如:(1)关于国土结构与政体合法性的"五服"的概念;(2)关于说明合理政治行为

---

[1] 参见谢维扬:《上博馆藏战国楚竹书研究·序》,上海大学古代文明研究中心、清华大学思想文化研究所编:《上博馆藏战国楚竹书研究》,上海书店出版社,2002年,第2页。

标准来源的"道"的概念;(3)关于作为政治与社会发展理念最明确范本的上古历史传说的概念;(4)关于包括政治的和社会的行为与意愿在内的所有"人事"的神秘理由的概念;等等。所以可以说中国早期文献活动的发展和最终达到的独特成就,对于促成中原王朝国家制度形成和不断发展是有重要支撑作用的。当然,中国早期之所以有这样的文献活动或古代文献传统,无疑是在中国早期文字和文字记录传统发明的基础上实现的。虽然对中国古代文字发生最早一段的认识目前还有诸多空白,需要有更进一步的研究,但古代文献传统的所有主要表现明显与中原王朝历史有关是无可否认的。而这在与中国早期其他地区某些发达史前文化的对比中也是极为明显的,其在相关历史进程中的意义应该不会被忽略。

 复盘与导读

近年来对中国早期国家及国家起源问题的研究有许多重要的进展,小文也是在这一进程中的一个小成果。感谢本书的主编宁镇疆教授和出版社的同仁,以及原作在《历史研究》发表时的责编晁天义先生。

要说心得,写出此文最重要的一个心得是来自我的老师金景芳先生的一个教诲。金老当年多次对我们指出:古史界有些人就是不读古书。这实际上就是要我们知道:如果想正确地认识古史的真相,就必须完整和准确地了解古代文献中所有有关资料,从中看出中国古史真正的面目。本文以中原王朝政治为整个讨论的切入点,就是秉承和尽力实践金老的这一教诲。

我最早对中国早期国家起源问题开展研究,一个重要动机就是感到当时在一些相关的重要理论问题上,在中国与国外学术界之间存在着巨大差异。正如在更早之前中国学术界曾认真汲取了摩尔根人类学理论等许多重要成果一样,我感到也应该认真地看待现在的这些差异,对现代西方人类学有关理论和田野工作的成果加强了解并联系中国个案问题进行深入的研究。本文就反映了近年来我在这方面所做的一些思考,希望能引起学者的关注和兴趣,并对中国早期国家研究的深入开展有一点推动作用。

其次,在整个中国古史研究的方法问题上,我一直感到并多次提到过,中国古史研究长期存在的一个明显偏弱的方面,就是对相关理论问题的探讨缺少足够兴趣,"欠账"比较多,甚至对有关理论问题研究的意义还存在某些误解。因此,非常希望古史界能像对实证问题研究一样,高度重视有关理论问题的研究,加强正确的理论研究意识,使对中国古史问题认识的正确理论基础得到加强。当然,这些探讨必须是与对中国古史研究的实际问题紧密合理的结合。我很高兴地看到,目前中国古史学界的工作在这方面已经有了长足的、非常亮眼的进步。

再次,我还想提到,在对理论问题探讨的方法问题上,要看到有一个很重要的要求,那就是在研究中,所有新提出的一些概念乃至理论都必须有合理的引入过程。各自提出对已有概念以及理论的关系没有做完整说明,因而显得互不相干的各种概念乃至理论的说明效力是有限的,而且会形成理论研究中新的问题。当前中国国家起源和早期国家问题研究向更高水平发展并取得重要成果的一个关键,在一定意义上就与这方面的问题有关。

最后,中国早期国家和国家起源问题研究是一个非常复杂的课题,需要多个学科齐心合力来推进的重大课题。我所说的这些心得,只是一些非常粗浅的体会,还是希望同行和广大读者予以指教。

多重文献所见厉世政治
与厉王再评价*

杜 勇**

内容提要：近出清华简《芮良夫毖》是一篇刺讥时政的政治诗,作者或为芮良夫同一时代并具有一定官职的其他贵族。诗篇真实反映了厉王后期的政治危机,对于正确评价周厉王具有重要的学术价值。结合清华简《芮良夫毖》等各种文献,全面分析厉世对外战争和统治政策,可以看出无论是国防上轻忽戎患,不修边备,还是内政上专利贪财,残民以逞,都表明周厉王的所作所为已严重突破了国家伦理的基本底线,是一个不折不扣的暴虐之君,而不是一位需要恢复名誉的"有作为"的"改革家"。

关键词：清华简;《芮良夫毖》;厉王革典;历史评价

清华简《芮良夫毖》是一篇诗歌体的出土文献。或因体裁限制,篇中对周厉王统治的具体情况未做明晰交代,但字里行间已折射出西周国家所面临的政治危机。即国防上"周邦骤有祸,寇戎方晋",内政上"自起残虐,邦用不宁",整个形势"若重载以行崝险"。而周厉王却不知"瘯败改鬄",依然"恒争于富,莫治庶难,莫恤邦之不宁"①,致使外患与内忧交织,诸侯与国人离心,政乱国危,险象环生。这些材料进一步揭示了周厉王作为一个暴君的本来面目,而不是像近些年来有的学者对周厉王重新评价的那样,是一位"有作为"的君主,应该恢复他"改革家"

---

* 原载《历史研究》2017年第1期。
** 杜勇,天津师范大学杰出教授,博士生导师。兼任中国先秦史学会副会长,国际儒学联合会理事。国家社科基金重大项目"多卷本《西周史》"首席专家,其《清华简与古史探赜》入选国家哲学社会科学成果文库,在《光明日报》《历史研究》《中国史研究》等多家报刊上发表学术论文一百余篇。
① 李学勤主编:《清华大学藏战国竹简》(三),中西书局,2013年,第145—147页。释文尽量用通行字,下引不另出注。

的名誉①。本文拟从分析《芮良夫毖》纪事的真实性出发,结合多重文献对厉王时期的对外战争和统治政策略加讨论,以期对周厉王有一个正确的评价。

一、《芮良夫毖》所见厉世政治危机

西周历史进入厉王时代,由于各种社会矛盾的长期积累,早已失去昔日开疆拓土的辉煌,渐成江河日下的颓势。这不仅从清华简《芮良夫毖》的内容上反映出来,而且细考本诗作者,益见当时政治危机的不断加剧,已引起社会多方面的高度关注与忧思。

《芮良夫毖》第1简背面,隐约可见篇题"周公之颂志(诗)",但留有刮削痕迹,或因文不对题,为抄写者所废。竹简整理者根据篇中"芮良夫乃作毖再终"等内容,新拟篇名为《芮良夫毖》,并撰《说明》称:"芮良夫针对时弊所作的训诫之辞,涉及君王应敬畏天常、体恤民意、德刑兼施、勿用奸佞以及君臣莫贪利享乐、应谨奉慎守等方面的治国之道。"②这个表达实际肯定了芮良夫为《芮良夫毖》的作者。

其实,芮良夫是否为《芮良夫毖》的作者,还是一个可以讨论的问题。芮良夫是周初所封畿内姬姓诸侯,封地在今陕西大荔东南。畿内分封的姬姓贵族,其政治进路一般以出任王官为常。西周金文每每可见的芮公、芮伯,即是芮国后裔出任王官者。《诗·桑柔》序云:"《桑柔》,芮伯刺厉王也。"郑笺:"芮伯,畿内诸侯,王卿士也,字良夫。"③说明从周初到厉世,芮氏一直活跃于西周政治舞台,是掌握周王室核心权力的畿内姬姓家族之一。

芮良夫能够成为西周一代名臣,与其家族的显赫地位有关,更重要的是他心忧国事,力谏厉王专利。《国语·周语上》所载"芮良夫论荣夷公专利"一节,即是他反对实行专利政策的谏词。这段文字几乎被司马迁一字不差地录入《史记·周本纪》。与此性质相同的另一篇谏词是《逸周书》中的《芮良夫》。《周书序》说:"芮伯稽古作训,纳王于善,暨执政小臣,咸省厥躬,作《芮良夫》。"④《逸周书》中

---

① 李玉洁:《评周厉王革典》,《河南大学学报》(社会科学版)1986年第1期;罗祖基:《重新评价周厉王》,《学术月刊》1994年第1期;张应桥:《重评周厉王》,《郑州大学学报》(哲学社会科学版)2006年第2期。
② 李学勤主编:《清华大学藏战国竹简》(三),第86、144页。
③ 《毛诗正义》卷18《大雅·桑柔》,阮元校刻:《十三经注疏》,中华书局,1980年影印本,第558页中栏。
④ 黄怀信等:《逸周书汇校集注》(修订本),上海古籍出版社,2007年,第1135页。

的许多篇章并非真正的西周文献,但《芮良夫》为真周书则是学者一致的意见。如杨宽说:"这篇谏词,可能有后人增饰的地方,但基本上是可信的。"①

芮良夫是一位具有远见卓识的政治家,也是一位诗人。《诗·大雅·桑柔》就是他的作品。《潜夫论·遏利》篇云:"昔周厉王好专利,芮良夫谏而不入,退赋《桑柔》之诗以讽。"②更早的《左传》文公元年载秦穆公说:"周芮良夫之诗曰:'大风有隧,贪人败类。听言则对,诵言如醉。匪用其良,覆俾我悖。'是贪故也,孤之谓矣。"秦穆公所引之诗,正是《桑柔》第十三章。从诗中所说"天降丧乱,灭我立王"等情况看,《桑柔》应是厉王流彘后芮良夫写作的诗篇③。

芮良夫家世显赫,时任朝廷重臣,既具备深切关怀国家命运的情愫,又有能诗擅文的才华,具备写作《芮良夫毖》的条件和可能。同时,《芮良夫毖》所言"厥辟、御事各营其身,恒争于富,莫治庶难",即与《国语·周语上》所载芮良夫说"夫荣公好专利而不知大难"语义相近;其言"呜呼畏哉,言深于渊,莫之能测",亦与芮良夫所说"防民之口,甚于防川"具有相同义蕴。再加上《芮良夫毖》明言"芮良夫乃作毖再终",以此推断芮良夫为本诗的作者,似乎无懈可击。然而,若细加考量,还是有问题的。如厉王专利与弭谤,当时持异议的人很多,未必只有芮良夫独言其非。特别是简文开篇言诗之作意的那一段文字,与诗小序颇相类似④,不可能出自芮良夫的手笔。时人为文作诗,虽然不妨提及自己的名字,但一般都出现在正文之中。如《诗·大雅·烝民》云"吉甫作颂,穆如清风";《诗·鲁颂·閟宫》云"奚斯所作,孔曼且硕";《诗·小雅·节南山》云"家父作诵,以究王讻";《逸周书·芮良夫》云"予小臣良夫稽道谋告","以予小臣良夫观"。⑤其中尹吉甫、奚斯、家父、芮良夫都是正文所见的作者之名。至于诗篇正文前的小序通常为后人或编者所加,且多附会之词。这就使我们对《芮良夫毖》的作者不得不谨慎考虑。尤其是当我们把《芮良夫毖》同芮良夫所作《桑柔》一诗略加比较后,更可看出一些端倪。

其一,二者对戎祸认识的差异。清华简《芮良夫毖》的作者对于寇戎入侵的危机感十分强烈。作者除了希望厉王君臣在内政问题上改弦易辙外,还大声疾呼"寇戎方晋,谋猷为戒",企盼国君"以力及作,燮仇启国,以武及勇,卫相社稷。

---

① 杨宽:《论〈逸周书〉》,《中华文史论丛》1989年第1期。
② 《潜夫论》卷3《遏利》,上海书店,1986年影印本,第11页。
③ 赵逵夫:《西周诗人芮良夫与他的〈桑柔〉》,《贵州文史丛刊》1997年第5期。
④ 姚小鸥:《〈清华大学藏战国竹简·芮良夫毖·小序〉研究》,《中州学刊》2014年第5期。
⑤ 黄怀信等:《逸周书汇校集注》(修订本),上海古籍出版社,2007年,第998、1006页。

怀慈幼弱,嬴寡矜独。万民俱憝,邦用昌炽。"这说明寇戎为患已严重威胁到国家的安全,使诗人深感忧虑。而在芮良夫《桑柔》一诗中,并未言及寇戎为患的问题。《芮良夫》作为训诫厉王和执政大臣的一篇谏词,仍对戎祸危机只字不提。这说明《芮良夫毖》与《桑柔》的作者应非一人,因而在关注时政问题的重点上表现出一定的差异。

其二,二者所用人称代词的差异。在第一人称代词方面,《芮良夫毖》用"我"5次,用"吾"4次,用"朕"1次;《桑柔》用"我"8次,用"予"3次。其中最大的差异是,《芮良夫毖》所用的"吾"字,不为《桑柔》所见。据学者研究,"作为第一人称代词的'吾',从春秋时代起已很常见,但在西周时代还十分罕见"①。在第二人称代词方面,《芮良夫毖》只用"尔",计有2次。《桑柔》则用"尔"4次,用"汝"1次,用"而"1次。其中《桑柔》"予岂不知而作",以"而"作为第二人称代词,古籍罕用。在第三人称代词方面,《芮良夫毖》用"其"13次,用"之"3次,用"彼"2次,用"厥"2次;《桑柔》用"彼"9次,用"其"5次,而不用"厥"与"之"。《芮良夫毖》和《桑柔》均为长诗,在人称代词使用方面表现出极大的差异,表明作者写作习惯各有不同。

其三,二者引诗状况的差异。《芮良夫毖》有些诗句又见于《诗经》某些篇章,如"心之忧矣",在《柏舟》《绿衣》《有狐》《园有桃》《蜉蝣》《瞻卬》等篇均可见及;"凡百君子"亦见于《雨无正》《巷伯》。《桑柔》一诗亦有其例,如"忧心殷殷"又见于《北门》《节南山》。这种情况是引诗造成的,还是朝廷对所采诗歌整编的结果,尚不好判断。但《芮良夫毖》具有引诗的痕迹却是明白无疑的。如简文"或因斩柯,不远其则",显然袭自《诗·豳风·伐柯》,而且为了押韵的需要,将"伐柯伐柯,其则不远"后一句变其语序,改作"不远其则"。又如简文"天之所坏,莫之能枝(支)。天之所枝(支),亦不能坏"。亦属引诗。据《国语·周语下》说:"周诗有之曰:'天之所支,不可坏也。其所坏,亦不可支也。'昔武王克殷,而作此诗也。"又《左传》定公元年亦暗引此诗,谓"天之所坏,不可支也"。引诗为文,古籍习见,但引诗作诗,特别是明引多句原诗,对一个高明的诗人来说,则有失创作的意义。反观《桑柔》,却未见此种状况发生。可见《芮良夫毖》与《桑柔》的作者其艺术品位是有差异的。

其四,二者辞章精工程度的差异。《芮良夫毖》用词欠工,韵味寡淡,远不如

---

① 张玉金:《西周汉语语法研究》,商务印书馆,2004年,第86页。

《桑柔》来得精美。《桑柔》开篇云："菀彼桑柔，其下侯旬。捋采其刘，瘼此下民。"这里用桑柔起兴以言其事，体现了《诗三百》最常见的艺术手法。但《芮良夫毖》起首则直陈其事，"敬之哉君子！天猷畏矣"，颇相异趣。又如同样是说民穷财尽，《桑柔》云："国步蔑资，天不我将。"《芮良夫毖》则云："岁乃不度，民用庆尽。"韵味立见高下。又如简文云："心之忧矣，靡所告怀。兄弟慝矣，恐不和均。屯圆满溢，曰余（予）未均。凡百君子，及尔荩臣。胥收（纠）胥由，胥穀胥均。"这里连用3个"均"字作为韵脚，颇显枯拙，不像《桑柔》全篇写得那样成熟雅洁。同为政治诗，作者的文学才华可谓轩轾相异。

其五，二者所见撰人政治地位的差异。《芮良夫毖》说："心之忧矣，靡所告怀。"是说作者对国事忧心如焚，却没有地方可以诉说。诗中又说："朕惟冲人，则如禾之有秭，非穀哲人，吾靡所援□诣。我之不言，则畏天之发机。我其言矣，则逸者不美。"作者以稚嫩的禾苗为喻，说明自己资历尚浅，又无哲人佑助，完全失去向时王进言的依傍。若是沉默不言，只怕上天要降下灾难；若要表明自己的政治态度，又恐招来上位者的不满。内心充满矛盾和苦闷，深深折磨着诗人。即使国君"莫我或听"，他还是要"作毖再终，以寓命达听"。这些内容表明，《芮良夫毖》的作者尚不具备像芮良夫那样可以直接向国君进言的政治地位。同时，《芮良夫毖》措词的严厉程度也无法与芮良夫的诗文相比。芮良夫称："荣公若用，周必败。"（《国语·周语上》）对"专利作威，佐乱进祸"的执政大臣，要他们"洗尔心，改尔行，克忧往愆，以保尔居"①。在《桑柔》一诗中，芮良夫指责他们是"贪人败类"，为政害民。将《芮良夫毖》与芮良夫的诗文相比较，可以看出作者的政治地位判然有别。

从上述五个方面来看，要说《芮良夫毖》与《桑柔》同为芮良夫的手笔，似乎还有诸多疑点，难以凭信。实际情况可能是，当时反对厉王暴政、心忧国事艰危的人很多，像芮良夫这样的王朝卿士，或进谏，或为文，都有便利的条件。其他政治地位尚不够高的官员或贵族，既无直达天听的顺畅渠道，又慑于厉王的高压政策，除了表示沉默，还有人以诗作倾吐心声，希图厉王君臣能够改弦易辙，当为情理中事。《诗·大雅》中的《民劳》《板》《荡》可能就是这些人写作的诗篇。《芮良夫毖》作者的情况与之相近，应是朝廷权力场边缘的某位低级官员，但此诗在后来流传过程中被附会成芮良夫的作品，诗前小序就是这种附会的产物。此外，诗

---

① 黄怀信等：《逸周书汇校集注》卷9《芮良夫解》，第1002、1006页。

作在流传过程中还可能发生过文字的局部改动。如"吾"字作为第一人称代词出现在诗作的最后部分,与"朕""我"杂用,或为后来抄写者随手改动的结果,但不能以个别文字带有晚出特征即把它视为后世的依仿之作。据《史记·周本纪》载,在厉王统治后期,周王朝连续发生的大事有:三十年实行"专利",三十四年厉行"弭谤",三十七年发生"袭厉王"的国人暴动。而清华简《芮良夫毖》有谏阻专利和弭谤的内容,由此可以推断《芮良夫毖》大约写作于厉王在位的最后几年,真实地反映了当时的社会状况。

由于《芮良夫毖》的作者并非朝中大员芮良夫,而是远离权力中心的一位低级官员,这就表明厉王后期的政治危机是各级统治者普遍感知的事实。一般来说,对国家大政方针的利弊得失,统治者下层的体认相对不如高层那么深切,责任感也没有那么强烈。所以像《芮良夫毖》的作者这类低级官员都表现出极大的忧虑,则意味着当时国家面临的内忧外患已达到人所共知的严重程度。如何应对"若重载以行峭险"的危机,对执掌国政的厉王君臣来说无疑是一场生死攸关的严峻考验。

二、厉世对淮夷与犬戎的战争

在有的学者看来,西周青铜器铭文所见厉世征伐战争,不仅与厉王革典密切相关,而且其赫赫武功可圈可点,完全可以为周厉王加戴一顶"有为之君"的桂冠。但结合清华简《芮良夫毖》所载,进而细考有关金文资料,似乎无法证成其说。

(一)厉世对淮夷的战争

关于厉王时期对淮夷的战争,文献仅《后汉书·东夷传》略谓:"厉王无道,淮夷入寇,王命虢仲征之,不克,宣王复命召公伐而平之。"[①]所幸相关金文资料为我们提供了较为丰富的信息,只是金文资料的断代难度较大,歧说甚多,很难形成一致的意见。就厉王时期的铜器断代来说,伯㧑父簋的发现起到关键性作用,使一批厉世铜器的时代得以完全解决。伯㧑父簋铭文有云:"惟王九月庚午,王出自成周,南征,伐反(服)子、䜌、桐、遹。"李学勤认为,这与厉王宗周钟说的是一回事,并由此推定鄂侯驭方鼎、翏生盨、禹鼎、敔簋、晋侯铜人

---

① 《后汉书》卷85《东夷列传》,中华书局,1965年,第2808页。

都是厉王时器。但是,仅将这些铜器铭文落实到厉王之世,"未能与有明确纪年的铭文联系起来"①,还不易看出当时战争的整个进程和复杂性。所以这里尝试利用相关铭文中的历日要素推导排谱,以期对厉世伐淮战争的全貌有更深入的了解。

从金文资料看,厉世对淮夷的征伐战争大体可以分为三个大的阶段。第一阶段以虢仲受命出征始。虢仲受命征淮夷,除见于《后汉书·东夷传》外,虢仲盨铭亦曾言及:"虢仲以王南征,伐南淮夷,在成周,作旅盨,兹盨有十又二。"(《集成》②4435)器铭与文献相印证,学者断为厉王时器,是可信的。铭文说到虢仲受命南征淮夷,既未言及战况,又称铸作军旅用盨,当为"行将出师时事"③。至于虢仲南征的具体情形,唯新出厉世柞伯鼎铭有所反映:

> 惟四月既死霸,虢仲令柞伯曰:"在乃圣祖周公,繇又共于周邦。用昏无殳,广伐南国。今汝其率蔡侯左。"至于昏邑,既围城,令蔡侯告征虢仲,遣氏曰:"既围昏。"虢仲至。辛酉,搏戎。柞伯执讯二夫,获馘十人。④

铭中的昏邑,各家都认为是南方淮水流域某个地方,时为昏部族所盘踞,则指挥这场战争的虢仲与前引《后汉书》和虢仲盨中的虢仲,同为一人一事的可能性最大⑤。由于昏部族"广伐南国",周王朝无法容忍,故有虢仲统领柞(胙)伯、蔡侯的诸侯军队,对昏部族发起进攻。铭中"辛酉,搏戎"可能已到五月初吉时段,因为从虢仲命令柞伯出师,到柞、蔡联军围城,再到虢仲接到报告赶往昏邑,"四月既死霸"这个月末的时段应已过去,故可得其历日五月初吉辛酉。看来此次昏邑之战并不顺利,柞伯"执讯二夫,获馘十人",战果甚微。配合主帅柞伯作战的蔡侯,恐怕也不会有多大斩获。很可能此役未能攻克昏邑,有效遏止淮夷入侵的攻势。

此后,淮夷"广伐南国"的军事行动仍在继续。或在次年正月,应侯视工奉命击退了淮夷逆部族的进犯。应侯视工簋铭云:"唯正月初吉丁亥,王若曰:应侯

---

① 李学勤:《谈西周厉王时器伯㺇父簋》,《文物中的古文明》,商务印书馆,2008年,第299—302页。
② 中国社会科学院考古研究所编:《殷周金文集成》(修订增补本),简称《集成》,中华书局,2007年。
③ 郭沫若:《两周金文辞大系图录考释》(七),科学出版社,1957年,第120页。
④ 朱凤瀚:《柞伯鼎与周公南征》,《文物》2006年第5期。
⑤ 同上④。

视工伐淮南夷逆,敢搏厥众鲁,敢嘉兴作戎,广伐南国。王命应侯征伐淮南夷逆。休,克扑伐南夷,我俘戈。"①铭中"正月初吉丁亥"只有系于柞伯鼎次年,才能与其历日"四月既死霸"(五月初吉辛酉)相协调。此次应侯视工"扑伐南夷逆"又见于应侯视工鼎铭:"用南夷逆敢作非良,广伐南国。王命应侯视工曰:'政(征)伐逆。'我[受]命扑伐南夷逆,我多俘戎。"(《新收》②1456)③二器铭文同记一事,所言"俘戈""多俘戎","克扑伐南夷",表明"南夷逆"的进犯被应侯视工击退,战局有所改观。

虢仲、应侯出师攻伐淮夷,当为战争的第一阶段。由于未能完全遏制淮夷进犯的势头,致使后来厉王率师亲征淮夷,战争进入第二阶段。伯㦰父簋铭云:

> 唯王九月初吉庚午,王出自成周,南征伐叚(服)子:虞、桐、遹。伯㦰父从王伐,亲执讯十夫、馘廿,得俘金五十钧,用作宝簋。④

此铭"九月初吉庚午"与前引应侯视工簋的历日"正月初吉丁亥"不能协调,表明此次厉王亲征淮夷当发生在应侯视工反击"淮南夷逆"之后的二三年内,具体时间或在厉王十四年。此由无㠱簋铭似可推知:"唯十又三年正月初吉壬寅,王征南夷,王锡无㠱马四匹。"(《集成》4226)⑤本铭记厉王十三年"王征南夷",无㠱因功获赏,可能与无㠱为厉王伐南夷作战前准备有关。而伯㦰父簋"九月初吉庚午",只有置于无㠱簋铭的次年(前864),二者历日始可调协。根据《中国先秦史历表》⑥,取本年建丑,九月壬戌朔,庚午为九日,与初吉时段基本相合,表明伯㦰父簋所记"王出自成周,南征伐服子"可能发生在厉王十四年。伯㦰父作为随王出征的高级将领,亲自参加了厉王征伐虞、桐、遹等部族的战役,获得"执讯十夫、

---

① 首阳斋、上海博物馆、香港中文大学文物馆:《首阳吉金——胡盈莹、范季融藏中国古代青铜器》,上海古籍出版社,2008年,第114页。
② 钟柏生等编:《新收殷周青铜器铭文暨器影汇编》,简称《新收》,台北:艺文印书馆,2006年。
③ 应侯视工簋、鼎的时代有孝王、夷王、厉王等说法。以淮夷"广伐南国"的情况来看,李学勤先生定为厉王早年时器是合理的。(参见李学勤:《论应侯视工诸器的时代》,《文物中的古文明》,第299—302页)
④ 李学勤:《谈西周厉王时器伯㦰父簋》,《文物中的古文明》,第299—302页。
⑤ 关于无㠱簋的时代,学者意见极为纷纭,影响较大的是共王、夷王、厉王诸说,然以郭沫若、徐中舒所主厉王时期说为胜。(参见郭沫若:《两周金文辞大系图录考释》(七),第121页;徐中舒:《禹鼎的年代及其相关问题》,《考古学报》1959年第3期)
⑥ 张培瑜:《中国先秦史历表》,齐鲁书社,1987年。

臧二十,得俘金五十钧"的战绩,故勒铭记功。其时随从厉王南征的将领除伯㚄父外,还有翏生。翏生盨铭云:"王征南淮夷,伐角、津,伐桐、遹(潏),翏生从,执讯折首,俘戎器,俘金,用作旅盨。"(《集成》4461)翏生与伯㚄父一道伐桐、潏,并参加伐角、津之役,"执讯折首",亦有斩获。但整个战况不可详知,总体上周师连续进攻淮夷的中心区域,产生了巨大的震慑作用,致使南夷、东夷二十六邦遣使前往觐见,以示臣服。默(胡)钟有云:"王肇遹省文武勤疆土,南国艮(服)子敢陷处我土,王敦伐其至,扑伐厥都,艮(服)子乃遣间来逆邵王,南夷、东夷俱见,廿又六邦。"(《集成》260)①此次征伐的战略目标是"南国服子",结果东夷也一道前来觐见,说明"服子"本指南夷,当为西周王朝对南淮夷的特定称谓②。厉王南征所伐淮夷族邦,所见有麇、角、津、桐、潏等国族。学者以为"角"位于今江苏宿迁市东南,"桐"位于今安徽桐城北③,或与事实相近,余则有待细考。所谓"扑伐厥都",意味着淮夷诸邦还有一个共同的中心都邑,然具体所在不明。在周师还归途中,厉王还与鄂侯驭方有过一次会晤。鄂侯驭方鼎铭说:

  王南征,伐角、僪(潏),唯还自征,在坏,噩(鄂)侯驭方纳醴于王,乃裸之,驭方侑王,王休宴,乃射,驭方会王射,驭方休阑,王宴,咸饮。王亲锡驭方玉五瑴,马四匹,矢五束,驭方拜手稽首,敢对扬天子丕显休费,用作尊鼎,其万年子孙永宝用。(《集成》2810)

铭中的"坏"字,王国维以为系指"大伾"④,郭沫若谓即今河南汜水县里许之大伾山⑤,地在今荥阳市西北。至于鄂侯的都邑所在,过去有东鄂、西鄂二说,近年湖北随州羊子山墓地出土噩国青铜器,证明鄂国都邑应在随州,与曾国邻近⑥。联

---

① 默(胡)钟即有名的宗周钟,据唐兰考证是厉王自作之器,且由后来所出胡簋、五祀胡钟得到确证。张政烺据十二年胡簋铭认为,宗周钟当作于厉王十三年。从无㠯簋、伯㚄父簋历日相次的情况看,似以定在厉王十四年为宜。(参见罗西章:《陕西扶风发现厉王默簋》,《文物》1979年第4期;穆海亭、朱捷元:《新发现的西周王室重器五祀默钟考》,《人文杂志》1983年第2期;张政烺:《周厉王胡簋铭文》,《张政烺文史论集》,中华书局,2004年,第531—544页)
② 朱凤瀚:《由伯㚄父簋铭再论周厉王征淮夷》,《古文字研究》第27辑,中华书局,2008年,第192—199页。
③ 马承源:《关于翏生盨和者减钟的几点意见》,《中国青铜器研究》,上海古籍出版社,2002年,第281—288页;李学勤:《谈西周厉王时器伯㚄父簋》,《文物中的古文明》,第299—302页。
④ 王国维:《观堂集林》(外二种),河北教育出版社,2001年,第805页。
⑤ 郭沫若:《两周金文辞大系图录考释》(六),第41页。
⑥ 张昌平:《论随州羊子山新出噩国青铜器》,《文物》2011年第11期。

系静方鼎铭文说,王在成周命静"司在曾、鄂师"(《近出》357),其曾、鄂并列,且由一人司其职,说明两国相距不远。有学者认为,今随枣走廊中部的安居镇应是鄂国的政治中心所在①。或因鄂侯驭方未直接参与此次叛乱,因而被召北上觐见厉王,得到优渥的赏赐。鄂侯驭方为南淮夷的核心人物,厉王待以燕射之礼,却没有起到安抚或警示的作用。

在战争的第二阶段,厉王师行千里,战绩不彰,并未使淮夷真正臣服,颇有观兵耀武的色彩,甚至可能暴露了王朝军队缺乏战斗力的弱点。故此后不久,"如禹鼎所记,在厉王征讨回来时曾设宴款待的鄂侯驭方,竟率领南淮夷、东夷内犯,侵扰南国东国"②,形势更为严重,战争进入第三阶段。禹鼎铭云:

> 呜呼哀哉!用天降大丧于下国,亦唯鄂侯驭方率南淮夷、东夷广伐南国、东国,至于历内。王乃命西六师、殷八师,曰:"扑伐鄂侯驭方,勿遗寿幼。"肆师弥怵匌恇,弗克伐鄂。肆武公乃遣禹率公戎车百乘、厮驭二百、徒千,曰:"于匡朕肃慕,唯西六师、殷八师伐鄂侯驭方,勿遗寿幼。"雩禹以武公徒驭至于鄂,敦伐鄂,休获厥君驭方。肆禹有成,敢对扬武公丕显耿光。(《集成》2833)

铭文称"呜呼哀哉!用天降大丧于下国",足见此次鄂侯驭方率淮夷、东夷的反叛来势迅猛,以至朝野震动,看作是上天降临的一场大灾难。铭中的关键地名是"历内",陈梦家以为"此当作历汭","历水在历城之东"③。然地过偏东,不可信据。《国语·郑语》记史伯说:"是其子男之国,虢、郐为大……若克二邑,邬、弊、补、舟、依、𩇕、历、华,君之土也。"徐元诰云:"依、𩇕、历、华四国,据《国名纪》,皆古郐邑。郐在今河南密县、新郑县(按,今市)境,则此四国皆在其地无疑矣。"④如是"历"则位于成周东南,正处济、洛、河、颍之间。同时,"历内"当断开来读,"内"即古芮国,地在今陕西大荔县附近⑤。这说明鄂侯所率叛军不限于

---

① 朱继平:《从淮夷族群到编户齐民——周代淮水流域族群冲突的地理学观察》,人民出版社,2011年,第47页。
② 李学勤:《谈西周厉王时器伯𣫏父簋》,《文物中的古文明》,第299—302页。
③ 陈梦家:《西周铜器断代》,中华书局,2004年,第271页。
④ 徐元诰:《国语集解》,中华书局,2002年,第463—464页。
⑤ 沈建华:《卜辞金文中的佞地及其相关地理问题初探》,《初学集》,文物出版社,2008年,第97—105页。

"广伐南国、东国",兵锋实已逼向京畿地区。

这一情况在晋侯铜人、十月敔簋等铭中亦有反映。晋侯铜人铭云:"唯五月,淮夷伐格,晋侯搏戎,获厥君冢,侯扬王于兹。"(《近出二》[①]968)据李学勤先生考证,铭文中的"格"当系晋地或与晋国邻近,也就是战国时韩地格氏,河北荥阳北的张家楼村曾出土多种"格氏"陶文,应即其所在[②]。这样看来,晋侯铜人所记淮夷进攻河济流域,与鄂侯驭方的叛军"至于历、内",当属此一战争阶段的不同战役。又十月敔簋铭云:

> 唯王十月,王在成周,南淮夷迁及内,伐涒、昂、参泉、裕敏、阴阳洛。王命敔追御于上洛熑谷,至于伊。班,长榜载首百,执讯卌,夺俘人四百,畣于荣伯之所,于熑衣律,复付厥君。唯王十又一月,王格于成周大庙,武公入右敔,告擒馘百,讯卌,王蔑敔历。(《集成》4323)

铭中所说"涒、昂、参泉、裕敏"等地,难以确考,唯其"阴阳洛""上洛""伊"等地名,可以说明成周伊洛流域亦遭南淮夷的大规模入侵。

在此阶段,周王室投入了全部的军事力量,西六师、殷(成周)八师、公戎车悉数出动,晋侯等诸侯军队也给予了有力的配合,武公、禹、敔成为当时抗敌的名将。令人惊异的是,作为主力部队的西六师、殷八师面对鄂侯叛军的强大攻势,"弥怵匈恇",几近丧失作战能力。虽然晋侯、敔率部苦战,有所兑获,但不决定全局。最后由武公率领的王室禁卫军"公戎车"出战,战争始获转机。禹指挥这支军队展开反击,一直追至鄂都,擒获鄂侯驭方,对其兵民不分老少,杀戮无遗,一举灭掉鄂国,战争方告结束。

综观厉王对淮夷的战争,大体有这样几个特点:一是战争经历的时间久、战线长。从金文历日排谱情况看,战争断断续续至少进行了五六年,出现防御、进攻、再防御三大阶段,几经反复和曲折,直至灭掉鄂国,战事始告平息。就作战区

[①] 刘雨、严志斌:《近出殷周金文集录二编》,简称《近出二》,中华书局,2010年。学术界对于晋侯铜人的真伪尚有不同看法,这里姑从厉王铜器说。(参见苏芳淑、李零:《介绍一件有铭的"晋侯铜我"》,《晋侯墓地出土青铜器国际研讨会论文集》,上海书画出版社,2002年;李学勤:《晋侯铜人考证》,《中国古代文明研究》,华东师范大学出版社,2005年,第120—122页;李伯谦:《关于有铭"晋侯铜人"的讨论》,《中国文物报》2002年11月1日,第7版)

[②] 李学勤:《晋侯铜人考证》,《中国古代文明研究》,华东师范大学出版社,2005年,第120—122页。

域论,从淮河流域到京畿腹地,战火从南向北不断蔓延,激烈程度罕见。二是作为战争总指挥的周厉王,缺乏洞察边患、治兵御敌的军事才干。面对淮夷的频繁入侵,厉王不能有效组织地方诸侯进行防范,发挥其"以藩屏周"的拱卫作用,也不能精心整治西六师、殷八师等王朝主力部队,有效抵御淮夷对王畿地区的入侵。即使厉王帅师亲征,转战千里,也未能重创淮夷,以致随后不久淮夷又发动叛乱,攻势更为凌厉。历史上称其"用兵,不得其所,适长寇虐"①,实非虚言。三是战争解除了淮夷为患的严重威胁,但说不上取得决定性、战略性的胜利。厉王在战争中对鄂侯叛军"勿遗寿幼"的残暴行为,使楚君熊渠都深感畏惧而去其王号,淮夷自然一时也不再敢兴风作浪。但是,这并不说明淮夷问题已彻底解决。所以到宣王统治时期,淮夷依然时服时叛,最后被召公虎挥师敉平。

(二) 厉王对猃狁的战争

猃狁,文献或作玁狁,东周以降又称犬戎,是西北地区一个古老的部族。清华简《芮良夫毖》所谓"寇戎方晋",所指即为猃狁。厉世对猃狁的战争,传世文献唯《后汉书·西羌传》略有提及:"厉王无道,戎狄寇掠,乃入犬丘,杀秦仲之族,王命伐戎,不克。"②

据多友鼎铭文记载,西周王朝对它也有过一次征伐,战事相当激烈,但并未从根本上解决戎祸危机。兹节引多友鼎铭文如下:

> 唯十月,用猃狁放(方)兴,广伐京师,告追于王,命武公:"遣乃元士,羞追于京师。"武公命多友率公车,羞追于京师。癸未,戎伐筍,衣(卒)俘,多友西追。甲申之晨,搏于郗,多友有折首执讯:凡以公车折首二百又□又五人,执讯廿又三人,俘戎车百乘一十又七乘,衣(卒)复筍人俘。或搏于龏,折首卅又六人,执讯二人,俘车十乘,从至。追搏于世,多友或有折首执讯,乃轶追,至于杨冢,公车折首百又十又五人,执讯三人,唯俘车不克以,衣(卒)焚,唯马驱尽。复夺京师之俘。多友乃献俘馘讯于公,武公乃献于王。(《集成》2835)

在多友鼎铭中,武公是征伐犬戎的主帅,与禹鼎记其征伐淮夷所处地位相一致。

---

① 《毛诗正义》卷18《大雅·桑柔》郑笺,阮元校刻:《十三经注疏》,第558页下栏。
② 《后汉书》卷87《西羌传》,第2871页。

而多友与禹鼎中的禹其地位亦相仿佛,都是前线直接率军作战的高级将领。多友征伐狁还归镐京后,武公在献宫命"向父"召唤多友,给予圭瓒等赏赐。这位"向父"就是禹鼎中伐鄂的将领"禹",又称"叔向父禹"(叔向父禹簋,《集成》4242)。他在多友接受赏赐时,实际担任傧相角色,其地位高于多友,无疑与他在伐鄂之战中建有军功有关。这说明多友伐狁必在禹伐鄂侯之后。武公、叔向父、多友三人同出一铭,在厉王统治时间长达37年的情况下,若器非一世,断无此等巧合。据此可推,此次伐狁之战发生厉王统治中期的可能性较大。

多友鼎涉及诸多地名,以李学勤先生的考订最具价值①。后来有学者实地考察并详加探讨②,事实更为清楚。铭文中的"京师",非谓镐京,当为公刘居豳之野,为周族故地,位于今陕西彬县东北;"筍"即旬,在今陕西旬邑东北;"郚"即漆水,与豳地相近,坐落在泾河河谷;"恭"即共,在今甘肃泾川;"世"与"杨冢"或在甘肃平凉、宁夏固原一带。这些地名的考订,对于确定狁居汧陇之间具有重要的坐标意义。

此次狁"广伐京师",其用兵规模和侵掠地域之大都远超从前,给周王朝带来巨大震撼。朝廷的应敌反应是,由武公指挥这场御敌之战。战争发生后,应可征召西六师出征作战,实际调遣的军队却是"公车"。《周礼·春官宗伯·巾车》云:"巾车掌公车之政令。"郑注:"公犹官也。"③《诗·鲁颂·閟宫》云:"公车千乘,朱英绿縢,二矛重弓。"毛传:"大国之赋千乘。"④是公车为在官兵车,非私家武装,私家武装可以强大到举兵灭国的程度也是不可想象的。禹鼎铭称"公戎车"由武公统帅,编制为"百乘,厮驭二百,徒千"。此与武王伐纣所率"戎车三百乘,虎贲三千人"⑤情形略同,都是具有常备军性质的王室禁卫军⑥。他们平时守卫王宫和都城,战时根据需要投入战斗。在一般情况下,周王派遣西六师或成周八师对外作战即可,而"公车"这支王室禁卫军的出动,则意味着当有重大的军事行动或战略目标。如禹鼎铭文所载,在西六师和成周八师伐鄂失利的情况下,武公率领"公戎车"对鄂作战,最后彻底打败并俘获鄂侯驭方。那么,此次对狁作战调遣"公车",要达成什么样的军事目标呢?

---

① 李学勤:《论多友鼎的时代及意义》,《人文杂志》1981年第6期。
② 李峰:《西周的灭亡》(第3章),上海古籍出版社,2007年,第164—220页。
③ 《周礼注疏》卷27《春官宗伯·巾车》,阮元校刻:《十三经注疏》,第822页下栏。
④ 《毛诗正义》卷20《鲁颂·閟宫》,阮元校刻:《十三经注疏》,第616页下栏。
⑤ 《史记》卷4《周本纪》,第121页。
⑥ 陈恩林:《先秦军事制度研究》,吉林文史出版社,1991年,第92页。

据铭文显示,从"甲申之晨搏于郒"开始,多友率部与玁狁先后在漆、龚、世、杨冢等地有过四次交战。漆之战玁狁失利败逃,所俘旬民得到解救。在追击过程中,周师与玁狁又在龚、世两地交战,到杨冢之战"复夺京师之俘",战争即告结束。从这个过程看,此次作战目标不过是御敌入侵,夺回被俘周民而已,并无从根本上摧毁玁狁军事力量,彻底解除边患的战略构想。因而四次战役虽有斩获,但战果十分有限。战争中俘车 127 辆,折首仅 356 人,执讯 28 人。而康王时器小盂鼎记"伐鬼方"(《集成》2839),约俘车 130 辆,但执酋 4 人,获馘 5 039 人,俘虏 13 081 人。两相比较,可以看出两次战争都经过多次战役,总计俘车的数量大体相当,而折首获馘与俘虏的人数相差极为悬殊。鬼方受到康王的沉重打击,从此衰微不振。厉王伐玁狁却未能消灭其有生力量,以致厉王后期还面临戎祸威胁的危机。

泾东京师地带不只是周族故地,也是西周国防的西大门。"沿泾水谷地是古来关中通西北的一条通道。"①此次玁狁沿谷道"广伐京师",明显具有入侵丰镐地区的战略意图。多友的军队从京师漆地追敌到杨冢,再从杨冢过京师返回镐京,前后历时 14 天,中间还有 4 次交战。这说明从京师到镐京也不过三四天的行程,其战略地位之重要可想而知。然而这道西北防线到厉王时已不堪一击。如在癸未这一天,玁狁对旬邑发起攻击,当天即俘获一批邑民向西转移,并于次日甲申在漆地与周师展开激战。可见泾东京师地带边备废弛的情况相当严重。这种局面直至厉世末季并无改观,故《芮良夫毖》说:"民不日幸,尚忧思。"

此次厉王伐玁狁是一场防御性质的战争,既未有效歼灭寇戎的有生力量,也未体现出彻底解除西北边患的战略目标。虽然此后犬戎犯边的具体材料尚未见到,但可以肯定犬戎的威胁始终存在,所以《芮良夫毖》才说"寇戎方晋",而序称"周邦骤有祸"。然而,厉王依然不修边备,以确保国家安全无虞,反而"自纵于逸,以嚣(遨)不图难",看不出在国防建设上有所作为的迹象。

三、专利政策的是与非

历史上以厉王为无道之君,备受抨击的是两件事,一是"专利",二是"弭谤"。对于高压弭谤,钳制众口的暴君行为,恐怕不宜作翻案文章。但是,通过专利政

---

① 黄盛璋:《周都丰镐与金文中的莽京》,《历史研究》1956 年第 10 期。

策的合理性评价,似可绕个圈子为弭谤清洗罪名,进而塑造厉王的正面形象。所以对厉王专利的有关问题还有必要详加探讨,以明是非。

文献上关于厉王专利的记载,最早见于《国语·周语上》:

> 厉王说荣夷公,芮良夫曰:"王室其将卑乎!夫荣公好专利而不知大难。夫利,百物之所生也,天地之所载也,而或专之,其害多矣。天地百物,皆将取焉,胡可专也?所怒甚多,而不备大难,以是教王,王能久乎?夫王人者,将导利而布之上下者也,使神人百物无不得其极,犹日怵惕,惧怨之来也。……今王学专利,其可乎?匹夫专利,犹谓之盗,王而行之,其归鲜矣。荣公若用,周必败。"既,荣公为卿士,诸侯不享,王流于彘。

此段文字被《史记·周本纪》转引,系年于"厉王即位三十年"①,说明专利是厉王统治后期发生的事情。关于专利政策的内涵,一般认为就是独占山林川泽之利。这样理解是正确的,只是略嫌抽象,不能说明事情的原委。许倬云先生的解读稍详,他说:

> 厉王的罪名中,"专利"一项,《国语》本文并无正面交代。但细玩文义,有数点可以析出。第一,利大约指天然资源,是以谓之"百物之所生","天地之所载"。第二,利须上下均沾,是以王人"将导利而布之上下"。惟有以赏赐的方式,广泛地分配利源,始使"周道"延绵至今。第三,荣夷公专利的结果,是"诸侯不享"。循此推测,周人在分封制度下,山林薮泽之利,由各级封君共享。即使以赏赐或贡纳方式,利源仍可上下分治。厉王专利,相对的也就使诸侯不享。②

许氏以为利为天然资源,须上下均沾,是为卓见。但他把"诸侯不享"理解为诸侯不享山林薮泽之利,则不确切。所谓"享"当是指诸侯朝贡祭祀之意,亦即《国语·周语上》所说:"日祭、月祀、时享、岁贡、终王,先王之训也。"而"不享"则意味着诸侯对中央王朝离心力的加大。同时,专利不只使各级封君的利源受到影响,

---

① 《史记》卷4《周本纪》,第141页。
② 许倬云:《西周史》(增补二版),生活·读书·新知三联书店,2012年,第319—320页。

封君治下的国人也深受其害。这是问题的关键，否则无以说明后来国人暴动的缘由。

在这个问题上，也有学者认为，专利是把原来公有的山林川泽和分散贵族手中的经济利益收归西周王室，是国家发展过程中"具有进步意义的历史事件，同时说明厉王是个有作为的君主"①。这恐怕与历史实际不合。

第一，山林川泽为多级占有而非公有。西周统治者宣称："丕显文武，膺受大命，溥有四方。"（师克盨，《集成》4467）说明天命所在是"溥天之下，莫非王土"（《诗·小雅·北山》）的法理依据。正是基于这一前提，西周王朝得以实行"授民授疆土"（大盂鼎，《集成》2837）的分封制度。但是，"王土"一经分封，实际就变成了上至天子、下及封君的多级占有制。除了周天子直接控制的王畿土地外，全国绝大部分土地包括山林川泽都在各级贵族的封土之内。在周天子直接控制的王畿之内，贵族受封的土田山川面积虽然要小得多，但由封君实际占有的情形并无二致。如召卣铭说："召启进事，奔走事皇辟君，休，王自毂使赏毕土方五十里。"（《集成》10360）"方五十里"的地域虽不算大，其中必有山林川泽为召所占有是无疑的。据共王时的九年卫鼎记载，贵族矩伯从裘卫那里得到车马用器后，"乃舍裘卫林䇂里，覆唯颜林。"（《集成》2831）这块名叫"颜林"的林地虽归林䇂里管辖，但其占有权属于矩伯，所以矩伯才能用它来作交换。可见在西周分封制度下，山林川泽为不同层次的封君多级占有，并非完全属于公有。

第二，山林川泽为多级管理而非无禁。西周国家对山林川泽的管理，主要设司徒之官"掌建邦之土地之图，与其人民之数，以佐王安扰邦国"（《周礼·地官司徒·大司徒》）。在铜器铭文中，司徒或作"司土"，其职事屡有言及。免簠铭文说："王格于大庙，井叔右免，即命，王授作册尹书，俾册命免，曰：命汝胥周师司林。"（《集成》4240）这是周王命免协助周师管理某一林地。继后，又正式"命免作司土（徒），司奠（郑）还林眔虞眔牧"（免簠，《集成》4626）。同簋铭文说："王命同：左右吴大父司埸、林、虞、牧，自淲东至于河，厥逆（朔）至于玄水。"（《集成》4271）铭中"吴大父"也应职任司徒，故周王任命同协助其掌管埸人、林衡、泽虞和牧人等属官。在西周官僚体系中，不仅中央王朝有司徒及其属官管理山林川泽，即使各级诸侯也设有司徒履行相应职责。如散氏盘铭所示，散国有司徒逆寅，矢国则有虞弓、虞芇等虞官。这种严格的多层级管理体制，表明山林川泽不是开放无禁

---

① 李玉洁：《评周厉王革典》，《河南大学学报》1986年第1期。

48

的,亦非"任何人都可以进入山泽中从事采集活动"[①]。

第三,山林川泽为多级征税而非不征。《孟子·梁惠王下》说:"昔者文王之治岐也……关市讥而不征,泽梁无禁。"《礼记·王制》也说:"关讥而不征,林麓川泽以时而不禁。"周朝统治者虽不禁止民众开采山林川泽,但不代表没有任何税收。依照《周礼·大司徒》的说法,大司徒的职掌之一就是"以土均之法辨五物九等,制天下之地征,以作民职,以令地贡,以敛财赋,以均齐天下之政"。其"地征""地贡"当然包括从山林川泽收敛的"财赋"。逨盘铭文有云:"今余唯经乃先圣祖考,申就乃命,命汝胥荣兑,兼司四方虞林,用宫御。"(《新收》757)是说周王命逨辅助荣兑管理四方虞林,为王室提供御用物品。这虽是宣王时期的事情,但铭文说是重申先圣祖考之命,表明对山林川泽征税是周王朝的一贯政策,非自厉宣始。除了王畿内外的封君须向王室交纳山林川泽的财税外,依附于土地的农夫即"土田附庸"同样需要向直接领有土田山泽的封君缴纳实物税。《诗·豳风·七月》云:"一之日于貉,取彼狐狸,为公子裘。二之日其同,载缵武功,言私其豵,献豜于公。"可见农夫打猎,上好的狐狸皮,肥壮的野猪肉,都要献给贵族,以作衣食之用,自己留下的只能是等而次之的貉子皮、小野猪。至于"蚕月条桑","八月载绩",其丝麻织品也要献给封国的贵族,"为公子裳"。《诗·大雅·棫朴》云"芃芃棫朴,薪之槱之",表明庶民还要为贵族提供生活所需柴薪等燃料。庶民贡纳的直接对象是封君,贡纳品中有一部分应是封君上缴王室的赋税。

以上分析说明,在西周分封制下,山林川泽既不是公有的,也不是完全开放可由庶民自行开采利用的,而是由各级封君占有,其利益由王室、封君、庶民上下均沾。这应该是西周山林川泽管理的常态。所谓"厉始革典"(《国语·周语下》),即是通过专利政策改变这一常态,也就是清华简《芮良夫毖》所谓"改变常术,而毋有纪纲"。山林川泽之利本来为各级封君共享,厉王革典变成独占天地百物之利,而非"导利而布之上下"。要独占其利,显然只有在原来的基础上加大贡赋的征取,天地百物之利才会集中到王室中来。由于山林川泽为不同层级的贵族所占有,而实际从事开采的劳动者是作为"土田附庸"的国人,因而实施专利政策,不仅极大损害了王畿内外各级封君的实际利益,也严重影响到国人的生计,动摇了西周国家的统治基础。《芮良夫毖》说:"民乃嚣嚣,靡所屏依。"芮良夫也说:"专利作威,佐祸进乱,民将弗堪。""下民胥怨,财单竭,手足靡措,弗堪戴

[①] 杨宽:《西周史》,上海人民出版社,1999年,第841页。

上,不其乱而?"又说:"民至亿兆,后一而已,寡不敌众,后其危哉!"①专利政策把人民搞得财殚力尽,无以为生,必然诱发灾难性的后果。当灾祸一旦发生,君主一人,民众千万,寡不敌众,身危可知。这是一种非常深刻的政治见解。后来发生国人暴动,并有"公卿惧诛而祸作"②,证明了芮良夫对厉王君臣"好专利而不知大难"的预见性。

周厉王何以要推行专利政策?《国语·周语上》称厉王君臣"好专利",《史记·周本纪》称"好利"。许倬云先生对专利政策形成的原因就有如下分析:

> 西周王室颇有紧迫的情形,外有国防需要,内有领主的割据。周室可以措手的财源,大约日渐减少。费用多,而资源少,专利云乎,也许只是悉索敝赋的另一面。这是时势造成的情况,厉王君臣未必应独任其咎。③

许氏把专利政策看作解决国防和财政危机的需要,为后来学者重新评价周厉王提供了一个冠冕堂皇的理由,甚至连弭谤都变得熠然生辉。如有学者谓:"周厉王的专利与弭谤,主要是出于对外平叛战争的军事需要,在非常时期采取的特殊经济和政治措施。"④应该说,周厉王统治时期确实面临着内外交困的政治危机,但专利政策是否真正起到应对危机的作用,这还要看实际效果如何。

从上节分析看,厉王十三年前后对淮夷的战争以及后来对犬戎的反击,都与厉王三十年实施专利相距有年,不好说专利是因战争而起。即使要医治战争创伤,加强国防力量,也只有大力发展生产,薄敛于民,减少不必要的财政开支,才能真正起到寓兵于农的作用。厉王统治后期,犬戎为患的危机虽然存在,但厉王专利积累起来的财富,并未用于积极备战或军事反击。《逸周书·芮良夫》说:"今尔执政小子,惟以贪谀为事,不勤德以备难。"又说:"尔执政小子不图善,偷生苟安,爵贿成。贤智钳口,小人鼓舌,逃害要利,并得厥求,唯曰哀哉!"孔晁注:"专利为贪,曲从为谀。""贤者得默以逃害,小人佞谄以要利,各得其求,君子为之哀。"⑤所言荣夷公等执政大臣,爱财而行专利,得其所求,说明实施专利所得财

---

① 黄怀信等:《逸周书汇校集注》(修订本),第1002—1006页。
② 《史记》卷14《十二诸侯年表》,第509页。
③ 许倬云:《西周史》(增补二版),生活·读书·新知三联书店,2012年,第319—320页。
④ 张应桥:《重评周厉王》,《郑州大学学报》(哲学社会科学版)2006年第3期。
⑤ 黄怀信等:《逸周书汇校集注》(修订本),第1005—1007页。

富,已落入厉王君臣囊中,供其挥霍享受,并未发挥满足国防需求的特殊作用。

《芮良夫毖》说到"寇戎方晋"时,作者首先想到是谨慎谋划,上下同心,选用贤能,以卫社稷,而不是与民争利,扩大财源,以作御敌之策。诗云:"寇戎方晋,谋猷为戒。和专同心,毋有相负。恂求有才,圣智用力。必探其宅,以亲其状。身与之语,以求其上。"特别是《芮良夫毖》篇首有序云:"周邦骤有祸,寇戎方晋,厥辟、御事各营其身,恒静(争)于富,莫治庶难,莫恤邦之不宁。"这段话再也清楚不过地把厉王专利的本质揭示了出来。所谓"厥辟、御事"即指厉王及荣夷公等近臣,他们沆瀣一气,实施专利,争相聚敛财富,既不顾及庶民的苦难,也不忧虑"寇戎方晋"给国家安宁带来灾祸,完全堕入"婪贪、狠悷、满盈、康戏,而不智(知)寤告"的境地。诗人劝诫道:"敬哉君子,恪哉毋荒。畏天之降灾,恤邦之不臧。毋自纵于逸,以嚣(邀)不图难。"诗人所说的"君子",芮良夫谓为"贪人败类",实不为过。

由此可见,厉王专利并非从内治庶难、外安边患的国家利益出发而采取的一项财政改革措施,而是贪财好利、淫逸享乐的误国害民之举。《逸周书·芮良夫》说:"后(国君)除民害,不惟民害;害民,乃非后,惟其仇。"①对于这样的害民仇民之君,恐怕是不好以有所作为观之的。

四、周厉王是否应该重新评价

历史人物的评价,是一个非常复杂的理论和现实问题。从历史评价活动的结构来看,主要包括评价主体、评价客体和评价中介系统三个必不可少的要素。其中评价中介系统是联系评价主体和客体的中间环节,核心内容是评价尺度,亦即直接影响评价结果的价值标准。"评价尺度对于评价活动而言,具有逻辑上的先在性。"②这是我们在评价历史人物时不得不高度重视的问题。评价尺度与正确的立场、观点和方法密不可分。如果阶级立场、政治立场无可非议的话,学者所持观点和方法就显得尤为重要。所谓观点不只是唯物史观的运用,还包括判别是非善恶的价值观,即存在于评价历史人物背后且起支配作用的价值判断。至于方法,主要还是史学研究中对史料的分析和把握。只有在观点与方法上不

---

① 黄怀信等:《逸周书汇校集注》(修订本),第1003页。
② 王学川:《历史价值论》,浙江大学出版社,2014年,第127页。

失偏颇,才有可能对历史人物的功过是非给予恰当的评说。

关于周厉王,学界主流意见从未给予正面的肯定,比如郭沫若先生就认为"厉王是一个暴虐的君主"①。应该说,这种看法还不是现代史家今日才有的新见,实为历史上早有的定评。这从周厉王的谥号上即可反映出来。《逸周书·谥法》:"谥者,行之迹也。……是以大行受大名,小行受小名;行出于己,名生于人。"②谥号对周代贵族来说,是其一生德行和功绩的总结,过去郭沫若认为西周无谥法是不可信的③。谥号所用常为一字,或二、三字,但褒贬已寄寓其中,均非生时美称。在西周逨盘铭文中,厉王作"刺王"。"刺"字除与"烈"相通外,亦与"厉"通,如《史记·秦本纪》的"厉共公",《秦始皇本纪》附《秦纪》即作"刺龚公"。《玉篇·厂部》:"厉,虐也。"又《犬部》:"戾,虐也。"④《说文·束部》:"刺,戾也。"⑤是"厉"与"刺",其义相通。周厉王以"厉"为谥,按照《逸周书·谥法》的解释:"致戮无辜曰厉。"⑥《周礼·秋官司寇》序官"司厉"郑注:"犯政为恶曰厉。"⑦童书业遍寻《左传》等书例证,认为周代"谥为'厉'者,皆有昏德或不终者"⑧。《国语·楚语上》记载楚恭王制谥的情形,把这一谥号的内涵说得更为具体明了:

> 恭王有疾,召大夫曰:"不穀不德,失先君之业,覆楚国之师,不穀之罪也。若得保其首领以殁,唯是春秋所以从先君者,请为'灵'若'厉'"。大夫许诺。王卒,及葬,子囊议谥。大夫曰:"王有命矣。"子囊曰:"不可。夫事君者,先其善不从其过。赫赫楚国,而君临之,抚征南海,训及诸夏,其宠大矣。有是宠也,而知其过,可不谓'恭'乎?若先君善,则请为'恭'。"大夫从之。

这是说楚恭王临终前,曾召集大夫说,自己一生多有罪过,可以"灵"或"厉"为谥。待死后临葬制谥之时,经子囊提议,改谥为"恭",即《谥法》所谓"既过能改曰恭"⑨。可见"厉"为谥字,虽然有时以"刺"相借,却不可以"烈"为训,看作褒美之

---

① 郭沫若主编:《中国史稿》,人民出版社,1976年,第285页。
② 黄怀信等:《逸周书汇校集注》(修订本),第625—627页。
③ 杜勇:《金文"生称谥"新解》,《历史研究》2002年第3期。
④ 胡吉宣:《玉篇校释》,上海古籍出版社,1989年,第4274、4564页。
⑤ 许慎撰,段玉裁注:《说文解字注》,上海书店,1992年影印本,第276页下栏。
⑥ 同上②第692页。
⑦ 《周礼注疏》卷34《秋官司寇》,第868页上栏。
⑧ 童书业:《周代谥法》,《春秋左传研究》(校订本),中华书局,2006年,第343页。
⑨ 黄怀信等:《逸周书汇校集注》(修订本),第639页。

辞。厉王"专利"残民以逞,"弭谤"草菅人命,即是得此恶谥的题中应有之义。

除谥法之外,史书同样可以体现对人物的臧否。古代史官记事,不仅有秉笔直书的传统,而且命词遣意必带褒贬的意蕴。正如宋人吴缜所说:"夫为史之要有三:一曰事实,二曰褒贬,三曰文采。有是事而如是书,斯谓事实。因事实而寓惩劝,斯谓褒贬。事实、褒贬既得矣,必资文采以行之,夫然后成史。"① 就先秦文献记述有关厉王的史实来说,其褒贬色彩是很分明的。《国语·周语上》说:"厉王虐,国人谤王。邵公告曰:'民不堪命矣。'"《左传》昭公二十六年说:"至于厉王,王心戾虐,万民弗忍,居王于彘。"《鲁连子》云:"周厉王无道,国人作难,王奔于彘。"②《墨子·所染》将夏桀、殷纣、厉王、幽王并举,以为"此四王者,所染不当,故国残身死,为天下僇"③。其中《国语》《左传》为史书,其他子书对史实也多有涉及。所用"虐""戾虐""无道""为天下僇"等字眼,不光是陈述事实,而且带有对厉王政治行为的评价成分。后来《史记》多次提到周厉王"暴虐""无道",也是基于相同的价值判断。《汉书·艺文志》说:"古之王者世有史官,君举必书,所以慎言行,昭法式也。"④ 表明史官记事与周代谥法一样,同样具有"因事实而寓惩劝"的褒贬功能和规范人君言行的制约作用。所谓"孔子成《春秋》而乱臣贼子惧"(《孟子·滕文公下》),道理就在这里。后来秦始皇废谥法、焚史书,也是企图防止后世对其专制暴行任加评说。

无论是谥法还是史书,所褒贬的总是具体的个人。后来儒家对人的伦理规范,从个别到一般,上升到理论形态,提出具有普遍意义的为君、为臣之道。《孟子·离娄上》说:

> 规矩,方员之至也;圣人,人伦之至也。欲为君尽君道,欲为臣尽臣道,二者皆法尧舜而已矣。不以舜之所以事尧事君,不敬其君者也;不以尧之所以治民治民,贼其民者也。孔子曰:"道二:仁与不仁而已矣。"暴其民甚,则身弑国亡;不甚,则身危国削。名之曰"幽""厉",虽孝子慈孙,百世不能改也。

在这里,孟子把统治者分为君、臣两类,认为君有君道,臣有臣道,区别有道与无

---

① 吴缜:《新唐书纠谬·序》,《丛书集成初编》,商务印书馆,1936年。
② 《史记》卷4《周本纪》正义引,第144页。
③ 孙诒让:《墨子间诂》卷1《所染》,中华书局,2001年,第14页。
④ 《汉书》卷30《艺文志》,中华书局,1962年,第1715页。

道的标准在于孔子所说的"仁与不仁"。孔子认为"博施于民而能济众"(《论语·雍也》),不只是仁道,一定是圣德,是尧舜都难于做到的。孟子说:"尧舜之道,不以仁政,不能平治天下。"(《孟子·离娄上》)他曾对梁惠王说:"王如施仁政于民,省刑罚,薄税敛,深耕易耨。壮者以暇日修其孝悌忠信,入以事其父兄,出以事其长上。"(《孟子·梁惠王上》)这说明君道就是"君行仁政"(《孟子·梁惠王下》),就是要重视人民的利益,坚持民贵君轻、安民保民的民本主义治国理念。而周厉王、幽王之类"暴其民""贼其民者",自是无道之君,虽百世不能改也。

儒家宣扬的此类君臣之道,实际上是一种国家伦理。因为为君为臣者掌握着国家执政大权,对国家走向光明还是黑暗起着决定性的作用。德国政治学家赫尔佐克认为,在国家伦理学说方面,"历史所拥有的最古老的自成体系的理论来自中国的儒家"①。不管国家伦理的具体内容可以归纳多少条,以民为本必是其基本精神之一。

民本主义在早期国家阶段是可贵的治国理念,不只规范着人君的政治行为,实已涉及国家为什么存在、应该完成什么样的任务等国家伦理学的基本命题。拿这样的标准来衡量,周厉王的所作所为,当然与儒家的价值取向是背道而驰的。

那么,由于时代的悬隔和变迁,儒家关于国家伦理的论述以及对幽、厉等历史人物的评价,是否可以弃若敝屣呢? 恐怕还不能这样做。一个民族、国家的存在与发展总有其生生不息的动力,总有一些具有普遍价值的文明因素可以跨越时空,恒久地发生作用。像民本主义这样的治国理念,即是中华优秀传统文化的基因之一。以它作为价值取向来评价周厉王一类历史人物,应该是不会过时的。

把历史人物作为评价的客体时,如果主体背后的价值尺度无可置疑的话,史学研究方法的正确运用就成为至关重要的环节了。随着近年铜器铭文和简帛佚籍的不断发现,人们对西周历史的了解更为具体和深入,形成一些新的见解是正常的,也是必要的。但就周厉王的史实来说,并未发现可以彻底颠覆旧说的新史料。从理论上讲,在给周厉王议定谥号的时候,当时人们知道并掌握的事实一定不比今人少,可以说再多的新史料也不能改变这一逻辑关系。虽然古人对历史人物的评价不可避免地存在这样那样的缺陷,但新说的建立一定要用材料说话,

---

① [德]罗曼·赫尔佐克:《古代的国家——起源和统治形式》,赵蓉恒译,北京大学出版社,1998年,第366页。

做到客观公正。这是史学研究不可不遵行的学术规范。

在重评周厉王的论著中,有些研究方法可能是存在问题的。一是事实不清。如谓厉王革典就是废除周族世代相传的籍田古制,反映了宗法君主制赖以树立的经济基础的崩溃。此说不以《国语·周语上》"宣王即位,不籍千亩"为据,却以"自厉王之流,籍田礼废"的韦昭注立论。实则韦注是说自厉王被放逐后,籍田礼因无天子主持而告停止,到宣王即位后就正式废除了。由此恐怕不能得出厉王废除籍田古制的结论。再说,籍田礼说到底只是一种劝农的礼仪形式,对变革耕作和土地制度关系不大,说是破坏宗法君主制的经济基础,未免陈义过高。又如《诗·大雅·桑柔》本是厉王流彘后芮良夫写作的诗篇,却被看作芮良夫讽刺荣夷公好专利而作,进而认为周厉王通过暴力弭谤,就是禁止以诗歌讽谏这种行为,标志着王政的结束即《诗》亡的开端①。这也是属于曲解史料的牵强附会之说。二是事实因果关系不清。如有的学者为了肯定厉王专利的积极意义,说它扭转了西周王室财力匮竭,使国家出现强盛局面,并以强盛的国力对戎狄入侵进行了成功的反击②。但资料显示,厉王对外战争发生在前,专利政策实施在后,并不存在这样的因果关系。又如认为厉王专利为了解决对外战争引起财政枯竭的问题,不只根据不足,还完全忽略了厉王君臣聚敛民财的实际效果,未能找到正确的因果联系。三是对事实本质认识不清。如厉王时期的对外战争,金文资料所记事实是有局限的,战事失利或失败的一面肯定不会得到充分反映,因为这不符合勒铭记功的制器目的。即以现有铜器铭文而论,厉王在战争中多处于被动防御地位,虽有局部获胜,但从战略上看并未起到加强国防、消弭边患的作用。以此为周厉王正名,也不免以偏概全。至于高压弭谤,完全是一种历史上少见的残暴行为,与清除原始民主遗存、涤荡宗法政治体制并无必然联系。

综上所论,欲对周厉王重新评价,洗其暴君恶名,树立有为之君的正面形象,不是价值尺度有所偏差,就是史学研究方法多显不当,所得结论自不可信。实际上,无论是国防上轻忽戎患,不修边备,还是内政上专利贪财,残民以逞,都表明周厉王的所作所为已严重突破国家伦理的基本底线,是一个不折不扣的暴虐之君。

---

① 罗祖基:《重新评价周厉王》,《学术月刊》1994年第1期。
② 李玉洁:《评周厉王革典》,《河南大学学报》1986年第1期。

复盘与导读

本文是一篇研究如何评价周厉王的专题论文,原题《清华简〈芮良夫毖〉与厉王革典》,或许为了引起更多关注,发表时刊物编辑改作今名。其写作动因来自当时承担的国家社科基金项目"清华简与古史寻证",预设的研究对象是《清华大学藏战国竹简》第一辑战国竹书所涉史实。项目进行中,《清华大学藏战国竹简》第三辑于2013年出版,其中有一篇题名《芮良夫毖》的诗歌体出土文献,真实揭示了周厉王暴虐统治的本来面目,立即引起笔者的研究兴趣。于是迅即扩大研究范围,决定就周厉王的评价问题进行探讨。

对于周厉王的评价,历代学者有着基本的历史定位,认为是一位残民以逞的暴君。但自20世纪80年代许倬云先生《西周史》出,逐渐出现一种为周厉王翻案的学术倾向。许氏以为厉王"专利"是时势造成的情况,厉王君臣未必应独任其咎。措辞尚较谨慎,厉王还是一个罪不可逭的人物。之后有的学者似乎走得更远,试欲洗清厉王恶名,为其加戴一顶"有作为的改革家"的桂冠。于是厉王"专利"成了解决国防和财政危机的政治改革,血腥"弭谤"被视作维护改革的特殊措施也随之熠然生辉起来。这些看似新颖的见解,事实上是站不住脚的,在民族精神家园建设上也是有害的。

清华简《芮良夫毖》是一篇前所未见的战国写本,可能是厉王末年处于朝廷权力场边缘的某位低级官员,面对朝政积弊丛生,国家内忧外患,所引发的不尽忧思与苦心规诫。结合新旧史料可以看出,厉王"专利"并非出于内治庶难、外安边患而采取的一项财政改革措施,而是贪财好利、淫逸享乐的误国害民之举。周厉王使用高压手段血腥弭谤,钳制众口,更是丧失国家伦理底线的暴君行为。或谓厉王"专利"扭转了西周王室财力匮竭的局面,以日见强盛的国力对戎狄入侵进行了成功反击,不只颠倒了事情的因果关系,而且对相关史事缺乏本质的认识。须知青铜器铭文是一种有意史料,使用过程中必须仔细鉴别其可靠程度和有效范围。为了光宗耀祖,传之后世,通常镂于金石的事件都具有极强的选择性和局限性,甚至不免夸大和失实。在铜器铭文中,战事失败或整体战况都不可能得到充分反映,因为这不符合参战贵族勒铭记功的制器目的。即便如此,就现有金文资料而言,仍可看出厉王在对外战争中多处于被动防御地位,虽有局部获胜,但从战争全局上看,并未起到加强国防、消弭边患的作用。此与文献记载厉王伐淮夷不克适相印证。欲以前人未见的军事铭文为周厉王正名,也不免以偏概全。

历史人物的评价,是一个非常复杂的理论和现实问题。不仅需要厘清相关史事,也需要评价主体具备正确的价值取向和价值尺度。一个民族没有正确的价值观和是非观是非常危险的。历史固然已成绝响,但它所蕴含的具有普遍性的伦理价值却可以跨越时空,恒久地发生作用,深刻影响未来。评价历史人物的功过是非,不只是一个学术论题,实际也是一个关乎国家发展、社会进步的重大问题,值得我们高度重视。

出土文献与《山海经》新证*

刘 钊**

内容提要：《山海经》内容广博,与相关出土文献资料比较,可知《山海经》有较浓厚的"数术"色彩、丰富的"博物学"内容并继承了"志怪"传统。《山海经》原附有图,可以认为是在地理框架下杂糅着数术、博物、志怪和神话等内容的综合性图书。《山海经》所记"熊之穴""般是始为弓矢""聂耳"等可与出土楚简、楚帛书、秦简中内容相印证,具有很高的史料价值。将《山海经》中"刉""婴用""不眯"等字词与出土文献对比,结合用字习惯及图像对照等,可以看出《山海经》中《山经》部分产生时代至迟不晚于战国,产生地域很可能是在楚地,作者应为楚人。利用出土文献可校正《山海经》中"桼""毛""駮㺊""鵁鶋""瞻诸"等字词。

关键词：《山海经》；出土文献；古史；新证

1925年,王国维在《最近二三十年中中国新发见之学问》的演讲中指出："古来新学问起,大都由于新发见。"王国维指明的新发现有四项,即"甲骨文""汉晋木简""敦煌写经"和"元明以来大库档案"。① 20世纪被称为"大发现的时代",如果王国维指明的四项新发现可以称之为"大发现"的话,我们当今这个时代的新发现则可以称之为"特大发现"。自20世纪70年代以来,"山川呈瑞","地不爱宝",出土文献呈"井喷"式面世,大量的甲骨、金文、战国文字资料、秦汉文字资料,尤其是层出不穷的楚简和秦汉简牍,为中国古典学研究带来连绵不断的新资

---

* 原载《中国社会科学》2021年第1期。
** 刘钊,复旦大学特聘教授(2007年至今),享受国务院政府特殊津贴(2008年)。2008、2011年连续两届被评为"中国杰出人文社会科学家"。曾任吉林大学古籍研究所古文字研究室主任、副所长,厦门大学历史系主任、历史学科评议组组长。现任复旦大学出土文献与古文字研究中心主任。
① 王国维:《最近二三十年中中国新发见之学问》,姚淦铭、王燕编:《王国维文集》第4卷,中国文史出版社,1997年,第33—38页。

料,促使"二重证据法"指引下的传世古代典籍的"新证研究"不断开创新局面,收获新成果。

利用出土文献对传世古代典籍进行"新证",是出土文献研究和古籍整理中的一项重要工作。有关传世古代典籍的产生和流传过程,创作时地及作者,不同文本的关系比对,用字用词习惯的考察,疑难字词的解释,思想观念的抉发等,都是进行传世古代典籍"新证"的主要内容。

《山海经》历来被称为"千古奇书",在短短三万多字内容中,记载了约40个方国,550座山,300条水道,100多个历史人物和400多个神怪奇兽[①]。其内容离奇怪诞。文辞生僻古奥,加上辗转翻刻和传抄,讹夺误衍,在在多有,留下很多有待解决的难题。随着出土文献的不断面世,我们发现其中有很多可以跟《山海经》相对照的资料,或可加深我们对《山海经》的认识,或可纠正以往的一些错误理解,或可校正个别字词。这些资料在对《山海经》的进一步整理,以及探索建立利用出土文献比勘、校正和研究传世古代典籍的范式方面,都具有非常重要的意义。

一、《山海经》的文本性质和文本形式

《山海经》的文本性质问题,一直是学术界争论的焦点。

从古代图书分类看,历史上的《山海经》一直被给予不同对待。《汉书·艺文志》列《山海经》于数术略形法家,《隋书·经籍志》《旧唐书·经籍志》和《新唐书·艺文志》列《山海经》于史部地理类,《宋史·艺文志》列《山海经》于五行类,这一时期的《山海经》又被收入《道藏》,《四库全书总目》列《山海经》于子部小说家类,张之洞《书目答问》列《山海经》于史部古史类。这些不同分类既反映了不同时代对图书所呈现的知识体系认识的不同,也体现出图书分类者理解观察图书角度的不同。一个时代的图书分类,必须放到这个时代整个的知识体系和文化背景中去考察,才不至于以偏概全或以今律古。《山海经》内容庞杂,其内部差别也很大,譬如《山经》部分与《海经》和《荒经》部分就有很大不同,《山经》部分主要讲山川形势、林木、矿藏、动物、神怪及其实用价值和吉凶预兆,还有祭山的形式和祭品的种类。《海经》和《荒经》主要讲帝王世系、远方异国异物和神话传说。

---

① 参见孙玉珍:《〈山海经〉研究综述》,《山东理工大学学报》2003年第1期。

具体到《山经》《海经》和《荒经》内部,其前后内容也包罗丰富,变化不一。如果寄希望于用已有的古书类型加以比照从而将其归属于某一类,是很难得出公认的结论的。这也正是关于《山海经》的文本性质问题一直聚讼纷纭的原因所在。

古人对图书的分类和认识是个变量,是随着时代的推移不断变化的,每个时代的分类都有其背后的理据。同时任何时期的图书分类都不能做到尽善尽美,有些分类只是权宜之计。有些图书因其内容的复杂和交叉,既可以放在此类,也未尝不可以放在彼类。譬如《宋史·艺文志》将《山海经》放在五行类,却把郭璞的《山海经赞》放到地理类,就没有什么道理。从出土文献看,如马王堆汉墓帛书中一些与"兵"有关的数术占测内容,如果按《汉书·艺文志》的分类,就既可以放到兵书略的兵阴阳类,也可以放到数术略的天文类①。所以对待《山海经》在历史上不同时期的分类,既不能轻易否定,也不能过于拘执,更不宜用后世的图书分类和对图书的认识来遮蔽其历史上的分类,从而武断地定于一尊。

关于《山海经》的主要内容,以往学术界有"人文地理志说""神话渊府说""博物志说""图腾志说""综合志书说""史书说""最早的小说说""取自九鼎图像说""巫术说""百科全书说"等,不一而足②。这些总结和归纳各有道理,但都属于以偏概全,不能囊括全体。如果用传世典籍的内容来加以比照,如《山经》部分在谈到每座山时,先是谈山的道里、名称、河流的走向和物产(包括自然物和神怪),这类似于《禹贡》和《汉书·地理志》;接下来说物产的特点、物产的功用和物产出现预示的吉凶,这类似于《汉书·五行志》《宋书·符瑞志》和《齐书·祥瑞志》。最后有些还会涉及祭山的仪式和祭品的种类,这又可与《史记·封禅书》比照。《海经》和《荒经》部分有些地方谈到远方异国和异物,又与《逸周书·王会》《穆天子传》《博物志》和《十洲记》接近。由此可见《山海经》整体内容庞杂,性质非一,很难在已知典籍中找到相同或相近的例子给予定性。

从与出土文献的比较看,《山海经》有三个特点值得重视:

一是比较浓厚的"数术"色彩。如《山海经》的《山经》部分在谈到神怪时,常常会说某某神怪"见(读为'现')则如何如何",如"见则其县多放士""见则郡县大水""见则县有大繇""见则天下安宁""见则天下大旱""见则有兵""见则天下大穰""见则其邑有讹火""见则天下大风""见则其邑有恐""见则螽蝗为败""见则其

---

① 参见刘乐贤:《从出土文献看兵阴阳》,《战国秦汉简帛丛考》,文物出版社,2010年,第231—243页。
② 参见陈连山:《〈山海经〉学术史考论》,北京大学出版社,2012年,第12—16页。

国多土功""见则其国多疫""见则风雨为败""见则天下和"①等,这是战国秦汉时期数术类文献用于占测吉凶的格式化语言,体现的是将某类自然物、天象和神怪的出现与吉凶占测相对应的思想和观念。这一思想和观念影响深远,历代的志怪小说和史书中的《五行志》《符瑞志》《祥瑞志》中都有很多相同或类似内容。在马王堆汉墓帛书《天文气象杂占》中有"出所邦有丧""出所之邦有兵""□出,小邦有兵,得柄者胜""此出所之邦利,以兴兵,大胜""两月并出,有邦亡""赤虹冬出,冬雷,不利人主。白虹出,邦君死之""霓虹出,下有流血""天觉出,天下起兵而无成,十岁乃已""白灌见五日,邦有反者""赤日、黑日偕出,大盗得""赤日出,岁熟""日出,赤云完之,岁饥""黑日出,兴兵,大水,不战""夜半见如布缄天,有邦亡""奔星出,天下兴兵""彗星出,短,饥;长,为兵""彗星出所,其邦亡"②等文句。文中或言"出",或言"见(现)",而"出"和"见(现)"意思相同,与上引《山海经》的《山经》部分"见则如何如何"的内容表达十分接近,区别只是《山海经》的《山经》部分"见(现)"的主角是神怪,而马王堆汉墓帛书《天文气象杂占》中"出"或"见(现)"的主角是"星宿云气"等不同的天象而已。从这一点看,《汉书·艺文志》将《山海经》列在数术类,是有一定道理的。

二是丰富的"博物学"内容。出土文献与《山海经》文句对照比较密和的例子中,包括安徽阜阳汉简中的《万物》③。《万物》的命名是因其文中有"天下之道不可不闻也,万物之本不可不察也,阴阳之化不可不知也"(W001)之句,故取其中的"万物"两字命名。《万物》有"杀鱼者以芒草也"(W057),《山海经·中山经》有"有木焉,其状如棠而赤叶,名曰芒草,可以毒鱼"④二者文义十分接近⑤。《万物》有"卤土之已睡也"(W041),《山海经·中山经》有"来需之水出于其阳,而西流注于伊水,其中多鯩鱼,黑文,其状如鲋,食者不睡"⑥。《万物》有"马胭潜居水中使人不溺死也"(W004),《山海经·西山经》有"昆仑之丘……有木焉,其状如棠,黄

---

① 郝懿行笺疏:《山海经笺疏》,郝懿行著,安作璋主编:《郝懿行集》第6册,张鼎三、牟通点校,齐鲁书社,2010年,第4679、4680、4687、4689、4711、4721、4732、4759、4772、4794、4795、4797、5027页。"见则风雨为败",参见郭世谦:《山海经考释》,天津古籍出版社,2011年,第316页。
② 参见裘锡圭主编,湖南省博物馆、复旦大学出土文献与古文字研究中心编纂:《长沙马王堆汉墓简帛集成》(4),中华书局,2014年,第246—283页。
③ 参见文化部古文献研究室、安徽阜阳地区博物馆阜阳汉简整理组:《阜阳汉简〈万物〉》,《文物》1988年第4期。
④ 郝懿行笺疏:《山海经笺疏》,郝懿行著,安作璋主编:《郝懿行集》第6册,第4812—4813页。
⑤ 最早将《山海经》与《万物》进行比照的是尚志钧《从医药角度探讨〈万物〉与〈山海经〉的时代关系》(《中医临床与保健》1989年第3期),但引证不全。
⑥ 郝懿行笺疏:《山海经笺疏》,郝懿行著,安作璋主编:《郝懿行集》第6册,第4840页。

华赤实,其味如李而无核,名曰沙棠,可以御水,食之使人不溺"①。《万物》有"雏鸟之解惑也"(W012),《山海经·南山经》有"有鸟焉,其状如鸠,其音若呵,名曰灌灌,佩之不惑"②;《山海经·西山经》有"其草多条,其状如葵,而赤华黄实,如婴儿舌,食之使人不惑"③。《万物》有"……菽可已瘘"(W024)。《山海经·中山经》有"合水出于其阴,而北流注于洛,多䲢鱼,状如鳜,居逵,苍文赤尾,食者不痈,可以为瘘"④。"为瘘"即"治瘘"之意。《万物》有"可以已痤也"(W013),《山海经·中山经》有"又东二十里,曰金星之山,多天婴,其状如龙骨,可以已痤"⑤。《万物》有"鱼与黄土之已痔也"(W018),《山海经·西山经》有"有鸟焉,其状如鹑,黑文而赤翁,名曰栎,食之已痔"⑥;《山海经·南山经》有"浪水出焉,而南流注于海。其中有虎蛟,其状鱼身而蛇尾,其音如鸳鸯,食者不肿,可以已痔"⑦。《万物》有"姜叶使人忍寒也"(W031),《山海经·中山经》有"又东三十五里曰敏山。上有木焉,其状如荆,白华而赤实,名曰蓟柏,服者不寒"⑧。《万物》有"石鼠矢已心痛也"(W007),《山海经·西山经》有"其草有萆荔,状如乌韭,而生于石上,亦缘木而生,食之已心痛"⑨。以上所引《万物》和《山海经》中记载诸物功效的用语十分接近或类似,都在一定程度上表明两者的文本性质相近。

中国古代有"万物皆可入药"的观念,因此"博物学"与"本草学"又密切相关。《万物》文中虽然有很多可入药的物品的记载,但是与后世医书中的方剂内容区别还是比较明显,尤其像"兔白可为裘也"(W009)"蜘蛛令人疾行也"(W030)和"綍缴以骨,鸟虽高,射之必及也"(W049)等文字,更是明显溢出"本草学"的领域,应该属于"博物学"的范畴。

中国古代《博物志》一类书的内容,可以概括为如下几类:(1)山川地理;(2)奇珍异兽;(3)神话传说;(4)神仙人物;(5)数术方技。⑩ 用这个标准来衡量《山海经》,倒是非常符合。只不过《山海经》是以地理为框架而已。从这一点

---

① 郝懿行笺疏:《山海经笺疏》,郝懿行著,安作璋主编:《郝懿行集》第6册,第4725—4726页。
② 同上①第4677页。
③ 同上①第4695页。
④ 同上①第4840—4841页。
⑤ 同上①第4806页。
⑥ 同上①第4703页。
⑦ 同上①第4686—4687页。
⑧ 同上①第4845—4846页。
⑨ 同上①第4694—4695页。
⑩ 参见江晓原:《中国文化中的博物学传统》,《广西民族大学学报》2011年第6期。

来说,把《山海经》定性为"博物志说",也是有理有据。

三是继承了"志怪"的传统。中国古代历来有"记异"和"志怪"的习惯,从甲骨文记录狩猎时俘获珍异动物的记载,到商周青铜器上的"饕餮"形象和《左传》宣公三年王孙满所云"铸鼎象物";从《楚辞·天问》反映出的楚先王之庙和公卿祠堂上图绘的天地山川中的神灵和怪物,到睡虎地秦简《日书》中的《诘咎》篇;从《山海经》郭璞注提到的《畏兽画》,到梁代开始著录的《白泽图》和敦煌的《白泽精怪图》①,这一传统绵延不绝。古人描摹图绘各种神怪,正如《左传》宣公三年王孙满所说,是为了"使民知神奸。故民入川泽山林,不逢不若;螭魅魍魉,莫能逢之";而"知神奸"的方法,首先就是要记住"神奸"的形象和名字,即《抱朴子·登涉》所谓"但知其物名,则不能为害矣"②和同书《祛惑》所言"尽知其名,则天下恶鬼恶兽,不敢犯人也"③。为何知道名字,就不能为害了呢?这是因为古人有一种观念,认为名字并不是约定俗成的,而就相当于其所指代的人或物。所以知道了人或物的名字,也就相当于知道了祛除的方法。睡虎地秦简《诘咎》篇记载了很多鬼的名字和驱鬼的方法,可以称之为中国最早的志怪小说④,其内容与《山海经》的《山经》部分中谈神怪的内容很接近。尤其是《山海经》谈到对待神怪最常用的方法就是"食之",这与睡虎地秦简《诘咎》篇谈到对待某些鬼的方法是"烰而食之"(简四九背壹)、"烹而食之,美气"(简三七背贰—简三八背贰)、"烹而食之,不害矣"(简六六背贰)⑤如出一辙。《白泽图》或《白泽精怪图》的"白泽"是神名,源自《云笈七签》:"帝巡狩东至海,登桓山,于海滨得白泽神兽,能言,达于万物之情。因问天下鬼神之事,自古精气为物,游魂为变者,凡万一千五百二十种,白泽言之,帝令以图写之以示天下,帝乃作《祝邪之文》以祝之。"⑥《抱朴子·极言》:"穷神奸则记白泽之辞。"⑦同书《登涉》:"其次则论百鬼录,知天下鬼之名字,及《白泽图》《九鼎记》,则众鬼自却。"⑧也都表达了相同的意思。在《白泽图》

---

① 参见游自勇:《敦煌本〈白泽精怪图〉校录——〈白泽精怪图〉研究之一》,《百年敦煌文献整理研究国际学术讨论会论文集》,2010年;游自勇:《〈白泽图〉与〈白泽精怪图〉关系析论——〈白泽精怪图〉研究之二》,中国文化遗产研究院编:《出土文献研究》第10辑,中华书局,2011年,第336—348页。
② 王明:《抱朴子内篇校释》,中华书局,1985年,第304页。
③ 王明:《抱朴子内篇校释》,第349页。
④ "小说"的概念前后发生过变化,秦简《诘咎》篇的内容具备后世小说的所有要素,跟后世的志怪小说没有大的不同,不能用发生变化后的"小说"概念来衡量早期的"小说"。
⑤ 参见陈伟主编:《秦简牍合集》(1),武汉大学出版社,2014年,第442、444、445页。
⑥ 张君房编:《云笈七签》,李永晟点校,中华书局,2003年,第2177页。
⑦ 王明:《抱朴子内篇校释》,第241页。
⑧ 王明:《抱朴子内篇校释》,第308页。

或《白泽精怪图》流行的时代，很多人家都藏有《白泽图》或《白泽精怪图》，或是悬挂在墙，或是张贴在门，都是为了随时对照翻查鬼怪的形象、名字以及祛除方法。《五灯会元》："师曰：'家有白泽之图，必无如是妖怪。'"①说的就是这种情况。

谈到《山海经》的文本形式，主要是指《山海经》的附图问题。关于《山海经》附图的讨论，一直是《山海经》研究的一个重点。确定《山海经》有图，是从郭璞的《山海经图赞》开始的。唐宋之后各种《山海经图》日渐增多，但都逐渐佚失，我们今天看到的《山海经图》都是明清之后的图。现在的问题是：郭璞《山海经图赞》参照的图，是《山海经》原初的图，还是郭璞或郭璞同时代其他人配的图，至今尚没有明确证据；还有最初的《山海经》图，是和如今看到的图一样，仅仅画有各种神怪，还是除神怪之外，还包括山川地理形貌等地图，目前也说不清楚。从《山海经》的内容，参照出土文献的实际情况看，我们认为《山海经》很可能最初就配有图，是比较早的"图书"。因为从出土文献看，战国秦汉时期有关数术类的著作，大都配有附图。比较典型的如长沙楚帛书，四周画有代表"四时"的"神木"和四边每边三个共十二个代表十二个月的"神怪"。秦简中与数术有关的如睡虎地秦简《日书》甲种有《艮山图》（《艮山图》又见于周家寨汉简和孔家坡汉简）、《人字图》（《人字图》又见于周家寨汉简、马王堆帛书《胎产书》、香港中文大学藏汉简、孔家坡汉简和北大藏汉简）和《置室门图》，《日书》甲、乙种又都有《死失图》，马王堆帛书中有《禹藏埋胞图》《堪舆图》《刑德小游图》《传胜图》《地刚图》《木人占图》《卦象图》《物则有形图》《九主图》等，银雀山汉简有《九宫图》、尹湾汉简有《六博图》②。其中形式上与《山海经》附图最为近似的就是长沙楚帛书上的图和马王堆帛书《天文气象杂占》的图。长沙楚帛书文字部分的内容包括伏羲女娲神话，周边有十二个神怪的图像，马王堆帛书《天文气象杂占》的文字内容是讲天象预示的军事吉凶，并附有各种天象的图像。长沙楚帛书从文字内容到附图形式，都与《山海经》部分内容和所附之图非常接近；马王堆帛书《天文气象杂占》的内容虽然涉及的是天文和兵阴阳，这一点与《山海经》不同，但是其以不同天象的出现预示军事吉凶并附图的形式，与《山海经》以不同的神怪出现预示吉凶并附图的形式完全相同。

---

① 普济：《五灯会元》（上），苏渊雷点校，中华书局，1984年，第320页。
② 关于简帛所附图像的研究，参见黄儒宣：《〈日书〉图像研究》，中西书局，2013年；程少轩：《罗图考》，《湖北出土简帛日书国际学术研讨会论文、摘要合编》，2018年，第68—80页；程少轩：《马王堆帛书〈刑德〉〈阴阳五行〉诸篇图像复原》，濮茅左主编：《练祁研古——上海练祁古文字研究中心集刊》第1辑，中西书局，2018年，第148—192页。

出土文献中有一个现象很值得注意,就是附图跟记录文字的载体有关。以竹木简为记录载体的数术类著作中所附之图,大都是一些表示方位、干支等表格类的图,像《人字图》那样画有人形且比较写实的图则偏少。但是在以缣帛为记录载体的数术类文本中,却有很多星宿、云气和神怪等更为写实形象的图,如长沙楚帛书和马王堆帛书。这是因为竹木简每支宽度有限,简与简之间存在空隙,因此画复杂写实的图受限制,而帛书则不受这个制约,画图更为自由,因此缣帛上才会有更多复杂写实的图。所以从图文搭配的形式看,帛书才是当时"图书"的代表。

通过以上论述可知,《山海经》是一部带图的综合性图书,如果一定要给《山海经》的文本性质作一个定性的话,大可不必用已有的传世典籍来套,而是应该给出一个稍显宽泛的称呼,譬如称之为:在地理框架下杂糅着数术、博物、志怪和神话等内容的综合性图书。这样命名似乎才更为接近事实。

二、《山海经》的史料价值

清张之洞《书目答问》列《山海经》于史部古史类,已经认为《山海经》中有可信之史料,可谓颇有识见。王国维更是很早就指出:"虽谬悠缘饰之书如《山海经》《楚辞·天问》,成于后世之书如《晏子春秋》《墨子》《吕氏春秋》,晚出之书如《竹书纪年》,其所言古事亦有一部分之确实性;然则经典所记上古之事,今日虽有未得二重证明者,固未可以完全抹杀也。"[①]王国维对《山海经》作出这样的判断,缘于他对出土资料的熟悉和感悟。他发现甲骨文中记录商代先王"王亥"的"亥"字经常写成上边有一只鸟的形状,与《山海经·大荒东经》所载"有人曰王亥,两手操鸟,方食其头"中王亥"两手操鸟"的记载可以互证[②]。20世纪40年代初胡厚宣先生发表《甲骨文四方风名考》一文,紧接着又与丁声树先生合作写出《甲骨文四方风名考补证》,之后又加以修订写成《甲骨文四方风名考证》,到50年代初再加入新的缀合资料写成《释殷代求年于四方和四方风的祭祀》一文[③]。该文发现甲骨文中的四方风名与《山海经·大荒东经》记载的四方风名有很多相合之处,这与《尚书·尧典》中的一些记载也有关联,既可以订正《山海经》的一些

---

① 王国维:《古史新证——王国维最后的讲义》,清华大学出版社,1994年,第52—53页。
② 王国维:《殷卜辞中所见先公先王考》,《观堂集林》,中华书局,1959年,第415—418页。
③ 参见胡厚宣:《释殷代求年于四方和四方风的祭祀》,《复旦学报》1956年第1期。

错误,又可以说明有关四方风的思想和观念起源很早。以上所列王国维和胡厚宣两位的发明发现,揭示了《山海经》蕴含的神话史料可与出土文献互证的事实,说明《山海经》"其所言古事亦有一部分之确实性",所以"固未可以完全抹杀也"。可以说是利用"二重证据法"研究《山海经》的典型范例。

近些年公布的出土文献可以补充如下一些与《山海经》互证的例子:

其一,安徽大学藏楚简中有《楚纪》篇,记录了楚国从早到晚的历史,非常详细①。其中提到楚国先祖"穴熊"和"老童"的起名缘由。如说到"穴熊"时说:"融乃使人下请季连,求之弗得,见人在穴中,问之不言,以火爨其穴,乃惧,告曰:'酓(熊)'。使人告融,融曰:'是穴之酓(熊)也。'乃遂名之曰穴酓(熊),是为荆王。"②可见"穴熊"一名的来由,是因为酓(熊)生活在山洞或地下穴道的原因。而据简文记载,"老童"的得名是因为"老童"生下来时就满头白发,状如老人,因此命名为"老童"。这都是以往不知道的新知。《山海经·中山经》:"又东一百五十里曰熊山,有穴焉。熊之穴,恒出神人。夏启而冬闭;是穴也,冬启乃必有兵。"③萧兵说:"在以熊称的楚王名字最令人感兴趣的是那较古老的'穴熊'——这分明说出自熊穴,或穴处的熊祖。"并据上引《山海经·中山经》的记载推测说:"这熊穴自是巨熊蛰居或冬眠之所。熊穴神人莫非暗指楚祖穴熊?"④萧兵这一推测以往不被重视,如今看来很可能是正确的,这也凸显出《山海经·中山经》这条记载的珍贵。

有多位学者据楚先公和楚王之名称"熊"的现象,推测楚人有崇拜熊或以熊为图腾的意识,这一推论在传世文献与出土文献中都可以得到印证。伏羲是楚人神话传说中的创世英雄,在楚帛书中写作"雹(包)虘(戏)",楚帛书的第一句就说:"曰故(古)大熊雹(包)虘(戏)出自□霊,尻(处)于□□。"明确称伏羲为"大熊"。《礼记·月令》正义引《帝王世纪》说伏羲"一号黄熊氏",《易纬乾凿度》说"太古百皇辟基……始有熊(或作'能')氏",郑玄注:"有能氏,庖犧氏,亦名苍牙,与天同生。"又说:"苍牙有熊氏庖犧得易源。"这些都是伏羲与熊有关的证据⑤。

清华简《楚居》篇说:"季连初降于騩山,氐(抵)于穴穷,前出于乔山,宅处爰

---

① 《楚纪》是代拟的篇名,笔者曾建议命名为《梼杌》。
② 黄德宽:《安徽大学藏战国竹简概述》,《文物》2017年第9期。
③ 郝懿行笺疏:《山海经笺疏》,郝懿行著,安作璋主编:《郝懿行集》第6册,第4860页。
④ 萧兵:《楚辞文化》,中国社会科学出版社,1990年,第31页。
⑤ 参见裘锡圭:《"东皇太一"与"大霝伏羲"》,《裘锡圭学术文集》第2卷,复旦大学出版社,2012年,第546—561页。

波;逆上汌水,见盘庚之子处于方山……"①"穴窍"为"大名冠小名",指"窍"地之穴。新蔡葛陵楚简在谈到楚国祖先来源时说:"昔我先出自䣙逃,宅兹沮漳,以选迁处……"②"逃䣙"的"逃"裘锡圭先生读为"窦","逃䣙"即"䣙"地之山洞或地下穴道。上引楚帛书"曰故(古)大熊雹(包)虚(戏),出自□䨈,凥(处)于□□"中的"䨈"字,裘锡圭先生也读为"窦","大熊雹(包)虚(戏),出自□䨈"说的是楚人传说中形象为大熊的伏羲出自某个山洞或地下穴道的故事③。以上几个出土文献的例子,也是楚人有崇拜熊或以熊为图腾意识的最好证明。

其二,北京大学藏秦简《鲁久次问数于陈起》中,有一段在讲传说中的上古帝王和贤臣的发明创作之功时说:"始诸黄帝、颛顼、尧、舜之智,循鲧、禹、皋陶、羿、簅之巧,以作命下之法,以立钟之副,副黄钟以为十二律,以印记天下为十二时,命曰十二字,生五音、十日、廿八日宿。"④文中提到的帝王和贤臣中,黄帝、颛顼、尧、舜、鲧、禹、皋陶、羿是大家都熟悉的人物,唯独"簅"似乎未曾听闻。原整理者解释"簅"字说:"'簅'字下部作'番',疑为'垂'之讹,'簅'应读为'垂',亦作倕,古书引《世本》有'倕作规矩准绳''垂作耒耨''垂作耜''垂作钟''垂作铫'等语,或曰黄帝之臣,或曰尧之巧工,或曰舜臣,说法不一。"⑤又引《墨子·非儒下》"古者羿作弓,伃作甲,奚仲作车,巧垂作舟"为证。这一解释看上去颇有理致,其实却是有问题的。对此郭永秉指出:

> 然"垂""番"二字秦汉文字从上到下相去远甚,观本篇[04-128]号简写的标准的"𡍮(垂)"字自明,因此整理者此说当非是。……字在简文中当读为"般"……《山海经·海内经》:"少皞生般,般是始为弓矢。"郭璞注:"《世本》云:'牟夷作矢,挥作弓。'弓矢一器,作者两人,于义有疑,此言般之作是。"古代制器传说中,关于弓的发明者,多有异说,大致有羿(夷羿)、倕、般、黄帝尧舜诸说……《世本》的"挥"似应即"羿"字讹写作"翚"的误读,疑非二人。少昊之子般为弓矢发明者之说,仅见于《山海经》,据郭璞注当非无据之

---

① 李学勤主编:《清华大学藏战国竹简》(1),中西书局,2010年,第181页。
② 参见武汉大学简帛研究中心、河南省文物考古研究所编著:《楚地出土战国简册合集》(2),文物出版社,2013年,第22页。
③ 参见裘锡圭:《说从"𡍮"声的从"貝"与从"乇"之字》,《文史》2012年第3辑。
④ 韩巍、邹大海:《北大秦简〈鲁久次问数于陈起〉今译、图版和专家笔谈》,《自然科学史研究》2015年第2期。
⑤ 同上④。

说,《鲁久次问数于陈起》篇"羿""簸(般)"并为古之工巧者,盖皆就弓矢制作而言,适能印证其说,同时也可说明弓矢发明者,在古人看来也并非只能是单独一个人。①

这一说法明显比原整理者将"簸"认为是"箨"之误字的解释要合理。般发明弓矢的传说仅见于《山海经》,经与北大藏秦简《鲁久次问数于陈起》的互证,更可说明《山海经》的这一记载并非孤证,而是具有不同典籍记载支撑的传说史料。

其三,《山海经·海外北经》:"聂耳之国在无肠国东,使两文虎,为人两手聂其耳。"郭璞注:"言耳长,行则以手摄持之也。"②又《山海经·大荒北经》:"有儋耳之国,任姓,禺号子,食谷。"郭璞注:"其人耳大下儋,垂在肩上,朱崖儋耳,镂画其耳,亦以放之也。"③袁珂《山海经校注》按:"儋耳,《淮南子·地形篇》作'耽耳',《博物志》卷一作'擔耳',依字'儋'当为'聸'。《说文》十二云:'聸,垂耳也。'即郭注所谓'耳大下儋,垂在肩上'之意也。"④《抱朴子·杂应》提到老子形象时说:"姓李名聃,字伯阳,身长九尺,黄色,鸟喙,隆鼻,秀眉长五寸,耳长七寸……"⑤老子名耳,字聃,从古人名字相应的规律看,"聃"字的含义一定跟"耳朵"有关。"聃"字与"儋""耽""擔""聸"诸字皆音近可通,寓意都是指耳朵长,所以从老子的名字来看,显然就来自其"耳长七寸"的特点。《史记·老子韩非列传》载有周太史儋,历来研究者或认为与老子就是同一人,或认为另有其人,无论如何,这个周太史儋的名字"儋",很可能与老子的名字取意相同。春秋时期的晋文公名重耳,后世典籍记载其有异象,即"骈胁重瞳",于是有人猜测其本名"重目",后改为或误为"重耳",或说"重耳"是指耳垂双重。这些说法都是没有证据的猜测。"重耳"的"重"虽然《经典释文》记其音读为"重复"之"重",但《经典释文》时代偏晚,其记录的读音不见得是早期正确的读法,"重耳"的"重"完全可能读为"轻重"之"重"。"耳长"必然会沉重,所以如《山海经》才会说"两手聂其耳"。陆德明《老子道德经》释文云:"老子姓李名耳,河上公云名重耳,字伯阳,陈国苦

---

① 郭永秉:《近年出土战国文献给古史传说研究带来的若干新知与反思》,复旦大学出土文献与古文字研究中心编:《出土文献与古文字研究》第7辑,上海古籍出版社,2018年,第247页。
② 郝懿行笺疏:《山海经笺疏》,郝懿行著,安作璋主编:《郝懿行集》第6册,第4908页。
③ 同上②,第5011页。
④ 袁珂校注:《山海经校注》,北京:北京联合出版社,2014年,第358页。
⑤ 王明:《抱朴子内篇校释》,第273页。

县厉乡人。"①河上公注把老子之名与晋文公重耳之名加以等同,虽然可能是后人的附会,但也可能说明当时有人就认为晋文公重耳之名就是指"耳长"。

典籍记载的仙人常常有"耳长"的特征,如《抱朴子·仙药》载仙人八公之一的林子明"耳长五寸"②,《列仙传》载阮公"耳长六七寸"③,《云笈七签》载务光"耳长七寸"④,就都是显例。在古代相术中,耳长都是吉象,显然就体现了这一观念。形容人用"聂耳"一词,在典籍中只见于《山海经》,但在清华楚简中出现了相同的用法。清华楚简《楚居》篇简2—3说:"穴酓(熊)迟徙于京宗,爰得妣隹,逆流载水,厥状聂耳,乃妻之,生侸叔、丽季。"⑤文中的"厥状聂耳",是说"妣隹"的形貌是长了一双长耳朵。"妣隹"为"穴酓(熊)"之妻,应该是楚人著名的先妣,形容其容貌不以"长耳"为忌讳,反倒加以强调,足见以"长耳"为美,以"长耳"为瑞相的观念,在楚国也一样流行。商代青铜器聂方鼎铭文中有名"聂"之人,商代族氏铭文中也有一个写成正面之人并夸大两耳之形的一个字,学者或释为"聂",这说明当时可能存在崇尚"长耳"的族氏,可见这一观念应该有着久远的来源⑥。

以上所举出土文献证明《山海经》史料价值的资料,都是有关神话或传说的内容。这些有关神话或传说的史料既揭示了《山海经》的性质,同时也印证了王国维所说:"虽谬悠缘饰之书……其所言古事亦有一部分之确实性。"这些神话或传说史料一样能够描绘古代中国的精神世界的图景,并从中窥探古人的思想观念,从而证明或解释古人的所思所想,所以也绝对不能轻视。

三、《山海经》的产生时地与作者

关于《山海经》产生的时地与作者,以往学术界的研究已经比较深入,但始终众说纷纭,莫衷一是。陆侃如认为《山经》是战国楚人所作,《海内经》和《海外经》是汉代所作,《大荒经》和《海内经》为东汉魏晋所作⑦;茅盾认为《五藏山经》是春

---

① 陆德明撰:《经典释文》,黄焯断句,中华书局,1983年,第356页。
② 参见王明:《抱朴子内篇校释》,第208页。
③ 参见王叔岷撰:《列仙传校笺》,中华书局,2007年,第155页。
④ 参见张君房编:《云笈七签》,第2337页。
⑤ 李学勤主编:《清华大学藏战国竹简》(1),第181页。
⑥ 参见谢明文:《商代金文的整理与研究》,博士学位论文,复旦大学出土文献与古文字研究中心,2012年,第175—176页。
⑦ 参见陆侃如:《论〈山海经〉的著作时代》,袁世硕、张可礼主编:《陆侃如冯沅君合集》第8卷,安徽教育出版社,2011年,第163—164页。

秋时作，海内外经至迟成书于春秋战国之交，《荒经》的成书也不会晚于秦统一①；蒙文通认为《荒经》以下五篇写作时代最早，大约在西周前期，《海内经》四篇较迟，但也在西周中叶。《五藏山经》和《海外经》四篇最迟，是春秋战国之交的作品。《海内经》是古蜀国人所作，《大荒经》是巴国人所作②；袁珂认为《荒经》四篇和《海内经》一篇成书最早，大约在战国初年或中年；《五藏山经》和《海外经》四篇稍迟，是战国中期以后的作品；《海内经》四篇最迟，成于汉代初年。他们的作者都是楚人——即楚国或是楚地之人③。还有的研究者认为《山海经》的作者应该是秦人，也有的研究认为是齐人或燕人④。

前文说过，《山海经》内容庞杂，其内部差异也很大，很可能并非一时一地所作，所以谈论《山海经》的时地和作者，只能就一部分立言，不能全书一概而论，因此本文只想就《山经》部分的时地和作者作些推测。

探索一部文本的产生时地和作者，全面考察文本的用字用词习惯，是一种行之有效的方法。张永言《从词汇史看〈列子〉的撰写时代》一文，就是通过《列子》在用字用词上的某些特殊现象和魏晋时期的一些新词新义，判定《列子》应出自晋人之手⑤。这是利用词汇史的观点推定文本产生时代的一篇经典范文。本文也试图利用这一方法，从出土文献与《山海经》用字用词习惯对照的角度，推定《山海经》的《山经》部分的产生时地和作者。

其一，《山海经·中山经》有两处出现"刉"字："用一黑犬于上，用一雌鸡于下，刉一牝羊，献血。""其祠：毛用一雄鸡、一牝豚刉，糈用稌。"⑥"刉"字在《山海经》中又多借"祈"字为之，如《山海经·西山经》："其神祠礼，皆用一白鸡祈。"《山海经·东山经》："祠：毛用一犬祈，䎕用鱼。""其祠：毛用一鸡祈，婴用一璧瘞。"⑦因为"乞"字是从"气"字分化出来的，所以"刉"字字书又写作"刏"。《说

---

① 参见茅盾：《神话研究》，百花文艺出版社，1981年，第147—151页。
② 参见蒙文通：《略论〈山海经〉的写作时代及其产生地域》，《巴蜀古史论述》，四川人民出版社，1981年，第146—181页。
③ 参见袁珂：《〈山海经〉写作的时地及篇目考》，《神话论文集》，上海古籍出版社，1982年，第1—25页。
④ 参见陈连山：《〈山海经〉学术史考论》，第2—3页。
⑤ 参见张永言：《从词汇史看〈列子〉的撰写时代》，《语文学论集》（增订本），复旦大学出版社，2015年，第326—354页。
⑥ 郝懿行笺疏：《山海经笺疏》，郝懿行著，安作璋主编：《郝懿行集》第6册，第4627、4883—4884页。
⑦ 同上⑥，第4748、4792、4797页。

文》:"刉,划伤也。从刀、气声。一曰:断也。又读若殪。"①郝懿行《山海经笺疏》引毕沅云:"祈,当为衈。"引《说文》云:"衈,以血有所刉涂祭也。"又引《周礼》郑注云:"祈,或为刉。刉与衈同义。"②按《说文》云:"衈,以血有所刉涂祭也。从血,幾声。""以血有所刉涂祭也"是指杀牛羊豕并取血用于衅祭,这个意思按之《山海经》文意很合适。《周礼·秋官司寇》:"凡刉珥,则奉犬牲。"文中"珥"通"衈",与"刉"并列,都是指杀牲取血以行衅礼。早期典籍中"刉"字不多,除《山海经》外,用于指杀牲取血行衅礼的具体文例更是少见,但是楚简中却有不少实例。新蔡葛陵楚简中有字作"䎽",我们曾指出就是"刉"字③。"既""气(乞)"古音很近,作为声符可以替换,所以楚简中的"气"字又常写作"既"。"䎽"在葛陵楚简中的用法同《山海经》完全相同,如"弦熹之述䎽(刉)于下紫、下姑留二豰,祷……"(甲三314)"司城均之述䎽(刉)于洛、鄾二社二豰,祷……"(甲三349)"酴羌之述䎽(刉)于上猷、发焚二豰……"(甲三343-2)"亳良之述䎽(刉)于郯与二社二豰……"(甲三343-1)④文中"䎽(刉)"的对象为"豰",即公猪,与《山海经》"刉"或"祈"字所在文句的不同,只是葛陵楚简在"䎽(刉)"和"豰"之间增加了"䎽(刉)"的地点而已。

其二,《山海经》的《山经》部分在谈到瘞埋玉器时常出现"婴用"一语,如《山海经·东山经》:"其祠:毛用一鸡祈,婴用一璧瘞。"《山海经·中山经》:"其祠泰逢、熏池、武罗皆一牡羊副,婴用吉玉。""升山冢也,其祠礼:太牢,婴用吉玉。""婴用吉玉,采之,飨之。""其祠:毛牷用一羊羞,婴用一藻玉瘗。""洞庭、荣余山神也,其祠:皆肆瘞,祈酒太牢祠,婴用圭璧十五,五采惠之。"⑤"婴用"的"婴"字金文的形状,是一个人在颈上系带缠绕着用贝壳装饰成的一串项链的样子,所以"婴"有系带、缠绕的意思,"婴用"的"婴"正是用为"系带""缠绕"之义。《山海经·海内南经》:"有木,其状如牛,引之有皮,若缨、黄蛇。"郭璞注"引之有皮"以下谓:"言牵之皮剥如人冠婴及黄蛇状也。"⑥袁珂翻译这一段为:"有一种树,树

---

① 许慎撰:《说文解字》卷4下,徐铉校订,中华书局,1963年,第91页。
② 郝懿行笺疏:《山海经笺疏》,郝懿行著,安作璋主编:《郝懿行集》第6册,第4691页。
③ 参见刘钊:《释新蔡葛陵楚简中的"䎽"字》,《书馨集续编:出土文献与古文字论丛》,中西书局,2018年,第192—193页。
④ 参见武汉大学简帛研究中心、河南省文物考古研究所编著:《楚地出土战国简册合集》(2),第102、103页。
⑤ 同上②,第4797、4818、4827、4816、4846、4884页。
⑥ 同上②,第4929页。

的形状像牛,牵引它就有皮掉下来,像缨带,又像黄蛇。"①按郭璞和袁珂的注译都是错误的,闻一多先生考证说:"按:缨,绕也。《文选·甘泉赋》注引《埤苍》曰'婴,绕也。'婴、缨同。此言棕皮交绕上行,如蛇自盘之状也。"②这一训释非常正确,"婴"在文中正是用为"缠绕"的意思,"若婴黄蛇"是说棕树皮"像缠绕的黄蛇一样"。这一"婴"字用法跟"婴用"的"婴"字完全相同。在先秦汉魏典籍中,"婴"和"婴用"用于瘗埋玉器的场合的例子只见于《山海经》,但在楚简中却有很多相同的用例。葛陵楚简中出现十几处"瑛(缨)之以兆玉""瑛(缨)之兆玉""瑛(缨)以兆玉"③的句子,"瑛(缨)之以兆玉"和"瑛(缨)之兆玉"的"之"指代被系带和缠绕着玉器的牺牲,"瑛(缨)以兆玉"与《山海经》的"婴用吉玉"句式全同,"以"正是"用"的意思。"吉玉"一语又见于出土文献中的《诅楚文》和战国中山国玉饰。中山国玉饰铭文说:"吉之玉,麻(靡)不卑(?)。"④"吉玉"之"吉"是结实、坚固之义,比较来看,"兆玉"的"兆"应该也是类似或相近的意思。中国在从新石器时期开始的早期墓葬中,有很多是随葬各种玉器的,有时随葬的玉器很多,考古发掘的景况就是玉器布满了墓主人的上下左右,这种葬法,应该就是"婴玉"的形式。"婴玉"形式发展的极致,就是"金缕玉衣"的出现。上边提到的《山海经》的《山经》部分"婴玉"的祭法,又跟侯马盟书埋藏盟书的形式很像,两者都是祭山的仪式,都是采用瘗埋的方法,都有祭牲。侯马盟书遗址祭坎中出土的大量玉石片,应该就是葛陵楚简和《山海经》提的"兆玉"或"吉玉"。

其三,《山海经》中有吃了某种动植物可以"不眯"的记载,如《山海经·西山经》谓:"是多冉遗之鱼,鱼身蛇首六足,其目如马耳,食之使人不眯,可以御凶。"《中山经》云:"有草焉,其状如葵叶而赤华,荚实,实如棕荚,名曰植楮,可以已癙,食之不眯。""有兽焉,其状如彘而有角,其音如号,名曰蠪蚳,食之不眯。""其中有鸟焉,状如山鸡而长尾,赤如丹火而青喙,名曰鸰䳨,其鸣自呼,服之不眯。"⑤关于"不眯"的"眯"字,郝懿行引《说文》云:"眯,草入目中也。"⑥袁珂说:"此固眯之

---

① 袁珂:《山海经校译》,上海古籍出版社,1985年,第224页。
② 闻一多:《璞堂杂业》,《闻一多全集》(10),湖北人民出版社,1993年,第461页。
③ 参见武汉大学简帛研究中心、河南省文物考古研究所编著:《楚地出土战国简册合集》(2),第8、16页。
④ 刘钊:《战国中山王墓出土古文字资料考释》,《古文字考释丛稿》,岳麓书社,2005年,第215—217页。
⑤ 郝懿行笺疏:《山海经笺疏》,郝懿行著,安作璋主编:《郝懿行集》第6册,第4743—4744、4806、4812、4828页。
⑥ 同上⑤,第4744页。

一义,然以此释此经之眯,则未当也。'草入目中',偶然小事,勿用服药;即令服药,亦何能'使人不眯'?《庄子·天运篇》云:'彼不得梦,必且数眯焉。'《释文》引司马彪云:'眯,厌也。'厌,俗作魇,即厌梦之义,此经文眯之正解也,与下文'可以御凶'之义亦合。"①袁珂指出"眯"应训为"魇",非常正确,但是他并不知道"眯"的本字应该是"寐"。《说文》大徐本:"寐,寐而未厌。从省、米声。""寐而未厌"四字小徐本作:"寐而猒也。"②比较而知小徐本的训释是正确的,"猒"就是"魇",指做噩梦。北方方言中至今还称做噩梦为"魇住了"。"寐而猒也"就是睡着了做噩梦的意思。睡虎地秦简《日书》甲种《诘咎》篇有一段说:"一室中卧者眯也,不可以居,是□鬼居之,取桃桲段四隅中央,以牡棘刀刊其宫墙,呼之曰:'复!疾趋出!今日不出,以牡刀破而衣。'则无殃矣。"③文中"眯"字有学者误解为"迷眼睛"之"迷",是错误的,这里的"眯"正是《山海经》中"不眯"之"眯","一室中卧者眯也"是说一个房间内睡觉的人做噩梦。《淮南子·精神》:"觉而若眯,以生而若死。"高诱注:"眯,魇也。楚人谓魇为眯。"④高诱的注非常重要,他指出把魇称为"眯"是楚地的方言。上引睡虎地秦简出土于湖北云梦,"云梦"乃"云梦泽"所在,正是楚国的中心地带,所以睡虎地秦简记录的文字语言,一定受到楚文化影响,因此会留下称"魇"为"眯"的用字习惯。

其四,《山海经·西山经》说:"(皋涂之山)有白石焉,其名曰礜,可以毒鼠。"郭璞注:"今礜石杀鼠,音豫;蚕食之而肥。"⑤"礜"是一种性热含毒的矿石,即硫砒铁矿,也叫毒砂,是制造砒霜的主要原料,可以用之炼丹,中医又常用之入药,为五毒之药"之一,其功用是祛除"邪祟鬼疰",魏晋时期还被作为"五石散(又称寒食散)"的主要成分。因礜石色白,故又称为"白礜"或"白石"。《抱朴子·登涉》:"山中见吏,若但闻声不见形,呼人不止,以白石掷之则息矣。"⑥以往各种训释都将"白石"误解为"白色的石头",其实这里的"白石"就是指"礜石"。因为礜石可以祛除"邪祟鬼疰",所以可以用来驱鬼。用"礜石"驱鬼的实例还见于睡虎地秦简《日书》甲种《诘咎》篇,简文说:"鬼恒召人之宫,是遽鬼毋所居,罔呼其召,

---

① 袁珂校注:《山海经校注》,第56页。
② 参见王贵元:《〈说文解字〉校笺》,学林出版社,2002年,第308页。
③ 刘钊:《秦简考释一则》,中山大学古文字研究所编:《康乐集:曾宪通教授七十寿庆论文集》,中山大学出版社,2006年,第78—79页。
④ 何宁集释:《淮南子集释》,中华书局,1998年,第544—545页。
⑤ 郝懿行笺疏:《山海经笺疏》,郝懿行著,安作璋主编:《郝懿行集》第6册,第4704页。
⑥ 王明:《抱朴子内篇校释》,第304页。

以白石投之,则止矣。"(简二八背叁)①句中的"以白石投之"与上引《抱朴子·登涉》的"以白石掷之"非常接近,可以类比。简文中的"白石"以往也被误解为一般的"白色石头",这也是错误的。汉印中有"左礜桃支"印,疑为道家驱鬼之印,印文中的"礜"和"桃支(枝)"都是驱鬼之物。"左"为"东",代表阳,"鬼"为"阴",故桃树朝东的枝条更适用于驱鬼。

以上是一些词的用法不见或绝少见于其他传世典籍,仅见或多见于《山海经》和楚简及楚地所出秦简的例子。另外楚简中有些山名也仅见于《山海经》,如清华简《楚居》中提到的"隗山""乔山""京宗"等山,经学者研究认为分别是指《山海经·西山经》的"騩山"、《山海经·中山经》的"骄山"和《山海经·中山经》的"景山"。②又新蔡楚简中有"二天子"一名,其辞为:"祷于二天子各牂……""馈佩玉于二天子各二璧""馈佩玉于二天子各二璧;馈佩玉于郚山一珽璜。"③从最右一条辞例中"二天子"与"郚山"并列来看,"二天子"很可能也是指山名;又从"二天子"后有"各"字看,"二天子"应该是指两座山。巧的是《山海经·海内经》载有山名为"三天子之都"④,《山海经·海内南经》载有山名"三天子鄣山"⑤。虽然这条材料涉及的不是《山经》部分,但是山名取意得如此近似,也绝非巧合,可以作为《山海经》与战国楚简之间关系的旁证。

以上例证似乎都表明《山海经》的《山经》部分的产生时地,与战国时期的楚国楚地或秦时的楚地有关。对此有人可能会提出疑问,因目前所出的战国简基本都是楚简,因此将《山海经》之《山经》部分的产生时地与战国时期的楚国楚地或秦时的楚地相联系,是不是有使用"默证"之嫌?其实除了以上揭示的《山海经》与楚简在用词上的近似之外,还有两者用字习惯上的相同,这一点将在下一节加以论述。此外,楚帛书上的神怪形象,以往的研究皆将其与《山海经》附图上的神怪相对照,找出了很多两者之间的相似点。如楚帛书中有三头人神怪,在《山海经·海内西经》有"三头人"⑥,《海外南经》:"三首国在其东,其为人一身三首。"⑦"一身三首"的形象与楚帛书上的"三头人"完全一致。还如《山海经》中有

---

① 陈伟主编:《秦简牍合集》(1),第446页。
② 参见李学勤:《论清华简〈楚居〉中的古史传说》,《中国史研究》2011年第1期。
③ 参见武汉大学简帛研究中心、河南省文物考古研究所编著:《楚地出土战国简册合集》(2),第21、36页。
④ 郝懿行笺疏:《山海经笺疏》,郝懿行著,安作璋主编:《郝懿行集》第6册,第5028页。
⑤ 同上④,第4924页。
⑥ 同上④,第4940页。
⑦ 同上④,第4892页。

很多神怪"操蛇""衔蛇""戴蛇""珥蛇"的记载,而在楚帛书上的神怪中,就有两个衔蛇的形象和一个操蛇的形象。在楚地出土并呈现出鲜明的楚文化风格的马王堆一号汉墓的漆棺上,也有"衔蛇"和"操蛇"的神怪形象,这似乎都表明神怪"操蛇""衔蛇""戴蛇""珥蛇",是楚文化的一个显著特征。

以上诸种例证,都在《山海经》与楚国或楚地之间建立起了关联,所以这一节我们可以得出如下推论:《山海经》的《山经》部分的产生时代至迟不晚于战国,产生的地域很可能是在楚地,其作者也应该是楚人。

四、《山海经》的文本文字校释

从《山海经》郭璞注开始,历代都有相关著作或多或少涉及《山海经》文本文字校释问题,但是成绩不大,不足为观。直到清代的毕沅和郝懿行,才有了一些值得重视的意见。随着出土文献的层出不穷,从古文字角度审视《山海经》的文本,也会有一些发现,下边试举例证之。

以往学术界曾有一些成功的校释之例,例如:

其一,《山海经·西山经》:"又西北四百二十里,曰峚山,其上多丹木,员叶而赤茎,黄华而赤实,其味如饴,食之不饥。"郭璞注"峚"字云:"音密。"郝懿行云:"郭注《穆天子传》及李善注《南都赋》《天台山赋》引此经俱作密山,盖峚、密古字通也。"① 文中"峚"字除见于《山海经》和转引《山海经》的著作外,没在其他典籍中出现过,后世字书韵书所收,也仅是《山海经》郭璞注的读音和用法。"峚"字结构如何,为何"音密",是需要弄清楚的问题。李家浩通过与楚文字资料的对比,认为"峚"是战国楚文字"埶"字的简体"坴","坴"字变为"峚",上部从"山"作峚,也是为突出其义训为"山"而进行的"变形义化"。可是"埶"字与"峚(密)"的古音并不近,为何"埶"的省体"峚(密)"会读为"密"音呢? 李家浩又举楚文字从"日"声的"驲"字作"駤",变为从"坴"声,马王堆帛书《老子》等从"埶"的"熱"作"炅",变为从"日"声的例子,解释说明"日"声与"坴"声可以相通。而古代从"日"声的字就可以读为"密",如《汉书》中的"金日䃅"的"日"读为"密",《说文》从"日"声的"魆"读为"霝",从"日"声的"汨"也读为"密"音②。由此《山海经》"峚"字的形体

---

① 郝懿行笺疏:《山海经笺疏》,郝懿行著,安作璋主编:《郝懿行集》第6册,第4717页。
② 参见李家浩:《说"峚"字》,黄德宽主编:《安徽大学汉语言文字研究丛书·李家浩卷》,安徽大学出版社,2013年,第378—395页。

结构和读音的来源,就得到合理解释。

其二,《山海经》的《山经》部分在说到祠山时的用牲法时,常常出现"毛"字,如《山海经·南山经》:"其神状皆鸟身而龙首,其祠之礼:毛用一璋玉瘗,糈用稌米,一璧,稻米,白菅为席。"《西山经》:"其祠之,毛用少牢,白菅为席。其十辈神者,其祠之,毛一雄鸡,钤而不糈;毛采。"《北山经》:"其祠之,毛用一雄鸡彘瘗,吉玉用一圭,瘗而不糈。""其祠:毛用一雄鸡彘瘗。"《东山经》:"祠:毛用一犬祈,聊用鱼。""其祠:毛用一鸡祈,婴用一璧瘗。"《中山经》:"其余十三山者,毛用一羊,县婴用桑封,瘗而不糈。""其祠之,毛用一白鸡,祈而不糈,以采衣之。""其祠:毛用一雄鸡瘗,糈用稌。""其祠:毛用一雄鸡、一牝豚刉,糈用稌。"对于上引文中的"毛"字,郭璞注谓"言择牲取其毛色也。"①袁珂说:"毛谓祀神所用毛物也,猪鸡犬羊等均属之。此言'毛用一璋玉瘗'者,以祀神毛物与璋玉同瘗也。郭注不确,诸家亦竟无释。"②从文意看,郭注和袁珂的解释都不可信。《山海经》在用"毛"字的语法位置上,有时却用"皆"字,如《西山经》说:"其神祠礼,皆用一白鸡祈。糈以稻米,白菅为席。"③这说明"毛"也可能用为总括之词,为"皆""都""全"之义。正好在出土的楚文字里有很多用法相同的"屯"字,如信阳楚简中有:"四方鉴,四团□,二圆鉴,屯青黄之璕。"(2-01)"二方鉴,屯雕里。"(2-09)"七见鬼之衣,屯有裳。"(2-13)"一汲瓶,一沐缶,一汤鼎,屯有盖。"(2-14)在其他类楚文字里也有相同之例,如:"二戟,屯三戈,屯一翼之曾。"(曾侯乙墓竹简)"屯三舟为一舿"(鄂君启舟节),"如马、如牛、如僮,屯十以当一车;如担徒,屯二十担以当一车。"(鄂君启车节)战国文字中"屯"字和"毛"字的形体很接近,极易讹混。以上证据皆表明,上引《山海经》中用为总括之词的"毛"字,都应该是"屯"字的讹误,这些"屯"字在文中就用为"总括之词"④。

(以下是笔者新考释的几个例子)

其三,《山海经·中山经》:"有兽焉,其状如狸而白尾,有鬣,名曰朏朏,养(养)之可以已忧。"⑤按《山海经》中讲到神怪时,说"养之"仅此一见,似与全书

---

① 郝懿行笺疏:《山海经笺疏》,郝懿行著,安作璋主编:《郝懿行集》第 6 册,第 4678、4714、4761、4767、4792、4809—4810、4822—4823、4861、4883—4884 页。
② 袁珂校注:《山海经校注》,第 7 页。
③ 同上①,第 4748 页。
④ 朱德熙:《说"屯(纯)、镇、衛"》,朱德熙著,裘锡圭、李家浩整理:《朱德熙古文字论集》,北京:中华书局,1995 年,第 173—188 页。
⑤ 同上①,第 4808 页。

说解内容和习惯不合。《山海经·北山经》说:"彭水出焉,而西流注于芘湖之水,其中多鯈鱼,其状如鸡而赤毛,三尾、六足、四首,其音如鹊,食之可以已忧。"①又《西山经》谓:"有草焉,名曰薲草,其状如葵,其味如葱,食之已劳。"袁珂说:"已劳,谓已忧也。"②从理校角度分析,可知"養之可以已忧"之"養"应为"食"字之讹。秦汉时期写得比较草的"養"字,上边已经写得很简略,很容易误为"食"字,所以"食之可以已忧"错成了"養之可以已忧"。

其四,《山海经·中山经》:"有兽焉,其状如犬虎,爪有甲,其名曰獜。善駚䎽,食者不风。"郭璞注"駚䎽"谓:"跳跃自扑也;鞅奋两音。"③郭璞注"駚䎽"为"跳跃自扑也"的训释被历代字书韵书吸收,见于《字汇》《类篇》《正字通》《集韵》《康熙字典》等,现代的大型字典词典如《汉语大字典》《中文大辞典》《汉语大辞典》等亦有收录。其实郭璞训"駚䎽"为"跳跃自扑也"只是据文意作出的猜测,并没有任何字书训释和典籍用例的支持,而且很可能是据误字得出的错误结论。典籍中"駚"字除"駚䎽"一词外,还有"駚驽"一词,《广韵》等书训为"马貌",放到《山海经》的辞例中并不合适。后世典籍还有"駚稳"一词,如宋梅尧臣《依韵和永叔澄心堂纸答刘原甫》诗:"因之作诗答原甫,文字駚稳如刀裁。"朱东润校注:"駚稳,夏敬观云:'当作駃',冒广生校作'駃'。"④"夬"与"央"形体极近,很容易讹混,古文字中就有互讹的例子。上引"駚"一词,《汉语大辞典》引《广韵》一书的义训时,就误"駚"为"駃",可见"駚"和"駃"确实易讹,因此夏敬观和冒广生认为"駚稳"为"駃稳"之讹是正确的。"駃"字义为"奔跑"和"快",《广雅·释宫》:"駃,犇也。"⑤《集韵·夬韵》:"駃,马行疾。"⑥《说文》"駃"字下徐铉曰:"今俗与快同用。"⑦按这个义训去理解"文字駃稳如刀裁",是说字写得又快又稳,如刀裁的一样,显然文意很妥帖。从这个讹混实例去看《山海经》的"駚䎽","駚"应该也是"駃"字之讹。笔者在做出这一推论时,尚未看到《山海经》的元曹宪本,后经刘思亮查证后告诉笔者,元曹宪本"駚䎽"正作"駃䎽",证明了笔者的推测⑧,也为"駚

---

① 郝懿行笺疏:《山海经笺疏》,郝懿行著,安作璋主编:《郝懿行集》第6册,第4751页。
② 袁珂校注:《山海经校注》,第43页。
③ 郭世谦:《山海经考释》,第395页。
④ 朱东润:《梅尧臣集编年校注》,上海古籍出版社,1980年,第801页。
⑤ 钱大昭撰:《广雅义疏》,黄建中、李发舜点校,中华书局,2016年,第505页。
⑥ 丁度:《集韵》卷7,述古堂影宋本,第35页b。
⑦ 许慎撰:《说文解字》卷10上,第201页。
⑧ 元曹宪本《山海经》是一个非常好的本子,解决了以往《山海经》文本的很多问题。参见刘思亮:《〈山海经·五藏山经〉校笺》,博士学位论文,复旦大学出土文献与古文字研究中心,2019年。

牵"为"駄牵"之讹提供了坚实的证据。而关于"牵"字,笔者认为是后世失传的"奔"字俗体。字从"牛",与"奔"字构意相同,"分"为声符,所以"駄牵"就是"駄奔",《山海经》的"善駄牵(奔)",是说"㺍"善于快速奔跑。

其五,《山海经·南山经》:"有鸟焉,其状如鸡而三首六目,六足三翼,其名曰䳋𪄀,食之无卧。"郭璞注:"䳋𪄀,急性。'敞''孚'二音。"郝懿行谓:"'䳋'盖'䳋'字之讹;注'敞'亦'敝'字之讹也。《玉篇》作'䳋𪄀',《广雅·释地》本此文作'鹜𪄀'可证。然郭云:'䳋𪄀,急性'亦讹也。"①郭璞训"䳋𪄀"为"急性",是将"䳋𪄀"读成了"憋怤"。《方言》卷10:"钳、疲、憋,恶也。"②郭璞注"憋"字云:"憋怤,急性也。""憋怤"典籍又作"憋憋",《列子·力命》:"墨尿、单至、啴咺、憋憋四人相与游于世,胥如志也。"张湛注:"憋憋,急速之貌。"③《通雅·释诂五》:"憋憋即憋怤。"④《汉语大辞典》既收了"䳋𪄀",也收了"䳋𪄀",两者并存。我们认为郝懿行指出"䳋𪄀"为"䳋𪄀"之讹是非常正确的,郭璞将"䳋𪄀"训为"憋怤"也是正确的,因为《山海经》中的神怪常常用已经成词的联绵词来命名,"䳋𪄀"来自"憋怤"就是一个非常典型的例子。"䳋𪄀"的名字来自"憋怤",可能揭示的是这种神鸟的性情。说"䳋𪄀"优于"䳋𪄀",还因为联绵词中有很多是双声叠韵的,"䳋"与"𪄀"皆为唇音,可算双声,从其构成形式看,自然也要优于"䳋𪄀"。另外从形体上看,从战国时期开始,"尚""冋"两个形体就开始讹混,在后世俗书中,从"冋"的字更常常讹为从"尚"⑤,而且这种讹混是单向的,即都是"冋"讹为"尚",不见"尚"讹为"冋",所以综合各种证据,都清楚地表明这种神鸟本应作"䳋𪄀","䳋𪄀"是形体讹混后产生的错误书写形式。

其六,《山海经·中山经》:"又西三十里,曰瞻诸之山,其阳多金,其阴多文石。"⑥《清史稿·地理志》:"新安冲。府西七十里。东南:瞻诸山。"⑦历代典籍引"瞻诸山"的"瞻诸"有不同的异写,清吴任臣云:"按《一统志》引经作'瞻渚之山',《名胜志》引经作'擔堵之山'。"⑧前边说过,《山海经》中的神怪常常用已经成词的联绵词来命名,如"朱獳"应读为"侏儒","𧰼䗩"应读为"怸惕"等。其实不只

---

① 郝懿行笺疏:《山海经笺疏》,郝懿行著,安作璋主编:《郝懿行集》第6册,第4676页。
② 钱绎撰集:《方言笺疏》,李发舜、黄建中点校,中华书局,1991年,第358页。
③ 杨伯峻撰:《列子集释》,中华书局,1979年,第208页。
④ 方以智:《通雅》卷7,清文渊阁四库全书本,第19页a。
⑤ 参见李家浩:《战国货币文字中的"冋"和"比"》,《中国语文》1980年第5期。
⑥ 同上①,第4829页。
⑦ 《清史稿》卷62《地理志》,中华书局,1977年,第2075页。
⑧ 吴任臣:《山海经广注》卷5,清文渊阁四库全书本,第19页b。

是神怪，山川的名字有时也用已经成词的联绵词来命名，如招摇之山的"招摇"，"汩洳之山"的"汩洳"，"瑶碧之山"的"瑶碧"，还如"葱聋之山"的"葱聋"应读为"葱茏"等，皆是其例。"瞻诸之山"的"瞻诸"是不是属于这种情况呢？本文认为也属于此类，"瞻诸"就是蟾诸"或"蟾蜍"。《尔雅》卷9："鼁䵖，蟾诸。在水者黾。"①《通雅》卷47："蟾蜍一作瞻诸、詹诸。"②北大藏汉简《妄稽》有一段说："状若瞻诸，前龟后陫，曲指躅踝，肿胜废脂。"（简26+41）③"状若瞻诸"是形容妄稽长得丑陋，如蟾蜍一样。④ 可见"蟾蜍"确实可以写成"瞻诸"。"瞻诸""蟾诸""詹诸"记录的都是同一个词，都是指"蟾蜍"。山以"瞻诸"为名，可能是说山的形状类似蟾蜍。古今山名中有很多"蟾蜍山"或"蛤蟆山"，其取名的缘由应该接近。

以上本文从几个方面，以举例对照的形式，用出土文献和古文字资料对《山海经》进行了一些阐释和新证。这一工作目前还是初步的，随着出土文献与古文字资料的不断面世，相信一定会有更多的新资料可以不断给我们带来新见新知，将其与《山海经》进行对照并加以阐释和新证，进一步抉发出土文献和蕴含在《山海经》中的史料和语料，推进《山海经》的新证工作和《山海经》文本的深度整理。

 复盘与导读

拙作《出土文献与〈山海经〉新证》一文在《中国社会科学》2021年第1期刊出，在学术界产生了一点影响。蒙责编晁天义先生垂青，评价该文为"既厚重扎实，又有思想穿透力"，又得沈长云先生奖饰，称该文"功底深厚，多发人所未见，

---

① 郝懿行义疏：《尔雅义疏》，郝懿行著，安作璋主编：《郝懿行集》第4册，吴庆峰等点校，第3666页。
② 方以智：《通雅》卷47，清文渊阁四库全书本，第15页a。
③ 北京大学出土文献研究所编：《北京大学藏西汉竹书》（4），上海古籍出版社，2015年，第68页。简帛网网友abc在简帛论坛《北大汉简〈妄稽〉初读》23楼指出"简41与简26内容相近，且竹简纹路相似、茬口处吻合，二者或可拼合"。余晓春在24楼指出"残字二当是'若'字"。abc在25楼指出"那'若'前一字，看其字形，则可能是'状'。简23中有'状若揣断'与之颇相似"。（《北大汉简〈妄稽〉初读》2016年6月8日，http://www.bsm.org.cn/forum/forum.php? mod = viewthread&tid = 3371&extra = page%3D9&page=3)
④ "瞻诸"整理者未出注，余晓春在简帛论坛《北大汉简〈妄稽〉初读》24楼指出："'瞻诸（蟾诸）'就是癞蛤蟆。"（《北大汉简〈妄稽〉初读》，2016年6月8日，http://www.bsm.org.cn/forum/forum.php?mod=viewthread&tid=3371&extra=page%3D9&page=3)后萧旭进一步指出："'蟾蜍'亦作'詹诸''蟾蠩''蟾蜍'。"（萧旭：《北大汉简（四）〈妄稽〉校补》，2016年7月4日，http://www.gwz.fudan.edu.cn/Web/Show/2853)

值得一读"。两位先生的评价虽然让我感到诚惶诚恐,但能得到责编和著名先秦史大家的谬赞,也令我在惭愧之余,增加了些许自信。

《出土文献与〈山海经〉新证》一文落实到纸面上的时间虽然很短,但是酝酿过程和收集资料的时间却很长。至少在十年前,我已经在《出土文献研究漫谈》的讲座中提到文中的一些例子,其后很多年在《出土文献与〈山海经〉》的讲座中,也集中讲到了文中的绝大部分例子。这个讲座曾在多个学校和部门讲过,其间曾与听者交换意见,使有些例子得到进一步的落实和修正。

这篇小文的写作和刊出过程,让我进一步体会到一篇能够得到大家认可的论文,一定是长时间"熬"出来的。作者究竟在论文中花费了多大气力,读者通过读文章,是能够深切体会到的,是骗不了人的。一篇能得到大家认可的论文,一定是会让核心学术圈子里的人看后觉得有一些自己没有注意到的资料,或能对某些部分产生新鲜感的论文。那种资料耳熟能详,证据人云亦云,方法司空见惯,视角平淡无奇的论文,是不可能得到大家认可的。

当前出土文献与古文字研究的现状令人欣喜,一方面是国家和领导人的提倡与重视,一方面是地下新资料的不断呈现,一方面是照相和印刷技术的提升和信息技术的助力,三者的结合使得出土文献与古文字研究进入了很好的发展阶段,迎来了立体化、精密化和科技化的新时代。时代虽然变了,但是这一学科研究的内涵并没有大的变化,其中的一项重要工作,就是利用出土文献对传世典籍进行"新证",《出土文献与〈山海经〉新证》一文就是这方面的一个尝试。

当今出土文献与古文字研究似乎可分为三个层次,一个是文字层次,一个是文本层次,一个是文意层次。文字层次是对形音义的考释和论证,目的是读懂文句,理解古人所要表达的意思;文本层次是对文本来源、分合和流传的探讨,为的是弄清古书的形成过程、古书的体例、古书的形式及其与内容的关系;文意层次是对文本所表达出的思想观念、学派理论、史事故事等的解析和阐释,是在文字层次和文本层次上的进一步延展和升华。这三个层次当然不会截然区隔,而是互有交叉。从重要性来看,三个层次当然不分轩轾,缺一不可,不能偏废。从学习和掌握的顺序看,自然要循序渐进,由低到高。从研究者对待三个层次的态度看,既不能因为文字层次更为实在和具体,就满足于此,故步自封,或认为文意层次易陷于虚浮,因而心生鄙薄;也不应因文意层次更为宏观重大,从而视文字层次和文本层次为"小道",因此不屑而为。如果能同时兼顾到三个层次当然最好,可是研究者常常受学术背景、思维习惯和研究兴趣的影响,很难做到三者兼善。

像裘锡圭先生那样既能进行严密的字词考释,又因对古书有很高的熟悉程度和理解深度,从而还能进行义理方面深入论证和阐发的学者,实在是稀如星凤。读裘锡圭先生研究历史、思想和民俗等内容的文章,我有一个深切的感受,即一切观点和认识,皆来源于对出土文献和传世文献的精密考证和深入解析,绝没有学界常见的那种对典籍不求甚解或强典籍以就己,在不可靠的典籍训释和理解下信口开河、驰骋想象、蹈虚附会、任意发挥的通病。

《出土文献与〈山海经〉新证》一文力求在三个层次上都能有所推进,文中既有字词的考释,也有文本的探索,还有史料价值的分析。我在写作中试图做到考释严密,举例恰切,阐述平实,论证严谨。但虽然心有所至,却因学力不足而实有未逮。不过无论如何总是进一步锻炼了我的写作能力,同时也让我对如何收集、掌握和驾驭纷繁复杂的大宗资料有了更为切身的体会。仅从这一点说,我是应该向《中国社会科学》杂志和责编晁天义先生以及提供意见的审稿专家表示感谢的。

宁镇疆教授主编《先秦古史研究论文写作:案例与方法》一书,垂青将《出土文献与〈山海经〉新证》一文收入,还指示我对该文的写作进行"复盘"并介绍一点写作感想和经验。我对写这类东西没有心得,不知道应该写些啥,只能拉杂说来以供塞责,实在有负宁镇疆教授的厚望,在此谨致以深深的歉意。

西周时期的赐服制度与设官分职[*]

贾海生[**]

内容提要：册命与赐服相将是西周时期践行过的礼制。传世文献与铜器铭文所载命服，名异实同。服有等差，系于爵位，带色多变，关乎命数。王朝为保证命与服相携相宜，须设置专司衣裳带舄之政的职官。《周礼》中涉及赐服制度之职官、职掌的记载，或失于关照而使一政隶于不同职官，或失于察变而使晚置职官间侧于初创职官系统中，或失于审核而乱宫内侍御官与朝廷治政官的界线，或失于概括而使一官之职不够具体。此类现象，皆是《周礼》将历史上创建、沿袭、增设、合并、改造、废弃的职官同时呈现的结果。

关键词：文献；铭文；赐服；设官

册命与赐服相携相宜是西周时期践行过的礼制，传世文献与铜器铭文屡见因命受服、以服彰命的记载即是明证。以往的研究大都集中于对传世与出土文献所见命服与服饰的考证上，无论在深度还是广度上都存在可以进一步探索的空间。就赐服制度研究而论，至少应包括三方面内容：一是全面考察命服的种类与性质，以见当时的服制系统；二是确定当时服制系统中各种命服的等级差别；三是根据赐服制度审核《周礼》有关职官、职掌的记载是否反映当时真实的历史面貌。本文试图按照以上逻辑展开讨论，通过册命与赐服相将制度的分析与阐释，窥见西周礼乐文明之一斑。

---

[*] 原载《中国社会科学》2019 年第 12 期。
[**] 贾海生，浙江大学古籍所教授、浙江大学马一浮书院兼任导师，主要从事传统礼学文献研究，曾在《中国社会科学》《考古学报》《考古与文物》《文史》《文献》《文艺研究》《文学遗产》等报刊上发表论文多篇，出版《周代礼乐文明实证》《说文解字音证》等专著，点校整理《仪礼注疏》等古籍。

一、传世与出土文献所见命服的种类与性质

总览西周时期天子册命时赐予臣下的命服,辨析传世与出土文献所见命服的异同,在礼学背景下确定各种命服的性质,是全面考察赐服制度的前提条件。为清眉目便于总览,以下论述以表1分类列出传世与出土文献所见命服及其配饰,仅针对需要辨析的问题,或补前说,或陈己见,凡前人所详,皆略而不论。

表1 传世文献所见周王赐予臣下的命服与服饰

所赐服饰	出　处	说　明
命服、朱芾葱珩	《诗经·采芑》	据《毛序》,诗咏宣王命将南征,而历代诗说皆无异议,则诗当作于西周时代
玄衮及黼、赤芾、邪幅	《诗经·采菽》	据《毛序》,君子思古刺幽王而作此诗,则诗作于幽王时而所思之古当是此前天子册命诸侯的事
玄衮、赤舄	《诗经·韩奕》	据《毛序》,尹吉甫美宣王能赐命诸侯而作此诗,历代诗说亦皆无异议,则诗作于宣王时

欲辨《采芑》所言命服的等差,须先明其形制与性质。郑笺云:"命服者,命为将受王命之服也。天子之服,韦弁服,朱衣裳也。"①据此则诗所言命服是韦弁服,衣裳皆以朱色饰之。然而《郑志》载郑玄答赵商云:"韦弁衣以韎,皮弁衣以布,此二弁皆素裳白舄。"②此又明言韦弁服之裳素而无色。同一韦弁服,郑玄有两解。孔疏认为韦弁服本是素裳,郑笺特言裳是朱色,表明命将时不在军中,不可纯如在军之韦弁服,故杂以祭服之饰。依此而言,郑笺是深明礼义的释语。因为在军之韦弁服属于戎服,其素裳有凶杀之象,不宜服之受王册命。郑笺断定《采芑》所言命服之裳是朱色,当是据诗所言"服其命服,朱芾斯皇"作出的判断。芾顺裳色是西周服制的通例,所佩之芾既是朱色,可断命服之裳亦是朱色。因此,综合郑笺、孔疏,可知《采芑》所言命服是戎服之衣、祭服之裳而其性质仍属于戎服。

玄衮也是受命所得赐服,既见于《采菽》,亦见于《韩奕》。郑笺于《采菽》所言

---

① 毛亨传,郑玄笺,孔颖达疏:《毛诗正义·采芑》,阮元校刻:《十三经注疏》,中华书局,1980年,第426页。
② 郑玄注,贾公彦疏:《周礼注疏·屦人》,阮元校刻:《十三经注疏》,第694页。

"玄衮及黼"下云:"及,与也。玄衮,玄衣而画以卷龙也。黼,黼黻,谓绨衣也。诸公之服自衮冕而下,侯伯自鷩冕而下,子男自毳冕而下。王之赐,唯用有文章者。"① 此说据《周礼·司服》为释,虽语焉不详,却仍见精义。依《司服》所言五等冕服推阐郑笺,其意以为赐予诸公的命服是衮冕服、鷩冕服、毳冕服、绨冕服,赐予侯伯的命服是鷩冕服、毳冕服、绨冕服,赐予子男的命服是毳冕服、绨冕服,皆不包括玄冕服,因为玄冕服之衣无纹饰而其裳仅绣一黻。天子册命诸侯不以衣无纹饰之玄冕服为赐,不仅反映了周人以华缛为贵的观念,而且还表明衣之所绘、裳之所绣的章数是区别身份高低贵贱的标志。毛传、郑笺于《韩奕》所言"玄衮"均不置一辞,则是承《采菽》以见诗中"玄衮"别无他义,皆指玄衣之上画以卷龙的冕服。

芾是蔽前之饰,相传起于远古。郑玄注《周易乾凿度》云:"古者田渔而食,因衣其皮。先知蔽前,后知蔽后。后王易之以布帛而犹存其蔽前者,重古道不忘本。"② 周礼之所以郁郁乎文哉,就在于重古道不忘本是其精神实质,冠礼始加缁布冠,祭祀尚玄酒、俎生鱼、先大羹,皆是礼典体现贵本返始的显例,以芾蔽前则是贵本返始在服制上的反映。在西周的服制系统中,芾是以颜色的不同,表现服者命数的多寡以见身份的高低贵贱,故《采芑》《采菽》有朱芾、赤芾之别,《玉藻》有"韠,君朱,大夫素,士爵韦"之语。芾与韠本是一物,字亦作"韍"、作"韐",或称"韎韐",古文象形仅作"巿"。字形的不同,当是古今、方言、假借等原因造成的结果。

赤舄是冕服之配,《韩奕》云"玄衮赤舄"即是明证。凡舄皆顺其裳色,玄衮即玄衣之上画以衮龙的衮冕服而赤舄又与其纁裳颜色相类,可证赤舄之配是五等冕服而不与弁服、冠服为配。冕服尊于弁服、冠服,又可知赤舄是舄中之最尊。至于邪幅,仅见于《采菽》一诗,必非表现身份高低贵贱的装束。郑笺以汉代的行滕况之,似已不能明其仪制,戴震谓行滕无尊卑之异③。

如表2所示,"冂衣"见于大盂鼎铭文,郭沫若隶作"冂衣",释"冂"为冕,于省吾从之,皆有释而无说④。铭文中"冂衣"之"冂"与《说文》中"冂"字的小篆字形完全相同,皆作"冂"形,则隶定铭文中的"冂"字当写作"冂",不应仍从金文作

---

① 毛亨传,郑玄笺,孔颖达疏:《毛诗正义·采菽》,阮元校刻:《十三经注疏》,第489页。
② 同上①,第490页。
③ 戴震:《毛郑诗考正》,阮元编:《清经解》第3册,上海书店出版社,1988年,第849—850页。
④ 郭沫若:《两周金文辞大系图录考释》,《郭沫若全集》(考古编)第8卷,科学出版社,2002年,第85页;于省吾:《双剑誃吉金文选》,中华书局,1998年,第117页。

"冂",因为隶写的"冂"字对应小篆的"日"字而金文、小篆的"冂"字隶写则作"冖"。在《说文》的小篆系统中,"冂"与"日"是不同的两个字。杨树达认为铭文中"冂"与"日"以形近可以互通而释"冂衣"为文献中的"裘衣"①。唐兰则以"冖"为"幎"之初文而视冖衣为巾与衣②。天子册命时,若以服将命,除兵事命将赐予戎服外,必以祭服为赐,因为唯有祭服可以彰显受服者的爵位、命数而受服者亦以得祭服为荣,服之可以从王祭祀。裘衣与大巾属燕衣,不具备彰显爵位的功能,更不能服之从王祭礼。从大盂鼎铭文看,冖衣和巿、舄共同构成命服,与伯晨鼎、𨭖伯师耤簋铭文所记命服分别是玄衮衣、幽巿、赤舄和玄衣黹屯、鉌巿金钪、赤舄一样,只不过未著明衣之形制与巿、舄的颜色、配饰而已,可知冖衣是与玄衮衣、玄衣黹屯的颜色、性质相同的命服。《说文》冥部:"冥,幽也。从日从六,冖声。""冥"从"冖"声,则"冖"可通"冥"。"冥"训"幽"而"幽"可训"黑",见于《诗经·隰桑》毛传、《礼记·玉藻》郑注。因此,"冖衣"之称在于表明其色是黑。黑与玄同为一色,或仅有深浅之别,可证冖衣实际上就是玄衣。

表2 铜器铭文所见周王赐予臣下的命服与服饰③

所赐服饰	出处/断代	说　　明
冖衣、巿、舄	大盂鼎/西周早期	
玄衮衣、幽巿、赤舄	伯晨鼎/西周中晚期	
玄衮衣、赤巿幽黄、赤舄	曶壶盖/西周中期	铭中"赤巿"之"巿"原作"巾",杨树达谓"巾"乃"巿"之误(详见氏著:《积微居金文说》,中华书局,1997年,第114页)
玄衮衣、赤舄	吴方彝盖/西周中期	受命所得之赐为玄衮衣、赤舄的记载,还见于西周晚期的蔡簋、四十三年逨鼎铭文
玄衣黹屯	救簋/西周中期	受命所得之赐仅为玄衣黹屯的记载,还见于西周晚期的无叀鼎铭文

---

① 杨树达:《积微居金文说》,第43页。
② 唐兰:《西周青铜器铭文分代史征》,中华书局,1986年,第105页。
③ 除特别标明出处外,本文所引铭文及铜器断代,皆以中国社会科学院考古研究所编《殷周金文集成》(中华书局,1984年)和刘雨、卢岩编著《近出殷周金文集录》(中华书局,2002年)为据,同时也参考了张亚初编著《殷周金文集成引得》(中华书局,2001年)的释文。凡铭文中的"市"字,本文俱从《诗经》作"巿"。

续表

所赐服饰	出处/断代	说明
玄衣黹屯、赤芾朱黄	即簋/西周中期	受命所得之赐为玄衣黹屯、赤芾朱黄的记载,还见于西周中期的休盘铭文和西周晚期的趞鼎、善夫山鼎、此鼎、袁鼎、颂鼎铭文
玄衣䰈屯、赤芾朱횡	师𩛥鼎/西周中期	
玄衣黹屯、赤θ芾	庚季鼎/西周中期	
玄衣黹屯、载芾同黄	师至父鼎/西周中期	受命所得之赐为玄衣黹屯、载芾同黄的记载,还见于西周晚期的匐簋铭文
玄衣滰屯、载芾幽黄	虎簋盖/西周中期	虎簋盖是新见有铭铜器(详见王翰章等:《虎簋盖铭简释》,《考古与文物》1997年第3期)
玄衣黹屯、朱黄䋣亲	王臣簋/西周中期	
玄衣黹屯、䋣朱亢	师道簋/西周中期	师道簋是新见有铭铜器(详见李朝远:《青铜器学步集》,文物出版社,2005年,第243—250页)
玄衣黹屯、鋉芾金亢、赤舄	㝨伯师耤簋/西周晚期	
载芾素黄、玄衣黹屯、赤芾朱黄	辅师嫠簋/西周晚期	
玄衣黹屯、䋣朱黄	害簋/西周晚期	
𢇍衣	免簋/西周中期	
𢇍衣、载芾同黄	趞尊/西周中期	
𢇍衣、θ芾	豆闭簋/西周中期	
𢇍衣、赤θ芾	载簋/西周晚期	受命所得之赐为𢇍衣、赤θ芾的记载,还见于西周晚期的合盨(碗)簋铭文

玄衮衣、玄衣黹屯屡见于上表所列诸器铭文,玄衣䰈屯见于师𩛥鼎铭文,玄衣滰屯见于虎簋盖铭文,皆是天子册命时所赐命服。徐同柏云:"玄衣,玄衮衣。"① 杨树达

---

① 徐同柏:《从古堂款识学》,刘庆柱等主编:《金文文献集成》第10册,线装书局,2005年,第277页。

认为其说甚确，更引铭文证玄衣即玄衮衣之省①。关于黹屯、黼屯、滰屯，据孙诒让等人研究，皆是缘边之饰，略有华素之别而已②。总而言之，玄衮衣、玄衣黹屯、玄衣黼屯、玄衣滰屯之称，皆在于表明衣色是玄而缘边之饰或华或素。在西周服制系统中，凡冕服皆玄衣纁裳，又可知玄衮衣、玄衣黹屯、玄衣黼屯、玄衣滰屯皆属于冕服。铭文中的玄衮衣与《采菽》《韩奕》中的玄衮并不相同，玄衮是五等冕服中的衮冕服，侯伯以下不得服之。《尔雅・释言》："衮，黻也。"就五等冕服的纹饰而言，黻唯绣于裳而不绘于衣。就五等冕服的等差而言，裳绣一黻而衣为玄色的冕服是玄冕服，而玄冕服是卿大夫可以服之从王祭祀的上服。玄衮衣之称既已表明衣色是玄而裳绣一黻，可知玄衮衣就是玄冕服。玄衣既是玄衮衣之省，又可断玄衣黹屯、玄衣黼屯、玄衣滰屯皆是玄冕服。前文已论证冖衣与玄衮衣、玄衣黹屯的颜色、性质相同，又可证冖衣亦是玄冕服。同一玄冕服在铭文中有不同名称，反映了随时代不同或尚质或崇文的社会风气。西周初期崇尚质朴，器主人于所得命服仅言其色而称冖衣，中期之后以华缛为贵，器主人于所得命服不仅言其衣色，亦述其裳纹及缘边之饰而有玄衮衣、玄衣黹屯、玄衣黼屯、玄衣滰屯之称。

戠衣见于免簠、趩尊、豆闭簋、諫簋、合盌(碗)簋诸器铭文，吴大澂谓"戠"与"识""织""帜"三字并通，释趩尊铭中的戠衣为织衣③，刘心源释铭文中的"戠"为"织"字之省④。郭沫若、杨树达、陈梦家皆从吴、刘之说，所得结论却各不相同⑤。若将铭文中的织衣纳入西周服制系统中，可知织衣就是文献中的爵弁服。《仪礼・士冠礼》："爵弁服，纁裳、纯衣、缁带、韎韐。"据此可从三个方面论证织衣即爵弁服：一是铭文中"织衣"之称，在于表明其质地。郑玄注《玉藻》之"士不衣织"云："织，染丝织之。"⑥《小尔雅・广服》："治丝曰织。"⑦凡此皆可证织衣是以丝为之。爵弁服之纯衣，郑注以丝衣解之；《礼记・杂记下》所言"爵弁纯衣"，孔

---

① 杨树达：《积微居金文说》，第 103 页。

② 孙诒让：《古籀拾遗・古籀余论》，中华书局，1989 年，第 12 页；屈万里：《释黹屯》，《书傭论学集》，台北：台湾开明书店，1980 年，第 333—351 页；于豪亮：《陕西省扶风县强家村出土虢季家族铜器铭文考释》，《于豪亮学术文存》，中华书局，1985 年，第 10 页；《考古与文物》编辑部：《虎簋盖铭座谈纪要》，《考古与文物》1997 年第 3 期。

③ 吴大澂：《说文古籀补》，中华书局，1988 年，第 12 页。

④ 刘心源：《奇觚室吉金文述》，刘庆柱等主编：《金文文献集成》第 13 册，第 200 页。

⑤ 郭沫若：《两周金文辞大系图录考释》，第 172 页；杨树达：《积微居金文说》，第 49 页；陈梦家：《西周铜器断代》上册，中华书局，2004 年，第 151—152 页。

⑥ 郑玄注，孔颖达疏：《礼记正义・玉藻》，阮元校刻：《十三经注疏》，第 1477 页。

⑦ 孔鲋：《小尔雅・广服》，迟铎集释，中华书局，2008 年，第 253 页。

疏亦以丝衣解之。就织衣与纯衣质地相同而言，可证织衣就是爵弁服。二是从趞尊、載簋、合盉（碗）簋铭文所记命服配饰看，与织衣相配的韍或是赤色，或是載色。爵弁服之韎韐，郑注以缊袚解之。韎、缊之为色名，郑注《玉藻》有说明："缊，赤黄之间色，所谓韎也。"①赤、載、韎同为一色，或仅有深浅之别。就织衣与爵弁服之韍色相同而言，亦可证织衣就是爵弁服。三是天子册命时若以服将命，除兵事命将特赐戎服外，必以祭服为赐。从免簋、趞尊、豆闭簋、載簋、合盉（碗）簋的铭文看，所册之命皆不涉兵事，则所赐织衣必属祭服。爵弁服之功用，郑注以"与君祭之服"解之，引《礼记·杂记上》所言"士弁而祭于公"为证，则爵弁服亦属祭服。就织衣与爵弁服之功用相同而言，亦可证织衣就是爵弁服。另外，据《毛序》的说明，《诗经·丝衣》是绎祭宾尸时所颂乐歌，其文云"丝衣其紑，載弁俅俅"，既可见俅俅之爵弁服是祭时所服之衣，又知其服是以丝为之，亦可据以推断织衣即爵弁服。

所谓"士不衣织"，仅仅在于说明士贱不得僭礼服大夫以上染丝所成之衣，其衣功多色重，汉唐以来的注疏皆未将"士不衣织"之"织"与爵弁服之"纯衣"等同为一，不可据以断定士不得服爵弁服。实际上，爵弁服是天子至于列士的通服，列士既以爵弁服助君祭，又表明是列士的上服，黄以周、曹元弼皆曾列表明之②。何树环讨论載衣的性质，虽已注意到《士冠礼》所言爵弁服，但并未毅然断定載衣就是爵弁服，同时还认为释載衣为织衣未可尽信③。

铭文中的韍亦是以不同颜色表明服者命数多寡的蔽前之饰，表中所见冠于韍前以明其色的字有"幽""赤""載""鉥"。幽、赤之为色，不烦辨析。載韍之色，说有不同。孙诒让认为"載"声近"纔"，据《说文》系部训"纔"爲"帛雀头色"，断載韍即《士冠礼》所言爵韠④。陈梦家、唐兰皆认为"載"通"紂"或"缁"，"載韍"就是礼书中的"缁韠"⑤。就表中韍与衣的组合而言，載韍所配之衣，或是玄衣黹屯，或是织衣，二者皆是命服而命服又属于祭服。爵韠所配之衣是玄端服，见于《士冠礼》；缁韠所配之衣是朝服，见于《特牲馈食礼》。综合郑注、贾疏及相关文献而

---

① 郑玄注，孔颖达疏：《礼记正义·玉藻》，阮元校刻：《十三经注疏》，第1481页。
② 黄以周：《礼书通故》第5册，中华书局，2007年，第2015—2025页；曹元弼：《礼经学》，北京大学出版社，2012年，第188—193页。
③ 何树环：《西周锡命铭文新研》，台北：文津出版社，2007年，第115—120页。
④ 孙诒让：《古籀拾遗·古籀余论》，第22—23页。
⑤ 陈梦家：《西周铜器断代》上册，第148页；故宫博物院主编：《唐兰先生金文论集》，紫禁城出版社，1995年，第86页。

言,玄端服、朝服皆是天子至于列士的通服,也都属于因事所服之衣,二者除形制、配饰因服者的尊卑不同而有差别外,还皆以韠之颜色别尊卑。就玄端服而言,天子、诸侯朱韠,卿大夫素韠,列士爵韠;就朝服而言,大夫以上皆素韠,下大夫之臣缁韠。就铭文与文献而言,无论以事服之爵韠还是以事服之缁韠,对应铭文中命服之载芾,都觉得左右有碍。以铭文中冠于芾前的字皆著明其色的通例言之,"载"字不仅是表明芾之颜色的字,而且还与幽、赤、鉥等芾色构成等级差别。至于是爵色,还是缁色,则难以论定。

弭伯师耤簋铭中冠于"芾"前的"鉥"字,其他器铭皆作"叔"(见表3)。"鉥"与"叔"皆从"朮"声,二字固可相通。孙诒让认为"叔"当读为"淑"而训为"善",郭沫若谓"叔"盖假为"素",杨树达疑"叔"当读为"朱"。① "鉥"或"叔"与"载"字一样,不仅是表明芾色的字,而且也与幽、赤、载、朱构成等级差别,至于其色如何,也难以论定。若从郭沫若之说,释叔芾为素芾,以素芾为屡见于礼书的素韠,则命服与事服混而无别。因为素韠是各类事服如皮弁服、冠弁服、玄端服通用的服饰,不用于命服,而铭文中以鉥芾为配饰的玄衣黹屯恰是命服。若从杨树达之说,释叔芾为朱芾,则有僭礼之嫌。因为大夫以下不得以朱芾为饰,而铭文中受鉥芾之赐者受爵例不过大夫。因此,视"芾"前之"叔"为明其色的字不误,若径释为"素"或"朱"恐与西周芾制不合。

古时制芾,无论是染赤还是染黑,皆以漂染的次数决定颜色深浅。《尔雅·释器》:"一染谓之縓,再染谓之赪,三染谓之纁。"此为染赤法,郑注《士冠礼》疑四入为朱,则縓浅于赪,赪浅于纁,纁浅于朱。《周礼·钟氏》:"以朱湛丹秫三月而炽之,淳而渍之,三入为纁,五入为緅,七入为缁。"此为染黑法,以三入之纁为质,四入为朱,五入为緅,则是随着漂染次数的增多已由朱色逐渐变为黑色。郑注疑六入为玄,又可知朱浅于緅,緅浅于玄,玄浅于缁。在铭文中,"载""鉥"冠于"芾"前而为区别等级差别的颜色,究竟是几入之色,无以援据为说,只能视为著明一种芾色的字而不当以通假字论之,否则必使铭文与文献中以芾色区别等级的记载相互冲突,从而陷入无法董理的境地。

赤θ芾屡见于铭文,"θ"之释读尚无共识②。赤θ芾之称既已表明其色是赤,

---

① 孙诒让:《籀庼述林》,中华书局,2010年,第247页;郭沫若:《两周金文辞大系图录考释》,第262页;杨树达:《积微居金文说》,第47页。
② 郭沫若:《两周金文辞大系图录考释》,第172—173页;于省吾:《释赤θ市》,《双剑誃殷契骈枝三编》,中华书局,2009年,第334—336页;陈小松:《释吕市》,《考古学报》1957年第3期。

则"θ"或是表示质地的字。若此判断不误,则豆闭簋铭文所见"θ芾"或是误脱表示颜色的字,因为仅言芾之质地并不能彰显命数的多寡。黄在铭文中是与芾相关的饰物,其字亦作"横",或以"亢"或"钪"通"黄"。唐兰列举五证,断铭文中的"黄"是指系芾的带①。在西周服制系统中,既以不同颜色的芾表明命数多寡,则铭文举芾而言及黄,无非是以华缛为贵。

表2所列命服,铭文既记其衣,或是 一衣,或是玄衮衣,或是玄衣,或是䵼衣,亦记与衣相配的服饰,或举芾,或举舄,可见在西周服制系统中衣与饰共同构成命服。然而在西周时代的铜器铭文中,亦见大量仅以服饰为赐而不言其衣的记载。

表3 铜器铭文所见周王赐予臣下的服饰

所赐服饰	出处/断代	说　　明
芾	静方鼎/西周早期	
芾朱黄	殷簋/西周早期	
赤芾幽黄	吕服余盘/西周中期	同类记载还见于西周晚期的南宫柳鼎、伊簋、逨盘铭文
赤芾幽亢	趩簋/西周中期	同类记载还见于西周中期的宰兽簋、盠方尊、盠方彝铭文
赤芾紫黄	申簋盖/西周中期	
赤芾朱黄、中絅	师酉簋/西周中期	
赤芾	师毛父簋/西周中期	同类记载还见于西周中期的卫簋铭文
赤θ芾	免簋/西周中期	同类记载还见于西周中期的智鼎、利鼎、望簋铭文和西周晚期的楚簋、扬簋铭文
赤芾朱黄	师俞簋盖/西周晚期	同类记载还见于西周晚期的师颖簋铭文
赤芾同黄、丽般	元年师旋簋/西周晚期	
赤芾同綮黄	鄂簋/西周晚期	
芾五黄、赤舄	元年师兑簋/西周晚期	铭中"芾"字原作"巾",郭沫若谓"巾"必是"市"之误(参见氏著:《两周金文辞大系图录考释》,第325页)

---

① 故宫博物院主编:《唐兰先生金文论集》,第86—93页。

续表

所赐服饰	出处/断代	说　　明
赤芾五黄、赤舄	师克盨/西周晚期	
叔芾、参同苁悤	大克鼎/西周晚期	
叔芾金黄、赤舄	师㝨簋/西周晚期	
芾、赤舄	㝨盨/西周晚期	
朱芾葱黄	毛公鼎/西周晚期	同类记载还见于西周晚期的番生簋盖铭文
载芾同黄	免卣/西周中期	同类记载还见于臤簋铭文（参见张光裕：《新见臤簋铭文对金文研究的意义》，《文物》2000年第6期）
载芾朱黄	柞钟/西周晚期	"载芾朱黄"原脱"芾"字，陈梦家谓"载"后似省去"芾"字（参见氏著：《西周铜器断代》，第304页）今据补
幽黄	康鼎/西周中期或晚期	
赤舄	师虎簋/西周中期	同类记载还见于西周中期的师晨鼎、西周晚期的弭叔师察簋铭文

表3中所列服饰皆是受命所得之赐，却不见服饰所配之衣。从表3中诸器铭文来看，与服饰相将的册命，或是授予职官，或是重申旧命，无论属于哪种情况，断无仅以一芾、一舄为彰显其命的标志。礼家论古代服制，有以冠名服、以衣名冕、以弁名衣的条例。《仪礼·士丧礼》："复者一人，以爵弁服簪裳于衣。"郑注："爵弁服，纯衣纁裳也，礼以冠名服。"①此言士始死有司招魂唯用纯衣纁裳而不用爵弁，经言"以爵弁服"即是以冠名服。因以冠名服便于称述，早已成为通例，如《尚书·顾命》云"相被冕服"，《礼记·祭统》云"夫人蚕于北郊以共冕服"，皆是以冠名服的显例。据《礼记·王制》孔疏，祭服如衮冕、鷩冕等是以衣名冕，皮弁以下如韦弁服、皮弁服则是以弁名衣。若据以冠名服或以衣名冕的条例推之，铭文所见受命所得一芾、一舄之赐的记载，皆是以芾名衣、以舄名衣，举一芾、一舄以概其余。因为在时人观念中，与受命所得一芾、一舄相配的命服有固定组合，不需一一罗列，铭文也就略而未记。若非如此，身服常服，膝前仅佩受命所得一芾，或仅以受命所得一舄著于脚底，表现礼乐文明的服制成何体统？

---

① 郑玄注，贾公彦疏：《仪礼注疏·士丧礼》，阮元校刻：《十三经注疏》，第1128页。

就表3所列受命所得服饰而言,"黄"前冠以"五"字的记载值得关注,分别见于元年师兑簋、师克盨铭文,称为"芾五黄""赤芾五黄",当是系芾的带以五为节,或指带之就数,或指带之条数,无论属于哪种情况,实际上是对命数的直接表白,犹如《诗经·无衣》言"岂曰无衣七兮""岂曰无衣六兮"以七、六表明命数一样。《周礼·典命》:"王之三公八命,其卿六命,其大夫四命,及其出封,皆加一等,其国家、宫室、车旗、衣服、礼仪亦如之。"周礼通例,凡王朝诸臣,在王朝其命数皆是偶数,若出封加等则为奇数。从元年师兑簋、师克盨铭文看,皆是天子册命二人世袭祖考之职的记载,文中皆无受命出封为侯的意思。据《诗经·大车》孔疏,所谓出封,谓王使出于封畿,未必是受命封为畿外诸侯。孔广森据以指出,《无衣》所谓七章、六章之服,一是加服,一是本服,王朝之卿出使诸侯,则假以七章之服①。若以其说通于铭文,则"芾五黄"或"赤芾五黄"之称,表明师兑、师盨本是王朝四命大夫,受命出使畿外诸侯,加一等为五命大夫,以五黄表明出使时的车旗、礼仪等皆以五为节。至于表3所见丽般、中絅、参同芾恩,皆是与芾并举的服饰,以多为贵,不关等差。

册命与赐服相将是西周践行的礼制,以命服或服饰为彰显其命的标志,传世与出土文献皆有记载,详见表1、表2、表3。然检讨西周时代铜器铭文,亦见仅以衣服或服饰为赐而不见册命的记载。

表4　铜器铭文所见周王徒赐而不见册命的衣服或服饰

所赐服饰	出处/断代	说　　明
玄衣赤亵	敔簋/西周早期	
冖衣、芾、舄	麦尊/西周早期	
冂衣	叔矢方鼎/西周早期	叔矢方鼎是新见有铭铜器(参见北京大学考古文博院、山西省考古研究所:《天马—曲村遗址北赵晋侯墓地第六次发掘》,《文物》2001年第8期)
载芾同黄	七年趞曹鼎/西周中期	
载芾朱黄	廿七年卫簋/西周中期	
载芾	夔簋/西周中期	铭文中"载芾"原作"在芾","在"与"载"声同相通

---

①　孔广森:《经学卮言》,杨新勋校注,华东师范大学出版社,2010年,第68—69页。

续表

所赐服饰	出处/断代	说　　明
赤舄	十三年痶壶/西周中期	
殹靳、鞹茀	痶盨/西周中期	铭文中"鞹茀"从马承源释读（参见氏著：《商周青铜器铭文选》第3册，文物出版社，1988年，第206页）
赤芾朱亢	何簋/西周晚期	
虎裘	大师虘簋/西周中期	
貂裘	敔簋盖/西周中期	敔簋盖是新见有铭铜器（参见刘自读等：《周至敔簋器盖铭文考释》，《考古与文物》1991年第6期）
貊裘	乖伯归夆簋/西周晚期	
豹裘	师西鼎/西周中期	师西鼎是新见有铭铜器（参见朱凤瀚：《师西鼎与师西簋》，《中国历史文物》2004年第1期）

　　表4中所列天子赐予臣下的服饰，铭文中不见相关的册命之辞。在西周时期，天子册命赐服皆在庙中举行，《礼记·祭统》有明确说明："古者明君爵有德而禄有功，必赐爵禄于大庙，示不敢专也。……凡祭有四时，春祭曰礿，夏祭曰禘，秋祭曰尝，冬祭曰烝。……古者于禘也发爵赐服，顺阳义也。"就敔簋铭文而言，铭中"唯四月初吉丁亥"所指正值孟夏之月，而周王在"大室"中赐服，表明礼行于大庙，于此禘祭之时，敔得天子玄衣赤表之赐，可知本有"爵有德而禄有功"的册命，铭文没有记载而已。或许在时人观念中，以服明命是已经形成的共识，受赐即是受命，无需另作说明，故铭文略而未言。以敔簋铭文推之，七年趞曹鼎、十三年痶壶铭文皆言礼行于大室而分别受载芾同黄、赤舄之赐，可证本皆有册命，文亦不具而已。只不过从二器铭文所载记时之语看，册命与赐服相将的礼典不仅限于夏季禘祭之时，实际上四季宗庙祭祀时皆有册命与赐服的仪节。麦尊铭文记器主人所得之赐是𠂤衣、芾、舄，与大盂鼎铭文所言受命所得之赐相同，则麦尊铭文中𠂤衣、芾、舄或亦是受命所得，只是铭文未载册命之语而已。从何簋铭文看，既言"王赐何赤芾朱亢"，又言"对扬天子鲁命"，鲁命即册命，可见铭文亦是册命与赐服相将的记载。

　　敔簋铭文所见玄衣赤表，不见于其他器铭而"表"字不可辨识。以表2所见玄衣黹屯、玄衣黼屯、玄衣㳄屯例之，"表"当也是表示缘边之饰的字。𠂤衣

93

仅见于叔夨方鼎铭文,从铭文看,天子命殷厥士以𠬝衣赠予叔夨而不见册命之语,仅可据以推测𠬝衣恐非命服。诸家有关𠬝衣的讨论,主要涉及文字的释读①。至于般靳仅见于癲盨铭文,当也是以多为贵而不关等差的服饰。

从表 4 中所列天子赐予臣下的服饰看,除玄衣赤褎及用以表示命服的服饰如载芾同黄、赤芾朱亢等,还有虎裘、貂裘、鼬裘、豹裘。据《周礼·司裘》记载,天子至于列士所服之裘共有三种:一是大裘,天子祀天服之;二是良裘,属天子冕服、弁服、冠服之裘;三是功裘,用于颁赐。从大师虘簋、敔簋盖铭文来看,天子以虎裘、貂裘为赐而无册命之语,可知虎裘、貂裘皆属功裘。师酉鼎铭文记天子以豹裘为赐而言"恪夙夕辟事我一人",似是册命与赐服相将的记载。然而与其他册命与赐服相将的铭文相较,铭中无授官、授职之语,则天子之言必非册命之语,更像是宠幸臣下的私语。若此判断不误,则师酉鼎铭文所记豹裘亦是功裘。至于乖伯归夆簋铭文所见鼬裘,从铭文来看,是天子使人馈赠于小邦之主的礼物,当也是功裘之属。郑玄注《仪礼·聘礼》有"裘者为温,表之为其亵也"之语②,其注《礼记·玉藻》又言"裘,亵也"③,合观两处注文,可知视裘为亵衣是郑玄始终如一的观点。凡亵衣皆不是彰显爵位、命数的标志,则天子以裘为赐,或出于恩宠,或出于怀柔,虽然有时也在庙中行赐,实则只是表示郑重其事而已。

二、传世与出土文献所见命服的等级差别

前文梳理了传世与出土文献所见西周时期天子赐予臣下的衣服、配饰,或与册命相将,或徒赐而无命,不仅对铭文所见𠬝衣、玄衮衣、玄衣、戠衣等命服的性质作出了判断,而且也揭示了有关配饰隐含的意蕴,呈现了西周时期实际存在的服制系统,继而当进一步辨析各类命服及相关配饰的等级差别。

天子册命赐予臣下命服,既视受服者爵位的尊卑或赐予冕服或赐予弁服,又以不同色彩的芾表示命数多寡。凡此皆足以说明在西周时期的服制系统中,命服及其配饰都有严格的等级差别。服之高下取决于爵位,任大椿云:"若

---

① 李伯谦:《叔夨方鼎铭文考释》,《文物》2001 年第 8 期;李学勤:《谈叔夨方鼎及其他》,《文物》2001 年第 10 期;《文物》编辑委员会:《曲沃北赵晋侯墓地 M114 出土叔夨方鼎及相关问题研究笔谈》,《文物》2002 年第 5 期。
② 郑玄注、贾公彦疏:《仪礼注疏·聘礼》,阮元校刻:《十三经注疏》,第 1054 页。
③ 郑注注、孔颖达疏:《礼记正义·玉藻》,阮元校刻:《十三经注疏》,第 1479 页。

命服高下，则惟视乎爵，不视命数。如天子之士虽三命，与诸侯之卿同，而三命之士惟得爵弁。子男之大夫一命，与天子之下士同，而一命之大夫得服玄冕。于此见命服从爵，不从命数。"①芾之色彩据命数而定，《玉藻》所言"一命缊韨""再命赤韨"可以为证。郑玄认为《玉藻》是就诸侯之卿大夫士而言。实际上，王朝卿大夫士之芾色亦是据命数而定，表1至表4所见芾色有朱、幽、叔、赤、戠即是明证。王朝之臣受爵例不过卿大夫士，同是士而命数有一命、再命、三命之别，同是卿大夫而命数有四命、六命之分。命多则位高权重，命寡则位低权轻。周礼规定，王朝之臣的宫室、车旗、衣服、礼仪等皆视命数而定，若是六命则以六为节，若是四命则以四为节，若是三命、再命、一命则以三、二、一为节。王朝之臣在爵位相同的情况下，视命数的多寡为身份高低贵贱的象征。因此，器主人作器镌铭，总是详记芾色，甚至不言表示爵位尊卑的命服，仅举反映命数多寡的一芾为命服的标志，也就不足为怪了。既然如此，辨析传世与出土文献所见命服的等级差别，除关注命服本身的高下之外，尤当分辨同一命服的不同芾色所示等级差别。

根据前文论述，结合《周礼·司服》记载及汉唐以来的解说，参考聂崇义《三礼图》以下历代礼图、服表，不难对表1所见命服的性质、形制、服者、事宜、等级作出判断，径直列表于下以便观览。

表5　表1所见命服的等级差别

服名	性质	形制特点	服者	事　宜	等级
衮冕服	祭服	赤芾、赤舄	上公	朝天子，从王享先王	上公之上服
鷩冕服	祭服	赤芾、赤舄	侯伯	朝天子，从王享先王先公、飨、射、养老	侯伯之上服
			上公	从王享先公、飨、射	
毳冕服	祭服	赤芾、赤舄	子男	朝天子，从王享先王先公、飨、射、养老、祭四望山川	子男之上服
			上公	从王祭四望山川	
			侯伯	从王祭四望山川	

---

① 任大椿：《弁服释例》，阮元编：《清经解》第3册，第487页。

续表

服名	性质	形制特点	服者	事宜	等级
绨冕服	祭服	赤芾、赤舄	上公	从王祭社稷五祀	次于毳冕服
			侯伯	从王祭社稷五祀	
			子男	从王祭社稷五祀	
韦弁服	戎服	朱芾葱珩	八命三公	兵事	次于五冕服

《采芑》咏方叔受命帅军南征，毛传谓方叔是王之卿士。卿士作为职官名，不见于《周礼》而见于《尚书·顾命》。马瑞辰云："士，事也，卿士谓卿之有事者。盖不长设，命将出师始以卿士称之。"①陈奂云："方叔，卿士，谓天子三公中执政者也。"②据《周礼·典命》记载，王之三公八命，据以推定表中韦弁服是天子之卿因兵事所受八命三公的命服。表5中关于冕服的形制特点，仅据《采菽》《韩奕》对命服的描述列出了赤芾、赤舄。至于章数等晚出内容，皆略而不录。

表3所列朱芾葱黄仅见于毛公鼎、番生簋盖铭文，与《采芑》所言"朱芾斯皇，有玱葱珩"完全相同。毛公鼎铭文记天子册命毛公云："命汝缵司公族，雩参有司、小子、师氏、虎臣，雩朕褻事，以乃族干吾王身。"番生簋盖铭文记天子册命番生云："用申就大命，屏王位，虔夙夜，溥求不朁德，用谏四方，柔远能迩，王令缵司公族、卿事、大史寮，取征卅锊。"二器铭文所言职掌皆涉及兵事，与《采芑》言命方叔帅军相似。《采芑》所言命服是韦弁服，相互参证，似可推定与朱芾葱黄相配的命服亦是韦弁服，则毛公、番生亦如方叔皆是八命三公。

就表2、表3、表4所见命服而言，共有二等，衣、玄衮衣、玄衣为一等，相当于礼书中的玄冕服；𢼸衣别为一等，相当于礼书中的爵弁服。王朝卿大夫以玄冕服为上服，列士不得服之；王朝列士以爵弁服为上服，天子至于列士皆可服之。因此，参考礼书记载，可断衣、玄衮衣、玄衣是王朝卿大夫所受命服，𢼸衣则是王朝列士所受命服。然而从铭文看，同一种命服往往以不同色彩的芾为配饰，如同是𢼸衣，既以载芾同黄为配饰，亦以赤芾为配饰，芾色不同反映了受服者的命数有多寡之别。因此，辨析铭文所见命服的等级差别，还须以反映命数不同的芾色为据。根据铭文内容，结合文献记载与相关研究，以可以确定命数多寡的芾色为基准，不难上推下推，对表2、表3、表4所见芾色表示的命数作出判断。

---

① 马瑞辰：《毛诗传笺通释》，中华书局，1989年，第547页。
② 陈奂：《诗毛氏传疏》卷17，中国书店，1984年，第21页。

表2所见伯晨鼎铭文记载了伯晨始受命为垣侯而得玄衮衣、幽芾、赤舄之赐,玄衮衣即礼书所谓玄冕服而玄冕服是天子、诸侯、卿大夫的通服,则与玄衮衣相配的幽芾必是区别诸侯与卿大夫的标志。根据《周礼·大宗伯》的说明,七命赐国,可据以推测幽芾是七命诸侯所佩之芾,其等级高于卿大夫士所佩之赤芾、叔芾、韍芾。因伯晨始受命为诸侯而尚未就国改元,不得服侯伯之本服鷩冕服,故天子册命时以大夫之上服玄衮衣为赐,又因为伯晨身为诸侯,其宫室、车旗、衣服、礼仪以命数为节,故又以表示其命数的幽芾为配饰,反映了一种以命服与配饰曲折表达身份地位的方式。

表2所见辅师嫠簋与表3所见师嫠簋,是同一人所作之器。根据陈梦家研究,师嫠历事两朝,三次受命,辅师嫠簋铭文记载了第一次世袭祖考受命为司辅时所得之赐是韍芾素黄,第二次受命时所得之赐是玄衣黹屯、赤芾朱黄,师嫠簋铭文记载了第三次受命为小辅时所得之赐是叔芾金黄、赤舄①。铭文记受韍芾素黄、叔芾金黄之赐不言其衣,以第二次受命所得玄衣黹屯、赤芾朱黄推之,当皆有玄衣黹屯之赐,铭文略而未言。玄衣黹屯相当于文献中的玄冕服,而玄冕服是卿大夫的上服。张亚初、刘雨认为铭文中的小辅相当于礼书中的师氏②。根据《周礼·地官·叙官》的说明,师氏由中大夫担任,可证玄衣黹屯乃是据爵位所赐命服。师嫠三次受赐,同是玄衣黹屯而芾色不同,当是以不同的芾色反映命数不同。依三次受命的顺序而言,叔芾金黄的命数多于赤芾朱黄,赤芾朱黄的命数又多于韍芾素黄。前文已指出,见于师克盨铭文的赤芾五黄是对命数的说明,又可据以推测凡赤芾皆有五命,则叔芾当是六命之芾而韍芾当是四命之芾。据前文所述,王朝大夫皆四命,若出于封畿则假为五命,可知凡五命大夫皆有出于封畿的义务。当然,王朝之臣的命数也许未必如礼书所言皆是偶数,本来就有五命大夫。

表2所见大盂鼎铭文记载了盂受命为司戎而得衣、芾、舄之赐,未言芾色,命数不详。唐兰曾指出:司戎是官名,仅见此铭,似即司马,据铭中"敏谏罚讼"观之,又像是司寇;二十五祀盂鼎铭记盂出征鬼方,所任当是司马之职,或是司马兼司寇③。若其判断不误,依《周礼》而言,司马或司寇皆是王朝所置六卿之官。据前引《典命》,卿有六命。依此推测,其芾是叔芾,其舄是赤舄。

---

① 陈梦家:《西周铜器断代》上册,第196—197页。
② 张亚初、刘雨:《西周金文官制研究》,中华书局,1986年,第2—3页。
③ 唐兰:《西周青铜器铭文分代史征》,第177页。

表4所见敔簋,其铭文是敔受天子玄衣赤衮之赐而不见册命的记载。前文已指出,敔在庙中所受玄衣赤衮,实际是禘祭时"发爵"赐予的命服。敔始受爵为大夫,其命数例不过四命。见于著录的敔簋共有三件:除此记敔受玄衣之赐的敔簋外,另外两件分别是西周早期的十四字敔簋和西周晚期的百四十字敔簋。陈梦家认为,记受玄衣之赐的敔簋和十四字敔簋是同一人所作之器,百四十字敔簋则是另一人所作之器①。合观同一人所作敔簋铭文,均不见可据以推断其身份高低的记载。因此,姑依礼例断玄衣赤衮是四命大夫的命服。

表2所见免簠与表3所见免簋、免卣,亦是同一人所作之器。免簠铭记受命为司土"司奠还林眔虞眔牧"时所得之赐是𪓐衣,免簋铭记受"胥周师司林"之命时所得之赐是赤㠱巿,免卣铭记受命为司工时所得之赐是载巿冋黄。相互参证,三次受命当皆有𪓐衣之赐。张亚初、刘雨认为,铭文中的司土、司工就是文献中的司徒、司空②。但从铭文所记职掌看,仅负责林、虞、牧之政,绝非《周礼》中作为六卿的司徒、司空。其实司土作为职官名称,《礼记·曲礼下》有记载:"天子之六府,曰司土、司木、司水、司草、司器、司货,典司六职。"郑玄因其与《周礼》记载不同,视为殷商旧制,同时还认为司土相当于《周礼》的土均。郭沫若、顾颉刚皆断《曲礼下》所言是周初官制③。就免簠铭文而言,周王命免为司土,表明西周中期司土仍是王朝设置的职官,则《曲礼下》所言未必是殷商旧制,而当是西周中期以后逐渐废弃的职官系统。杨树达认为治林、虞、牧之政的职官即《周礼》的林衡、山虞、牧人④。据《地官·叙官》的说明,林衡、山虞、牧人、土均分别由下士、中士、下士、上士担任,可据以推断免是王朝之士而受命所得𪓐衣是据其爵位所赐命服。𪓐衣相当于礼书中的爵弁服,是王朝列士的上服,前文已言之。免受𪓐衣之赐而不言有巿,当是始受命于天子为士,其命数不言自明。据前文论玄衣之巿所见等差推之,赤㠱巿的命数当多于载巿冋黄。因此,就铭文所见王朝之士受命所得𪓐衣而言,无巿为配饰的𪓐衣当是一命下士的命服,以载巿冋黄为配饰的𪓐衣当是再命中士的命服,以赤㠱巿为配饰的𪓐衣当是三命上士的命服。

考察铭文所见命服的等级差别,还有一种现象值得关注,即不同等级的命服以相同的巿为配饰,如表2所见赤㠱巿、载巿冋黄,既可以是玄衣黹屯的配

---

① 陈梦家:《西周铜器断代》上册,第126页。
② 张亚初、刘雨:《西周金文官制研究》,第8—9、22—24页。
③ 郭沫若:《金文丛考》,《郭沫若全集》(考古编)第5卷,科学出版社,2002年,第121—139页;顾颉刚:《"周公制礼"的传说和〈周官〉一书的出现》,《文史》1979年第6辑。
④ 杨树达:《积微居金文说》,第101—102页。

饰，也可以是㲩衣的配饰，似乎表明铭文呈现的服制系统并无等级差别可寻。实际上是因为命数有九而反映命数多寡的市色仅有朱、幽、叔、赤、𢧵五种，命数与市色不相对应，只能以体现爵位尊卑的命服为大限，在同一大限内以不同的市为配饰，表现命数的多寡，形成等级差别。等级不同的命服以相同的市为配饰，因大限不同，相同的市反映的命数绝不相同。如同是赤𢧵市，若以其为玄衣黹屯的配饰，表明服者的身份是五命大夫，若以其为㲩衣的配饰，表明服者的身份是三命之士。以相同的市为不同命服的配饰，此即礼家所谓"礼穷则同"的现象。

铭中之市既是以不同颜色表示命数多寡，至于系市的黄是否亦以不同颜色、质地表示命数多寡则颇难论定。若据《礼记·玉藻》所言"再命赤韍幽衡，三命赤韍葱衡"推之，铭中不同颜色、质地的黄亦有区别命数多寡的功能。然而从表2、表3、表4所列服饰看，市色有朱、幽、叔、赤、𢧵之别而同一赤市的黄又有幽、朱、紫、同、缕之分。若既以市之颜色又以黄之颜色、质地为区别命数多寡的标准，则市与黄呈现的差别远多于九命之数，恐非西周王朝实行过的礼制。因此，考察铭文所见命服的等级差别，仅以市色不同为区别命数多寡的标准，而视举市又言黄之颜色、质地为礼以华缛为贵的记载而已。受命所得之赐是幽黄的记载仅见于表3所列康鼎铭文，举黄而不言市，当是以黄名市，不可据此特例乱以市断命数多寡的条例。

综上所述，铭文所见命服的等级差别不难确定，为便于省览，亦参考聂崇义《三礼图》、历代礼图、服表、列表以明之：

表6　表2至表4所见命服的等级差别

服　　名		性质	形制特点	服　者	事　宜	等　级
（韦弁服）		戎服	朱市葱黄	八命三公	兵事	次于五等冕服
玄冕服	玄衮衣	祭服	幽市、赤舄	七命侯伯	祭宗庙、亲迎	五等冕服之下服
玄冕服	玄衣黹屯	祭服	𢧵市金钪、赤舄	六命卿大夫	助王祭祀、从王听朔、亲迎	王朝卿大夫之上服
	（缺）	祭服	叔市金黄、赤舄			
	（缺）	祭服	叔市、参同葟恖			
	㲩衣	祭服	市、舄			

续表

服　　名		性质	形制特点	服　者	事　宜	等　级
玄冕服	玄衮衣	祭服	赤芾幽黄、赤舄	五命大夫	助王祭祀、从王听朔、亲迎	王朝卿大夫之上服
	玄衣胏屯	祭服	赤芾朱黄			
	玄衣黹屯	祭服	赤芾朱黄			
	玄衣胏屯	祭服	朱黄㚸亲			
	玄衣胏屯	祭服	㚸朱黄			
	玄衣胏屯	祭服	赤ϴ芾			
	（缺）	祭服	赤芾五黄、赤舄			
	（缺）	祭服	芾五黄			
	（缺）	祭服	赤芾朱黄、中絅			
	（缺）	祭服	芾朱黄			
	（缺）	祭服	赤芾縈黄			
	（缺）	祭服	赤芾冋黄、丽般			
	（缺）	祭服	赤芾冋緟黄			
玄冕服	玄衣胏屯	祭服	載芾冋黄	四命大夫	助王祭祀、从王听朔、亲迎	王朝卿大夫之上服
	玄衣㵒屯	祭服	載芾幽黄			
	玄衣赤褢	祭服				
	（缺）	祭服	載芾朱黄			
	（缺）	祭服	載芾素黄			
爵弁服	㲋衣	祭服	赤ϴ芾	三命上士	助王祭祀	王朝列士之上服
	㲋衣	祭服	ϴ芾			
	㲋衣	祭服	載芾冋黄	再命中士	助王祭祀	
	㲋衣	祭服		一命下士	助王祭祀	

三、《周礼》所见治服饰之政的职官

命服是身份高低贵贱的标志而由衣、裳、芾、舄构成，观服之华素知爵位尊卑，视芾之色采知命数多寡。爵位与命数相互交织，或爵尊而命寡，或命多而爵卑。因此，命服的等级只能通过衣、裳、芾、舄的差别表现出来。西周王朝为保证册命时所赐命服既体现爵位尊卑又反映命数多寡,必须设置专司衣、裳、芾、舄之政的职官,辨服之等级、别饰之差异,否则必不能恰当地以命服彰显所授册命。检讨《周礼》记载,果然有治衣、裘、舄、服、冕、弁之政的职官,分别列于天官、春官、夏官之下,既以服饰侍御周王,又辨其等差以待颁赐。

表7 《周礼》所见治衣、裘、舄、服、冕、弁之政的职官

职官	所属	叙官内容	职掌
玉府	天官	上士二人,中士四人	掌王之燕衣服、衽席、床笫,凡亵器
司裘	天官	中士二人,下士四人	司裘掌为大裘,以共王祀天之服。中秋献良裘,王乃行羽物。季秋献功裘,以待颁赐。……凡邦之皮事掌之
典枲	天官	下士二人	颁衣服,授之,赐予亦如之
屦人	天官	下士二人	屦人掌王及后之服屦,为赤舄、黑舄,赤繶、黄繶,青句、素屦、葛屦。辨外内命夫、命妇之命屦、功屦、散屦
小宗伯	春官	中大夫二人	辨吉凶之五服、车旗、宫室之禁。……掌衣服、车旗、宫室之赏赐
司服	春官	中士二人	(文长不录)
大仆	夏官	下大夫二人	大仆掌正王之服位。……祭祀、宾客、丧纪,正王之服位
小臣	夏官	上士四人	正王之燕服位
弁师	夏官	下士二人	弁师掌王之五冕,皆玄冕,朱里,延、纽,五采缫十有二,就皆五采玉十有二,玉笄,朱纮。诸侯之缫斿九就,珉玉三采,其余如王之事。缫斿皆就,玉瑱,玉笄。王之皮弁,会五采玉璂,象邸,玉笄。王之弁绖,弁而加环绖。诸侯及孤卿大夫之冕、韦弁、皮弁、弁绖,各以其等为之,而掌其禁令

从表1至表4所列册命时所赐服饰看,饰足之舄作为命服的配饰之一,既见于传世文献,亦见于铜器铭文,或与命服相提并举,或仅以命舄表见其服,可据西周王朝因事设官的原则推测本有职掌命舄之政的职官。大盂鼎铭文记受命所得之赐是衣、芾、舄,又可据以推测西周初期不仅设置了治命舄之政的职官,而且与治衣、治芾之政的职官为官联。《周礼》称职掌饰足之物的职官为屦人,记其职

101

掌以"掌王及后之服舄"为主,列在天官之下,最符合设官分职先宫内侍御官、后朝廷治政官的原则,又有"辨外内命夫、命妇之命屦"的职责,验诸传世文献与铜器铭文,命舄皆是受命所得,又可知屦人职掌反映了当时真实的历史面貌。王朝之所以设置专门职掌舄屦之政的职官,当是因为冕服、弁服、冠服有高下之别,须以相宜的舄屦为配,非专官不能辨明舄屦之等差。关于舄屦的种类、等差及相宜之服,除见于表 7 屦人职所述外,黑舄、白屦、缥屦还见于《仪礼》的《士冠礼》和《士丧礼》。综合郑注、贾疏,赤舄最尊,冕服之配;黑舄次于赤舄,天子、诸侯玄端服之配;缥屦次于黑舄,爵弁服之配;白屦次于缥屦,皮弁服之配;黑屦次于白屦,玄端服之配。舄屦之别,郑注《屦人》云"复下曰舄、禅下曰屦",贾疏谓郑说无据可征而是出于目验。铭文所见,有舄无屦。就表 1 至表 4 所列文献与铭文的记载而言,受冂衣、玄衮衣、玄衣之赐,若举相关配饰,或言舄或言赤舄;受载衣之赐,皆不言舄或屦。载衣相当于爵弁服,缥屦是爵弁服之配,则载衣之配或是缥屦。若载衣之配果是缥屦,因载衣的等级低于冂衣、玄衮衣、玄衣,仍可断定屦卑于舄。因此,在西周服制系统中,舄屦之差不仅是重底与否,还在于相关的命服。西周王朝设置职掌舄屦之政的职官,若是据物名官,当以尊统卑名此官为舄人而不应以卑僭上名此官为屦人,况且铭文记受命所得之赐有舄无屦,益可证屦人之称不古。历史事实或许是西周初期就设置了职掌舄屦之政的职官,其官本称"舄人",随着时代发展,凡履地之物皆以"屦"称之,通语逐渐代替了古语。《周礼》的作者据旧有职官资料撰作《周礼》,遂据通语改舄人为屦人。

　　就服制系统而言,服有等差,系于爵位,韨色多变,关乎命数,前文所论,已昭然若揭。就一身而言,冕弁冠在首,尊于蔽膝的韨;韨在身中,又尊于在下的舄屦。《周礼》中凡体现身份高低贵贱的服饰,必设专官辨其等差以待颁赐,就连职掌舄屦之政的屦人都立为宫内侍御官而列在天官之下,韨既关乎命数,又尊于在下的舄屦,竟不见职司韨事之政的职官,颇令人费解。《周礼·考工记》:"攻皮之工:函、鲍、韗、韦、裘。"韦、裘二工下文称韦氏、裘氏,但有目无文。据《仪礼·士冠礼》郑注,韨是合韦为之,则韦氏当是制韨之工。《考工记》属于传记性质的记文,所记攻木、攻金、攻皮之工往往各有长官列在《周礼》的天、地、春、夏、秋五官内而叙官皆有说明,如《天官·叙官》言玉府有工八人,工八人即《考工记》所言刮摩之工中的玉人等,孙诒让对此有明确说明①。《考工记》中既有制韨的韦氏之

---

① 孙诒让:《周礼正义》,中华书局,1987 年,第 3125 页。

工,则本有统领韦氏之工的长官。通检《周礼》残存的天、地、春、夏、秋五官,不见明言统领韦氏之工而以芾为官名的长官,或是本在冬官,因冬官亡失而不得见之。然而依《周礼》设官分职的原则而论,凡职掌周王衣食起居的职官,都属于宫内侍御官而列在天官之下。治芾事之政的职官犹如治鸟屦之政的屦人,皆以侍御周王及王后为主,兼掌辨芾之等差以待颁赐,固当列在天官之下。若确有治芾事之政的职官列在冬官,实际与《周礼》设官分职的原则不符。因此,亡佚的冬官内是否有治芾事之政的职官,颇值得怀疑。实际上,周王朝曾设置过治芾事之政的职官,传世与出土文献都有记载。

(一)《礼记·曲礼下》:"天子之六工,曰土工、金工、石工、木工、兽工、草工,典制六材。"郑玄既视六工之设为殷时制度,又以反映周制的《周礼·考工记》所言陶、旅等二十二工为六工之属,自相矛盾,不言自明,当是无殷文可征,不得已而为此权宜之释。《礼记·曲礼下》所记职官系统不是殷商旧制而是西周中期以后逐渐废弃的职官系统,前文已有论说。因此,郑玄据《考工记》注六工,实际上是以周制释周制。就表2至表4所列有铭铜器而言,大盂鼎、静方鼎、殷簋、麦尊铭文明言天子册命时以芾为赐,可据以推断西周初期王朝就设置了治芾事之政的职官。《曲礼下》言天子之官有六工,郑注列陶、旅等二十二工为释,相互参校,则六工就是役使陶、旅等二十二工的长官。兽工役使函、鲍、䩸、韦、裘,芾以韦为之,则韦氏就是攻芾之工而兽工则是其长官,又可证兽工就是周初所设治芾事之政的职官。

(二)1975年陕西省岐山县董家村青铜器窖藏出土的五祀卫鼎、九年卫鼎、廿七年卫簋、裘卫盉属一人所作之器,器主人在铭中自称裘卫,亦省称为卫①。裘卫盉铭文云:"唯三年三月既生霸壬寅,王禹旂于丰,矩伯庶人取瑾璋于裘卫,才八十朋,厥贮其舍田十田,矩或取赤虎两、麂贲两、賁鞈一,才廿朋,其舍田三田。"李学勤指出,裘即《周礼》的司裘,断铭中的三年为周懿王三年,释赤虎两为两张赤色虎皮②。唐兰释麂贲为鹿皮制作的披肩,释賁鞈为杂色兽皮的蔽膝。③赤虎、麂贲、賁鞈之制作,若泛而言之,皆属攻皮之工所执皮事,《周礼》叙司裘的职掌云"凡邦之皮事掌之",可证司裘就是职掌治鞈事之政的职官。裘卫能用賁鞈等皮制品与矩伯交换土地,亦可证必是职掌賁鞈之政的职官。攻皮之工有韦

---

① 庞怀清等:《陕西省岐山县董家村西周铜器窖穴发掘简报》,《文物》1976年第5期。
② 李学勤:《新出青铜器研究》,文物出版社,1990年,第98—101页。
③ 唐兰:《西周青铜器铭文分代史征》,第461页。

氏，韐即芾之别称而以韦为之，则韦氏就是司裘役使的攻芾之工，而司裘为治芾事之政的职官又不言自明。从铭文看，担任司裘之职的卫不仅专治皮事一政，还职掌治玉事之政。《周礼》或是因为司裘所治之政不限于一端，于是叙其职掌着眼于名实相符就以治裘事之政为主，而以“凡邦之皮事掌之”一语概括了其治芾事之政的职掌。

（三）倏戒鼎是1995年上海博物馆从海外征集的有铭铜器，陈佩芬首先撰文考释并断为西周晚期时器①。其后吴振武又做了进一步研究，其释文云：“韐伯庆赐倏戒簟弼、巤膺、虎裘、豹裘，用政于六师，用校于比，用獄盗。”②“韐伯庆”之称蕴含着庆之世袭之业与所职之官两重意义，皆可据文一一揭之。“韐”是芾之别称，以“韐”为氏名，在于明其世袭之业是治芾事之政，犹如见于《左传》昭公十五年的籍谈是因为其先以司晋之典籍而为籍氏一样，皆是以事为氏的显例。《周礼》中以“伯”字构成的官名有“宫伯”“大宗伯”“小宗伯”，郑注训“宫伯”之“伯”为“长”，则宫伯就是治宫中之政的长官。以“宫伯”通于“韐伯庆”，可知“韐伯”是世袭治芾事之政的官名而“庆”则是其私名。铭文言韐伯庆以虎裘、豹裘赐予倏戒，似乎表明其所治之政是裘事。在西周时期，裘、韐之制作属于攻皮之工所执皮事而皮事之政恒由一官职掌，《周礼》言凡邦之皮事皆由司裘所掌即是明证，不当以铭文所言韐伯庆以裘为赐一事掩盖其官名透露的职掌是以治芾事之政为主。铭文没有透露韐伯庆是王朝的职官，还是诸侯的职官。司裘职言“季秋献功裘，以待颁赐”，铭文记韐伯庆以虎裘、豹裘赐予倏戒，相互推阐，可知韐伯庆是先献虎裘、豹裘而后以王命赐予倏戒，则韐伯庆当是王朝的职官。

综上所述，西周时期曾设置职掌芾事之政的职官当无疑问。其官名随时代发展而不断变更。早期称职掌芾事之政的职官为“兽工”，中期则称其官为“司裘”（名“卫”的人曾担任过此官），晚期又称其官为“韐伯”（名“庆”的人曾担任过此官）。冠于“卫”“庆”之前的“裘”“韐”，表明世袭之职或以治裘事之政为主，或以治韐事之政为主。官名的不同，还表明不是同时并设于一朝的职官。《周礼》汇集历代职官资料为一书，采司裘为职掌皮事之政的职官，列于天官之下，叙其职掌不明言有治芾事之政的职责而仅以“凡邦之皮事掌之”概括其治芾事之政的职责，舍兽工不列为职官，或因为其名不雅，舍韐伯不列为职官，或是因为周衰时

① 陈佩芬：《释倏戒鼎》，张光裕等主编：《第三届国际中国古文字学研讨会论文集》，香港：香港中文大学中国文化研究所、中国语言及文学系，1997年，第317—321页。

② 吴振武：《倏戒鼎补释》，《史学集刊》1998年第1期。

所置职官非托古改制之所宜。

从表7所列司裘的职掌看，司裘不仅有治苇事之政的职责，还有治大裘、良裘、功裘之政的职责。前文已指出，功裘属于亵衣。大裘是天子祀天所服之衣，祭时大裘之上更有祭服，《礼记·郊特牲》云"祭之日，王被衮以象天"即是明证。以前引郑注所言"裘者为温，表之为其亵也"例之，则大裘亦属于亵衣，良裘自然也不例外。凡亵衣或亦通谓之"燕衣"，孙诒让曾有明确论述①。表3所见中䌛、参同苇恩属于亵衣，郭沫若、陈梦家皆有论述②，固可通谓之燕衣。铭文记受命所得之赐列举燕衣，仅仅是以燕衣表明必有相宜的祭服，并不是以燕衣为彰显册命的标志。王朝的燕衣之政，既以侍御为主，亦涉及颁赐，固当设专官职掌其政，否则政出多门，其政必废。《周礼》既设玉府掌王之燕衣，又设司裘掌王之燕衣中的大裘、良裘、功裘之政，又设小臣正王之燕服，同一燕衣之政隶于三官而重见于不同职官下，有违王朝因事设官而官有专司的原则。玉府、司裘属于宫内侍御官，小臣属于朝廷治政官，以朝廷治政官治宫内侍御之政，自乱设官分职有内外之别的条例。若据官联之例为释，以为玉府、司裘仅负责供王之燕衣，小臣负责正事之所宜之燕服，各有所司共执燕衣之政。在实际的行政过程中，若玉府、司裘所供之燕衣已非事之所宜之燕服，小臣又如何正之呢？

事实上，合观表7所列诸官，审核所记职掌，一政隶于多官而重见于不同职官下，并非仅仅是见于玉府、司裘、小臣之职的偶然现象。司裘职言"掌为大裘，以共王祀天之服"，司服职言"凡大祭祀、大宾客，共其衣服而奉之"，大祭祀自然包括祀天而大裘亦属于衣服，则周王的祀天之服究竟是司裘所供还是司服所供？司服职言"掌王之吉凶衣服，辨其名物与其用事"，大仆职言"正王之服位"，辨衣服名号及所宜之事即正王所宜之服而正王所宜之服亦即辨衣服名号及所宜之事，二职所言本是一事，则周王衣服之名号及所宜之事，究竟是司服辨之还是大仆正之？司裘列在天官是大宰的属官，司服列在春官是宗伯的属官，大仆列在夏官是司马的属官，三者各有其主，互不相役，如何官联共执周王的衣服之政？典枲职云"颁衣服，授之，赐予亦如之"，小宗伯职云"掌衣服、车旗、宫室之赏赐"，王朝赐予诸侯、臣下衣服，究竟是典枲所主还是小宗伯所掌？表7所见职官，不仅有一政互见于不同职官的现象，还有一政重见于同一职官的现象。大仆职先言

---

① 孙诒让：《周礼正义》，第460页。
② 郭沫若：《两周金文辞大系图录考释》，第195、262页；陈梦家《西周铜器断代》上册，第244—245、263页。

"掌正王之服位",下文又言"祭祀、宾客、丧纪,正王之服位",显而易见,前后所言本是一政,甚至连遣词造句都不避犯复。因此,仅就表7所列诸官及职掌而言,一政互见于不同的职官、一政重见于同一职官的现象,透露了《周礼》一书不是独立的撰作,而是历代各种职官资料的汇编。据此判断又可推知表7所列玉府、司裘、小臣、司服、大仆、典枲、小宗伯未必是同时并设于一朝的职官,而是西周时期旋置旋废的职官。《周礼》将西周各朝设置的职官同时呈现出来,又限于体例不著明各官创设、废替的时间,必然会出现一政互见、一政重见等种种不合情理的现象。需要说明的是,一政互见于众官与众官共治一政不同,前者是汇编职官资料而不加删汰的结果,而后者是一政非众官共治则不举的官联协事。

司服职既言"掌王之吉凶衣服",下文分述周王的吉凶之服,理应列举与吉凶之事相应的衣服而没有遗漏,若一吉凶之事至而无相宜之服以应之,则职掌衣服之政的司服便如同虚设。然验以传世与出土文献,不难发现司服职所举吉凶之服中尚有不应阙失的爵弁服。《礼记·檀弓上》:"天子之哭诸侯也,爵弁绖缁衣。"郑注谓"绖"是衍字。《释文》云"缁,本又作缁,又作纯",则《檀弓上》所言"爵弁缁衣",本又作"爵弁缁衣"或"爵弁纯衣",《白虎通·崩薨》引《檀弓上》作"爵弁纯衣",《杂记下》记祝、宗人等衅庙时所服之衣是"爵弁纯衣"。礼书中"缁""缁""纯"三字往往相混无别,郑玄、孔颖达、贾公彦等或以为取义不同而分别用之,或据上下文义予以是正。爵弁纯衣即《士冠礼》所言爵弁服,铭文中称为"哉衣",前文已有论证。爵弁服是士行冠礼时三加成礼之服,天子遥哭畿外诸侯亦服之,册命列士时又以之为命服,差别在于列士以爵弁服为吉服而天子则以爵弁服为凶服。同是爵弁服而有吉凶二端,乃是因为天子、列士的身份有高低贵贱之别。《尚书·金縢》云:"王与大夫尽弁。"此句本应又见于清华简《金縢》第十简,惜简首残泐,仅见"弁"字以下诸文,无缘据以验今本之原貌。根据孔疏的说明,郑玄以为"弁"指爵弁,则成王时已以爵弁服为天子承天变之凶服。哉衣见于西周中期的免簠、趩尊、豆闭簋铭文,亦见于西周晚期的𧽙簋铭文。综合诸文所记,可知爵弁服是周初以来天子至于列士的通服,司服职列举天子的凶服,不应失载爵弁服。若无爵弁服,天子哭诸侯、承天变,服何服以应之?册命列士时,将以何服为赐?

检讨表1至表4所列天子册命时所施之赐,不见以冕、弁、冠为赐的记载。既不以冕、弁、冠为赐,也就意味着西周时期或许并未设置过治冕、弁、冠之政的职官。清华简《封许之命》是周初封建许国的命书,详细记载了天子册命时所赐之物，其中有"纂綍"一物，整理者以"綍"通"弁"，据文释"弁"为"马冠"。① 从上下文所列钩膺、杫等车马之饰看，"纂綍"侧于其间，绝非冠弁之弁，不可据以认为历史上曾有册命时以弁为赐的记载，更不应据以推测当时有治冕、弁之政的职官。然而《周礼》中却有治冕、弁之政的弁师，亦颇令人疑惑。

（一）弁师既掌王之五冕、皮弁、弁绖，又有辨诸侯及诸臣冕、弁、绖等差之责，明是王之近臣而以侍御为主，兼治诸侯及诸臣冕、弁、绖之政。根据《周礼》以天、地、春、夏、秋、冬六官类聚属下诸官的原则而论，若视弁师为宫内侍御官当列在天官之下而为大宰的属官，若视弁师为朝廷治礼官当列在春官之下而为宗伯的属官，事实是弁师列在了夏官之下而为司马的属官。《周礼》自乱职官类属，质疑之声不绝于耳。郑锷云："王之冕、弁宜在礼官，今乃列之夏官，继大仆、群仆之后，在司戈盾、司弓矢之前，俱非其类，疑其失次。"②孙诒让云："弁师不与司服同属春官，又不与屦人同属天官，其义难通。"③疑弁师失次，责其类属不伦，仅是表面现象，难通之义才是值得深究的问题。《夏官·叙官》："乃立夏官司马，使帅其属而掌邦政，以佐王平邦国。"郑注："政，正也，政所以正不正者也。"④以弁师列于夏官，自然就成为司马所帅之属，则其职掌就不仅是侍御、辨等，而是被赋予了治冕、弁不正的职责，因为凡司马的属官皆须在各自职掌中贯彻王朝立夏官以正不正的意图。实际上，治冕、弁不正的职责，弁师职本有说明："诸侯及孤卿大夫之冕、韦弁、皮弁、弁绖，各以其等为之，而掌其禁令。"之所以设弁师以禁令治冕、弁不正，必是在冕、弁不正的现象已十分普遍时。郝经列举历史上弁冠服饰不合礼制的事例云："周衰，诸侯僭天子，大夫僭诸侯，陪臣僭大夫，下凌上替，国自为车，人自为服。楚得臣自为琼弁玉缨，郑子臧好聚鹬冠，晋太子申生衣公之偏，管仲绣黼而丹衣、镂簋而朱纮，季孙意如佩玙璠，而仲叔于奚繁缨以朝。凌夷至于战国，赵主父乃褫衣冠服胡服，二帝三王之礼制遂大坏矣。"⑤依此而言，周衰以后，礼制渐坏，人自为服，冕弁失正，弁师之设，或在此时。在当时人们的观念中，首服远重于身服，以为首服既正则身服随之而正，王朝设官分职，就以弁师列为

---

① 清华大学出土文献研究与保护中心编、李学勤主编：《清华大学藏战国竹简》伍，中西书局，2015年，第121页。
② 转引自王与之：《周礼订义》卷52，《景印文渊阁四库全书》，台北：台湾商务印书馆，1986年，第94册，第112页。
③ 孙诒让：《周礼正义》，第2262页。
④ 郑玄注、贾公彦疏：《周礼注疏·夏官》，阮元校刻：《十三经注疏》，第830页。
⑤ 郝经：《续后汉书》卷86上，《景印文渊阁四库全书》第386册，第444页。

司马的属官以执行正冕弁不正的邦政了。

（二）弁师职言"掌王之五冕"，五冕当是与司服职所言衮衣、鷩衣、毳衣、绨衣、玄衣相配的首服，衮衣以下五服以衣之图案有衮、鷩、毳、绨之不同而形成等差，则既言五冕亦当是就冕有五等之差立文，然而又无一语言及五冕等差之所在。郑注竭力推演疏通，以斿之多寡及用玉多少为五冕之等差。黄度、宋绵初据文释义，力驳郑注，皆以为本是以一冕统五服遂有五冕之称，五冕本身并无等级差别①。郑与黄、宋之说不同，却无从就弁师职所言取证以判断孰是孰非，况且司服职先言王祀昊天上帝、五帝服大裘而冕，继而又历数王因事不同所服五等冕服，则是共有六冕，而弁师职仅言掌王之五冕，尽管历代礼家极力弥缝，毕竟就二职所述而言，身服与首服不相对应，可见弁师职所言有失照、失载、失真之嫌疑。

（三）联系其他文献记载，就弁师职所述冕制而言，其文颇多难通之处。凡冕不仅有名"延"的长方形冕版和缀于冕版两旁用于贯笄的纽，而且必有套在发髻外用于承载冕版的"武"。郑注《礼记·玉藻》之"缟冠玄武"云："武，冠卷也。"②江永云："冠以梁得名，冠圈谓之武，梁属于武。"③若无名"武"的冠卷，则无法将冕版牢固地置于发髻之上。郑注、贾疏释冕体之延、纽必据武为说，宋绵初断"凡冠皆有武"④。然而弁师职记冕制，有延、纽而无"武"。孙诒让云："经举延、纽而不及武者，文不具也。"⑤所谓"不具"，乃护惜经典的婉辞，实际是原文误脱"武"字。文中"缫斿皆就"一句，不知所云，"玉瑱"二字亦失其处。沈文倬指出，"缫斿皆就"句不词，当是记孤卿大夫缫斿等差而文有脱误，而"玉瑱"二字当在"朱纮"之下，因为瑱是充耳以示不听谗言⑥。《周礼》的作者若是据王朝设置的职官叙述其职掌，言及冕弁，依制为文，属于实录，不至于出现如此之多不能卒读的现象。

（四）司服职言天子四时田猎服"冠弁服"，凡凶事服"服弁服"，大札、大荒、大灾时服"素服"。郑注云："冠弁，委貌，其服缁布衣，亦积素以为裳。"⑦委貌亦称玄冠，名异而实同，郑注《士冠礼》有说明。综合两处郑注，可知冠弁、委貌、玄

---

① 王与之：《周礼订义》卷52，《景印文渊阁四库全书》第94册，第113页；宋绵初：《释服》，王先谦编：《清经解续编》第1册，上海书店，1988年，第1038页。
② 郑玄注，孔颖达疏：《礼记正义·玉藻》，阮元校刻：《十三经注疏》，第1476页。
③ 江永：《乡党图考》，阮元编：《清经解》第2册，第309页。
④ 宋绵初：《释服》，王先谦编：《清经解续编》第1册，第1038页。
⑤ 孙诒让：《周礼正义》，第2524页。
⑥ 沈文倬：《略论宗周王官之学》，《菿闇文存》上册，商务印书馆，2006年，第445页。
⑦ 郑玄注，贾公彦疏：《周礼注疏·司服》，阮元校刻：《十三经注疏》，第782页。

冠本是一物,其服是缁布衣素裳。郑注又云:"服弁,丧冠也,其服斩衰、齐衰。"①天子绝旁亲,旁亲死不为之著服,故天子凶服仅有斩衰、齐衰。"服弁服"之"服"既指斩衰、齐衰,则"服弁"就是分别与斩衰、齐衰相配的丧冠。郑注又云:"君臣素服缟冠,若晋伯宗哭梁山之崩。"②所谓"素服",依孙诒让考证,指白布衣、素裳、素屦、麛裘。③至于素服之冠,郑注以缟冠当之。《周礼》既立司服与弁师分别职掌身服与首服之政,依设官分职的原则而言,缁布衣素裳、斩衰和齐衰、素服由司服所掌,冠弁、服弁、缟冠由弁师所掌。然而弁师职记天子首服有冕、有弁而无冠弁、服弁、缟冠,身服与首服不相对应,可知弁师职记天子首服或是误脱冠弁、服弁和缟冠。若非误脱,必是本由一职所掌。

(五)王朝既设司服职掌身服,又设弁师职掌首服,表明司服与弁师官联协事,共同执行王朝的身服与首服之政。首服与身服相将相宜,是官联协事的前提条件。若享先王,司服供玄衣之上绘五种图案、纁裳之上绣四种纹饰的身服,弁师则供十二条五采繅皆缀十二颗五采玉的首服;若有兵事,司服供韎韦制作的衣裳,弁师则供十二块韎韦缝制成覆杯形而缝中镶嵌十二颗五采玉的首服。然而合观司服与弁师所掌,身服与首服并不互相对应,前文已一一揭之。身服在司服,首服在弁师,身服与首服既不相将相宜,则司服与弁师无法官联协事。凡诸官能分职联事,必是王朝同时设置的职官。司服与弁师无法官联协事,只能说明不是同时设置的职官。

上述种种可议之处,都或明或暗地透露了弁师与司服本是一职。司服职中称述不同性质的服制,或是衣与冕并举,如衮冕、鷩冕等,或是弁与服并举,如韦弁服、皮弁服等,都明确表明首服与身服相将而不可分离。既然二者不可分离,据官有专司的设官原则而论,可证弁师与司服本是一职。就表1至表4所列受命所得之赐有衣、玄衮衣、玄衣、戠衣而无冕、弁、冠的现象而论,又可断本有职掌衣服之政的司服而无治冕、弁、冠之政的弁师,冕、弁、冠之政本皆由司服所掌。因此,《周礼》中的弁师似非西周时代王朝设置的职官,当是晚周某一时期王朝改造旧制新增的职官,以新增的职官分担从前属于司服的职责,因无完整的成文可以因袭,于是掇拾残文、旧记、传闻为说,则无论是断其所属、叙其职掌,还是记冕、弁的形制,都难免漏洞百出。

---

① 郑玄注,贾公彦疏:《周礼注疏·司服》,阮元校刻:《十三经注疏》,第782页。
② 同上①第783页。
③ 孙诒让:《周礼正义》,第1658页。

结语

  综上所述,西周时期的服制系统,就礼书记载而言,有冕服、弁服、冠服、玄端、素服、深衣、缁布冠,其中冕服包括裘冕服、衮冕服、鷩冕服、毳冕服、絺冕服、玄冕服,弁服包括爵弁服、韦弁服、皮弁服,冠服仅为冠弁服;就铜器铭文所见而言,有冂衣、玄衮衣、玄衣、㪤衣、功裘等;相关的服饰则为颜色、质地不同的芾、舄等。礼书与铭文所见服饰名称的不同,乃是因为命名方式不同,并不表明历史上有两套不同的服制系统。礼书中以首服名衣,故有"冕服""弁服""冠服"之称;铭文中以颜色名服,故有"冂衣""玄衮衣""玄衣"之称,以质地名服,又有"㪤衣"之称。以冠弁、质地所名之服,不见其色,实际上都是玄色之衣,则礼书与铭文所见本是同一服制系统中的服饰。礼书所见服制系统完整地反映了天子以下各个阶层因事所宜之服饰,铭文所见服制除功裘外仅仅是受命所得命服。因此,考察铭文所见服饰,无论是文字释读、性质确认,还是等级推定,均应将其纳入西周服制系统中作通盘研究。若脱离西周服制系统,仅就一器一铭所见服饰进行孤立研究,所得结论往往与礼制不合。如大盂鼎铭文所见"冂衣",既是受命所得,必是祭服之属,凡祭服皆玄衣纁裳,则"冂"当是著明其色的字,若仅据字形释为"冂"字并断为"褧"之假字,则不仅与礼之规定不合,而且与西周服制系统相违。

  册命与赐服相将是西周王朝曾践行过的礼制,自周初至于晚周,历代奉行,相沿不替,成就了后世艳称的礼乐文明。册命时视爵位尊卑、命数多寡,赐予不同等级的服饰而不同等级的服饰反映身份高低贵贱。受命所得服饰,往往仅以细微差别,如衣裳所绘所绣之纹饰、芾色或深或浅之等差,表现服者的高低贵贱。王朝为保证以服彰命有效地服务于政治生活和社会生活,体现有序的等级差别,必须设置治服饰之政的职官,分别职掌衣、裘、芾、舄、冠之政。王朝治服饰之政的职官,既有侍御之责,也涉及辨服之等差以待颁赐。就铭文所见而言,有以裘、鞁为名的职官;就《周礼》而言,有玉府、司裘、典枲、屦人、小宗伯、司服、大仆、小臣、弁师。《周礼》设官分职的原则是由内及外,先宫内侍御官,后朝廷治政官,宫内官与天子朝夕相处,负责天子日常的衣食住行,其职掌虽亵,仍列在天官,朝廷官虽尊,分列在地官、春、夏、秋、冬五官之下。若诸官共治赐服之政,则官联协事以待颁赐。《周礼》叙述治服饰之政的职官所司之政,验以文献和铭文所见册命与赐服相将的史实,或失于概括而使一官之职不够具体,或失于关照而使一政隶于不同职官,或失于察变而使晚置的职官间侧于周初职官系统中,或失于审核而乱宫内侍御官与朝廷治政官的界线。凡此之类不合情理的现象,皆是《周礼》将历史上创建、沿袭、增设、合并、改造、废弃的职官同时呈现出来的结果。若据以将《周礼》视为伪书,未免失之武断,因为正是种种不合情理的现象表明《周礼》不是出自一人之手而是历史时期各种职官资料的汇编,绝非周初先撰作后实施的职官之书。

复盘与导读

册命赐服是西周以来王朝践行过的重要礼制,传世文献与铜器铭文屡有记载,或旨在昭显荣宠,或以成功告于神明,成就了历史上艳称的礼乐文明。研究西周时代的册命赐服制度,主要关注与解决的问题如下:

一、凡册命所赐之命服,皆由衣、芾、舄等组成。传世文献中有关册命赐服的礼典,主要见于《诗经》及《周礼》《仪礼》《礼记》等文献。铭文所记命服,不仅散见于各种礼器,而各种礼器还时时被公布于世,始终处在不断增加的状态之中。又因为铭文记受命所得命服有详有略,或记受命所得之衣,或仅记受命所得一芾、一舄而以芾明衣、以舄明衣。因此,为了呈现西周时代命服的全貌,彻查涉及册命赐服的文献与铭文,是研究结果是否可以信从的关键。撰作《西周时期的赐服制度与设官分职》时,不仅全面梳理了传世文献与《殷周金文集成》《近出殷周金文集录》中涉及册命赐服的记载,而且还搜集了当时各种刊物、论著最新刊布的有铭铜器,其中凡涉及册命赐服的铭文皆在董理的范围之内。

二、西周时代,册命所赐之命服,见于传世文献者有衮冕服、鷩冕服、毳冕服、绣冕服、玄冕服、爵弁服、韦弁服等而其中韦弁服属于戎服,其余则皆属礼服;见于铜器铭文者有𤣩衣、玄袞衣、玄衣、戠衣等。同一个时代践行同一册命赐服的礼制,所赐之服理应有约定俗成的共名,而事实是文献所记命服的名称与铭文所记命服的名称截然不同。之所以如此,当是立名有不同的角度,此即《礼记·祭义》所谓"夫言岂一端而已,夫各有所当也"。着眼于衣色,则有𤣩衣、玄衣、戠衣之称;着眼于衣之所绘、裳之所绣,则有衮冕、鷩冕、毳冕、绣冕、玄冕之称。因此,沟通文献与铭文的记载,判断名异实同的命服,是撰作《西周时期的赐服制度与设官分职》必须要解决的问题。

三、命服是体现身份高低贵贱的标志,其特点是服之等差系于爵位之高低,芾色多变关乎命数之多寡。在当时实际的政治生活和社会生活中,爵位有诸侯至于列士之别,命数有一至九命之分。爵位与命数犬牙交错,或爵位高而命数寡,或命数多而爵位低,或爵位与命数相宜相值。命服虽然皆是以形制与芾色的不同组合曲折地反映服者的高低贵贱,然而命服的形制与芾色各自固有的等级差别却并非没有规律可寻。因此,在全面梳理传世文献与铜器铭文所见命服的基础上,以传世文献的记载及历代可信的论说为参证,结合册命时所命之职掌及受服者的身份等各种因素,对命服的种类与性质作了严密的审核,呈现了传世文献与铜器铭文所见命服的等级差别,不仅仅是为了沟通文献与铭文的记载,而是为了综合散见的材料建立一个可据以判断服者身份的参考方案,期待各种新见材料的验证。

四、探讨西周时代的册命与赐服制度,考察并呈现文献与铭文所见命服的等级差别,建立一个具有参考价值的方案,除了可据以判断服者的身份外,更重要的目的则是为了据以检验《周礼》中有关治服饰之政的职官是否反映了当时真实的历史面貌。因为《周礼》一书的真伪虚实及其作时,自来聚讼不已,始终难以取得共识。从可信的文献与铜器铭文中取证、建模作为检验真伪虚实的标准,不失为一种有效的方法。《周礼》所见治服饰之政的职官有玉府、司裘、屦人、小宗伯、司服、大仆、小臣、弁师,诸官皆与当时的册命赐服制度有关。以文献与铭文所建之模为检验标准,得出了许多与以往各种学说截然不同的结论,提供了一个判断《周礼》真伪虚实的案例。

五、将铭文所见册命所赐之命服纳入到一个反映等级差别的系统中,就会发现以往古文字学家对于个别金文文字的释读或许存在着可以商榷的余地,原因就在于泛用假借等训诂手段所释之字不免与反映等级差别的服制系统相互冲突。因此,以文献与铭文建立一个反映命服等级差别的参考方案,或许可以为正确释读铭文中记载命服形制与芾色的古文字提供一个参考意见。

六、撰写涉及名物考证的论文,很容易陷入排比资料而令人难以卒读的境地。如何将文章写得易读易懂而又有相当的信息量,既反映学术史的发展线索,亦能呈现历代学者的智慧与贡献,也是撰作《西周时期的赐服制度与设官分职》时没有忽视的问题。因此,文中插入了大量表格。表格的设计,既为了容纳材料而使人一目了然,也是为了能够还原文献,所以才有不拘一格的形式。

商周东土夏遗与夏史探索*

陈絜**

内容提要：传世文献中存在《史记》系统与《左传》系统两种夏史体系，二者对于夏早期历史的记载，在叙事空间上一西一东，互不相协，而《史记》系统更受世人青睐，成为后世探索夏史的主要线索。梳理和考证商周时期夏遗的地理分布可知，诸姒之族主要在今山东省境内，姻亲中分布于鲁豫间者，占相当比例；与夏史相关的地与族，亦基本分布于山东及豫东、豫东北一带。《左传》夏史系统不仅与甲骨、金文中的地理线索合辙，也与其他传世文献相关记载互洽，值得重视。对夏文化源头及夏王朝早期史的探索，海岱地区及鲁豫交界地带也需充分关注。

关键词：夏代；东土；《史记》；《左传》；二重证据

关于夏代存在与否的争论已持续一个世纪，而近年讨论尤为热烈。① 各家主张各异，但争议的核心观照是一致的，即《尚书》《左传》《国语》《孟子》《大戴礼记》《史记》《竹书纪年》等传世文献有关夏的记载是否可信？周代文献与西周金文关于夏代（如大禹治水等）的文字记录，是否为周人杜撰？晚商甲骨是否存在相关记录或线索？恐怕在考古发掘取得"一锤定音"的证据之前，上述问题仍要经历一段"存疑"时间。那么，在此期间，对于文献史学研究者来说，是否仍有可

---

* 原载《历史研究》2020年第1期。本文系国家社科基金重大项目"出土先秦文献地理资料整理与研究及地图编绘"(18ZDA176)阶段性成果，承蒙四位匿名审稿专家提出中肯而重要的修订意见，谨致谢忱！

** 陈絜，南开大学历史学院教授、古籍与文化研究所所长，主要从事出土文献与先秦古史研究与教学工作。已出版《商周姓氏制度》《商周金文》等研究专著，《籀顾述林》《左盦集》《松崖文钞》等整理类古籍，在《历史研究》《中国史研究》《文史》《汉学研究》等刊物发表学术论文80余篇。

① 参见沈长云：《夏代是杜撰的吗——与陈淳先生商榷》，《河北师范大学学报》2005年第3期；许宏：《关于二里头为早商都邑的假说》，《南方文物》2015年第3期；许宏：《学术史视角下的二里头"商都说"与"夏都说"》，《中国文物报》2015年11月20日，第6版；孙庆伟：《界说与方法——夏代信史考古学重建的途径》，《中国文化研究》2018年秋之卷。

供用力之处？诚如有学者主张，目前文献史学与考古学研究，不必强行牵合，首先应将文献史学本身做深做透①。笔者认为，若以商周时期夏遗的分布为切入点，推测夏代的政治地理框架，进而检讨方法论等相关问题，不失为一种可行方案②。

有关诸姒及其姻亲、与国乃至敌对势力的分布及活动范围、夏代各时期都城地望等有关夏代政治地理诸要素的研究，王国维、杨向奎、邹衡、沈长云、孙庆伟等已作有益探索③。近年来，随着上古地理研究手段的更新，商周卜辞金文政治地理框架的重新勾稽，特别是牵涉夏早期史的诸多甲金文地名、族名的组群性出现，为进一步探寻夏族群活动的地域空间提供了契机。

商周出土文字资料与先秦文献中，与夏早期历史相关的古族、古地与古国颇多。如据《史记·夏本纪》，诸姒之族有夏后氏、有扈氏、有男氏、斟寻氏、彤城氏、褒氏、费氏、杞氏、缯氏、辛、冥氏与斟戈（灌）氏，加上见诸金文及其他文献记载的鲍、繁、瘐、虎诸氏，共计16个。涉及的东土姻亲则有寒、雍、举、邳（或㠱）、卫5个，其他与夏早期历史有关的地名、族名有甘、过、戈、鬲、洛、邍（原）、纶、薛等。上述族名、地名，对探索夏早期历史地理空间所能起到的作用各有侧重，相对重要的当属商周诸姒及东土姻亲小族。唯古姓使用始自周初，传世文献对古族族姓记载每多抵牾，为避免先入为主，文章以能否得到金文验证为标准，对诸姒16族做分类处理，由实至虚，其可验证者与相关姻族合并为一组，目前尚无明确佐验者，则与其他重要地名、族名另组讨论。

一、甲骨文、金文所见东土诸姒及其姻族

对于上古族群、族属的划分，殆以族姓为唯一标准。依照传统观点，夏人姒姓，商人子姓，周人姬姓。子商姬周，应该比较确凿。故姒姓夏族之说，恐亦不能

---

① 朱凤瀚：《夏文化考古学探索六十年的启示》，《历史研究》2019年第1期。
② 沈长云：《关键是要弄清楚夏的地域问题》，《中国社会科学报》2019年5月27日，第5版。
③ 参见王国维：《殷周制度论》，《观堂集林》，中华书局，1959年，第451—480页；杨向奎：《夏民族起于东方考》《禹贡》第7卷第6、7合期，1937年；杨向奎：《大禹与夏后氏》，《绎史斋学术文集》，上海人民出版社，1983年，第5—17页；邹衡：《夏文化分布区域内有关夏人传说的地望考》，《夏商周考古学论文集》，文物出版社，1980年，第219—251页；沈长云：《夏后氏居于古河济之间考》，《中国史研究》1994年第3期；沈长云：《禹都阳城即濮阳说》，《中国史研究》1997年第2期；沈长云：《夏族兴起于古河济之间的考古学考察》，《历史研究》2007年第6期；孙庆伟：《鼏宅禹迹——夏代信史的考古学重建》，生活·读书·新知三联书店，2018年。

轻易否定。商周诸姒族居地及其分布区域的考察,可以从一个侧面折射出夏的政治疆界及活动地理方位,而目前可考者主要分布在古济水及以东区域的"东土"之地,这需要引起研究者关注。此外,受交通条件影响,上古互通婚姻的族群,相互间的空间距离有限,故与诸姒通婚的各姻族,尤其是政治地位不高、名不见经传的弱小族群,对其族居地或活动范围的考证结果,于推测夏族地理分布也能起到一定的辅助作用。目前所知商周时期的诸姒之姻族如寒、雍、举、郱(或屮)、卫等,名不见经传者占多数,同样团簇于东土。下面分别梳理能够得到甲金文验证的东土诸姒及其姻族。

1. 两周金文里的东土诸姒

尽管诸姒之族有 16 个之多,但族姓明确见载于目前两周金文的仅 7 个,其中虎叔簋(《殷周金文暨青铜器资料库》①NA1611,以下简称"《资料库》")所载虎氏或在晋南,此处不做讨论。② 洙泗与汶水间的姒姓繁氏此前已有所论述,③不再展开。缯氏姒姓虽不见金文等出土资料,但考虑到它与杞族关系尤为紧密,说是姒姓,恐怕问题不大,故附列于后。

(1) 费氏。费氏姒姓,可得周代金文印证。例如 1972 年山东省邹城市峄山镇纪王城前村邾国故城址出土弗奴父鼎一件,④年代大概在春秋早期,铭文曰:"弗奴父作孟姒府媵鼎,其眉寿万年永宝用。"(《集成》⑤2589)其中寿字作"🔲",具有显著的齐鲁文字特征,与该器出土地点十分吻合。前引杨、沈诸家均认为"弗"字可读"费",可信;而器物又属媵器,故东土费氏姒姓殆可据信。《尚书》有《费誓》之篇,《书序》云:"鲁侯伯禽宅曲阜,徐夷并兴,东郊不开,作《费誓》。"据《书序》,费地在曲阜以东,地望与临沂费县较契合。换言之,西周之初东土可能就有费地。《国语·楚语》记"鲁有弁、费",《左传》隐公元年有"费伯帅师城郎"之辞,《左传》隐公二年言及鲁大夫费庈父,据高士奇《春秋地名考略》,费地即今费县。这个问题前辈学者多已论及。另据《史记·殷本纪》,商纣有异姓嬖臣飞廉、费仲,飞廉出自东土嬴姓之族,费仲恐亦出自东土姒姓费氏。

---

① 台湾地区研究院历史语言研究所金文工作室:殷周金文暨青铜器资料库。
② 铭文还涉及诸姒姻族"佣"。按夏中晚期的政治中心在晋南豫西,自然会有诸姒后裔,晋南妫姓佣氏与之通婚自在情理之中。
③ 陈絜:《作册般组器中的地理问题与昭王边域经营策略》,《南方文物》2019 年第 3 期。
④ 王言京:《山东邹县春秋邾国故城附近发现一件铜鼎》,《文物》1974 年第 1 期。
⑤ 中国社会科学院考古研究所编:《殷周金文集成》(修订增补本),中华书局,2007 年。以下简称"《集成》"。

可作补充的是,卜辞㐩氏或亦与文献所载费氏有关。《史记·鲁周公世家》"费誓"作"肸誓",司马贞《索隐》:"《尚书》作'柴誓'。"这为探索卜辞中是否有相应记录提供了重要线索。殷墟卜辞有一"㐩"字,过去释为"依"。该字从衣、从匕,自当隶定作"㐩"①,匕为其声符,故读音与柴(费)同②。"㐩"于卜辞多作族名,例如:

① ……呼㐩、趡(趡)。王占曰:其呼……
  勿呼㐩、趡(趡)。(《合》③4730,宾)
② 己亥卜,争贞:呼㐩……
  己亥卜,争贞:坐彗土(社)……(《合》13420,宾)
③ 贞:㐩敦郭。
  [坐]彗土(社)于[之]。(《合》7047,宾)④
④ 癸酉卜,贞:令多奠㐩、束、郭。(《合》6943,宾)

例①商王所呼令的对象有㐩、趡二族。趡即《春秋》桓公十七年"公会邾仪父,盟于趡"之趡,杜预注:"趡,鲁地",位于曲阜东南近郊⑤,故与之并辞的㐩族,似与之相邻。据例③和例④,㐩似与束、郭二族密迩,尤其是例④所言,商王命令多抚定㐩、束、郭三族⑥,或可推测三者有一定的地缘联系。《春秋》襄公十九年:"诸侯盟于祝柯,晋人执邾子,公至自伐齐,取邾田自漷水。"《左传》则曰:"诸侯还自沂上,盟于督扬,曰大毋侵小。执邾悼公,以其伐我故。遂次于泗上,疆我田。取邾田,自漷水归之于我。"《春秋》哀公二年又有"季孙斯、叔孙州仇、仲孙何忌帅师伐邾,取漷东田及沂西田"之记载,漷水为滕州境内的主要河流,系泗水重要支流

---

① 裘锡圭:《说殷墟卜辞的"奠"——试论商人处置服属者的一种方法》,《裘锡圭学术文集》第5卷,复旦大学出版社,2012年,第186页。
② 按卜辞"匕"多读"比"或"妣",说明匕、比音同。㐩字从衣从匕,匕为注音符,上揭裘文已有论说。而柴从米、比声,故说㐩、柴读音相近甚至相同应能成立。
③ 郭沫若主编,中国社会科学院历史研究所编:《甲骨文合集》,中华书局,1978—1983年。以下简称《合》。
④ 残辞据同文卜辞《合》13421补。
⑤ 郑杰祥:《商代地理概论》,中州古籍出版社,1994年,第164页;彭邦炯:《甲骨文农业资料考辨与研究》,吉林文史出版社,1997年,第636—637页。
⑥ 按"奠"可径训为"定",抚定、平定之谓,即如曾侯与编钟"龏夙天下"当读作"抚定天下"。参见李学勤:《曾侯䑣(與)编钟铭文前半释读》,《江汉考古》2014年4期。束,过去亦有读作尔(迩)者,今暂取束字说。

之一，位于鲁都曲阜东南，上引卜辞中的"郭"，殆指灈水附近的邑落，这也符合卜辞金文中邑聚名、族名与附近水体名往往一致的惯例。而卜辞朿族，主要活动在东土，周初则有分支厚氏盘踞汶水下游，故朿族可能为鲁中或鲁南一带的东土故族①。商王命令多抚定衷及东方朿、郭二族，可见衷亦可能在东土，将之与周代费邑相联系，无论读音还是地理位置，都是比较契合的。

(2) 杞氏。周代杞氏姒姓，《春秋》内外传等传世文献记载较明确。此外，金文中亦有例证，如山东东平墓葬所出叔㺇父簠有铭文："郳叔㺇父作杞孟姒饙簠，其万年眉寿子孙永宝用享。"(《集成》4592，春秋)此器乃郳国贵族叔㺇父为其配杞孟姒所铸祭祀用器，"杞孟姒"之称，可说明杞氏姒姓。

周代杞族究竟何在，学界有所分歧，一说河南杞县，一说山东新泰，主张山东杞族自河南杞县迁徙而至②。窃以为此说仍有探讨的余地。东土杞族有大量的传世与出土材料证据。例如《春秋》庄公二十七年"公会杞伯姬于洮"、《左传》昭公七年"晋人来治杞田，季孙将以成与之"。此可说明春秋时期鲁之东北自有一杞国。山东新泰曾出土成批的杞伯每亡器，在地望上与文献所记契合。西周史密簋(《资料库》NA0636)记载"南夷卢虎会杞夷、舟夷、雚不坠广伐东域"，说明早在西周中期东土或有杞地，且当与汶水下游的舟(山东平阴、东平间)、雚(即斟灌氏，在山东肥城南界)诸地邻近，这同样与文献所记契合。再如商末周初有亚醜(丑)杞妇卣(《集成》5097)，说明杞与山东青州苏埠屯一带的亚醜(丑)之族关系密切，杞族于东土的存在或能上溯至晚商。而尤为关键的是卜辞中各种有关杞族、杞地的占卜记录，例如：

① 丁酉卜，㱿贞：杞侯炅弗其骨同(痛)出(有)疾。
　贞：子娗不延出(有)疾。(《合》13890，宾)
② 己卯卜，行贞：王其田，亡灾。在杞卜。(《合》24473，出)
③ 壬戌卜，贞：王其田呪，亡灾。
　甲子卜，贞：王其迩嬜(寻)，亡灾。
　乙丑卜，贞：王其迩鼐，亡灾。

---

① 据西周早期厚趠方鼎铭文(《集成》2730)，厚为朿族分支或朿族族居地，而厚即汶水下游东平一带之郈邑，故说朿族为东土故族应有其理据。
② 高士奇：《春秋地名考略》卷12"杞"条，李勇先主编：《中国历史地理文献辑刊》第3编，《诗礼春秋四书尔雅文献集成》，上海交通大学出版社，2009年，第3册，第186—188页。

戊辰卜,贞:王(于?)杞田,亡灾。
辛未卜,贞:王田敦,亡灾。
乙亥卜,贞:王其田丧,亡灾。
戊寅卜,贞:王其……
辛卯卜,贞:王田壽,亡灾。
……贞:王田敦,亡灾。(《屯南》①660,无名)
④ 丙戌卜,在卜(外)䅇贞:今[日]王步于[香],亡灾。
庚寅卜,在香贞:王步于杞,亡灾。
壬辰卜,在杞贞:今日王步于🯅,亡灾。
癸巳卜,在🯅贞:王巡🯅,往来亡灾。于次北。
甲午卜,在🯅贞:王步于剌(索),亡灾。(《合》36751,黄)

由上述卜辞可知,杞属晚商泰山田猎区内的田猎点之一,同时又为商末征人方的经由地,距离山东东平接山镇附近的🯅地(属"商鄙三邑")仅一日行程。据此,卜辞杞地与商周金文及《春秋》经传中的"杞"所指相同,大致在今山东新泰西境②。而且在武丁时期,由于东讨夷族的需要,商王朝曾在杞地设置斥候。

(3)辛氏。辛氏又作莘、先、侁、姺,如《诗经·大雅·大明》曰:文王"缵女维莘,长子维行,笃生武王。"毛传:"缵,续也。莘,大姒国也。"即是说文王从有莘氏续娶大姒而生武王,反映先周时期周人与姒莘已有联姻。又《楚辞·天问》曰:"成汤东巡,有莘爰极。何乞彼小臣,而吉妃是得。"一则说明子、姒二族通婚,二则反映有莘氏的相对方位在汤都以东。《左传》昭公元年记"商有姺邳"之乱,姺即莘。此外,《左传》中多处提及莘地,如:

① 初,卫宣公烝于夷姜,生急子,属诸右公子,为之取于齐而美。公取之,生寿及朔,属寿于左公子。夷姜缢,宣姜与公子朔构急子,公使诸齐,使盗待诸莘,将杀之。(《左传》桓公十六年。杜注:"莘,卫地,阳平县西北有莘亭。")

---

① 中国社会科学院考古研究所编:《小屯南地甲骨》,中华书局,1980年。以下简称《屯南》。
② 陈絜、赵庆淼:《"泰山田猎区"与商末东土地理——以田猎卜辞"盂"、"𡧛"诸地地望考察为中心》,《历史研究》2015年第5期。

② 晋侯登有莘之虚以观师。(《左传》僖公二十八年)
③ 师从齐师于莘。(《左传》成公二年。杜注:"莘,齐地。")

就上引内容判断,莘地似当在卫、鲁、齐之间寻找,在大方位上与"成汤东巡,有莘爰极"颇相吻合,杜注强分为二,未知所据为何。

山东滕州庄里西村 M3 出土西周早期铜器新妣鼎一对,铭文相同,曰:"新妣作饙篹。"其中"新"可读"辛","辛妣"这一自名形式,可理解为由父氏、父姓两部分构成。又西周晚期有叔向父簋组器,有铭曰:"叔向父作新(辛)妣尊簋,其子子孙孙永宝用。"(《集成》3849)其中"辛妣"殆叔向父之配,其称名亦由父氏、父姓构成。藉此可知,文献辛氏妣姓之说当可据信。而殷墟卜辞有先地、先侯,亦能印证辛氏为东土故族,例如:

① 乙丑卜,殷贞:子商弗其获先。(《合》6834,宾)
② 壬戌卜,争贞:乞令挚田于先侯……(《合》10923,宾)
③ 己卯卜,王:咸截先。余曰……(《合》7020,宾)
④ 贞:乎子画以先新射。
   允其敦。
   贞:师般以瘢左。
   ……吉……(《合》5785,宾)

子商属东土诸妣之族①;挚于金文又作臤,据商周之际仲子夷彤觥铭(《集成》9298)可知,挚与东土诸姜之一的夷族相牵涉,②即《公羊》经定公十四年"公会齐侯、卫侯于坚"之坚,陆德明《音义》曰"坚本又作挚",左氏《春秋》作"牵",其地大致在今济南附近;咸或即《春秋》桓公七年之"咸丘",在曲阜周边;画族在临淄西南;师般之师,或与《谷梁》经文公十六年"公子遂及齐侯盟于师丘"相关,范宁注:"师丘齐邑。"左氏《经》则作"郪丘";瘢族则为东土诸妣之一(后文详述)。此外,宾组卜辞《合》14370 与先同版的人与地,除了挚,还有竝、毕、唐等,亦均与东土故族相关。换言之,武丁时期与先地、先族相牵连者,不是东土之人,便是东

---

① 对此问题,笔者另有《郳国墓地所出毕仲簋与殷墟卜辞中的毕族》(待刊)一文作相应讨论,此暂不赘。
② 陈絜:《试论殷墟聚落居民的族系问题》,《南开学报》2002 年第 6 期。

土之地,故说先在东方应是近理。即便二百余年后的商末,先族依旧盘踞东土,如黄组卜辞《合》36536 有征伐先氏之占卜,处于对贞关系的则为诸妣之挚氏。这与两周时期东土辛族相衔接。总之,在古济水下游,从商至春秋,有一姒姓莘族存在。

(4) 鲍氏。齐国鲍氏姒姓之说,最早见于《国语·齐语》韦昭解,后得到铜器资料的印证,例如发现于西安的春秋晚期鲍子鼎,有铭文:"鲍子作媵仲匋姒,其隻(获)正(?)男子,勿或(有)柬(阑)巳(已),它它熙熙,男女无期,仲匋姒及子思,其寿君毋死,保而兄弟,子孙孙永保用。"(《资料库》NB1646)铭文"寿"字作"▇",具有明显的齐鲁风格。同时,鲍子鼎的形制与临朐齐趫父墓所出上曾太子鼎基本相同,尤其是附耳、蹄足之风格,如出一辙。故此鲍子或为齐桓公时代的鲍叔牙之后,吴镇烽以为即鲍叔牙五世孙鲍牧①,可备一说。"仲匋姒"则为鲍子之女,所以齐国鲍氏姒姓殆无可疑。这一问题李学勤已有讨论②,可参考。

(5) 瘕氏。故宫博物院所藏西周早期㐤父鼎(《集成》2141),有铭文 6 字,曰:"㐤(㐤)父作▇(瘕)姒鼎。"其中▇字其左部从爿(牀),右部有人形及手形"左",惟人形下方笔画交代不清,影响释读的准确性。窃以为▇字或即卜辞习见▇字,今姑且隶定作"瘕"。依照器物铭文的一般规律,㐤父与瘕姒殆属夫妇,当时似存在一个姒姓瘕族。这一瘕族,据商末金文资料判断,殆出自先族,如《集成》5722 著录父乙尊铭曰:"先瘕。父乙。"依照复合氏名的惯例,瘕族乃出自有莘氏。又《资料库》NA0812 收录一卣,其中盖铭亦有复合族名"先瘕",而器铭则作"▇瘕。父丁",按"▇"即封字之初文,于此殆属族氏铭文中习见的地名附赘要素,也就是说,瘕氏别族后曾居住于封地。结合殷墟卜辞判断,封地应在东土鲁中一带,例如:

癸丑卜,行贞:王其步,自悢(良)于封,亡灾。

癸丑卜,行贞:今夕亡祸。在封。

甲寅卜,行贞:王其田,亡灾。在二月,在次封。(《合补》③7257,出)

---

① 吴镇烽:《鲍子鼎铭文考释》,《中国历史文物》2009 年第 2 期。
② 李学勤:《试论山东新出青铜器的意义》,《文物》1983 年第 12 期。
③ 彭邦炯、谢济、马季凡编著:《甲骨文合集补编》,语文出版社,1999 年。以下简称"《合补》"。

以上节引的卜辞涉及前后衔接的两天内的商王活动,癸丑日从俍到封,当晚在封地驻跸,甲寅日则准备在封地附近田猎。就目前研究可知,晚商王室田猎区固定在以泰山为中心的东土范围内,故封地亦可能在泰山周边,而作为封地前站的俍地,或是《春秋》隐公元年"费伯帅师城郎"与隐公九年"城郎"之郎地,在春秋鲁国的辖境之内。

黄组征人方卜辞《合》37434 记载了商王从丙辰至壬戌历时 7 天的一段路程,线路为奠→敖→旧→敖→僻→勐→雍→封①。此中地名基本可考:如奠在莱芜新泰间;敖即《国语·晋语》"范献子聘于鲁,问具山、敖山"之敖,在新泰境内②;旧为田猎点,去敖半日行程,卜辞有"人方邑旧"之记载,亦能佐证旧、敖二地方位;僻即正侯之正,与勐地均位于汶水上游地带③;雍地则可能在淄汶源头④。所以,作为此行最后一站,封也应坐落在泰山以东区域,此亦与前引《合补》7257 所记相契合。

至于瘢族,晚商时期其主要活动区域恐亦在东土。例如:

辛丑贞:毕叀瘢以𠭯。

毕叀朿人以𠭯。(《合》34240,历)

此中提及由毕征讨瘢或朿人,所含地理指向上的信息与前文讨论辛族所引《合》5785 同。毕属东土诸妊,朿族亦在东土,所以与朿处于对贞位置的瘢族,想必亦活跃在东土。此外,宾组卜辞《合》4415 载:

贞:勿日视皂(部)。

辛巳卜,贞:令夯冲旐、圉、韦(?)、瘢族。五月。

上引卜辞先说是否侦察皂地(即部邑,似在山东莱芜一带),再说命令夯用临冲之类的攻城器具攻打旐、圉、韦(?)、瘢等四族,被攻击的四个族可视作一个与

---

① "奠"地据《合》36501+36752+37410+36772 补,"封"字据《合补》11269 释读。
② 按敖字过去多隶定为"嶅"而读作"羌",今从刘钊之释,参见氏著:《释甲骨文糕、蠚、敖、诸字》,《吉林大学社会科学学报》1990 年第 2 期。
③ 《合》37517 有在勐地占卜前往麦麓田猎的记录,可见勐地近汶水上游之麦。
④ 陈絜:《卜辞雍地地望及其他》,《中华之源与嵩山文明研究》第 3 辑,科学出版社,2017 年,第 199—206 页。

有商势力有所摩擦的地方军事联合体,依常理推断,它们的地理方位应大体一致。其中圃族为东土故族。如宾组卜辞《合》6 通版涉及沚、系、京、奠、旐、㚔、壴、柴、延、㪅、甗、絴方等地名、族名与方国名,无一不在殷墟以东①。该版卜辞中同时还有圃地,似应坐落在殷墟以东区域。又《合》5857 有"圃允奎(执)沚"之占,即占卜圃是否能够捕获沚人,而沚恰恰在东土,既是商末征人方经由地,同时在《东大》②B0945 有"人方沚伯"之辞,具有十分明确的地理指向性。类似例子还有《合》5900、6623、7242、10022 等。另,上海博物馆藏晚商趞方彝盖一件,铭文曰:"癸未,王在圃䕞京,王赏趞贝,用作父癸宝尊。"(《集成》9890)"王在圃䕞京"一句,既可理解为商王在圃、䕞(讙,肥城南境)、京(京兹,平阴肥城间)一带,也可以断读为"王在圃,䕞(观)京",即在圃地遥望京兹。总之,圃地在汶水流域一带似最为合理。所以与圃同受王朝势力征讨的其他三族,在东土的可能性最大。

此外,就卜辞记载看,"旐"亦经常在东土出没,如:"贞:令旐田于皿。"(《合》10964,宾)武丁时期的田猎区与商末同,故皿地大致亦在泰山周边,东土之人受商王之命在泰山田猎区田猎,也就非常顺畅了。对于旐、圃、韦(?)与瘝四族何以并辞联称、一并遭受武力惩戒,也可以得到合理解释了。

设若金文字隶释为"瘝"无误,则说明殷墟以东地区有一姒姓瘝族存在,属先氏之分支,结合金文"封瘝"之族名,故大体应在汶水流域找其线索。缯氏,缯氏姒姓,《国语》《左传》等有明确记载。周代以曾为国名者有二,一是与随州叶家山曾侯墓地相对应的曾国,但属姬姓南宫氏之封国,与诸姒无关③;二是见诸《春秋》经传的东土鄫国:"夏六月,季姬及鄫子遇于防,使鄫子来朝"(《春秋》僖公十四年),"夏,宋公使邾文公用鄫子于次睢之社,欲以属东夷"(《左传》僖公十九年)。《春秋》僖公十四年杜预注:"鄫,国,今琅邪鄫县。"当时鄫国的地望大致在今山东临沂兰陵(旧名苍山)一带。

又山东临朐齐趫仲墓曾出土上曾太子鼎,殆属齐国掠夺所得,其铭文有"上曾太子般殷□择吉金自作䵼彝"云云之辞,李学勤认为,上曾太子鼎可视为山东姒姓缯器之标准④。考虑到周代杞国在今新泰一带,缯国则在去杞不算太远的临沂,结合文献杞、缯往往并辞之现象,上曾应该就是诸姒之一的缯国。

---

① 陈絜、田秋棉:《卜辞"龟"地与武丁时期的王室田猎区》,《故宫博物院院刊》2018 年第 1 期。
② 松丸道雄:《东京大学东洋文化研究所藏甲骨文字(图版篇)》,东京:东京大学出版会,1983 年。
③ 李学勤:《试论山东新出青铜器的意义》,《文物》1983 年第 12 期。
④ 同上③。

其实武丁时期的卜辞中亦记有曾地，如：

① ……卜，㱿贞：王次于曾，廼呼敢中［方］。(《合》6536，宾)
② 癸巳卜，㱿贞：王勿次于曾。七月。(《合》7354，宾)
③ 乙未卜，贞：立（莅）事于南，右从我，中从舆，左从曾。(《合》5504、5512残辞互足，宾)

学者多将卜辞曾地与湖北曾国相联系，但赵庆淼认为，曾在山东平阴一带①。其大方位的判断有一定道理。按辞①"敢"字为征讨动词，商王在曾地驻跸，紧接着命令相关人员征讨中方。据常理推测，曾地近中。又卜辞中方与山东蒙阴一带的蒙方关系密切②，即如《合》6542、6543诸辞所示，故中地亦当在蒙山附近。由此推测说晚商曾地即春秋时期临沂之缯国，似合理。辞③"从"字过去有研究者释为"比"，与字形不符，辞中所及"我"地，亦是习见的东土地名，大致应该在鲁中偏西地区，舆或即《左传》哀公十四年葬司马牛于丘舆之鲁邑丘舆，在今费县西③，曾地在左，位置最东，足可佐证曾在今山东临沂兰陵的推测结果基本属实。

综上可知，目前所知的比较确定的诸姒八族，除虎氏外，其余诸族族居地均可能在今山东境内，且多从晚商延续至两周。商周时期诸姒在东土集中分布，为探寻夏族起源及其族群早期活动区域提供了重要线索。

2. 商周时期东土诸姒之姻族

目前所知东土诸姒的姻亲，大致有如下五族。

（1）寒。《左传》襄公四年：后羿"弃武罗、伯困（因）、熊髡、尨圉而用寒浞。寒浞，伯明氏之谗子弟也"。杜预注："寒，国。北海平寿县东有寒亭。伯明，其君名。"汉魏北海平寿即今潍坊（潍城）一带，今有寒亭区，通常以为与寒氏相关。

陈介祺旧藏一小子发鼎，就器物全形拓判断，形制与毛公鼎同，故其铸造年代似可断在西周晚期。器内壁铸有铭文21字：

---

① 赵庆淼：《卜辞之曾地望考》，《中原文物》2015年第4期。
② 《合》6545有伐蒙方之残辞，同时又出现了商末征人方经由地"莔"，后者或即"鄼"字异写，可与《春秋》僖公二十二年"及邾人战于升陉"之升陉相联系，春秋时地属鲁，故蒙方当与东土蒙山有关之推测不可谓无据。
③ 江永：《春秋地理考实》卷3，《清经解》卷254，上海书店出版社，1988年，第2册，第257页。此丘舆属鲁，与淄水上游的齐邑丘舆有别。

朿史(使)小子发作寒姒好尊鼎,其万年子子孙孙永宝用。(《集成》2598)

"朿史小子发"可以理解为朿遣使小子发,也就是说朿为宗子,而"小子发"为宗氏内不具有独立祭祀权的庶子,他与"寒姒"或为族内庶子与宗妇的关系,故"寒姒"之名属臣子称,与旟鼎铭文(《集成》2704)旟口中的"王姜"同,由夫氏、父姓两部分组成①。也即是说,寒与诸姒某族通婚。

此外,殷墟卜辞亦有"寒"之记载,以田猎卜辞最为多见,如：

于丧,亡灾。

戊申王叀宫田省,亡灾。

叀丧田省,亡灾。

叀沓田,亡灾。

叀寒田……

叀殺田,亡灾。(《合》28982,无名)

上文中若丧、若宫、若殺,均在鲁北②。依据商末二祀邲其卣铭(《集成》5412)记载,沓属夆(逢)地之田,而商末逢国大致在今山东青州一带,周初则迁至济阳。所以与上述诸地处于对贞关系的寒地,可能也在鲁北,当能与文献所记的寒氏相契合。

(2)雍。传世器有雍姒鼎,旧先后庋藏于端方、溥沧二氏,年代为西周早期,器内壁铸有铭文："雍姒作宝尊彝。"(《集成》3568)器主雍姒,其名殆属自称,故"雍"为夫氏③。即是说,雍与诸姒某族通婚。

东土自有雍地,如前掌大墓地M18所出柰盉,其铭文有"柰罩人方灉(雍)伯"云云④,而卜辞中的雍地又是晚商田猎区内最为重要的田猎点,据相关资料推测,与《史记·齐太公世家》所载齐地"雍林"相当,大致位于淄水上游地带⑤。

---

① 陈絜：《商周姓氏制度研究》，商务印书馆，2007年，第327页。
② 陈絜：《壆方鼎铭与周公东征路线初探》，李宗焜主编：《古文字与古代史》第4辑，台北："中研院"历史语言研究所，2015年，第261—290页。
③ 周代女子自称形式的规律，参见陈絜：《商周姓氏制度研究》，第297—305页。
④ 中国社会科学院考古研究所：《滕州前掌大墓地》上，文物出版社，2005年，第303页。
⑤ 陈絜：《卜辞雍地地望及其他》，《中华之源与嵩山文明研究》第3辑，第199—206页。

(3) 举。陕西长安县沣西大原村曾出土周初举族妣尊(旧称"子黄尊")一器①,有铭文:"子见(献)在大室:白□一,絅琅九,生(牲)百牢。王赏子黄瓒一、贝百朋,子光赏妣贝,用作己宝□。举。"(《集成》6000)大意是说举族首领"子"在太室献礼,得到了周王的赏赐。"子"又将部分货贝转赐妣,妣借此而铸祭器。因器主为女性之"妣",且文末署"举"之族名,说明"妣"可能是举族内具有祭祀权的宗妇一类人物,此中"子"与"妣",以夫妇关系的可能性最大,可据此推测举族曾与妣姓某族通婚。

举为晚商至周初的东方大族,武丁时期的卜辞就有记载,如"举以巫"(《合》5769)、"叀举令禚射"(《合》5770)等,且该族铸有大量青铜礼器,相关铭文有重要史料价值。目前看来,晚商举族宗氏及其分支如亚税、亚棘与戲,均盘踞于东土,即举族宗氏在济南长清一带,亚税族亦在长清,亚棘族则在肥城,而戲族似在莱芜、泰安之间。入周后,举氏宗氏成员大概依然居住于长清,而某些分支则分迁各地②。

(4) 邾(或㞢)。安徽宿县所出繁伯我君鬲(《数据库》NA1319),有"繁伯我君朕朱(?)妣宝鬲"之辞,其中"朱"字笔画不清,故李学勤早先释为"㞢"字。但无论是朱(邾)抑或㞢,据卜辞等判断,均在东土③。按《合》5622 有"令郭以㞢族尹㞢友"之占,其中郭与潔水有关,在曲阜东南。《合》6571 正:"贞:曰子商至于㞢,围乍山,截。"这里的乍山,疑即《左传》昭公七年"辞以无山,与之莱柞"之柞,其地殆在今莱芜一带。卜辞记子商抵达㞢地后合围柞山,说明㞢就在柞山附近。此外,《合》6582 有"癸卯贞:㞢启龙,王比,受㞢(有)又(祐)"之辞,也就是说军事行动中让㞢作为龙的前导。龙族盘踞于今泰安、新泰间,㞢与龙共事,殆因二族邻近所致。相关的证据还有《合》8235、8964、8987 等。至于朱(邾)地,学界普遍认为在今山东邹城一带。而邾与诸妣通婚最为确凿的证据便是杞伯每亡组器。

(5) 卫。传世器中有卫妣鬲(《集成》594),年代为春秋早期,有铭文:"卫妣作鬲,以从永征。""卫妣"乃女子自称,卫为夫氏,妣属父姓。此卫一般认为是卫康叔所封之卫国,姬姓。春秋时期卫国政治中心在今河南濮阳,其东界即古济

---

① 陈贤芳:《父癸尊与子尊》,《文物》1986年第1期。
② 陈絜:《小臣缶鼎与晚商䚋族居地》,《青铜器与金文》第2辑,上海古籍出版社,2018年,第75—89页。
③ 吴镇烽《商周青铜器铭文暨图像集成》(上海古籍出版社,2012年。以下简称《铭图》)释为"告妣",若其说成立,则可与周代部国(山东成武)相联系。惟其释与字形不合,暂予存疑。

水,势力范围与东方鲁国交错,大致属《诗经·小雅·大东》"小东大东,杼柚其空"的小东范围。

以上东土诸妀之姻亲,除卫国外,在商周政治等级体系中,只能算中下等族体,但他们同样具有长期居于东土的特征,这也从侧面证明东土是商周诸妀的主要活动区域。我们并不否认诸妀的姻族亦有其他地域的诸侯甚至更高阶层的贵族,如据《楚辞·天问》,成汤曾迎娶有莘氏之女子。而《诗经·大明》所载文王续娶太姒,亦出自东土有莘氏。另如周金文所见"王妀"(《集成》2718,王室,姬姓)、燕"妀"(《集成》2628,姬姓)、"会妀"(《集成》536,姬姓)与"芮妀"(《铭图》14514,姬姓),均属姬姓顶级贵族与诸妀间的通婚,多出于特殊政治目的(如姬周以继承夏统自命)而促成的联姻关系,就地理指向而言,似不具有普遍参照作用。其他如寮(《集成》899)、年(《集成》3579)均为商遗旧族"🜨"之分支①,南阳一带的邓(《集成》2643)或属东土旧族南迁所立②,原本便有与诸妀通婚的习惯,所以其地理指向性也不是很强。相对例外的是族居地或在洛阳的虤氏(《集成》2193、3567),其等级不算太高,究竟与诸妀中的哪一支通婚亦不得而知,其背景殆与虎叔簋铭所记载的诸妀姻族晋南倗氏相类③。

二、甲骨文、金文中与夏史相关的族与地

与夏史相关的族与地,包含的范围相对宽泛,诸如文献记载的夏朝各都城、重大事件发生地,以及有夏友敌各族活动区域等。当然,因材料不足征的其余诸妀之族,也应涵盖其中,尤其如斟灌、斟寻与有扈诸氏,均与夏早期重大事件相牵涉,其地望较之是否为妀姓更显重要。今择可考者如下:

(1)有扈氏。有扈氏见于《史记·夏本纪》《尚书·甘誓》序。另据《春秋》庄公二十三年"公会齐侯,盟于扈",杜预注:"扈,郑地,在荥阳卷县西北。"④鲁、齐二国国君在今郑州荥阳一带会盟,似过于迂远,故王夫之《春秋稗疏》以为扈当为

---

① 据《集成》一书统计,🜨族器共计17件,只有3器有相对明确的出土地点,即河南浚县、辉县或汲县一带,也即晚商王朝的核心地带,必属殷遗无疑。
② 黄组征人方王步卜辞有𩰦地,应该就是《春秋》僖公二十二年"及邾人战于升陉"之升陉,其地在曲阜东。又山东昌邑曾出土晚商𩰦共盉(《资料库》NB0243),殆亦与卜辞𩰦地有关。商周更代后,东土旧族受齐鲁挤迫,纷纷外迁,其中南迁淮水流域的有江、黄诸族,邓大致亦属此类,且与东土妀或相牵连。
③ 此外还有妀公鼎、龚妀鼎等,因其铭文真伪尚有争议,另平顶山应侯墓地M257墓葬所出考史簋来历与性质不明,故暂不讨论。
④ 《春秋左传正义》,阮元校刻:《十三经注疏》,台北:艺文印书馆,2007年,第6册,第171页。

齐邑，推测在山东观城废县境内①，也即今山东聊城莘县观城镇一带，以符合文献"夏有观扈"之辞。是说似较杜注更为合理，但距离上依然迂远不合。就目前所能复原的先秦齐鲁交通路线而言，齐、鲁会盟多在西路（沿古济水北行，至济南而东折）或中路（沿汶水、淄水而行）交通线上，若绕道莘县观城镇，显然不尽合理。

依据晚商卜辞记载，今山东泗水、新泰间有一雇地，窃以为与《春秋》齐鲁国君会盟的扈地十分契合。例如：

① 癸亥王卜，贞：［旬亡］祸。在九月，王征人方，在雇。（《合》36485，黄）

② 癸亥卜，黄贞：王旬亡祸。在九月，征人方，在雇。［癸酉］……黄……祸……征人……彝。（《合》36487，黄）

③ 丁酉卜，宾贞：妇好出受生。

　　贞：呼取雇伯。

　　贞：㠱（邿）侯出……（《合》13925 正，宾）

④ 辛丑卜，行贞：王步，自🈳于雇，亡灾。

　　癸卯卜，行贞：王步，自雇于勐，亡灾。在八月，在次雇。

　　己酉卜，行贞：王其步，自勐于麦，亡灾。（《合》24347，出）

就例①和例②判断，雇地为征人方途中的占卜地，故应坐落于殷东。例③雇伯与汶水上游的邿侯同版②，大致也能佐证雇地在东土之推测。例④王步卜辞涉及地名有四：其中🈳为卜辞习见田猎地名③，似在泰山南麓的汶水沿岸；勐地则是商末征人方经由地，当于今新泰、莱芜间寻找；就相关刻辞资料可知，麦地近淄水上游地带的召④，当位于今莱芜境内⑤；而雇介于🈳、勐二地，依照王步卜辞的一

---

① 杨伯峻：《春秋左传注》，中华书局，2017 年，第 225 页。
② 陈絜：《四祀𠨘其卣与晚商东土交通》，《青铜器与金文》第 1 辑，上海古籍出版社，2017 年，第 78—89 页。
③ 如《殷墟花园庄东地甲骨》（中国社会科学院考古研究所编著，云南人民出版社，2003 年。以下简称《花东》）480，字作"🈳"，与之相牵涉的东土地名还有觞（阳，泰安、新泰间）、索（兖州）等地。
④ 《安阳殷墟殷代大墓及车马坑》，国家文物局主编：《2005 中国重要考古发现》，文物出版社，2006 年，第 59—61 页；刘钊：《安阳殷墟大墓出土骨片文字考释》，李宗焜主编：《古文字与古代史》第 2 辑，台北："中研院"历史语言研究所，2009 年，第 123—142 页。
⑤ 朱凤瀚：《有关𠨘其卣的几个问题》，《故宫博物院刊》1998 年第 4 期；陈絜：《四祀𠨘其卣与晚商东土交通》，《青铜器与金文》第 1 辑，第 78—89 页。

般规律推测,离劝应在一日行程内,所以很可能是在今泗水、新泰间,与学界通常认定的古济水以西、今范县东南方向的文献"韦顾"之顾恐非一地。《毛诗》郑笺谓济西之顾乃改姓之国①,所以卜辞所载今泗水、新泰间的雇,似能与姒姓有扈氏相联系②。若与后文将要讨论的卜辞"甘"地近雇这一事实一并考虑,上述推论是比较合理的③。

(2) 甘。《尚书·甘誓》序云:"启与有扈,战于甘之野,作《甘誓》。"《史记·夏本纪》亦有类似说法。据《孔传》,甘为"有扈郊地名",可见甘地应近雇地方始合理。

甘亦见于殷墟卜辞。武丁曾因某事而前往该地,如"王往于甘"(《合》8001,宾)、"王往出于甘"(《合》8002,宾);又曾在甘地行祭祀之礼,如"庚戌卜,丙:酚十于宰甘"(《合》15782,宾)。又据其他相关卜辞可知,甘诚属东土地名,且与雇地适相毗邻。例如:

① 贞:于庐。
  贞:王去(祛)涑(束)于甘。(《合》5129,宾)
② 呼禺。
  呼出目。
  墙出(有)鹿。
  于甘㱃。(《合》10936 正,宾)
③ ……小臣墙比伐,畢弁美……廿人四、馘千五百七十,俘臣二百……丙(辆)、车二丙(辆)、□百八十三、函五十、矢……。□□□麟于大乙,用俘伯见……于祖乙,用美于祖丁,偁甘京,易(锡)……(《合》36481,黄)

例①"去"字可读作"祛"或"佉",祛退之谓,当与战争行为有关。"涑"即束地附近水域名,本卜辞中殆指称或属诸姒的束人与束族④。甘与庐,乃商王祛退束人的

---

① 《毛诗正义》,台北:艺文印书馆,2007 年,第 803 页。
② 《商周青铜器铭文暨图像集成续编》(吴镇烽编著,上海古籍出版社,2016 年)1064 所著录的⺊户戈,其内部正背各铸"户"与"⺊⺊",依照复合氏名的一般规律推测,周代户氏或为嬴姓⺊⺊氏之分支。当然氏同姓异现象亦时有所见,应从族居地主人的历时性变化这一角度加以观察。
③ 有学者将宝鸡石鼓山墓葬所出户器与有扈氏及陕西鄠县相联系,前说可信,后者则不可从。关中出土户器,实际上是西土之族参与东征进而"分器"之结果。这一问题将作专门讨论,此暂不赘。
④ 《合》5128 作"王去束于敦"。据保束爵铭(《集成》8170),束或为保氏之分支,而保亦可读"襃"。若然,诸姒之一的襃氏,也就有了可供讨论的线索。

备选地点。庐地为习见卜辞田猎点,应在泰山周边。又据宾组《合》8310"庐弜于商(郭)"、"庐不弜于商(郭)"对贞之辞可知,庐地似与东平接山镇郭城村的郭邑不远。《春秋》昭公十八年鲁国"筑鹿囿",这一鹿地殆能与卜辞庐相吻合。据此可知,甘地似乎也应该在汶水下游一带。

例②与甘地同版地名或族名有三,分别是鬲、目、墙。鬲即后文要讨论的有鬲氏,依传统注疏家的认识,大致在今德州东南部,邻近济南。又据黄组《合》37478记载,目地产象,且比邻鲁北葵丘等地,例如:

叀循(沓)田,亡灾。
王其田毁,至于目北,亡灾。
弜至,其每(悔)
……丧……(《合》29285,无名)

此中所涉地名如沓者曾属有逄氏,所以应该在今青州附近;毁即《左传》庄公八年"齐侯使连称、管至父戍葵丘"之葵丘,在淄博淄川一带;丧地则在山东章丘东南,穿越齐古长城的锦阳关便进入鲁中汶水源头。商王田畋葵丘而至目地之北,可知目在淄水上游一带①。墙地应为武丁时期王室田猎区内田猎地之一,据宾组《合》10937记载,墙地邻近汶水下游的矢、兆等地。也就是说,墙位于泰山以南②。所以,与鬲、目、墙同版之甘地,想必亦属东土地名。

例③属比较罕见的商末战争纪事长篇刻辞,记录了小臣墙会同商王征讨弁美并有所斩获,最后在行宫甘京论功行赏之事③。弁美为弁族首领之名,弁则为商末征人方经由地,据学者考证,即鲁国洙泗流域上的卞邑④。所以,作为行赏庆贺之地的甘,恐怕亦在附近。

总之,卜辞所记甘地殆位于汶水以南、洙泗以北的区域内,与泗水、新泰间的扈地密迩相接。由此可见,传世文献"启与有扈战于甘之野"之辞亦非虚妄。

(3)斟灌氏。《左传》襄公四年有"使浇用师灭斟灌及斟寻氏"之辞,杜注:

---

① 陈絜:《商周东土开发与象之南迁不复》,《历史研究》2016年第5期。
② 陈絜、田秋棉:《卜辞"龟"地与武丁时期的王室田猎区》,《故宫博物院院刊》2018年第1期。
③ 其中"偅"即临时住所之通名,参见裘锡圭:《释殷墟甲骨文里的"远""狄(迩)"及有关诸字》,《古文字研究》第12辑,中华书局,1985年,第85—98页;李学勤:《小臣墙骨牒的几点思考》,《三代文明研究》,商务印书馆,2011年,第49—53页。
④ 赵平安:《释甲骨文中的"𠃌"和"𩫖"》,《文物》2000年第8期。

"二国,夏同姓诸侯,仲康之子后相所依。乐安寿光县东南有灌亭,北海平寿县东南有斟亭。"即斟灌在今青州寿光,斟寻则在今潍坊市境。《夏本纪》斟戈氏殆斟灌氏之误。据黄组《合》36968、《英藏》①2563、《合》36630+36938诸卜辞判断,商末征人方曾经由"矢""堇""湡",所以东土灌地似在汶水下游沿岸肥城一带。这里的堇可与《春秋》桓公三年"公会齐侯于讙"之讙相联系,湡地则可参照《春秋》襄公十五年"齐侯伐我北鄙,围成。公救成,至遇"。矢地与堇、湡并辞联称,可能也在汶水下游②。总之,在今肥城南端的汶水沿岸应有一讙地。此外,西周时期的史密簋铭有"南夷卢虎会杞夷、舟夷、堇(讙)不坠,广伐东域齐师、族徒、遂人,乃执鄙宽亚"(《数据库》NA0636)之辞。所谓"堇不坠"是南夷侵扰东土时的联合对象,与之一同叛乱的东土之族还有新泰的杞夷及东平古济水沿岸的舟夷,所以"堇不坠"似为肥城讙地首领之名。由此可知,商周时期的汶水下游沿岸,有一支以堇或讙为名的族群,于商于周,均时服时叛,应该属于历史悠久的东土故族。讙、灌悉以堇为声符,所以笔者认为或即姒姓斟灌氏。

(4)斟寻氏。据前引《左传》杜注,斟寻在今山东潍坊市境。从无名组《合》33552、《缀合》③308等卜辞资料以及鄩氏诸器④、黎镈(《集成》271)等两周金文资料来看,今章丘与青州之间应有一寻氏。以往学者多认为此与有夏之斟鄩相关⑤。但鲁北鄩氏实为子姓⑥,所以其与文献中的斟鄩氏究竟是怎样的关系,可以再讨论⑦。

需要注意的是,殷墟晚期卜辞中还有一辪(𣱵)地,早期卜辞往往写作𣱵(即《盘庚》"若颠木之有由蘖[蘖]"之由的表意初文,文献亦作"由"),即辪字所从之寻,实起注音作用,所以辪亦可读作寻⑧。据上节"杞"氏条所引《屯南》660,辪地

---

① 中国社会科学院历史研究所、伦敦大学亚非学院编:《英国所藏甲骨集》,中华书局,1985年。以下简称"《英藏》"。
② 陈絜、田秋棉:《卜辞"龟"地与武丁时期的王室田猎区》,《故宫博物院院刊》2018年第1期。
③ 蔡哲茂:《甲骨缀合集》,台北:乐学书局,1999年。
④ 临朐县文化馆、潍坊地区文物管理委员会:《山东临朐发现齐、郭、曾诸国铜器》,《文物》1983年第12期。
⑤ 李学勤:《试论山东新出青铜器的意义》,《文物》1983年第12期;孙敬明、何琳仪、黄锡全:《山东临朐新出铜器铭文考释及有关问题》,《文物》1983年第12期。
⑥ 陈絜:《鄩氏诸器铭文及其相关历史问题》,《故宫博物院院刊》2009年第2期。
⑦ 宾组《合》6057有"王步自聾(宜)于䛒"之辞,其中"䛒"字从言、从覃,当隶定作譚,即《春秋》庄公十年"齐师灭谭"之谭,其地似在齐、莒之间,即今山东沂水县北部。
⑧ 按粵之本义为"木生条",上古为幽部字,而寻为侵部字,清代以来便有幽、侵转之说,现代学界亦多有认可。参见陈复华、何九盈:《古韵通晓》,中国社会科学出版社,1987年,第26—29页;李学勤:《续释"寻"字》,《故宫博物院院刊》2000年第6期;沈培:《上博简〈缁衣〉篇"兺"字解》,《新出土文献与古代文明研究》,上海大学出版社,2004年,第136页。

与呪、曩、杞、敦、丧成组,依无名组《合》33532,则与盂、向、鼾(升陉,鲁邹之间)集群,《花东》363 又与觞(阳)、![字]同版,故可推知其地理方位大致在淄汶流域。而据黄组《合补》11142,辝地则与桑、萑(殆即鼾字异写)、弁成组,且邻近曲阜以东的弁地,故在泗水、曲阜、宁阳、新泰与平邑间的可能性较大。既然鲁北之郮在族姓上与斟郮不合,这一不知族姓的鲁中辝氏①,便尤须关注了。

(5) 戈。《左传》襄公四年载有"处獾于戈",杜预注云:"戈在宋、郑之间。"所指即《左传》哀公十二年"宋、郑之间有隙地焉,曰弥作、顷丘、玉畅、嵒、戈、锡"之戈。杜说是否可信,目前不易判断。但至少说明春秋时期河济之间有一戈地。

亦有学者将戈地与商周青铜器铭文中习见的戈族相联系,亦合理。遗憾的是,现存戈族器数量虽大,但出土地明确的不多,且极为分散,豫、晋、陕、鲁、鄂、湘等地均有发现。即便比较集中的安阳殷墟一带,也无成组成套的器物出自同一墓葬。

不过戈族明确见载于殷墟卜辞,例如:

① 丁未卜,争贞:令挚冲圃,乎御戈,执。
……画。(《合》5900,宾)

② 癸巳卜,争贞:禀截獻(狗)。八月。
……争贞:曰雀翌乙酉至于缚。
……戈敢上亘,截。(《合》6939,宾)

③ 辛巳卜,殻贞:呼雀伐哭。
辛巳卜,殻贞:勿呼雀伐哭。
辛巳卜,殻贞:雀得上亘、我。
辛巳卜,殻贞:雀弗其得上亘、我。
辛巳卜,殻贞:呼雀敦桑。
辛巳卜,殻贞:呼雀敦壴。
乙未卜,殻贞:……敢戈。(《合》6959,宾)

上引例①是说令挚攻击圃,同时呼令抵御戈人。挚,窃以为即东土诸挚中的挚

---

① 西周早期由伯尊(《集成》5998)、由伯卣(《集成》5356)其铭文均标注族氏铭文"㠯",可见由氏为莱芜㠯(邹)族之分支,这一由氏恐怕与卜辞所见的辝族有关。

氏，另据前文论述，圅在汶水流域一带。令挚氏攻击圅的同时，派人抵御戈人，可以推测戈与圅或属同盟，在地理位置上有比邻的可能。同版中还有残辞"画"，即指鲁北画族，这也从一个侧面说明该版卜辞所记可能是东土之事。

例②尚存卜辞3条。其一，令廪截杀狗族。狗族活跃于东土，据《合》10957"狩廪麓"可知，廪地为武丁时期王室田猎区内的田猎点，而《合》6937有呼令廪会同东土沚方首领"沚"一起讨伐狗族的占卜记录，证明东土有廪地。其二，占卜雀何时抵达辔地。据王步卜辞《合》33147、田猎卜辞《合》22299＋《合》22473＋《京人》3144①诸辞可知，辔地在泰山南麓。其三，占卜戈攻击上亘是否有所斩获。上亘恰是东土地名。可见，整版所述诸事均涉东土，这至少说明戈与东土诸部关系密切。

例③涉及卜辞7条，前6条可视为一组，是占卜雀与罙、上亘、我、桑、壴诸部的战争中是否有所斩获。桑在淄水上游、壴在宁阳与曲阜间②，上亘则属商末征人方经由地，所以罙与我一样，应在东土。最后1条"敢戈"的施动者残缺，但结合前6辞推测，这次针对戈族的战事可能亦由雀负责，由此至少可以推定，戈位于殷墟以东区域，将之与春秋时期"宋、郑之间"的戈地相连，应较合理。

（6）鬲。夏早期的史传中有夏遗臣靡避祸有鬲之记载，而鬲地恰恰见载于殷墟卜辞，除上引《合》10936之外，重要者尚有：

① 丙申卜，宾贞：皀（部）获羌，其至于鬲。
贞：皀（部）获……于鬲。（《合》201正，宾）
② 癸酉卜，尹贞：旬亡祸。甲戌肜祭于上甲，在……
……尹……在白鬲。（《合》24280，出）

例①中的部地大致在今莱芜境内③，去其南边的鬲地不远。卜辞"获羌"之羌，窃以为是一种特殊人群的身份词（诸如小规模零散居住的"野人"），无关种族，故有"胥获正羌"（《合》191，宾）、"在岭羌"（《合》529，宾）之辞。部所至鬲地，恐怕不会距离部地过远。需要注意的是，该版卜甲背面左甲桥处有涉及龟甲贡纳的纪事刻辞之残辞，曰："……以自我。"说明该龟版来自东土我族，这也可以作为鬲地大

---

① 黄天树主编：《甲骨拼合四集》，学苑出版社，2016年，第140页。
② 陈絜：《卜辞滴水与晚商东土地理》，《中国史研究》2017年第4期。
③ 陈絜：《四祀邲其卣与晚商东土交通》，《青铜器与金文》第1辑，第78—89页。

致方位的一种推测凭据。例②则说明商王(祖甲)曾在鬲地驻跸。李学勤、彭裕商等曾对此类卜辞做过系统研究,认为是祖甲在短时间内集中出行的占卜记录①,涉及地名25个左右,但以汶水沿岸地名居多,如香、杞、雷(或丘雷)、索、自壴(即壴)、自滴(即䣙)、自羑、𠂤、扈、劦、麦、犮、自襄(或襄)、自𦎫(或𦎫,即䣱)、自奠(或奠)、自攸、自虘、自析、自罞(即峄)、良(郎)、旂、夾(夹谷)等。所以,自鬲可能也是东土地名。结合前引《合》10936具体内容,东土应有鬲地,惟其地望与传统诸家所定略有差别,似应在汶水流域。

(7) 遵(原)。古本《竹书纪年》有"帝宁(杼)居原"之说,此原地过去常被认为是《左传》隐公十一年苏忿生之田"温、原、绨、樊"之原,地处今豫西济源一带,以合乎夏族起源于晋南、豫西之说。沈长云则指出,帝杼所都之原,实为《左传》僖公三十三年"郑之有原圃犹秦之有具囿也"之原,地处今河南中牟一带②。原圃即圃田泽,郑原之说虽不必是,但较传统旧注为胜。

河南商水县杨家庄一带的周代墓葬,曾出土遵仲簠一组3件③,就形制、纹饰与铭文字体判断,年代为春秋早期,有铭文:"唯正月初吉丁亥,遵(原)氏仲作沦(纶)仲妫家母媵簠,用祈眉寿万年无疆,永寿用之。"(《资料库》NA0397)这显然是一组由遵仲为其女"仲妫家母"出嫁沦族所铸之媵器,可知当时遵氏为妫姓之族。《春秋》庄公二十七年:"秋,公子友如陈,葬原仲。"杜预注:"原仲,陈大夫。原,氏。"孙本书以为铭文"遵氏仲"即《春秋》之陈大夫原仲,大致可信。

周代妫姓为虞舜之后,史称周初襃封胡公满于陈,与宋、杞一起备为"三恪",建都于今商水县东北方向的河南柘城胡襄镇一带,邻近鲁西南曹县等地。作为陈国公族的原氏,其族居地应在国都,但其采邑"原"(也即其氏名的来历),似应坐落在国都以外区域,而晚商卜辞中的遵地,或能与之相吻合:

① 辛未卜,子其亦往田遵,若,用。(《花东》59,子卜辞)
② 乙丑卜,殷贞曰:舌方其至于遵土,其出……(《合》6128,宾)

就上引卜辞可知,遵地属晚商田猎区内的田猎点,且曾遭受舌方侵袭。晚商王室

---

① 李学勤、彭裕商:《殷墟甲骨分期研究》,上海古籍出版社,1996年,第396—405页。
② 沈长云:《夏后氏居于古河济之间考》,《中国史研究》1994年第3期。
③ 孙本书:《周口市博物馆藏有铭青铜器》,《考古》1988年第8期;秦永军、韩维龙、杨凤翔:《河南商水县出土周代青铜器》,《考古》1989年第4期。

田猎区的核心区域在泰山周边,向南可延伸至鲁东南、鲁南与鲁西南地带,个别甚或进入豫东,其典型者如夋、朕与啚、戈。一般认为夋即郑之绞,朕即滕,均在今滕州市;啚与戈均位于"宋郑之间"的豫东地区。故卜辞中出现频率不甚高的邍地,可能位于晚商田猎区边缘地带。至于卜辞舌方与有商势力发生各种摩擦的地点与族群,基本都在东土,如沚、嵩、棘、举、甾、簸、旎、商、敦等。故舌方可能是活跃于殷墟以东的古老族群,无关西土鬼方。既然邍地曾遭舌方侵袭,故地处东方的可能性较大。这也符合邍地可行田猎的特点。卜辞邍地又与淄汶源头的目、鬱(郁)诸地有所牵连,例如:

贞:乎雀征目。
戊午卜,宾贞:乎雀往于鬱。
戊午卜,宾贞:勿乎雀往于鬱。
庚申卜,彀贞:乎王族延从邍。
庚申卜,彀贞:勿乎王族从邍。
甲子卜,争贞:雀弗其乎王族来。
雀其乎王族来。(《合》6946 正,宾)

上引卜辞共计 7 条,内容上互相关联,大意是商王命令雀征伐鲁北淄水上游之目地。殆因鬱(郁)地近目,又使雀前往鬱(郁)①。或是虑及实力不敷和其他困难,又让雀从邍地征调王族一起行动。据此,"呼王族从邍"之邍,位于殷墟以东区域的可能性较大,推测它在鲁西南甚至豫东,亦合理。这一见诸甲骨、金文与东周文献的东土邍地,是否即"帝杼居原"之原?考虑到它与沦地的内在联系,这种推测是有合理性的。

(8)沦(纶)。《左传》哀公元年记少康"逃奔有虞……虞思于是妻之以二姚,而邑诸纶",其中的纶地,杜注"虞邑"。对于有虞氏的认知,先秦时期的看法比较一致,如《孟子·离娄下》说虞舜"生于诸冯,迁于负夏,卒于鸣条,东夷之人也",即舜之一生始终是在东土。而今人多认为,有虞氏的核心政治区域在今豫东与鲁西南交界地带。故作为"虞邑"之纶,应在东方。

---

① "鬱"字之释从吴振武,参氏著:《说"苞""鬱"》,《中原文物》1990 年第 3 期。据《合》8182"令往鄬(寻)""令往鬱"之对贞之辞可知,鬱地离鲁北寻地不远。

前述遼仲簠组器乃媵器之属,所媵对象就是嫁于沦氏的仲妠。该组器所出墓葬当与沦氏有关,春秋初年沦族居地在今河南商水县一带。此地介于陈、蔡之间,也正是传说时代有虞氏部族势力范围内。考虑到原氏乃妠姓陈国之公族,追溯其族源,恰好与有虞氏相关。所以,"沦中妠"之沦,可以与"虞邑"之纶相联系。据《左传》,少康通过联姻取得了有虞氏的政治支持,即"妻之以二姚,而邑诸纶,有众一旅,有田一成",后杼继位后,在其舅族势力范围内的"原"地建其都城,亦属合理。

（9）冥氏。据《夏本纪》,诸如有冥氏之族,因受资料所限,过去罕有讨论。而据卜辞可知,晚商时期汶水流域下游存在一个冥族。例如:

① 贞:冥受年。
　　贞:娟（嬪）受年。（《英藏》808,宾）
② 捍弗截,在冥。（《合》7842,宾）
③ 丁酉卜,殻贞:来乙巳王入于冥。（《合》7843,宾）
④ 己丑卜,宾贞:隹冥人。
　　贞:不隹冥人。（《合》7851,宾）
⑤ 贞:呼去伯于冥。（《合》635,宾）
　　贞:冥亡祸。
⑥ 龙……出……（《合》7850,宾）
⑦ 辛未卜,争贞:我截獻（狗）,在宁。
　　甲寅卜,殻:乎子汰酚缶于冥。
　　甲寅卜,殻:勿乎子汰酚缶于冥。
　　于商（鄩）酚缶。（《合》3061,宾）

就上引资料可知,武丁时期有一冥地,商王曾涉足于冥,也为冥之休咎、年成及战事而占卜,冥地之人则称"冥人"。其中具有地理判别价值的材料主要是后三例。例⑤"去伯"即去族首领之称,按黄组卜辞《合》37392 有"丁卯卜,在去贞:甾告曰:兕来羞"之辞,此卜与田猎有关,且甾乃与举族关系密切的东土之人,故去地似应在泰山周边寻找。例⑥同版所涉及的"龙"为东土族邦,其族居地在柴汶一带[1]。

---

[1] 陈絜:《卜辞中的紫祭与柴地》,《中原文化研究》2018 年第 2 期。

例⑦后三条自成一组,主要占卜是否令子汰祭缶,在何地彭祭更合适,卜选地点有冥、商二地。其中商即春秋时期的郜邑,在今东平接山镇,所以冥地恐怕亦应在汶水下游寻找。而同版中尚有在宁地截杀东土狗族占卜记录,其中宁地在今宁阳一带①,卜辞狗族出没地带多在东土,如据宾组《合》6942"狗伐棘(曹)其截",狗曾侵伐今鲁西南之曹地。此亦能佐证冥地似在汶水下游的推测。《左传》文公十五年"一人门于句鼆"之辞,杜注:"鲁邑。"按鼆即螟字,句鼆或即卜辞冥地。

卜辞冥地与文献妘姓冥族究竟有无必然联系,目前尚无确证,但至少说明商周时期鲁中与鲁西南间有一冥地存在,或可作为推测妘姓冥族族居地的一种参考。

此外,"处浇于过"(《左传》襄公四年)之"过"以及"薛之皇祖奚仲,居薛以为夏车正"(《左传》定公元年)之"薛",也应位于东土②。

三、《左传》夏史体系与夏文化探寻方向

通过以上梳理可知,商周时期,东土不仅有数量众多的夏遗诸妘及其姻亲,也包括与夏早期史有关的地与族。这为我们进一步推进夏文化相关问题的探讨,提供了启示。限于篇幅,下面仅讨论《左传》所记有夏早期"逸史"体系的价值问题,或可为考古工作提供线索。

今人熟知的夏史体系,出自《史记·夏本纪》。但司马迁采用的史料主要是《尚书》的《尧典》《皋陶谟》《禹贡》《甘誓》《汤誓》《洪范》诸篇及《五子之歌》与《胤征》之《书序》,此外尚有《孟子》之《滕文公》《万章》及当时"儒者所不传"的《帝系姓》与《五帝德》等。上述材料基本属于今文系统,因此《夏本纪》说禹事独详,其余大多一带而过,仅有一个14代17王的王朝世系框架留存至今。由于西汉时期今文经位列学官,以战国文字形式呈现的古文经学仅在民间授受,司马迁虽接触过《春秋》古文(也即《左传》),③但引用者仅有昭公二十九年神话色彩极浓的

---

① 卜辞有"狩宁"(《合》11006)、"焚宁"(《合》11007)等田猎记录,说明宁地应在泰山周边。
② 陈絜:《过甘敦鼎铭与商周东土过族》,《邯郸学院学报》2019年第3期。据亚(薛)父己鼎,薛为东土史族分支,又据《合》28409有"射薛兕"之田猎记录,可知其地在东土。
③ 史迁所谓"春秋"或"春秋"古文"实指《左传》,参见王国维《史记所谓古文说》(《观堂集林》卷7,中华书局,1959年,第307—312页)、金德建《司马迁所称春秋系指左传考》(《司马迁所见书考》,上海人民出版社,1963年,第105—111页)、赵伯雄《春秋学史》(山东教育出版社,2004年,第153—162页)。

"孔甲扰龙",借以表达自孔甲始"夏后氏德衰"。

《左传》所记夏代资料颇丰,尤以羿浞代夏、少康中兴等记载最为重要,今录相关材料如下:

(1) 昔有夏之方衰也,后羿自鉏迁于穷石,因夏民以代夏政。恃其射也,不修民事而淫于原兽,弃武罗、伯困(因)、熊髡、龙圉而用寒浞。寒浞,伯明氏之谗子弟也。伯明后寒弃之,夷羿收之,信而使之,以为己相。浞行媚于内,而施赂于外,愚弄其民。而虞羿于田,树之诈慝,以取其国家,外内咸服。羿犹不悛,将归自田,家众杀而亨(烹)之,以食其子。其子不忍食诸,死于穷门。靡奔有鬲氏。浞因羿室,生浇及豷,恃其谗慝诈伪而不德于民。使浇用师灭斟灌及斟寻氏,处浇于过,处豷于戈。靡自有鬲氏收二国之烬,以灭浞而立少康。少康灭浇于过,后杼灭豷于戈,有穷由是遂亡,失人故也。(《左传》襄公四年)

(2) 昔有过浇杀斟灌以伐斟鄩,灭夏后相,后缗方娠,逃出自窦,归于有仍,生少康焉。为仍牧正。惎浇,能戒之。浇使椒求之,逃奔有虞,为之庖正,以除其害。虞思于是妻之以二姚,而邑诸纶,有田一成,有众一旅。能布其德,而兆其谋,以收夏众,抚其官职。使女艾谍浇,使季杼诱豷。遂灭过、戈,复禹之绩,祀夏配天,不失旧物。(《左传》哀公元年)

(3) 昔有仍氏生女……名曰玄妻。乐正后夔取之,生伯封,实有豕心,贪惏无厌,忿颣无期,谓之封豕。有穷后羿灭之,夔是以不祀。(《左传》昭公二十八年。杜注:"有仍,古诸侯也。")

上引前两条资料可以合而观之,涵盖相、少康与杼三世三帝,其中相为仲康之子、太康之侄、夏启之孙,同时还牵涉与相等同时代的东夷人物及有夏的臣属,如后羿、寒浞、浇、豷与靡等。依《夏本纪》等记载,有夏从大禹到夏桀,共历14世17王。其中自禹至杼,合计6世7王,实为有夏之早段。从《左传》所记诸多事件看,这一时期王朝重要事件几乎均发生在东土,与之相关的族与地,亦多能得到甲骨与商周金文资料印证。

第一条材料,据杜注,鉏为后羿本国名,有穷氏为后羿迁穷后的新国名。鉏、穷二地,古今学者有各种考证,但考虑到后羿实出东土夷族,故鉏、穷似应在东方

137

寻找较为合理①。杜注以为寒在"北海平寿县",即今潍城寒亭区一带,虽未必严丝合缝,但有其一定的依据。如前所述,今卜辞与商金文所见之寒地,适在鲁北。依照杜预等旧注,鬲在今德州与济南间。同样,卜辞所载之鬲地应该在泰山周边,与杜说所划定的范围相去不远。其他斟寻或即卜辞䢵地,在鲁中泗水、新泰、宁阳间;斟灌或可与卜辞䧹地相联系,在汶水下游沿岸的肥城、泰安一带;过与戈,前者在今曲阜附近,后者则似在豫东、鲁西南交界带,同样属于商周时期的东土范围内。第二条材料涉及有缗、有仍、有虞,目前学界认识比较一致,多主张在鲁西南及豫、鲁、苏、皖接合部,有虞在今河南虞城,有缗在山东金乡,有仍在山东曹县西北②。至于少康所得之纶地,过去以为在虞城东南,但结合周代金文资料可知,也可能在河南商水县东北部。第三条材料所言后羿灭伯封之说,亦与仍地在曹县之说相吻合。

《左传》所述,同时可以得到《书序》的印证。按《甘誓》序云:"启与有扈,战于甘之野,作《甘誓》。"前文已述,据卜辞,在洙泗与汶水之间有扈、甘二地,完全符合甘为有扈之郊的说法。

又《五子之歌》序:"太康失邦,昆弟五人须于洛汭,作《五子之歌》。"这里的"洛汭",传统注疏家通常以为与河南洛水有关,如《伪孔传》曰:"太康五弟与其母待太康于洛水之北,怨其不反,故作歌。"这也成为今人讨论相关问题的一个基调。不过太康失国事涉后羿,以当时的交通论,实难想象夷族后羿可以远赴豫西,篡夺有夏之大位。今据卜辞记载,东土自有一洛地,辞曰:

(1) ……自嫦(香)……至于䢼\書(?)……亡灾。

……卜,在洛……其自□……[矢]蓳(謹)遇(遇)……亡灾。

(《合补》11281,黄)

(2) 癸卯卜,在河东兆贞:王旬亡𡆥(祸)。

癸丑卜,在洛贞:王旬亡𡆥(祸)。

癸亥卜,在卣(郦)谷[遇]次贞:王旬亡𡆥(祸)。

癸酉卜,在铸次贞:王旬亡𡆥(祸)。在十月又二。

---

① 按《左传》襄公二十三年齐侯"袭莒,门于且于"之且于,或可与钼地相联系,另如卜辞方亦是备选之一。至于穷地,卜辞、金文中的东土地似可考虑。穷古音冬部、群纽,字东部、匣纽,声为一系,韵属旁转,就音理言,亦可相通。如"穷桑"又作"空桑",即其例也。

② 沈长云:《夏后氏居于古河济之间考》,《中国史研究》1994年第3期。

> 癸未卜,在铸贞:王旬亡猾(祸)。
>
> 癸巳卜,在㮟贞:王旬亡猾(祸)。(《合》36896+《合补》11283,黄)

例(1)第2辞言商王在洛地占卜,欲前往汶水下游沿岸的"矢、䕫、遇"。一般而言,占卜地与行进目的地相去不会过远,故卜辞洛地应在东土寻找。而与之关系密切的第1辞,出现了香(莱芜新泰间)、𡎾(泰山南麓)或曹(泰山东南麓)等卜辞习见的汶水流域地名,亦可进一步验证洛地在东土的推测。例(2)则为商末敦伐阴美方相关军事行动中的卜旬卜辞,即商王从河东兆出发,次第经由洛、䣙谷遇、铸、㮟诸地,这一连串地点,均坐落在安阳以东区域,且可与先秦两汉文献中的东土地名相联系。据考证,卜辞与商周金文中的㮟即《史记·秦本纪》"客卿灶攻齐,取刚、寿"之刚,在宁阳堽城镇一带;卜辞铸地即《左传》襄公二十三年"臧宣叔取于铸"之铸,《秦本纪》作"寿",在肥城汶阳镇一带;"䣙谷遇"为三地联称,其中䣙即《春秋》僖公元年"公子友帅师败莒师于䣙"之䣙,遇即《春秋》襄公十五年"齐侯伐我北鄙,围成。公救成,至遇"之遇,谷地亦当在䣙、遇附近,结合同为数地联称的"矢䕫遇"可知,这三个联称的地名又与䕫地相邻近,大致都在肥城安驾庄镇周边;而洛地殆即《春秋》闵公元年"公及齐侯盟于落姑"之落姑,在古济水沿岸的平阴、东平交界带。至于"河东兆",则可与《春秋》定公十四年"秋,齐侯、宋公会于洮"相联系,在今山东菏泽鄄城一带①。而"五子须于洛汭"之洛,可与卜辞洛地相拟合。

此外,春秋初年原仲簠铭反映的原、纶二地的内在联系,加之春秋大冥属陈所隐含的虞(妫)、夏(姒)之间的天然密切关系,又可将古本《竹书纪年》"后杼居原"与《左传》少康"邑诸纶"二事有机结合,互为印证。

通过以上论证可知,夏初发生于有夏、东夷间的政治军事争斗,基本是在河济与海岱地区展开,东方也是夏王朝早期史的重要政治舞台:启伐有扈的"甘之战"发生在东土,太康失国、后羿篡夏、浞羿相代同样在东土,五子待兄之地洛汭亦可能在东土,后杼立都于原,则可能在豫东、鲁西南一带。在如此背景下理解《左传》后相被灭、少康复国继而中兴以及东土薛族先祖薛仲任有夏车正诸事,也就不再唐突。由此可知,《左传》所记有夏早期史,与甲骨文、金文中的地理线索合辙,与传世文献中的某些记载也可对应,故说周人杜撰夏史,恐怕须谨慎对待。

---

① 陈絜、田秋棉:《卜辞"龟"地与武丁时期的王室田猎区》,《故宫博物院院刊》2018年第1期。

退一步而言,如果周人真有意造出一个有利于维护自身正统地位的夏史体系,应从西土入手才算合理。

目前对夏文化的探索以豫西晋南为主要方向,并取得了相当的成绩,但这并不妨碍我们对东部地区之于探索夏史重要意义的估计。夏代的政治地理版图可能经历由东向西的变化,中期以后其势力大概伸入豫西晋南,所以《左传》僖公三十二年有"殽有二陵焉,其南陵,夏后皋之墓也"之说,据杜注,殽"在弘农渑池县西,《左传》定公四年追忆周初封建,曰封唐叔虞"于夏虚,启以夏政,疆以戎索"。即便如此,夏与东夷及其他东土族群的交流依然频仍,古本《竹书纪年》有后芬三年"九夷来御"、后荒元年"命九[夷]东狩于海"、后发元年"诸夷宾于王门,再保庸会于上池,诸夷入舞"、"后桀伐岷山,岷山女于桀二人,曰琬曰琰"等记载,岷山即有缗。《左传》昭公十一年亦有"桀克有缗,以丧其国"之说。由此看来,有夏一代从未断绝与东土诸族的联系。杨向奎曾明确指出:"夏代中世以前,政治中心在今山东省,其势力及于河北、河南;晚期则移居河东及伊、洛流域,然而东方仍有其孑遗。"① 单从文献史学角度考虑,窃以为这一总结非常到位,与本文通过甲骨、金文梳理所得结果吻合。因此,对于探索夏文化源头及其早期政治核心区域而言,今山东及河南东部、北部一带,似应引起我们进一步关注。

通过对甲骨文、金文资料中与夏代历史相关族、地分布区域的考察,可以得出以下结论:第一,商周时期多数诸妣之族及相当数量的诸妣姻族分布在今山东省境内。第二,涉及有夏早期史的地与族,基本亦在山东及豫东、豫东北一带,而以山东为主。第三,《左传》襄公四年、哀公元年相关记载反映的夏王朝早期历史,不仅与甲骨文、金文中的地理线索合辙,也与其他传世文献中的相关记载对应。这一夏史体系,恐非周人杜撰,亦非商人所能臆造。第四,探索夏文化,特别是探寻夏代早期历史,海岱地区及鲁豫交界地带需要引起考古、历史等相关领域学者的充分关注。

复盘与导读

我对夏代历史的讨论,原本兴趣不大,这是真心话。我所承担的本科课程中

---

① 杨向奎:《大禹与夏后氏》,《绎史斋学术文集》,上海人民出版社,1983年,第17页。

国通史先秦部分的讲授,可谓例行公事,大致讲讲世系,说些见于文献的故事,简单介绍一下考古学界对夏文化的探索成果,草草收兵。一直以为,《史记·夏本纪》的可信性虽不可轻易否定,但也没有直接的文字证据用以证明,故夏代最多算一个"原史阶段"。大概在五六年前,有媒体采访夏文明源头与大禹治水等问题,我很敷衍地答复:夏禹似乎很难证明,夏文明还是应该在晋南或河济之间寻找。这也是我在撰写《东土夏遗与夏史探索》前,唯一一次在公共平台发表所谓的个人意见。明眼人一看,等于我什么也没有说,甚至就是不负责任的"和稀泥"行为。

《历史研究》2020年第1期所刊拙文《东土夏遗与夏史探索》,实际上是我学习及探讨商周地理的一个副产品,并非刻意所为。通过近十年的摸索,我们对甲骨、金文地名与商周政治地理框架,初步形成了一个迥异于流行体系的新认识。在无意中也发现,《史记·夏本纪》所载诸如十二族,商周时期基本分布在今山东及其邻近区域。而其他文献所涉及的有夏早期史中的重大历史事件,如夏启甘之战、后羿篡夏、太康失国诸弟须于洛汭、少康依仗舅族力量复国等,其发生地点亦均能在山东与豫东一带得其线索。甚至如传说时代的鲧、羽山等,似乎也能在甲骨资料中寻得蛛丝马迹。由此便引发了我们对《夏本纪》夏史系统与《左传》夏史系统的异同思考。当然,对二里头遗址性质问题的讨论,也作了简要的研究史上的梳理与反思。

或许就是机缘巧合,2019年4月的某一天,接到山东大学历史文化学院戴国玺教授电话邀请,希望我能在"第二届山东大学先秦秦汉史研究生暨青年学者论坛"上,为年轻的同仁作一次简单的学术报告,经商议,题目定为"商周时期的东土诸如及其相关问题"。准备比较仓促,报告效果也不见得好,但借此机会,算是把相关甲骨、金文与文献资料作了初步整理。

2019年9月上旬,由芝加哥大学、南开大学合办的"《剑桥中国上古史》出版二十周年学术研讨会"在芝加哥大学北京中心召开,我会上所宣讲的题目是"商周地理研究与夏早期文明探源之反思",并先后得与夏含夷、唐晓峰、陈伟、尤锐、唐际根等中外学者程度深浅不等的交流,受益良多。

2019年11月中旬,"第十三届历史学前沿论坛"在厦门大学举办,我所提交的论文为《商周东土夏遗与夏文明探索之检讨》,全稿字数在32 000字左右。承蒙《历史研究》编辑部抬爱,拙稿很快进入匿审程序,考虑到观点的"怪异"与援引资料的繁复琐碎,所聘的匿审专家达四位之多,这阵势也是我第一次遇见。除了匿审专家提出的专业意见,《历史研究》杂志社社长路育松研究员、责任编辑窦兆锐先生亦为文稿的修改与压缩提供了很多建议。文稿的修订、校对工作,是在全球新冠疫情伊始间进行,困于陋室,材料校勘不便,成为最大困难。《历史研究》改版后对文章字数有了严格控制,所以删余内容,如二里头遗址的性质认定与方法逻辑的讨论、司马迁弃用《左传》夏史体系及其"历史书写"倾向等,均须撰专文另行发表。

《先秦古史研究论文写作:案例与方法》主编宁镇疆教授命我对小文《东土夏遗与夏史探索》的写作思路作一"复盘",可能会令宁先生失望,在此只是简要交代了一个"流水账"般的写作过程。但有一点是可以讲的:探讨年代久远的中国上古史,甲骨金文中的地理问题还需充分重视,缺乏空间上的准确认知,相关研究的可信度可能会打些折扣。此外,先秦时代的材料少、难度大,我们在利用过程中还得有点史源意识,不可贪多混用、乱用。

西周金文所见佚记古国及相关问题讨论*

邹芙都　马　超**

内容提要：西周金文中存有多个文献佚记古国，学界虽有讨论，但在相关史实解读方面，仍有较多争议和误解。综合考辨人物称谓、墓葬资料、铭文内容等各类线索，可基本探知郳、鲦、霸、倗、相、散、仒、强的族姓、地望等信息。陖、㐭、䢵、燹、量、欲、买、鼬、乖、䡄等相关资料较少，目前难以探明准确信息。佚记古国的考辨与讨论，为进一步推进"古诸侯称王""汉阳诸姬"等问题的研究提供线索。

关键词：西周；分封制；诸侯；汉阳诸姬

"周之所封四百余，服国八百余"①，经过春秋战国时期的争霸和兼并战争，终归一秦。两周之世究竟有多少古国，如今已无法确知，不少古国在传世文献中仅是一鳞半爪，相关记载更不乏龃龉之处。随着两周金文材料的不断面世，一批文献失记的古国也随之"重见天日"，具体有两种情况：一是传世文献中从未出现，仅通过金文资料为人所知的古国；二是在传世文献中以城邑名、郡县名等非国名形式出现，在金文中以国名形式出现的古国。我们将上述文献失记的古国统称为"佚记古国"。佚记古国的发现及相关研究，不仅具有"补史"作用，还可以

---

* 原载《历史研究》2019年第5期。本文系国家社科基金重大项目"商周金文字词集注与释译"（13&ZD130）、教育部中央高校基本科研业务创新团队"中国传统文化与经济及社会变迁研究"（SWU1709112）阶段性研究成果。感谢匿名审稿专家提出的宝贵意见。

** 邹芙都，西南大学历史文化学院教授、博士生导师，主要从事出土文献与先秦史研究。国家社科基金重大项目首席专家，出版《楚系铭文综合研究》《西方传教士与中国甲骨学》等著作8部，在《历史研究》《民族研究》等刊物发表学术论文近80篇，曾获得教育部高等学校优秀成果奖、重庆市优秀社科成果一等奖等多项奖。

马超，西南大学汉语言文献研究所讲师、博士，主要从事商周金文与先秦史研究。主持国家社科基金青年项目1项，出版专著《出土文献释读与先秦史研究》，发表学术论文近30篇。

① 吕不韦编纂，高诱注：《吕氏春秋》，上海书店出版社，1992年，第181页。

通过考辨其地望、族姓、婚姻、礼俗等,为探究周代分封制度、邦国关系、社会经济、民族融合等问题提供线索。

从目前来看,西周佚记古国的相关讨论取得了一定的成果和共识。然而,由于在国名考释、史料解读、线索系联等方面的分歧和差异,对部分佚记古国的判定及其族姓、地望等问题的认识仍存有较多争议和误解,使佚记古国在"补史"方面的重要价值未能充分发挥,相关研究亟待深化和理清。本文在前贤研究的基础上,系统梳理西周金文资料,通过综合考虑人物称谓、铭文史实、墓葬信息等各项内容,鉴别典籍与金文国名用字间的通假、代称等现象,对西周金文所见"佚记古国"及相关问题进行考证与辨析,以期引起学界的进一步关注与深入讨论。

一、讨论相对充分的佚记古国

通过对先行研究及相关史料的爬梳,有关郫、䋣、霸、苄、相、散、㲋、彊的讨论相对较为充分,但因国名用字缺乏字义、字音上的线索,铭文内容的理解又往往因人而异,而不同史料中的古国信息又难以直接对应,因而学界在其国名释读、是否为古国、与文献国名对应关系及其族姓、地望等问题上仍有较多争议。随着出土文献、考古资料的日益增加以及古文字考释相关研究的不断深入,为解决这些佚记古国的史实分歧提供了契机。

(一)郫

郫国之名见中觯(《铭图》①10658):"王大省公族于庚(唐),振旅,王赐中马自𢆶侯。"据"𢆶侯"之称,知𢆶为国名。太保玉戈(《铭图》19746)载:"六月丙寅,王在丰,令太保省南国,帅(率)汉,造(肇)殷南,令𢆶侯辟用竃走百人。"学界一致认为"𢆶"与"𢆶"为同字,所指为一国。陈梦家释其为"厉"②,徐锡台、李自智、陈鹏宇等释为"濮"③。

---

① 吴镇烽主编:《商周青铜器铭文暨图像集成》,上海古籍出版社,2012年。文中简称《铭图》。
② 陈梦家:《西周铜器断代(五)》,《考古学报》1956年第3期;江鸿(李学勤):《盘龙城与商朝的南土》,《文物》1976年第2期;李学勤:《太保玉戈与江汉的开发》,楚文化研究会编:《楚文化研究论集》第2集,湖北人民出版社,1991年,第9页;张政烺著,朱凤瀚等整理:《张政烺批注〈两周金文辞大系考释〉》下册,中华书局,2011年,第15页。
③ 徐锡台、李自智:《太保玉戈铭补释》,《考古与文物》1993年第3期;陈鹏宇:《太保玉戈的出土时地及铭文释读》,《出土文献》第14辑,中西书局,2019年,第60页。

中觯仅有摹本传世，字形存有讹变，不可信据。陈鹏宇公布的太保玉戈铭文照片和拓本，可供核对字形。由戈铭 ▨ 来看，字形左侧为𨸏、右侧为攴，中间部分为上𠂤下 ▨。徐锡台、李自智将 ▨ 旁与上部𠂤旁看作一字，遂误释为"羹"。而主张释"厉"的学者则是将 ▨ 看作"萬"。"萬"本为蝎之象形，甲骨金文习见，字形下部应有长尾之形，戈铭 ▨ 旁未见，故释"萬"之说实难成立。古文字中有象青蛙之形的"黾"字，在甲骨文中作 ▨（《合集》20853）、▨（《合集》17953）、▨（《合集》5947）①，金文作 ▨、▨ 等形（鼅字所从，见乔君钲铖《铭图》15987）。戈铭 ▨ 与之写法一致，当释作"黾"。▨ 应是以黾为声，作地名可径释为郬。至于中觯 ▨ 字所从的 ▨，当是金文 ▨（父辛黾卣《铭图》12806）、（黾祖乙瓿《铭图》9539）一类"黾"字写法的误摹，其身躯与前者相近，而四肢则与后一写法近似，只是觯铭明显将黾头部与身躯比例摹写失真。

中觯属于"安州六器"之一，郬国的地望需要结合"安州六器"所载昭王南巡路线来考虑。李学勤指出，中觯铭文中的"庚"即是唐国，在今湖北省随州市随县西北②。近年来曾、鄂两国西周早期遗址的发现，证明曾即是随，曾、鄂二国西周早期均在随州，昭王南巡应是自成周出发经南阳盆地各国到达汉东的曾、鄂③。

中觯载周昭王在唐地省视公族，整顿军队，赐给中四匹来自郬国的马。郬国的位置应距唐国不远且与南阳盆地以及曾、鄂诸国接近。结合字音来考虑，郬地应即战国时期楚之冥阨。《说文解字·邑部》："郬，江夏县，从邑黾声。"④段玉裁注："今河南信阳州、湖北德安府应山县之间。县盖以黾阨得名也……《吕氏春秋》《淮南鸿烈》皆云：'天下九塞，冥阨其一'。《战国策》《史记》二书或云黾阨，或云黾塞，或云黾阨之塞，或云郬隘，或云冥阨之塞，其实黾、冥、郬一字，阨、隘一字。"⑤《新蔡葛陵楚墓》甲三193号简有人名"郬尹𢘅"，乙四141号简有人名"黾尹丹"⑥，何琳仪指出《汉书·地理志》江夏郡有郬地，在今河南罗山县附近，简文中的郬应即此地⑦，晏昌贵亦有相近之说⑧。

---

① 李宗焜：《甲骨文字编》，中华书局，2012年，第679页。
② 江鸿（李学勤）：《盘龙城与商朝的南土》，《文物》1976年第2期。
③ 高崇文：《从曾、鄂考古发现谈周昭王伐楚路线》，《江汉考古》2017年第4期。
④ 许慎：《说文解字》，中华书局，1963年，第134页。
⑤ 段玉裁：《说文解字注》，中华书局，2014年，第295页。
⑥ 河南省文物考古研究所编著：《新蔡葛陵楚墓》，大象出版社，2003年。
⑦ 何琳仪：《新蔡竹简选释》，《安徽大学学报》2004年第3期。
⑧ 晏昌贵：《天星观"卜筮祭祷"简释文辑校》，丁四新主编：《楚地简帛思想研究》（二），湖北教育出版社，2004年，第271页。

黾、冥、鄍音近相通,阨、隘、塞均为形容此地险要之词,"天下九塞,冥阨其一",道出鄍之重要地位。据方勇研究,"冥阨"还见于云梦睡虎地秦简①。金文、玉戈、楚简、秦简之鄍均在冥阨(黾塞)附近,其地位于今河南省信阳市与湖北广水市交界处,为豫鄂交通要道,距曾、鄂、唐均不远,符合上文对太保玉戈、中甗铭文的分析。鄍国族姓未详。

(二) 繇

班簋(《铭图》5401)载周王令班"作四方极,秉繇(繁)、蜀、巢"。"繇"与蜀、巢二国并列,应同为国名。已有学者指出"繇"地有三:一见于《史记·赵世家》"廉颇将,攻繁阳",在今河南安阳市内黄县;二见于《三国志·魏志》"文帝为坛于繁阳,受汉帝之禅",在今河南省漯河市临颍县;三见于《左传·襄公四年》"楚师为陈叛故,犹在繁阳",在今河南驻马店市新蔡县②。敔甗(《铭图》3363)称:

唯十又一年王令南宫伐虎方之年……王在宗周,王□□敔使于繇,赐贝五[朋]……

铭文所载的伐虎方之事可与"安州六器"对应,其中又出现了繇国之名。孙庆伟指出甗铭所载与昭王南征有关,周王命晋侯出使繇国是为南征做前期准备③。可推知繇国在南土,繇对于南伐当有重要的战略地位,昭王才会在南征之前专命晋侯前往打点。郭沫若曾认为班簋之"繇"与晋姜鼎(《铭图》2491)"征繇汤(阳)□,取厥吉金",以及曾伯霖簋(《铭图》5979)"克狄淮夷,印燮繇汤(阳),金道锡行"之"繇阳"为同一地名,大率在南国④,允为卓识。后来郭先生另出新解,认为"繇"即澶渊,在今河北境内⑤,不如前说。

繁阳亦见于鄂君启车节(《铭图》19178):"自鄂市,就阳丘,就方城,就象禾,就栖焚,就繇(繁)阳,就高丘,就下蔡,就居鄵(巢),就鄍。"其中"繁阳"是鄂君启货运通行的重要地点,与西周、春秋金文中事关"金道锡行"的繇(繁)、繇(繁)阳

---

① 方勇:《释睡虎地秦简中的地名"冀(冥)山"》,《古文字研究》第32辑,中华书局,2018年,第483—491页。
② 陈梦家:《西周铜器断代(二)》,《考古学报》1955年第2期。
③ 孙庆伟:《从新出敔甗看昭王南征与晋侯燮父》,《文物》2007年第1期。
④ 郭沫若:《两周金文辞大系图录考释》,《郭沫若全集·考古编》第8卷,科学出版社,2002年,第21页。
⑤ 郭沫若:《〈班簋〉的再发现》,《文物》1972年第9期。

当为一地。经过诸多学者研究,车节路线中的部分地名目前已基本明确,其中"方城"是楚之方城关,在今平顶山市叶县保安镇附近①;"象禾"是象河关,在今河南沁阳北象河乡。② 近来李家浩申论旧说,认为"象禾"当释为"兔禾",即陕西商县(今商洛市商州区)之菟和山。③ 菟和山与车节地名鄂、方城、下蔡等距离过远,难以排入其行驶线当中。"栖焚"应即《左传》宣公九年"郑伯败楚师于柳棼"的"柳棼",惜历来注解无说,姚汉源曾认为"柳棼"当读为"汝坟",④可供参考;"下蔡"即蔡昭侯所迁之都城——州来,在今安徽省凤台县⑤。

车节记载的行驶路线为推测繁阳地望提供了重要线索。自方城关向东南方向沿山谷行进,即可到达象河关;出象河关则可以直达今驻马店等地。如此,鄂君启车队从方城到达象禾之后,接下来的目的地——栖焚、繁阳不会在河南平顶山、许昌、漯河一带,而应在今驻马店附近。栖焚、繁阳若在前列诸地,鄂君车队直接自方城关北上即可到达,不应再绕道象河关。据易德生拟定的周代南方铜料向北运输线路图,铜料运输线路在临颍附近交叉较多(4 条),而在新蔡附近较少(2 条),所以易先生更倾向于繁汤(阳)在临颍,但同时也提及新蔡附近也是铜料运输的重要交汇点,繁汤也有可能在新蔡北⑥。事实上,铜料运输线路仅能反映出铜料北运的经由地点,却无法解决每条线路运输铜料的运量问题,也就难以用来衡量诸条线路孰轻孰重。仅依据线路的疏密情况来推测繁阳的所在,尚显不足。综合前述各方面线索来看,繁阳在新蔡北仍应是最合理的推测。

出土于安徽宿州的𫃎伯武君鬲(《铭图》2944)铭文载:"𫃎(𫃎)伯武君媵告以(姒)宝鬲。"李国梁采用李学勤观点,释"𫃎"为"𫃎"⑦,据此说,由鬲铭知该器乃是𫃎伯武君为其女"告以(姒)"出嫁所作,告即郜国,为姬姓⑧,那么"姒"应即𫃎国之姓。

《路史·国名纪·商氏后》有𫃎国,云:"𫃎,澶之清丰有繁渊、繁阳故城,而临

---

① 谭其骧:《鄂君启节铭文释地》,《中华文史论丛》第 2 辑,中华书局,1962 年,第 182 页。
② 殷涤非、罗长铭:《寿县出土的"鄂君启金节"》,《文物参考资料》1958 年第 4 期。
③ 李家浩:《鄂君启节铭文中的"兔禾"》,《古文字研究》第 32 辑,第 155—160 页。
④ 姚汉源:《鄂君启节释文》,《古文字研究》第 10 辑,中华书局,1983 年,第 201,202 页。
⑤ 郭沫若:《关于鄂君启节的研究》,《文物参考资料》1958 年第 4 期;殷涤非、罗长铭:《寿县出土的"鄂君启金节"》,《文物参考资料》1958 年第 4 期。
⑥ 易德生:《周代南方的"金道锡行"试析——兼论青铜原料集散中心"繁汤"的形成》,《社会科学》2018 年第 1 期。
⑦ 李国梁:《安徽宿县谢芦村出土周代青铜器》,《文物》1991 年第 11 期。
⑧ 许慎:《说文解字》,第 135 页。

河有繁泉,汉强占为繁侯者。亦音鄱。一在汝阴。"①西周至春秋早期,汝阴(新蔡)存在一个姒姓鄡国是可以确定的,至于清丰之地是否另有一商氏后的鄡国,尚不得而知。

(三)霸

2007年山西翼城大河口发现了西周霸氏墓地,年代自西周早期延续至春秋初年②。部分学者认为霸不是国名,仅是族氏名,或主张是晋国的怀姓九宗之一,或晋国卿大夫的采邑等③,依据主要有:其一,大河口墓地与横水朋氏④墓地葬俗、文化内涵相近,故族属也应一致,已知朋为"媿"姓,霸氏也当为"媿"姓,"媿""怀"音近相通,正与怀姓九宗相合;其二,大河口墓地与怀姓九宗存在的时代相符;其三,大河口墓地距晋国都城较近。

针对上述观点,谢尧亭、李建生均曾著文反驳,认为霸当为诸侯国,理由有六:其一,据大河口墓地铭文知霸氏有独立的对外关系和军队,可以和周王室及其他诸侯国直接交往,未见有晋国参与;其二,晋国的非姬姓采邑出现时代较晚,在晋武公、献公之时,此时霸已不存;其三,霸伯豆铭文显示霸氏有太庙;其四,霸氏墓地M1、M1017随葬大量的青铜礼器、玉器、兵器,其数量、质量均超过同时期的晋侯墓地;其五,文献记载中的怀姓九宗居住在晋国翼都,不会在远离晋都的霸地;其六,晋国始封面积不大,《史记·晋世家》载仅为"方百里",周围完全可以存在不少小国⑤。

我们注意到,在大河口M1、M1017的陪葬品中均有成组的编钟,⑥西周时期编钟的使用有着较为规范的礼制等级,常怀颖指出西周中期非姬姓使用编钟镈

---

① 罗泌:《路史》,中华书局,1989年,第359页。
② 陈海波等:《山西翼城大河口西周墓地的再次发掘》,《中国文物报》2017年6月2日,第8版。
③ 张天恩:《晋南已发现的西周国族初析》,《考古与文物》2010年第1期;田伟:《试论绛县横水、翼城大河口墓地的性质》,《中国国家博物馆刊》2012年第5期;韩巍:《横水、大河口西周墓地若干问题的探讨》,陕西省考古研究院、上海博物馆:《两周封国论衡》,上海古籍出版社,2013年,第388—406页;张海:《倗伯、霸伯诸器与西周政权结构问题》,《商周青铜器与金文研究学术研讨会论文集》,郑州,2017年10月,第465—470页。
④ 横水朋氏之"朋"以及金文中的"朋"字,不少学者将其释为"倗",这是不恰当的。参见季旭昇:《说文新证》,台北:艺文印书馆,2014年,第306页。
⑤ 参见谢尧亭:《解读霸国》,《呦呦鹿鸣——燕国公主眼里的霸国》,科学出版社,2014年,第13—15页;李建生:《"倗"、"霸"国家性质辩证》,2014年12月10日,http://www.gwz.fudan.edu.cn/web/show/2395. 2018年10月2日。
⑥ 山西省考古研究所大河口墓地联合考古队:《山西翼城县大河口西周墓地》,《考古》2011年第7期。常怀颖:《西周钟镈组合与器主身份、等级研究》,《考古与文物》2010年第2期。

的人群身份地位非常高①。王世民在研究芮国、虢国墓地的随葬品制度后指出,享有"金石之乐"是国君与其他低等级墓葬的区别之一②。冯时、朱继平以为"霸"即传世文献中的柏国③。黄锦前、张新俊、谢尧亭则将"霸"与朋生簋、晋侯铜人中的"格"联系起来,黄锦前、张新俊还进一步认为"霸"即文献中的"潞国"④。

将霸等同于文献记载中的柏国,其理由除了霸、柏音近以外,尚没有其他可靠证据,韩巍、黄锦前均已辨明⑤。大河口墓地霸国铭文中的国名用字除作"霸"外,尚有格、霸、𩁹、𩁹等写法,多以"各"为声符,因此将"霸"与"格"联系起来,确实有着可靠的字形依据⑥。但是问题并非如此简单。晋侯铜人(《铭图》19343)云:"唯五月,淮夷伐格,晋侯搏戎。获厥君豕师,侯扬王于兹。""格"是淮夷侵伐的对象,李学勤将铜人与敔簋(《铭图》5380)相系联,指出两器所载的淮夷入侵乃是同一次事件,铜人"格"即战国韩国的格氏地,在今河南荥阳,敔簋中的叄泉、幂、上洛等地,经考证也是在今河南荥阳、伊洛一带⑦。冯时亦赞同铜人之"格"在河南荥阳⑧。大河口墓地在成周西北,距荥阳、伊洛尚远,淮夷不太可能逾过黄河,绕至成周北部侵伐霸国,铜人中的格应与霸无关。

朋生簋(《铭图》5307)铭文末尾有族氏铭文"田"。据董珊研究,此族氏即妘姓之琱(周)族,商代居于周原,后被商王朝伐灭,古公亶父迁居岐山之后,妘姓琱(周)人作为当地的原居民可能仍留居其地⑨。格伯与朋生买卖土地,格地当与朋生之地接近。朋生为琱(周)族之人,而西周琱(周)族的分布情况,现在还不

---

① 常怀颖:《西周钟镈组合与器主身份、等级研究》,《考古与文物》2010年第2期。
② 王世民:《韩城梁带村芮国墓地随想》,陕西省考古研究院、上海博物馆:《两周封国论衡》,第17页。
③ 冯时:《霸国考》,陕西省考古研究院、上海博物馆:《两周封国论衡》,第379—387页;朱继平:《翼城大河口霸国族属初探》,2012年3月1日,http://www.gwz.fudan.edu.cn/web/show/1791,2018年11月2日。
④ 黄锦前、张新俊:《说西周金文中的"霸"与"格"》,《考古与文物》2015年第5期;谢尧亭:《"格"与"霸"及晋侯铜人》,陕西省考古研究院、上海博物馆:《两周封国论衡》,第439—442页。
⑤ 韩巍:《横水、大河口西周墓地若干问题的探讨》,陕西省考古研究院、上海博物馆:《两周封国论衡》,第399页;黄锦前:《金文所见霸国对外关系考索》,陕西省考古研究院、上海博物馆:《两周封国论衡》,第428页。
⑥ 谢尧亭:《"格"与"霸"及晋侯铜人》,陕西省考古研究院、上海博物馆:《两周封国论衡》,第439、440页。
⑦ 李学勤:《晋侯铜人考证》,《中国古代文明研究》,华东师范大学出版社,2009年,第154—157页。
⑧ 冯时:《霸国考》,陕西省考古研究院、上海博物馆:《两周封国论衡》,第382页。
⑨ 董珊:《试论殷墟卜辞之"周"为金文中的妘姓之琱》,《中国国家博物馆馆刊》2013年第7期。

明了,极有可能仍在周原①,故无法将朋生簋中的"格"与霸国联系起来②。由上可见,霸国之名虽然有时会写作"格"以及其他从"各"得声之字,但并不是所有的"格"氏铜器均属于霸国。

"霸"与"潞"为一国的观点,同样难以成立。首先,潞国的族姓有隗、妘、姜、姬多种说法③,尚不能与媿姓霸国建立起必然联系。其次,春秋时期的潞地在今山西潞城,距大河口尚有一定距离,黄锦前、张新俊认为"潞"乃是霸国自翼城迁徙而来④,但是《水经·浊漳水注》云:"(潞)县,故赤翟潞子国也……有潞水,为冀州浸,即漳水也。"⑤潞地应由潞水得名,此字从水即可为证⑥。若依潞是霸迁徙而来之说,则"潞"之得名就应源于"霸"(二字音近)。

经以上考辨,笔者认为,大河口墓地的霸氏既不是传世文献中的柏国、潞国,也不等同于金文中的格氏,而应是一个佚记古国,地处翼城。不少学者据霸之墓地文化与朋国墓地文化内涵接近,认为二者应属同一族群,当为媿姓。

(四)茟

金文两见茟侯之名,一为士山盘(《铭图》14536):

  王乎作册尹册令山,曰:于入(纳)茟侯,诞征鄀、荆方服,眔大虘服、履服、六蛮服。茟侯、鄀方宾(傧)贝、金。

另一为茟侯簋(《铭图》4346):

  茟侯作登宝簋。

两件铜器中的"茟"写法一致,均从舛从中。古文字中,舛与艹作意符时本可

---

① 1972年甘肃灵台县出土过一件西周早期的珋壬鼎,同出还有鼎、戈、尊等铜器,参见甘肃省博物馆文物队、灵台县文化馆:《甘肃灵台县两周墓葬》,《考古》1976年第1期。灵台县距岐山不远,此外两件珋生(甥)尊(《铭图》11816、11817)亦出土自扶风,均可以表明西周时期珋族之人确实仍有在周原一带活动。但是毕竟有出土地点的珋族铜器资料还不丰富,加之族群迁徙、分支等原因,西周时期的珋族分布尚不明晰。
② 李建生认为格伯与倗生交易的土地应在成周附近,从而否定了格伯为霸国之人,说见《"倗"、"霸"国家性质辨证》。
③ 陈槃:《春秋大事表列国爵姓及其存灭表撰异》,上海古籍出版社,2009年,第1081、1082页。
④ 黄锦前、张新俊:《说西周金文中的"霸"与"格"》,《考古与文物》2015年第5期。
⑤ 郦道元:《水经注》,时代文艺出版社,2001年,第81页。
⑥ 段玉裁:《说文解字注》,第532页。

通用,因此萆应即"苹"。① 苹君自称"侯",可知苹为国名。西周苹国铜器尚有同人所作的中伯壶(《铭图》12361)与两件中伯簋(《铭图》4775、4903)。

1980年湖北省随县均川公社刘家崖发掘一座春秋古墓,②所出铜器器主自称"盅"(盅鼎《铭图》1842)、"浟叔"(浟叔鼎《铭图》1841)、"盗叔"(盗叔壶《铭图》12287)。传世东周金文中另有以盅、冲、中为氏名者,张亚初认为盅、盗、冲诸字音近,故将其全部归入苹国(原文称"中国")。③ 事实上,苹国在春秋早期已为楚所灭,春秋中后期的"中"应是楚之县邑。春秋早期的中子化盘(《铭图》14476)云:"中子化用保楚王,用正(征)桓(莒)"。④ "中子"自称"保楚王",身份应为楚国之臣,东周时期盅、浟、盗、冲诸器未有自称"侯"者,应有深层原因。

苹的地望有三条线索:其一,士山盘铭文谓"入(纳)苹(中)侯,诞征郜、荆方服",说明苹的地望距郜、荆(楚)两地不远,士山在奉王命纳中侯以后,才能顺接着去郜、楚两国征职贡。⑤ 西周时期的郜国就是上郜,其地在湖北省宜城市附近。⑥ 其二,中甗(《铭图》3364)载:"王令中先省南国,贯行,艺(设)应在曾……在噩(鄂)师次,伯买父酒以厥人戍汉、中、州。""汉"即汉水,"中"即苹国,"州"暂不详。其三,从上文提到过的均川所出盅、浟、盗诸器可知,楚地确实有一个"中"地,西周苹国应为其前身。综合这些线索来看,认为西周苹国在随州市均川镇附近,⑦应是有道理的。

楚简文字中有一个"宙"地,见于清华简《系年》"秦晋焉始会好,穆(勠)力同心。二邦伐郜,徙之宙城,围商密";⑧又见曾侯乙墓竹简"宙城子之骊为左服"。⑨ "伐郜"之"郜"即下郜,地在秦、楚交界之商密附近,"宙城"也应在此附近,这与我们所论述的西周苹国为两地。郭涛曾据中、析、内意近相通,考证"苹(中)城"可能在春秋楚之析邑,也即秦之中阳县、隋之内乡县,其地在今河南省南阳市西峡

---

① 朱凤瀚:《士山盘铭文初释》,《中国历史文物》2002年第1期。
② 随州市博物馆:《湖北随县刘家崖发现古代青铜器》,《考古》1982年第2期。
③ 张亚初:《论鲁台山西周墓的年代和族属》,《江汉考古》1984年第2期。
④ 此盘仅有铭文传世,器型未详,李零从字体角度认为该器时代为春秋早期,陈絜赞同此说。参见李零:《楚国铜器铭文编年汇释》,《古文字研究》第13辑,中华书局,1986年,第374页;陈絜:《中子化盘铭文别释》,《东南文化》2008年第5期。
⑤ "服"为职贡意,参见董珊:《谈士山盘铭文的"服"字义》,《故宫博物院院刊》2004年第1期。
⑥ 黄锦前:《从近刊郜器申论郜国地望及楚灭郜的年代》,《中国历史地理论丛》2017年第3期。
⑦ 张亚初:《论鲁台山西周墓的年代和族属》,《江汉考古》1984年第2期。
⑧ 李学勤主编:《清华大学藏战国竹简(贰)》,中西书局,2011年。
⑨ 湖北省博物馆:《曾侯乙墓》,文物出版社,1989年。

县①,值得重视。此外,《仰天湖楚简》简 2 另记有"中君之一绽衣"②,此"中君"或言在湖南境内,或言不详③,与苪国关系不明。

张亚初曾据辛中姬皇母鼎(《铭图》2173)铭文"辛中姬皇母作尊鼎",指出"辛中姬皇母"即苪国之女"皇母"嫁于辛氏者,为姬姓,苪为"汉阳诸姬"之一④。中伯壶云"中伯作亲(辛)姬鑾人朕(媵)壶",这是中伯为其女所作的媵器,"辛姬鑾人"之"姬",只能是苪国的族姓,足证张先生之说。

(五) 相

传世的及簋(《铭图》5112)、作册析诸器(《铭图》11800、13542、13665)中均有"相侯"之名。簋铭云:"相侯休于厥臣及,赐帛、金,及扬侯休。"作册析诸器载:"令作册析兄(贶)圣土于相侯,赐金、赐臣,扬王休。""相侯"即相地之君,相是国名。

有关相国的资料还见于藏于日本出光美术馆的静鼎(《铭图》2461):

唯十月甲子王在宗周,令师中眔静省南国相,蓺(设)应,八月初吉庚申至,告于成周,月既望丁丑,王在成周大室,令静曰:"卑汝司在曾、噩(鄂)师。"

静鼎铭文残泐较为严重,"南国相"的"相"或有学者缺释⑤,徐天进曾目验原器,从其原文所公布的铭文照片和拓片来看,应释为"相"应可信⑥。或有学者将铭文断读为"省南国,相埶居"⑦,笔者认为不妥。金文中"应"辞例出现多次,其释读虽存争议,但意为王之行宫则是学界共识,金文或言"蓺(设)应"(中甗),或言"蓺(设)王应"(中鼎《铭图》2383),却从未见"蓺(设)应"前还有其他动词者。此外默钟(《铭图 15633)有"南国服蛮"一语⑧,鼎铭断读为"南国相"正与之辞例相同。

---

① 郭涛:《试说清华简〈系年〉之"中城"》,2012 年 4 月 9 日,http://www.bsm.org.cn/show.article.php?id=1664. 2019 年 3 月 5 日。
② 史树青:《长沙仰天湖出土楚简研究》,群联出版社,1955 年。
③ 吴良宝:《战国楚简地名辑证》,武汉大学出版社,2010 年,第 126、127 页。
④ 张亚初:《论鲁台山西周墓的年代和族属》,《江汉考古》1984 年第 2 期。
⑤ 张懋镕:《静方鼎小考》,《文物》1998 年第 5 期。
⑥ 徐天进:《日本出光美术馆收藏的静鼎》,《文物》1998 年第 5 期。
⑦ 高崇文:《从曾、鄂考古发现谈周昭王伐楚路线》,《江汉考古》2017 年第 4 期。
⑧ "蛮"字释读参见董莲池:《金文编校补》,东北师范大学出版社,1995 年,第 377—380 页。

静鼎铭文一经刊布,张懋镕即指出周王"令师中眔静省南国相",明显与中甗、中鼎"王令中先省南国"相关,均为昭王时器①。马承源认为相有数地:一在河南内黄,即《史记·殷本纪》"河亶甲居相"之"相";二是春秋宋邑,见《水经注·睢水》:"又东经相县故城南,宋共公之所都也。"故城在今安徽宿县西北。马先生认为作册析觥与昭王十九年伐楚相关,铭文中的"相"或是春秋宋邑之"相"②。李学勤则认为南国相的距离颇为遥远,不是南巡首站,而是终点,相应是鄂国以南的湘,也就是今湖南湘水流域③。除上述"相"地外,春秋时期楚国境内(今河南省鹿邑县东十五里),也有一个相地④。

静鼎称相为南国,而朱凤瀚认为,西周时期的南国与南土有别,南土是周王国南方的国土,南国则大致在今淮水流域、南阳盆地南部与汉淮间平原一带⑤。准此,上述几处"相"地均不符合"南国"的地理范围,相国地望需要另作考证。李学勤据静鼎历日认为,相地应路途较远,在鄂国之南。而鄂在湖北随州,"南国"所指也大致在随州之南和汉水之北,因此我们认为相国最可能是在随州南至汉水一带,具体位置暂不详。

西周晚期的相姬鬲(《铭续》⑥241、242)载:"相姬作盨鬲。""相"应指相国,"相姬"作为女名,有可能是嫁入相国的姬姓女子,也有可能是姬姓相国的外嫁之女,因此尚不能确定相国是否为姬姓。

(六)散

散国之名见散氏盘(《铭图》14542),盘铭记载了散与胡(虞)国之间的一次土地转让,胡(虞)旧释为"夨",陈剑指出当改释为"胡"⑦。张筱衡早已说明旧称"夨人""夨王"的"夨"应读为"吴"⑧,李学勤又指出其即文献中的西吴、西虞⑨,刘启益则认为其国乃太伯、仲雍之后所立⑩。新刊布的胡叔铜匜载:"大(胡)叔□

---

① 张懋镕:《静方鼎小考》,《文物》1998年第5期。
② 马承源主编:《商周青铜器铭文选》第3卷,文物出版社,1990年,第63—64页。
③ 李学勤:《论西周的南国湘侯》,《通向文明之路》,商务印书馆,2010年,第175—179页。李先生当时认为"鄂"国都为湖北鄂城,近年的考古发现证明西周早期鄂国应在湖北随州,与曾国临近,对此李学勤已有新说,参见《由新见青铜器看西周早期的鄂、曾、楚》,《文物》2010年第1期。
④ 史为乐:《中国历史地名大辞典》,中国社会科学出版社,2005年,第1828页。
⑤ 朱凤瀚:《论西周时期的"南国"》,《历史研究》2013年第4期。
⑥ 吴镇烽主编:《商周青铜器铭文暨图像集成续编》,上海古籍出版社,2016年。
⑦ 陈剑:《据〈清华简(伍)〉的"古文虞"字说毛公鼎和殷墟甲骨文的有关诸字》,《古文字与古代史》第5辑,台北:"中研院"历史语言研究所,2017年,第281—286页。
⑧ 张筱衡:《散盘考释》(下),《人文杂志》1985年第4期。
⑨ 李学勤:《叔虞方鼎试证》,《中国古代文明研究》,第151—153页。
⑩ 刘启益:《西周夨国铜器的新发现与有关的历史地理问题》,《考古与文物》1982年第2期。

父媵孟姬元女匜盘。"胡叔之女名为"孟姬",证实了夨(胡)为姬姓①。散氏盘开头言"用胡(虞)戮(践)散邑"。"邑"本指城市和居民,由于古代国家一般规模较小,国家往往同时即是城市,因此"邑"又引申出"国家"的意思,如卜辞与典籍所见的"大邑商""天邑商"之类②。《说文解字·邑部》:"邑,国也。"③段玉裁注云:"古国、邑通称……《尚书》曰西邑夏,曰天邑商,曰作新大邑于东国雒,皆是。"④另外在散、胡(虞)双方勘察田界时提到散氏一方参与的人员有:"司徒芇寅、司马单麐、鄡人司工骏君、宰德父,散人小子履田,戎微父、效櫑父、襄之有司橐、周就、倐遄贇,凡散有司十夫。"这些人并非周王朝之臣,而是属于散氏的官吏⑤,从铭文提到的官名来看,散氏的职官有着较为完整的体系。因此,散很有可能是一个古国。

有关散之地望,王国维认为与大散关、大散岭有关⑥。散、胡(虞)两国进行土地转让,必然相邻,散氏盘在讲述勘察田界时提到了多个地名:

> 履自瀗涉以南,至于大湖,一封,以涉二封,至于边柳,复涉瀗……封于䥯城……以西至于鸿莫,履井邑田,自根木道,左至于井邑。

卢连成、尹盛平据考古发现的胡(虞,原文称"夨")国遗址和墓地指出,胡(虞)比较确切的地望应在今陇县、千阳、宝鸡贾村一带,汧水是其境内的一条重要河流。散氏盘铭文中多次提到的"瀗"即是汧水。可据此推测,散或在胡(虞)国之东,即今宝鸡市、凤翔县汧、渭二水相会之地⑦。

散国曾和姬、姜、姞三姓联姻。散国与姬姓通婚可证之于散伯匜(《铭图》14857):"散伯作胡(虞)姬宝簋。"前文已述胡(虞)为姬姓,"胡(虞)姬"就应是"父国＋父姓"。散与姜姓通婚可证之于散车父壶(《铭图》12359):"散车父作醒姜尊壶,用逆姞氏",以及散季簋(《铭图》5120)"散季肇作朕王(皇)母叔姜宝簋"。

---

① 武汉大学历史学院等:《湖北枣阳郭家庙墓地曹门湾墓区(2015)M43发掘简报》,《江汉考古》2016年第5期。
② 李学勤主编:《字源》,天津古籍出版社,2012年,第582页。
③ 许慎:《说文解字》,第131页。
④ 段玉裁:《说文解字注》,第285页。
⑤ 李学勤:《西周金文中的土地转让》,《新出青铜器研究》(增订本),人民美术出版社,2014年,第91页。
⑥ 王国维:《散氏盘跋》,《观堂集林》,河北教育出版社,2001年,第549页。
⑦ 卢连成、尹盛平:《古夨国遗址、墓地调查记》,《文物》1982年第2期。

"醒姜""叔姜"均为嫁入散国的姜姓之女。此外,金文中还有散与姞姓通婚的证据,如散伯车父鼎(《铭图》2297)、散伯车父簋(《铭图》4838)中的邟姞、鄩姞二人,也是嫁入散国的姞姓之女。依据同姓不婚的原则,散当非姬、姜、姞三姓,过去有不少学者认为散属姬姓①,当非。

（七）㠱

金文有人名"㠱侯"(㠱侯鼎《铭图》142)与"𩰿侯"(善鼎《铭图》2487)。㠱从㠯从五从酉,𩰿从㠯从泉。此外,金文中尚有从㠯从史的叟,以及从㠯从五从酉从泉的𩰿字(《铭图》8793)。金文钟镈类铭文中常见"敓𩰿敓𩰿"一语,在士父钟(《铭图》15496)里又作"敓敓叟叟",有人名井季叟《铭图》13102),同人之器又作季𩰿(《铭图》4924)。郭沫若据此指出,叟、𩰿、𩰿应读音接近,均从"㠯"声,而𩰿、㠱则分别为𩰿、叟的繁体②。㠱侯鼎之"㠱侯"与善鼎之"𩰿侯"应出自同国,下文径称其为㠯国。此外西周晚期的遣小子𩰿簋(《铭图》4278)载:"遣小子𩰿以(与)友作㠱男、王姬肆彝"。㠱男也应是一位㠯国之君。㠯国之名文献佚记。

㠯的地望可以依据师酉诸器、询簋以及卜辞中的㠱地来推求。师酉簋(《铭图》5346)和询簋(《铭图》5378)铭文记载,王命师酉、询管理西门夷、𩰿夷、秦夷、京夷、弁瓜夷等,"𩰿夷"是𩰿地之夷,铭文将其与西门、秦、京、弁瓜诸地并列,位置当近。据《春秋》庄公三十一年:"秋,筑台于秦",此处"秦"应为鲁地。秦地亦见小邾国墓地所出"秦妊"诸器和䲹羌钟(《铭图》15425),地在山东范县一带③。京地已见于卜辞和山东地区的出土金文,孙亚冰、林欢认为在河南东部或山东西部④;胡嘉麟、赵庆淼认为大致在今山东境内⑤。至于弁瓜之地,陈絜以为与《春秋》经传中的"鲁卞"有关⑥。

㠱作地名也见于黄组卜旬卜辞(《英国所藏甲骨集》2532)⑦:

---

① 张政烺:《矢王簋盖跋——评王国维〈古诸侯称王说〉》,《古文字研究》第13辑,第178页;黄盛璋:《铜器铭文宜、虞、矢的地望及其与吴国的关系》,《考古学报》1983年第3期;李零:《西周的后院与邻居》,《青铜器与金文》第1辑,上海古籍出版社,2017年,第49页。
② 郭沫若:《两周金文辞大系图录考释》,《郭沫若全集·考古编》第8卷,第128页。
③ 赵平安:《山东秦国考》,《金文释读与文明探索》,上海古籍出版社,2011年,第175—178页。
④ 孙亚冰、林欢:《商代地理与方国》,中国社会科学出版社,2014年,第175、176页。
⑤ 胡嘉麟:《从芮国青铜器看芮国的婚媾与邦国关系》,陕西省考古研究院、上海博物馆:《两周封国论衡》,第116页;赵庆淼:《商周汾水流域与山东地区的族群交流》,《历史研究》2017年第4期;张亚初、刘雨:《西周金文官制研究》,中华书局,1986年,第16页。
⑥ 陈絜:《〈四祀邲其卣〉与晚商东土交通》,《青铜器与金文》第1辑,第82页。
⑦ 李学勤、齐文心、艾兰编著:《英国所藏甲骨集》,中华书局,1985年。

癸卯卜，[在]鼍，[贞]：王旬[无忧]。

癸丑卜，在上鼍，贞：王旬无忧。

癸酉卜，在鼍，贞：王旬无忧。

癸未卜，在猷，贞：王旬无忧。

癸巳卜，在缶，贞：王旬无忧。

在这组卜辞中，鼍距离猷、缶两地分别有一旬、两旬的路程，而缶地在山东定陶①，既然秦、京、弁瓜、缶都在山东，那么与之相关的龟（鼍）地也应在此附近，或距定陶不远。钟柏生与陈絜曾据"鼍"从五得声立论，认为其地应即见于《春秋经》的山东地名"鄩"②。前文已述龟国国名的诸多异体应是以"龟"为声，而龟字上古音应有宵部与铎部两读③，所以"五"（鱼部）、"酉"（幽部，与宵部旁转）是否为叠加音符，暂不可知，钟、陈两先生的意见仅可备一说。

遣小子𫖯簋中的"龟男"为龟国之君，"王姬"当是周王室之女嫁于龟国者，二人为夫妻关系，则龟非姬姓之国。龟伯鼎（《铭图》2356、2357）又载"龟伯作楚叔妊、乐姬媵盂鼎"。已知楚为芈姓，龟非姬姓，那么楚叔妊只能是龟伯之女嫁于楚者，乐姬为其陪媵，则知妊为龟国之姓。朱凤瀚曾推测遣小子𫖯簋中的龟男、王姬是𫖯之父母④。若此，则龟应出自遣氏。韩巍据遣叔吉父盨（《铭图》5602—5604）"遣叔吉父作虢王姞旅盨"，指出遣氏属姞姓⑤。新见的衍簋（《铭续》455）记载，身为郑井氏之人的器主衍与遣姞共同作器，井氏属姬姓，衍与遣姞为夫妻，亦可证遣氏为姞姓。笔者前论龟为妊姓，则龟当非出自遣氏，龟男、王姬与𫖯的关系，或仍有待于进一步讨论。

（八）彊

1974—1981年发掘的宝鸡茹家庄、竹园沟、纸坊头等西周墓地，所出铜器器主自称"彊伯"（彊伯簋《铭图》4293）、"彊季"（彊季卣《铭图》13101）或简称"彊"（彊鼎《铭图》1536）、"季"（季盘《铭图》14352）、"伯"（伯簋《铭图》4177）。仅

---

① 孙亚冰、林欢：《商代地理与方国》，第164页。
② 钟柏生：《殷商卜辞地理论丛》，台北：艺文印书馆，1989年，第61页；陈絜：《〈四祀邲其卣〉与晚商东土交通》，《青铜器与金文》第1辑，第84、85页。
③ 章太炎：《文始》，《章太炎全集》（七），上海人民出版社，1999年，第399页；马超：《金文考释二题》，《中国文字研究》第27辑，上海书店出版社，2018年，第21—24页。
④ 朱凤瀚：《商周家族形态研究》，天津古籍出版社，2004年，第292页。
⑤ 韩巍：《西周金文世族研究》，博士学位论文，北京大学历史学系，2007年，第192页。

从称谓上来说尚不足以断定弢为国名。田仁孝指出,弢氏部族的所有墓葬均没有超过五鼎四簋制,按照周代礼仪,墓主最高等级应为大夫级,因此纸坊头、竹园沟、茹家庄墓地不是国君墓地,弢伯亦不是国君,弢氏部族只是散国范围内的一支部族,尚没有成为一个方国。

笔者认为,西周、春秋时期,五鼎四簋的诸侯国君墓葬不乏其例。陕西韩城梁带村M28,带有一条墓道,随葬五鼎四簋,同时还有编钟八件与编磬十件,其身份为一代芮公;天马—曲村晋侯墓地中,晋侯墓的随葬礼器也是以五鼎四簋为常,并且常伴有整套编钟等乐器。弢氏墓葬虽最多不过五鼎四簋,但是带有墓道(茹家庄M1),且随葬有编钟(竹园沟M7、茹家庄M1),仍不能排除其为方国的可能。

据考古发现可知,弢国中心区域应在渭水以南、清姜河两岸台地。其兴盛阶段,势力越过渭水北岸,扩及吴山以南,金陵河以西(今宝鸡市区陵塬一带),北与矢国界临,南界可越过秦岭,至陕西凤县、甘肃两当一带①。

茹家庄M1与M2为夫妻异穴合葬墓,M2出土有多件弢伯为井姬所作之器。"井姬"为弢伯之妻,是井伯或井叔之女。井伯、井叔为周公后裔。此外,从弢国墓地所体现的考古学文化类型上说,也透露出了其与氐羌文化的关联,从"同姓不婚"以及文化类型的角度,均可说明弢非姬姓。

此外,尹盛平认为,弢国即吴太伯所奔之"句吴",此说立论的基础乃是将"弢"拆解为"弓鱼",而"弓鱼"与"句吴"乃一声之转。至于"弢"增加"自"旁的异体"𢎯"(伯簋《铭图》4293),则与吴太伯"自号句吴"相关,"自"为"自号"之意。弢国之名有多种写法,弓旁实可省略(遹卣《铭图》13179),唯独鱼旁不省,当为声符。金文所见国名已多达二百余,从未有将字形拆开才能与文献记载相对应的先例。而且可以确定弢非姬姓,这也说明其非吴太伯之"句吴"。

二、讨论相对不足的佚记古国

西周金文中还有部分资料非常匮乏的佚记古国或疑似古国的字例,仅凭目前资料,难以对其是否为古国及地望、族姓等信息作出相对准确的推测。为便于进一步讨论,现对相关研究进行如下整理和辨析。

---

① 卢连成、胡智生:《宝鸡弢国墓地》,文物出版社,1988年,第417页。

(一) 㽙

西周早期的㽙王尊(《铭图》11684)言:"㽙王作胡(虞)姬宝尊彝。"吴镇烽将此器与甘肃灵台白草坡西周墓所出㽙伯诸器联系起来,指出二者应属于同一国族①,甚是。"㽙"原作"㽙"形,左从阜,右侧暂不可识,姑且隶定为㽙。白草坡墓地铜器主自称为"㽙伯"(《铭图》1592)或简称"伯"(《铭图》7674),发掘者已指出"㽙伯"应是一邦之长②。而李学勤则认为㽙是密国的卿大夫③。㽙王尊的发现表明㽙氏还可称王,证实了发掘者的意见。

㽙伯诸器出土于甘肃灵台,指明了其地望。㽙伯墓有腰坑且殉狗,葬俗与商人相类似,且㽙王尊载其曾与胡(虞)国通婚,胡(虞)现已确知为姬姓,依据同姓不婚的原则,故可推测㽙应为非姬姓之国。

(二) 冋

山东龙口市韩栾村村民在平整土地时掘得一件西周早期铜鼎(《铭图》1617)④,铭文为:"冋监作宝尊彝。"朱凤瀚认为,冋监的身份与周初之三监同,是周王朝派到下属侯国或其他地区代表朝廷进行监管的官吏。韩栾村出土鼎所铭冋监,当是冋地之监,而冋有可能属于本地服属于周的一个小方国,未见史载⑤。冋虽称"监",但西周时期诸监与诸侯地位相近⑥。因此,冋可能是一个佚记古国。

"冋"不见于后世字书。冋监鼎虽出土自山东龙口,但是并非科学发掘得来。田率言其为偶得,可能非本地所有⑦,是比较审慎的意见。还有学者从字音的角度推测冋地在菏泽北面的"句渎"一带⑧,或认为此鼎反映了周王朝对东夷的征伐与掌控⑨,恐失于武断。冋之地望应以存疑为是。

(三) 䢵

伯晨鼎(《铭图》2480)载:

---

① 吴镇烽:《近年新出现的铜器铭文》,《文博》2008年第2期。
② 甘肃省博物馆文物队:《甘肃灵台白草坡西周墓》,《考古学报》1977年第2期。
③ 李学勤:《西周甲骨的几点研究》,《文物》1981年第9期。
④ 李步青、林仙庭:《山东省龙口市出土西周铜鼎》,《文物》1991年第5期。
⑤ 朱凤瀚:《中国青铜器综论》,上海古籍出版社,2009年,第1400页。
⑥ 何景成:《应侯视工青铜器研究》,朱凤瀚等编著:《新出金文与西周历史》,上海古籍出版社,2011年,第232页。
⑦ 田率、邵玉兰、齐晨:《新见鄂监簋与西周监国制度》,《江汉考古》2015年第1期。
⑧ 刘雨:《西周的监察制度》,《古文字研究》第25辑,中华书局,2004年,第171页。
⑨ 崔存明:《近出金文与西周监制再探讨》,《商周青铜器与金文学术研讨会论文集》,郑州,2017年10月,第75页。

王命𦀇侯伯晨曰："嗣乃祖考侯于𦀇,赐女秬鬯一卣……用夙夜事,勿废朕令。"晨稽首,敢对扬王休,用作朕文考瀕公宫尊鼎,子孙其万年永宝用。

器主自称"𦀇侯伯晨","𦀇"或释为"垣",可为一说。𦀇为国名,侯为官爵,伯为排行,晨为私名。后文载周王之命辞"嗣乃祖考侯于𦀇",即"继承你祖先的职位在𦀇地为侯",伯晨接受册命继位为侯,𦀇为国名可以坐实。伯晨鼎非发掘器,铭文暂无地望、族姓信息。铭文"𦀇"或是从"亙"为声,亙即古文恒(恆)字。古有恒山,见《尔雅·释山》"恒山为北岳"①,秦又置有恒山郡,未详是否与此𦀇侯有关。

(四)棘

西周中期的史密簋(《铭图》5327)载:"史密右,率族人、釐(莱)伯、棘殿,周(敦)伐长必。""棘"还见于西周晚期的师袁簋(《铭图》5366):"今余肇令汝率齐师、曩(纪)、釐(莱)、棘殿左右虎臣,征淮夷。"两处铭文中的"殿"字旧不识,从而导致了文意理解上的困难,后由刘钊释出②,遂知棘是与釐(莱)、齐、曩(纪)并列的一个古国,在两次军事行动中均作为殿军。

上述铭文中棘与釐(莱)、齐、曩(纪)共同参与军事行动,地望应相近。釐(莱)、齐、曩(纪)皆在今山东,棘应距此不远。《金文形义通解》认为此"棘"为西南部族③,不符合这一前提。陈秉新、李立芳错释"棘"为"棘",遂误认其为古鬲国④。而李学勤则认为,"棘"应读为偪阳之"偪"⑤。此外,还有学者从棘、棘音近相通的角度出发,认为棘当即见于《春秋》经传的齐、鲁之棘邑⑥。偪阳和棘邑两说符合"棘"在山东的讨论前提,有其合理性。朱继平认为,西周时期的偪阳尚在关中;棘、棘二字声纽差距较大,不应音近;从金文资料来看,作为人名"晋侯棘马"的"棘",对应典籍之"辐(福)",作为赏赐物品"牙棘"之"棘",又知读为"幅",可证"棘"之读音当与"畐"相近。又据史密簋所载相关地名,此次战斗应发生在鲁北淄潍流域及相邻地区,这一地区内恰有一重要城邑即齐国博邑,博、畐二字

---

① 《尔雅注疏》卷7,阮元校刻:《十三经注疏》,中华书局,2013年,第5695页。
② 刘钊:《谈史密簋铭文中的"眉"字》,《考古》1995年第5期。
③ 张世超等:《金文形义通解》,(日)京都:中文出版社,1996年,第2028页。
④ 陈秉新、李立芳:《出土夷族史料辑考》,安徽大学出版社,2005年,第215页。
⑤ 李学勤:《史密簋铭所记西周重要史实考》,《中国社会科学院研究生院学报》1991年第2期。
⑥ 吴镇烽:《史密簋铭文考释》,《考古与文物》1989年第3期。

音近，檕即当在此。博邑，秦称博阳，汉为博县，在今泰安市邱家店镇旧县村西①。檕在博邑之说符合相关铭文反映的檕国地望信息，较为合理，但目前仍缺乏将檕国与博地联系起来的直接证据，此说有待进一步证明。檕之族姓，尚无线索。

（五）量

量侯簋（《铭图》4837）曰："量侯尌柞（作）宝尊簋，子子孙万年永宝，斲勿丧。"量国之君既称"侯"，则量为古国。"量"作国名又见于西周中期的量伯丞父爵（《铭图》8555），两器均非发掘所得，铭文内容也未涉及量之族姓、地望方面的问题。

西周重器大克鼎（《铭图》2513）记载周王赏赐克：

> 锡汝田于埜（野），赐汝田于渒，赐汝井寓𦈢田于峻，以厥臣妾，赐汝田于康，赐汝田于匽，赐汝田于陮原，赐汝田于寒山……赐汝井徵𦈢（?）人，兼赐汝井人奔于量。

马承源指出此处"井人奔于量"的量即量侯之国，克鼎中王所赐诸地均在甘肃东部至泾水流域一带，则量国地望也应在这附近②。然而裘锡圭认为"井人奔于量"之"量"当读为"糧"，是粮田的简称，而非地名，所谓"井人奔于量"，即周王将"井人"赐给克来服"奔于量"的劳役③。因此将大克鼎与量国联系起来，进而推测量之地望，尚有可疑。

（六）欲

黄锡全曾公布一件西周早期的欲侯戈，戈铭仅"欲侯用戈"四字。黄先生指出"欲侯"不见文献记载，又认为欲、郃音近，欲侯即郃侯，并推测其地在山西河津附近④。欲（喻纽屋部）从谷声，而郃（溪纽铎部）则以训为"口上阿也"的"㕣"为声⑤，二字古音并不相近。而且文献中也无其直接相通之证，将欲侯释为郃侯并

---

① 朱继平：《史密簋所见檕国地望新探》，《保护与传承视野下的鲁文化学术研讨会论文集》，上海古籍出版社，2018年，第350—363页。
② 马承源主编：《商周青铜器铭文选》第3卷，第100页。
③ 裘锡圭：《古文字释读三则》，《裘锡圭学术文集·金文及其他古文字卷》，复旦大学出版社，2012年，第433页；裘锡圭：《西周糧田考》，《裘锡圭学术文集·古代历史、思想、民俗卷》，复旦大学出版社，2012年，第199页。
④ 黄锡全：《介绍一件西周"欲侯用戈"》，《出土文献》第3辑，中西书局，2012年，第135—137页。
⑤ 许慎：《说文解字》，第50页。

不可信。"欲侯"仅此一见,在没有更多证据之前,其地望当存疑为是。

（七）买

买国之名见于西周早期的买王罙卣（《铭图》13090）："买王罙作尊彝。"此外还有两件买王罙觚（《铭图》9810、9811）。买为国名,王为称号,罙乃私名。西周中期的任鼎（《铭图》2442）云：

> 唯王正月,王在氏。任蔑厤,事（使）献为于王,则毐（毕）买。王事（使）孟联父蔑厤,赐脭牲大牢……

刘雨将铭文释读为"鼎毐,买王使孟联父蔑厤",将"买王"看作买国之王,从而认为该鼎又是一件买国之器①,此说不可取。首先,从任鼎铭文照片看②,所谓"鼎"字,右侧从刀,实应为"则",故"买"字属上读是很合适的。其次,铭文"则毐（毕）买"之前铭文已三次出现"王",分别是："唯王正月""王在氏""献为于王"。"唯王正月"明显是周王的纪年,该处的"王事（使）孟联父"也正与前文呼应。若断读为"买王",就会造成前后称谓不一,故任鼎中既没有诸侯称王,也不属于买国。已著录的买国铜器均非发掘品,铭文简略,目前仅知西周早期有一位私名为"罙"的买王。

（八）貀

貀国之名见于貀侯鼎（《铭图》1915）："貀侯隻（获）巢,孚厥金胄,用作旅鼎。"貀字原作🦎,陈秉新曾认为此字当释为"貉",作为国名即皋繇之后偃姓鬷国③。而有学者则指出此类字形应为貀之象形④,更为可信。器主称"侯",貀当为国名。

由鼎铭知铸作该器所用的青铜是貀侯从巢国得到的战利品,周人对巢国的征伐亦见于周原甲骨⑤。李学勤认为貀侯鼎与卜辞中的"征巢"应同属周朝初年⑥,貀侯的青铜当即此次战斗所得。张家坡墓地所出貀侯铜器仅此一件,且尚不清楚是否为舶来品,貀与鬷除语音相近以外,也难以建立更多联系,仅以通

---

① 刘雨：《金文中的王称》,《故宫博物院院刊》2006 年第 4 期。
② 中国国家博物馆、中国书法家协会编：《中国国家博物馆典藏甲骨金文集粹》,安徽美术出版社,2015 年,第 190 页。
③ 陈秉新：《释"鬲"及相关字词》,《古文字研究》第 22 辑,中华书局,2000 年,第 98 页。
④ 朱芳圃：《殷周文字释丛》,中华书局,1962 年,第 11、12 页；曾宪通：《说鬷》,《古文字研究》第 10 辑,第 24 页。
⑤ 曹玮编著：《周原甲骨文》,世界图书出版公司,2002 年,第 77 页。
⑥ 李学勤：《西周甲骨的几点研究》,《文物》1981 年第 9 期。

假立论不能令人信服。目前仅能推知鼬侯曾参与周王征伐巢国的战争,其余史实均未详。

除上述诸国以外,西周金文还存有个别虽资料较少,但铭文叙述内容基本清楚,又有墓葬资料可为参证,史实较为明了的佚记古国,比如乖、軧:

乖见于乖伯簋(《铭图》5385):"王若曰:乖伯,朕丕显祖玟、珷膺受大命,乃祖克弼先王,异(翼)自它邦,有功于大命……乖伯拜手稽首,天子休,弗望(忘)小裔邦……用作朕皇考武乖幾王尊簋。"器主自称"小裔邦",又称其父为"武乖幾王",知"乖"属古国。乖伯祖先曾"有功于大命",辅弼文王、武王,此处的"大命"即是前文的"玟、珷膺受大命"的"大命",实指周人代商。何浩、罗运环曾据"乖叔作"铜鼎出自甘肃省灵台县西周墓葬方面的信息,指出乖国当在灵台或其附近①。乖伯簋言其先祖在文王、武王之世"异(翼)自它邦",即从别国来辅弼周王,而周文王曾"三分天下有其二,以服事殷"②。因此,乖当是一个降周的殷商旧国,乃异姓诸侯。

軧见叔趯父卣(《铭图》13341、13342)和臣谏簋(《铭图》5288)。卣铭载"余贶为汝兹小鬱彝,汝其用飨乃辟軧侯、逆造出入使人";簋铭载"唯戎大出于軧,井(邢)侯搏戎,诞令臣谏□□亚旅处于軧"。"軧侯"之"軧"与"戎大出于軧"之"軧",所指应为同一国。三件青铜器均出土于河北省元氏县西张村。发掘者认为,"軧侯不见于文献,在金文里也是初次发现。軧国的位置很可能就在元氏一带"③。李学勤和唐云明认为,元氏县西张村的位置,正好在槐河即古泜水之滨,"軧"应读为"泜",軧国实因地处泜水流域而得名④。此后,李家浩据战国赵布币地名"邸",申论过这一意见⑤。有明确的墓葬和文字通假为证,軧国地望及得名缘由问题便得到了解决,但尚无讨论其姓氏的线索。

三、相关古史问题讨论

佚记古国的发现及相关研究,不仅具有"补史"作用,还可以通过考辨其地

---

① 何浩、罗运环:《论乖伯簋的年代及其国别》,楚文化研究会编:《楚文化研究论集》第3集,湖北人民出版社,1994年,第192—205页。
② 何晏注、邢昺疏:《论语注疏》卷8,阮元校刻:《十三经注疏》,第5420页。
③ 河北省文物管理处:《河北元氏县西张村的西周遗址和墓葬》,《考古》1979年第1期。
④ 李学勤、唐云明:《元氏铜器与西周的邢国》,《考古》1979年第1期。
⑤ 李家浩:《战国货币考(七篇)》,《中国钱币学会成立十周年纪念文集》,中国金融出版社,1992年,第89、90页。

望、族姓、婚姻、礼俗等，为探究周代分封制度、邦国关系、社会经济、民族融合等问题提供线索。以下则仅就"古诸侯称王""汉阳诸姬"名实两个问题略作讨论。

（一）古诸侯称王问题

王国维认为："盖古时天泽之分未严，诸侯在其国自有称王之俗，即徐楚吴越之称王者，亦沿周初旧习，不得尽以僭窃目之。"①蒙文通则指出："夷狄称王，自为恒见……金文僭有王号而莫可考者甚众，自皆为夷狄。"②蒙先生之说将称王之国限为夷狄以及地处蛮夷之国（吴）。王世民认为，在尚未形成"大一统"局面的西周时期，"他邦"异族首领，在其国内称王的同时与周邦保持臣属关系，合乎历史发展规律，春秋时代金文资料中的称王诸侯，仍限于同周王关系并不密切的所谓蛮夷之君③。张政烺也指出，周时称王者皆异姓之国，处边远之地，其与周之关系若即若离，时亲时叛，周之同姓而称王者只一吴王④。此说得到刘雨赞同⑤。

综览上述观点，可知各家已对王国维之说进行了修正，指明诸侯称王应受一定条件限制，主要包括：周之异姓他族、地处偏远之地、与周关系疏离等。在前文所考证的佚记古国中，买、乖、隞三国均有称王现象，散国的考证还牵出了一个称王的胡（虞）国。买国称王仅一位"买王眾"，其地望、族姓均不详，此处不再讨论。梳理乖、隞、胡（虞）称王的金文资料可以发现，诸侯称王并非完全受限于上述几个条件。

乖伯簋铭文中乖伯自称"伯"，而称其已去世的父亲为"武乖幾王"，这与其他诸侯自称为王不同。"武"为美称，"乖"为国名，"幾"似是谥。西周五等爵之说，已不可据信⑥。"乖伯"之"伯"可能是表明宗子身份的排行⑦。据乖伯簋铭文来看，乖与周的关系尚较密切，其先祖曾辅佐文王、武王。乖伯亲至宗周朝见，并受到赏赐，不能算是与周"若即若离"。不过乖自称"小裔邦"，且上文已指出"乖"之地望可能在甘肃灵台附近，其地望倒是符合称王之诸侯在蛮夷和边远之地这一条件。

隞国称王同样仅一见（隞王尊），其族姓虽不详，但可以肯定非姬姓，其地位

---

① 王国维：《古诸侯称王说》，《观堂集林》，第623页。"吴越"原书误作"吴楚"。
② 蒙文通：《周秦少数民族研究》，龙门联合书局，1958年，第18页。
③ 王世民：《西周春秋金文中的诸侯爵称》，《历史研究》1993年第3期。
④ 张政烺：《矢王簋盖跋——评王国维〈古诸侯称王说〉》，《古文字研究》第13辑，第179、180页。
⑤ 参见刘雨：《金文中的王称》。
⑥ 参见魏芃：《西周春秋时期"五等爵称"研究》，博士学位论文，南开大学历史学院，2012年；刘源：《"五等爵"制与殷周贵族政治体系》，《历史研究》2014年第1期。
⑦ 朱凤瀚：《关于西周封国君主称谓的几点认识》，陕西省考古研究院、上海博物馆：《两周封国论衡》，第282—284页。

于甘肃灵台附近。可见隩国称王符合周之异姓、地处边远两个条件,至于其与周室关系如何,暂不可知。

前文在对散国进行考证时已说明,旧称的"夨国"应是胡(虞)国,属姬姓。刘启益认为其乃仲雍之后,地在陇县、千阳、宝鸡贾村一带。胡(虞)称王见胡王鼎(《铭图》1550)、胡王鱓(《铭图》10587)、同卣(《铭图》13307)、胡王簋(《铭图》4823)及散氏盘,纵贯了整个西周时期,这在所有诸侯称王的金文资料中是独一无二的。胡(虞)虽然地处周之边远西陲,然其既为周之同姓,则"周之异姓他族"就不是诸侯称王的限制条件了。胡(虞)为仲雍之后所封,仲雍为王季之兄,则胡(虞)、周本是同宗,双方关系恐也不算疏远。金文姬姓胡(虞)国称王史实的发现与揭示,使得姬姓诸侯称王并非孤证。

由此可见,西周时期的诸侯国称王现象可能具有非常复杂的原因,目前很难进行规律性的把握和总结,此问题仍有待于进一步研究。

(二)"汉阳诸姬"名实问题

"汉阳诸姬"初见于《左传》僖公二十八年:

> 子犯曰:"战也!战而捷,必得诸侯。若其不捷,表里山河,必无害也。"公曰"若楚惠何?"栾贞子曰:"汉阳诸姬,楚实尽之。思小惠而忘大耻,不如战也。"

杜预注"汉阳诸姬,楚实尽之"云:"水北曰阳,姬姓之国在汉北者,楚尽灭之。"①传文、杜注均言简意赅,"汉阳"的具体范围、"诸姬"包括哪些国家,后世多有歧说②。于薇在考证"汉阳"的具体位置后指出,该区域确定为姬姓者仅随、唐二国,但由于鲁僖公二十八年(前632),随、唐两国均未被灭,因此怀疑"汉阳诸姬"是一个以讹传讹的伪命题③。

实际上,在"汉阳"之地,除随、唐外,尚有其他姬姓之国。本文所论佚记古国中郢、芈、相均大致处于汉阳之地,郢、相族姓不知,而芈则确为姬姓。前文指出

---

① 杜预注,孔颖达正义:《春秋左传正义》卷16,阮元校刻:《十三经注疏》,第3961页。
② 易本烺:《春秋楚地答问》,《丛书集成初编》,中华书局,1985年,第1页;李玉洁:《楚国史》,河南大学出版社,2001年,第92—93页;马强:《论早期汉水上游与渭水流域的关系及意义》,霍彦儒主编:《炎帝与汉民族论集》,三秦出版社,2003年,第241页;杨东晨、杨建国:《"汉阳诸姬"国史述考》,《学术月刊》1997年第8期;于薇:《"汉阳诸姬":基于地理学的证伪》,《历史地理》第24辑,上海人民出版社,2010年,第241—243页;赵炳清:《楚国疆域变迁之研究》,博士学位论文,复旦大学历史学系,2013年,第127页。
③ 于薇:《"汉阳诸姬":基于地理学的证伪》,《历史地理》第24辑,第233、234页。

中子化盘铭文表明,春秋早期,"芇"地应已被楚占有,这样至少确定了一个在僖公二十八年以前就被楚灭掉的汉阳一"姬"。因此,尚不能排除在汉阳尚有其他姬姓古国存在的可能。刘绪已经指出,汉水之阳一带集中存在着多处具有周文化因素的遗址,其中带有墓道的黄陂鲁台山墓地即有可能是某一封于汉阳的姬姓诸侯①。此外,"楚实尽之"的"尽"并不一定表示"尽灭",春秋早期楚武王"克州、蓼,服随、唐"②,使随、唐臣服听命于楚。如此一来被灭、随、唐对楚俯首听命,成为附庸,三者均已划入楚国的势力范围,那么栾贞子出于请战的目的,极言楚国对外扩张的形势,称"汉阳诸姬,楚实尽之"也并非言过其实。

以上,我们在梳理现有西周金文资料和相关研究成果的基础上,对目前学界发现的部分佚记古国及相关研究进行了考辨与评议。需要特别说明的是,由于年深日久、资料匮乏,加之目前的古代语言学、文字学提供的史料解读尚无法做到"面面俱到",所以我们对佚记古国的认知和讨论仍处于起步阶段,许多问题也只能是见仁见智、言人人殊。但是从学术史上看,古国是研究两周历史的重要视角或方法之一,近年来,其方法论意义日渐突出。特别是诸多佚记古国的"重见天日",对史料相对较少的西周史研究,提供了重要契机。有鉴于此在今后的工作中,我们有必要对佚记古国及相关问题展开进一步的专题性研究。

 复盘与导读

《西周金文所见佚记古国及相关问题讨论》通过全面排查两周金文,充分考量称谓、墓葬、史事等相关内容,考辨出了西周金文中十八个文献佚记古国,即:郙、鋶、霸、芇、相、龟、彊、散、隥、䡏、庉、㽅、量、欲、买、鼬、乖、軧,并在董理前说的基础上探索诸国史事,揭示了其国名用字、地望、姓氏等方面的信息,拓展了学界对西周古国的认知。同时借助有关线索指出西周时期诸侯国称王原因复杂,尚难以推定出一致性的规律,而史书所载的"汉阳诸姬"也是信而有征的,个别学者的质疑是不能成立的。

分封制是两周时期的基本政治制度,周王朝为控制疆域、抵御外敌而大量地

---

① 刘绪:《西周疆至的考古学考察》,《青铜器与金文》第 1 辑,第 265 页。
② 杜预注,孔颖达正义:《春秋左传正义》卷 60,阮元校刻:《十三经注疏》,第 4733 页。

封邦建国以维护统治,诸侯列国深刻影响着周代社会的历史进程。古国史是先秦史研究中的重要内容,而金文又是研究两周古国所必不可少的资料,青铜器的制作者有不少就是诸侯国君及其公室成员,他们本人即是诸多历史事件的亲身经历者。铜器铭文内容具有相对的真实性,这是其在古国史研究中所具有的先天优势,即所谓"一手史料"。除此之外,新资料的不断涌现以及古文字释读研究的不断进步,也是当前借助金文探究古国历史的利好因素,推动着国别史研究不断取得新进展。

霸国历史典籍记载阙如,我们在《西周金文所见佚记古国及相关问题讨论》文中曾对其史实有过简单勾勒,但是限于彼时的资料,其立国年代、始封君等问题仍是未知。值得庆幸的是,《铭图三编》新收录的西周早期后段的格公鼎(编号 0216)出现有"格公"之称①,众所周知,霸国之名又写作同音之"格",此格公很可能即霸国始封之君而谥称公,诸侯国始封君死后被尊称为"公"乃当时常例。正如鲁侯伯禽卒后被尊称为"鲁公"(鲁侯熙鬲《铭图》2876),唐叔虞卒后被尊称为"唐公"(晋公盆《铭图》6274),第一代滕侯卒后被尊称为"滕公"(滕侯簋《铭图》4487)等②。是故凭借着新出金文,现在又得以知晓了霸国始封君及其始封的大致年代,对于还原霸国历史具有十分重要的意义。

诚然在铜器铭文蕴含有丰富的古国历史信息,在国别史研究中占有不可或缺的重要地位,但同时也不可否认金文史料本身又具有碎片化、零散化、多歧义等方面的不足。再加之文字释读,诸侯称谓,生称死谥,国名假借,异地同名,同地异名以及国族迁徙等诸多争议因素的困扰,使得利用金文寻绎古国史事的过程中,常常会因立论基础不同得出大相径庭的结论。

大河口墓地临近晋都,葬俗又明显具有戎狄文化的特征,起初学界曾对霸氏的性质有过种种猜测,或认为霸氏乃晋国的"怀姓九宗"之一,或虽不认同霸氏属于"怀姓九宗",但也同样否认其为古国,当然也有学者综合随葬品、铭文内容、文献史事等因素力主霸为古国无疑,我们曾从随葬礼器组合等角度补证过霸为古国的说法。新近刊布的翼城大河口 M1034 资料中有一件叔肯父簋,铭文记载侯为肯父作庙之事③,叔肯父为霸氏贵族,此"侯"最可能是指霸侯,"侯"这一称谓

---

① 吴镇烽主编:《商周青铜器铭文暨图像集成三编》第一卷,上海古籍出版社,2020 年,第 217 页。
② 有关论述参朱凤瀚:《关于西周封国君主称谓的几点认识》,《两周封国论衡:陕西韩城出土芮国文物暨周代封国考古学研究国际学术研讨会论文集》,上海古籍出版社,2013 年,第 277、278 页。
③ 山西省考古研究所等:《山西翼城大河口西周墓地 M1034 发掘简报》,《中原文物》2020 年第 1 期。

的出现可以有力地证明霸应为古国,过去的争议当可消除。

典籍有"同姓不婚"(《国语·晋语四》)以及"凡诸侯嫁女,同姓媵之,异姓则否"(《左传·成公八年》)的说法,然而揆诸金文,无论是同姓相婚还是异姓相媵的例证均不鲜见,这就造成了古国姓氏与通婚关系研究中"立论依据"的分歧。比如南阳夏饷铺鄂国墓地出土铜壶载"鄂侯媵孟姬"①,一般认为孟姬与鄂侯为父女关系,则此鄂国当是姬姓,与禹鼎(《铭图》2498)等所见姞姓鄂国不同。但是也有学者从异姓媵的角度出发,认为鄂侯与孟姬并非父女,此鄂仍为姞姓②。再如山西垣曲北白鹅墓地所出虢季甗言"虢季为匽(燕)姬媵甗",有学者认为铭文透露了虢、燕两国同姓相婚③,反之,也有学者从同姓不婚的角度出发,认为燕非姬姓,或者此匽指姞姓南燕,同时也有从同姓媵的角度指出铭文所反映的是同姓媵女的现象④。

鉴于金文史料本身的上述特点,为了能够合理利用发挥其应有的价值,我们在古国史研究的过程中就要尽可能全面地掌握相关材料,而且不仅要掌握金文和其他出土文献中的有关材料,还要掌握传世文献以及墓葬信息等方面的材料。自王国维先生倡导"二重证据法"之后,与传世文献相结合已成为出土文献研究的一项基本准则,而考古资料中的墓葬信息诸如墓圹大小、随葬器物、器用关系等也是判断墓主身份与族属的重要依据。总而言之,尽可能多地串联起各类线索,系统性地审视问题,才能在古国史研究中寻得突破,获取可靠的结论。

还需指出的是,虽然目前据金文研究古国历史已取得了较多成绩,但也应认识到,其中也存在一些相对薄弱和相对滞后的研究环节。比如说基本材料的整理工作,目前的金文著录大多遵循器物类别的编排体例,其实金文资料的分域(分国别、族属)著录,可以更好地揭示铭文史实的内在联系,然而目前这方面的成果仍嫌较少。

再比如说文字的释读工作,出土文献研究中文字释读是最基础的工作,古国历史研究中的困境与分歧,很多都是由于文句理解差异造成的。金文有国名"▨"(见▨侯簋《铭图》5876、5877),其字不识,其国历史更是难以深究。黄德宽

---

① 河南省文物局南水北调办公室、南阳市文物考古研究所:《河南南阳夏饷铺鄂国墓地M7、M16发掘简报》,《江汉考古》2019年第4期。
② 鲁慧:《新见几则金文中的异姓媵》,《出土文献》2020年第3期。
③ 山西省考古研究院:《垣曲北白鹅墓地M3出土的两件有铭铜器》,《文物世界》2021年第1期。
④ 吴镇烽:《浅议北白鹅虢季甗中的"匽姬"》,复旦大学出土文献与古文字研究中心网站,2020年12月14日。

先生近来指出此字下部偏旁应与"苣"为异体①,而在戜簋(《铭图》5379)中其字作地名又可与堂、棫林两地相系联,从而为揭示其国名、地望等问题提供了思考方向。

总而言之,金文对于古国历史研究具有无可取代的价值,新资料的持续出土不断地为有关研究打开新局面,破解难题。与此同时有关研究也面临着不少困境,存在不少尚待进一步推进和完善的基础工作,广阔的学术前景,需要学界共同努力开拓。

---

① 黄德宽:《清华简〈四告〉疑难字词二考》,《出土文献》2020 年第 3 期。

"二重证据法"的界定及规则探析*

李 锐**

内容提要：王国维的"二重证据法"，从其"二重证明法"而来，主要是针对疑古思潮而发，讨论处于传说和史实之间的人物及其行事，有明确的对象性和时代性，相比其来源"二重证明法"，范围要小很多。在"二重证据法"背后，有王国维重建古史，维护中华文明的理想。今人在谈论"二重证据法"时，往往将其扩大为"二重证明法"，乃至滥用。由此引发的对于"二重证据法"的批评和怀疑，不足以动摇"二重证据法"本身的合理性。但这也应促使学界反思"二重证据法"的定义、学术理据及其规则、推论和局限。

关键词：二重证据法 二重证明法 王国维 古史新证 上古史

王国维提出的"二重证据法"，作为具有理论自觉的方法论，一直深有影响，为众多古文献、古史等领域研究者奉为圭臬。特别是在出土文献日益众多的今天，许多学者以之为基础方法。不少学者试图扩充"二重证据法"[①]，或者

---

* 原载《历史研究》2012年第4期。
** 李锐，北京师范大学历史学院史学研究所教授，博士生导师。目前研究方向为出土文献与古代中国学术思想史、先秦史、中国古代经典。已发表学术论文百余篇，出版专著多部。
① 如于大成将古物材料的范围扩大到严耕望所说的"图绘"，并提出新的"二重证据"："宋以下之刻本钞本书，不问为新出，为旧有，书本材料也，一也；金石、甲骨、竹帛、书画、六朝唐人钞本书，以及一切有资考订之材料，古物材料也，二也"，他还指出"二重证据"的十二种作用（于大成：《二重证据》，《理选楼论学稿》，台北：台湾学生书局，1979年，第514—517、507、520—560页）。更有学者提出"诗史互证法""三重证据法""四重证据法"，当然，有学者认为这些方法不同于"二重证据法"（参见叶国良：《对二重证据法的几种误解》，《二重证据法的省思》，叶国良、郑吉雄、徐富昌编：《出土文献研究方法论文集》，台北：台湾大学出版中心，2005年，第9—12页）。另有一些学者将"二重证据法"和冯友兰的"释古"乃至"清华学派"的治学特色联系起来，不过已有学者对此提出了商榷（参见廖名春：《试论冯友兰的"释古"》，《中国学术史新证》，四川大学出版社，2005年）。

阐发其学理①,乃至指出操作步骤②,以图规范之。不过,近年在对于"二重证据法"的肯定态度之外,也有一些异议。其中值得关注的至少有两类意见,一是指出"二重证据法"的一些缺点,乃至批评其不是一个严格科学性的概念;二是认为"二重证据法"古已有之,王国维只是命名者。此外,还有若干持折衷态度者,如虽承认"二重证据法"的作用,但认为不宜夸大;或者调和王国维和顾颉刚的差别,认为两人观点并无根本上的矛盾③,等等。

在此问题上学界之所以歧见纷呈,应和学界对于"二重证据法"的界定很有关系。因此,有必要从"二重证据法"的来源出发,看看它该如何界定?它是王国维的发明,还是古已有之?"二重证据法"是否有效,或者说如何才能保证"二重证据法"的有效运用?"二重证据法"牵涉的问题很多,也比较重要。笔者不揣谫陋,敢呈愚见,以就教于博雅君子。

一、"二重证明法"与"二重证据法"

王国维在提出"二重证据法"之前,还提出过"二重证明法",学界对此关注较少。"二重证明法"与"二重证据法"有同有异,值得分析、比较。

1913年4月,王国维于《明堂庙寝通考》中,提出"二重证明法":

> 居今日而欲言古制,将安所正哉?宋代以后,古器日出。近百年之间,燕秦赵魏齐鲁之墟,鼎彝之出,盖以千计,而殷虚甲骨乃至数万。其辞可读

---

① 如刘家和指出:"出土资料对于传统的文献资料具有权威性的检验作用,众所周知,这是由于它所固有的第一手性质决定的","在某一问题上出土资料的阙如,这不能作为证实或证伪有关文献资料的默证","在直接的资料不具备的情况下,文献中的问题是可以也应当用分析文献的方法来寻求解决","二重证据法不仅承认出土资料在证实或证伪文献资料方面的重要作用,而且承认文献资料对于说明或论证出土资料的重要性。"(刘家和:《关于殷周的关系》,《史学、经学与思想:在世界史背景下对于中国古代历史文化的思考》,北京师范大学出版社,2005年,第297—301页)朱渊清说:"二重证据法"的"方法价值根本在于开拓了历史研究资料的来源,同时还提出了检验传承文献的问题……出于两个或两个以上的独立观察的记载如果可以相互印证,那么其记载的准确性无疑就增强了。"(朱渊清:《走向现代的中国历史学》,《书写历史》,上海古籍出版社,2009年,第542—543页)

② 如于大成指出"古物材料,必加鉴别,然后可用之学术研究"(于大成:《二重证据》,《理选楼论学稿》,第510页)。叶国良也强调这一点,并说:"比较地下材料与纸上材料的异同,可视状况处理,或以纸上材料为底本,或以地下材料为底本。既得出同异,应解释其矛盾处或不合处,以定两者孰是孰非;若无法解释,则阙疑不论。"(叶国良:《二重证据法的省思》,叶国良、郑吉雄、徐富昌编:《出土文献研究方法论文集》,第18页)

③ 参见黄永年:《论王静安"二重证据法"的历史地位》,吴泽主编:《王国维学术研究论集》第3辑,华东师范大学出版社,1990年,第252页。

焉，其象可观焉。由其辞之义与文之形，参诸情事，以言古人之制，未知视晚周秦汉人之说何如？其征信之度，固已过之矣。如此书所欲证明者……或亦略见于晚周秦汉人之书，而非有古文字及古器款识，则亦不能质言其可信也。……

然则晚周秦汉人之书，遂不可信欤？曰：不然。晚周秦汉之际，去古未远。古之制度、风俗存于实事者，较存于方策者为多。故制度之书或多附会，而其中所见之名与物，不能创造也。纪事之文或加缘饰，而其附见之礼与俗，不能尽伪也。故今日所得最古之史料，往往于周秦两汉之书得其证明，而此种书亦得援之以自证焉。吾辈生于今日，始得用此"二重证明法"，不可谓非人生之幸也。①

不过后来王氏在《观堂集林》里将这些话删去了。②

十二年之后的1925年秋，王氏在清华学校研究院讲授《古史新证》时，于第一章"总论"中提出"二重证据法"：

研究中国古史，为最纠纷之问题。上古之事，传说与史实混而不分。史实之中，固不免有所缘饰，与传说无异。而传说之中，亦往往有史实为之素地。二者不易区别，此世界各国之所同也，在中国古代已注意此事……孟子于古事之可存疑者，则曰："于传有之"；于不足信者，曰："好事者为之"……疑古之过，乃并尧舜禹（引按：即禹）之人物而亦疑之。其于怀疑之态度及批评之精神，不无可取，然惜于古史材料未尝为充分之处理也。吾辈生于今日，幸于纸上之材料外，更得地下之新材料。由此种材料，我辈固得据以补正纸上之材料，亦得证明古书之某部分全为实录，即百家不雅驯之言，亦不无表示一面之事实。此"二重证据法"，惟在今日始得为之。虽古书之未得证明者，不能加以否定；而其已得证明者，不能不加以肯定，可断言也。

《古史新证》第二章《禹》，第三章《殷之先公先王》，第四章《商诸臣》（王氏是以旧文《殷卜辞中所见先公先王考》与《殷卜辞中所见先公先王续考》为主体，删去《多

---

① 罗振玉校补：《雪堂丛刻》(3)，北京图书馆出版社，2000年，第298—299页。
② 参见王国维：《明堂庙寝通考》，《观堂集林·附别集》，中华书局，1959年。

后》《大示二示三示四示》两节,补充了《禹》和《商诸臣》两章,以及《康丁》《后祖乙》《文武丁》三小节),于此下有一段按语总结前文:

> 右商之先公先王及先正见于卜辞者大率如此,而名字之不见于古书者不与焉。由此观之,则《史记》所述商一代世系,以卜辞证之,虽不免小有舛驳而大致不误。可知《史记》所据之《世本》全是实录。而由殷周世系之确实,因之推想夏后氏世系之确实,此又当然之事也。又虽谬悠缘饰之书如《山海经》《楚辞·天问》,成于后世之书如《晏子春秋》《墨子》《吕氏春秋》,晚出之书如《竹书纪年》,其所言古事亦有一部分之确实性。然则经典所记上古之事,今日虽有未得二重证明者,固未可以完全抹杀也。

这一段话和《总论》相呼应,言辞有前后相因者,如《古史新证》的按语中用了"二重证明";"缘饰"、"吾辈生于今日"、"始得"等词句,也一直沿用。此外,王国维《明堂庙寝通考》提及的材料是鼎彝和甲骨,而《古史新证》谈及地下之材料仅有二种:"(一)甲骨文字殷时物,自盘庚迁殷后迄帝乙时;(二)金文殷周二代"①。从这点来看,"二重证明法"与"二重证据法"比较接近。有学者遂认为"二重证明法"与"二重证据法"没有很大不同②,忽视了二者的差别。

王氏的"二重证明法"所关注的主要是"古制"[分而为"制度"、(名物)、"风俗"、(礼俗)],他撰《明堂庙寝通考》,"全根据金文、龟卜文,而以经证之无乎不合"③。他在1913年10月编《齐鲁封泥集存》时云:"自宋人始为金石之学,欧、赵、黄、洪各据古代遗文以证经考史,咸有创获。然涂术虽启,而流派未宏。近二百年始益光大,于是三古遗物应世而出。金石之出于丘陇窟穴者,既数十倍于往昔。此外如洹阴之甲骨,燕齐之陶器,西域之简牍,巴蜀齐鲁之封泥,皆出于近数十年间,而金石之名乃不足以该之矣。之数者,其数量之多,年代之古,与金石同。其足以考经证史,亦与金石同。"④这是将证经考史的材料扩大了。王氏1917年在《殷卜辞中所见先公先王考》中也说"使世人知殷虚遗物之有裨于经

---

① 王国维:《古史新证——王国维最后的讲义》,清华大学出版社,1994年,第1—3、52—53、4页。
② 参见乔治忠:《王国维"二重证据法"蕴义与影响的再审视》,《南开学报》2010年第4期。
③ 吴泽主编:《王国维全集·书信》,中华书局,1984年,第37页。
④ 王国维:《齐鲁封泥集存序》,《观堂集林·附别集》,第920页。

史二学者有如斯也"①,关注基点仍为经史之学。1923年王氏作《殷虚文字类编序》,云:"文字之外,若人名,若地理,若礼制,有待于考究者尤多。故此新出之史料,在在与旧史料相需。故古文字古器物之学,与经史之学实相表里。惟能达观二者之际,不屈旧以就新,亦不绌新以从旧,然后能得古人之真,而其言乃可信于后世"②,于此可见,"人名""地理""礼制"都包含在经史之学中。1925年7月,王氏在开讲《古史新证》之前,于清华讲演《最近二三十年中国新发见之学问》,谓"然则中国纸上之学问赖于地下之学问者,固不自今日始矣"③,已经将新发现的汉晋木简、敦煌写卷、内阁档案与殷墟甲骨文字并列,则不仅是材料进一步扩大了,所关注者也由经史之学扩大到了纸上、地下之学问。

但是在《古史新证》里,王氏所说的地下之材料只有甲骨、金文;所关注的对象,是处于传说和史实之间的"上古之事",即是上古人物及其行事——说到底是人物。就王氏的学术视野来看,在《古史新证》中他运用的材料和关注的问题,突然都急遽缩小,这显然不符合他的学术发展脉络。

什么原因使得王氏要缩小学术视野和材料范围,提出"二重证据法"呢? 很多学者指出,这与学术情势有关,"古史新证"是针对"疑古"而发。1923年,顾颉刚在《与钱玄同先生论古史书》一文中,提出"层累地造成的中国古史"说,批评传统三皇五帝的古史系统,由此引发古史大讨论,一度形成声势浩大的"疑古派"(或称"古史辨派")。当时顾颉刚和胡适已经知道王国维用甲骨证明殷商史之事④,却将神话和历史截然分开⑤,借用西方从神话史诗到信史的模式考察中国上古史,相信《诗经》中的史诗而质疑《尚书》的可靠性⑥。这些意见有西方"科学"背景,对中国古史研究造成很大冲击,导致中国文化不可信的观念盛行。

王氏虽然没有直接参加当时的古史讨论,但在《古史新证》中提出传说和史实相混之说,实际上是反对将神话与信史截然分开的观点。王氏《古史新证》是

---

① 王国维:《殷卜辞中所见先公先王考》,《观堂集林·附别集》,第411页。
② 王国维:《殷虚文字类编序》,《观堂别集》卷4,第3页a,《王国维遗书》第4册,上海古籍书店,1983年影印本。
③ 王国维:《最近二三十年中国新发见之学问》,《静安文集续编》,第65页b,《王国维遗书》第5册。
④ 参见陈以爱:《胡适对王国维"古史新证"的回应》,《历史研究》2008年第6期。
⑤ 很可能当时顾颉刚对于"神话"只是一种望文生义的理解,参见黄铭崇:《古史即"神话"——以〈大荒经〉及〈尧典〉为中心的再检讨》,《新史学》第7卷第3期,1996年9月,第177页。
⑥ 参见李锐:《经史之学还是西来之学:"层累说"的来源及存在的问题》,《学术月刊》2009年第8期;《新出简帛的学术探索》,第397—416页。

要研究处于传说和史实之间的人物,而能和这些传说与史实相及的材料,在当时只有年代早的甲骨、金文中所见的一些内容。也只有甲骨、金文中的这些内容,才足以证明传世文献中的相应内容不能怀疑,"东周以上无史论"等说法便不攻自破①。在当时的学术情境下,王国维正是要从"二重证据法"的微观考证中衍生出宏观论题,那就是传说与史实相混的上古史,是能够证而可信的,中国的上古史可以由此而重建,这在"疑古"流行的背景下,具有很大意义。王氏进一步的理想,是要利用以"二重证据法"来证明的上古史,重建学界对古史系统及其上所维系的中华文明的信仰,用"证古"抗衡"疑古"。李学勤曾指出:"一部书……如果说一部分,比如有十篇,里面有一篇证明是真的,其余九篇不知道真不真,那至少证明一篇是真的,就使其他几篇是真的可能性提高;相反也是如此,如果证明十篇里面有一篇是假的,那么其他各篇是假的可能性也会加大。"②可能性虽然不能代替证明,没有逻辑绝对性,但是在资料缺乏的情况下,确实会让研究者由已知推未知,出现一定的偏向或成见。因此王国维利用"二重证据法",使"古史新证",由部分被二重证明可信的古书古史古人物,为经史之学以及其他研究奠定基础,进而恢复对于中国文化的信仰。

胡适、顾颉刚等人的"疑古",既然面向古史、古书,那么,王氏以古史、古书、甲骨金文来证明古史人物,自然不会运用针对"古制"的"二重证明法",也不必涉及全面的经史之学,而只以古史人物为核心,所以王国维对"二重证据法"的界定非常清楚。

其实,"二重证据法"与"二重证明法"虽有前述的因袭、相近之处,但是两者很大差异:两者的目标、所关注的对象、对出土材料的运用及写作模式等均有不同。

《古史新证》里提出的"二重证据法",针对传说与史实之间的人物;而在《明堂庙寝通考》里提出的"二重证明法",则关注"古制"。"二重证据法"是要运用地下之新材料,补正纸上之材料,偏重于利用出土材料来解读纸上材料,如用甲骨卜辞证实《史记》殷商世系,用卜辞证明晚出的《山海经》、《楚辞·天问》、古本《竹书纪年》以及诸子书等"所言古事,亦有一部分之确实性";而"二重证明法"则是

---

① 王氏只谈甲骨、金文,当然不是因为胡适、顾颉刚等人不会运用这些材料,起码钱玄同懂《说文》,而容庚曾经和这些人过从甚密,他还专门以钱玄同的意见及自己的补充去问王氏一些问题。参见吴泽主编:《王国维全集·书信》,第436—438页。
② 李学勤:《清华简与〈尚书〉、〈逸周书〉的研究》,《史学史研究》2011年第2期。

运用周秦乃至较晚的两汉之书,证明出土材料并自证,偏重于用传世材料来解读出土材料,如用明堂制度来解读甲骨、金文中的太室,因此两者对出土材料的运用是不同的。

"二重证据法"与"二重证明法"的写作模式也有不同。许冠三曾区分王氏与出土文献有关的一些研究成果,认为:"《先公先王》(引按:即《殷卜辞中所见先公先王考》与《续考》)以地下材料为主,《简牍检署考》则以纸上材料为本……此外,不可忽视的,尚有据文献以考释文物的一种互证,这与《先公先王考》之据文物以证定文献的取径恰好相反,《流沙坠简》诸跋和《观堂古金文考释》所用方法,都属这一类型。"①这诚为的论。王氏《殷卜辞中所见先公先王考》及《续考》统一先列出土文献,然后结合传世文献等进行疏通解释(作为附录的《商之都邑及诸侯》稍不同;王氏的《殷卜辞中所见先公先王考》及《续考》中,有些人物的考证如"上甲"等,没有先列甲骨材料)。而《明堂庙寝通考》则先论传世文献,再以出土文献作补充,与之有所不同。

此外,"二重证明法"的证明范围,尤其是地下材料的范围,可以无限扩充,而"二重证据法"既然是讨论处于传说和史实之间的古史人物,则其地下之材料在今天看来恐怕主要仍然是甲骨、金文②。

当然,"二重证据"的目的是为了"二重证明";王氏在《殷虚文字类编序》中谈经史之学时,掭到考订人名,则"二重证明法"的研究范围包括了研究传说与古史,可以说"二重证明法"包含了"二重证据法"。但是,"二重证据法"的特殊性和针对性,不容忽视。

由"二重证据法"与"二重证明法"的异同可以看出,如果抛开作为材料的甲骨文出土的时间有特殊性,那么只可以说"二重证明法"古已有之;古人虽也有用铜器证上古人物者,但所说多难凭信③。而就提出"二重证据法"的《古史新证》而言,如果除去作为附录的《商之都邑及诸侯》中《邶鄘卫》一节用了铜器铭文,以及第三章第十五节《祖某父某兄某》所引的"三句兵"铭文(均未对应文献中可考的人物),则王国维主要是用金文证明"禹"(这一点其实是可疑的,详后),真正所

---

① 许冠三:《新史学九十年》,岳麓书社,2003年,第111页。
② 近来公布的战国竹简特别是清华大学藏简中有一些关于楚人、秦人祖先事迹的记述,如《楚居》《系年》,或可以纳入地下之材料的范围,有待讨论。
③ 宋人早就在做利用金文证明古史人物的工作,王国维的评价是:"至宋人说古器铭中所见姓名事实,则颇多穿凿可笑……其说极支离难信。"(王国维:《宋代之金石学》,《静安文集续编》,第73页b,《王国维遗书》第5册)

根据的主要材料是甲骨卜辞。因此"二重证据法"必须要在甲骨文出土并且被释读之后,才有可能产生,确实并非古已有之。"二重证据法"的确是王国维的发明,"此'二重证据法',惟在今日始得为之"。

然而由于"二重证明法"与"二重证据法"的包含关系,以及学界对"二重证据法"的界定多未深究,因此许多人说的是"二重证据法",实际上却将之扩大为"二重证明法"了。比如杨宽说:"释古派的长处就是王国维自称的二重证据法……王国维为首的释古派也还不免有缺点,就是依据少数的地下实物否定文献上所载典章制度。"①有学者由此认为这是"二重证据法"不成功的例子②。其实将王国维归入释古派,有学者并不同意③;而由杨宽所说的"制度"不难判断,他所论的应该是"二重证明法";因此这不是"二重证据法"不成功的例子④。

更甚者,论者或又引陈寅恪之语,或王氏弟子吴其昌之语,以表明王氏的"二重证据法"之所指(如许冠三⑤)。陈寅恪在《王静安先生遗书序》中曾将王氏的学术内容及治学方法概括为三目:"一曰取地下之实物与纸上之遗文,互相释证","二曰取异族之故书与吾国之旧籍,互相补正","三曰取外来之观念与固有之材料,互相参证。"⑥吴其昌说:"先师于学问上最大之贡献,乃在将物质与经籍,证成一片……将地下纸上,打成一片。"⑦但这里是陈寅恪、吴其昌总结王氏

---

① 杨宽:《三个新学派兴起的巨大影响》,《先秦史十讲》,复旦大学出版社,2006年,第418页。
② 参见曹峰:《价值与局限:思想史视野下的出土文献研究》,刘笑敢主编:《中国哲学与文化》第6辑,桂林:广西师范大学出版社,2009年,第91页。按:此文初稿名为《出土文献可以改写思想史吗?》(《文史哲》2007年第5期),引用裘锡圭、李若晖等的意见,对"二重证据法"有一些质疑。但笔者以为,"二重证据法"对于思想史并没有太大帮助;而根据出土文献改写思想史,最重要的是需要学界由反思认识论、方法论入手;经观念的变革,方可改写思想史,否则只不过是补写或补充旧的思想史而已。
③ 参见廖名春:《试论冯友兰的"释古"》,《中国学术史新证》。
④ 其实杨宽在《中国上古史导论》开篇对"二重证据法"的认识倒基本正确:"此二重证据之方法,惟殷史因殷墟卜辞之出土乃得为之,夏以上则病未能。"(吕思勉、童书业编著:《古史辨》,第七册(上),上海:上海古籍出版社,1982年影印本,第66页)又如前述于大成对"二重证据法"的扩充,多数和处于传说与史实之间的人物无关,其实是对"二重证明法"的扩充。再如叶国良已经认识到《古史新证》只关注上古史,但认为这是"草创未暇修饰之讲义",所以地下之材料囿于甲骨文字和金文;并说王氏在次年"发表《宋代之金石学》(北京历史学会演说稿)一文,文中盛称宋人之成就,并谓'近世金石之学复兴,然于著录考订,皆本宋人成法',指出近世出土材料的研究方法实承袭自宋人,又提出'既据史传以考遗刻,复以遗刻还正史传'二语,以概括宋代研究石刻的具体方法",是修正前说,遂以己意补充了"二重证据法"。(叶国良:《二重证据法的省思》,叶国良、郑吉雄、徐富昌编:《出土文献研究方法论文集》,第6—9页)其实前文已详细指出"二重证据法"有特定研究对象,因此《古史新证》恐怕不能说是草创未暇修饰之作;王氏讲《宋代之金石学》,恐怕也并不表示他对《古史新证》之说有所修正。
⑤ 参见许冠三:《新史学九十年》,第110页。
⑥ 陈寅恪:《王静安遗书序》,《王国维遗书》第1册,第1页a—b。
⑦ 吴其昌:《王观堂学述》,《国学论丛》第1卷第3号[王静安(国维)先生纪念号],1928年4月,第197—198页。

一生的学问之言,并不是专门针对"二重证据法"而论。学者从陈寅恪所总结的第一目乃至全部三目来理解"二重证据法",或者从吴其昌之语来认识"二重证据法",就不免将"二重证据法"扩大化了。

此外,不少人都不满意王国维以甲骨文字、金文为地下材料,如王国维当年的同事李济直言王氏的地下材料是"以有文字者为限",因此李氏把"地下材料"扩大为现代考古学的定义:"凡是经过人工的、埋在地下的资料,不管它是否有文字,都可以作研究人类历史的资料。"①有学者干脆提议将非文字的考古资料也看作一重证据。可是,一则李氏此言针对考古学及"研究人类历史",包含史前史等很广泛的内容;二则非文字的考古资料不能自己说话,其解读实际上和研究者的"预设"相关,恐怕并不具备"证据"的效用。另外,也有学者提议将民族学资料、异邦的古史资料、口述史料等看作新的一重证据,但是这些证据恐怕最多只能算作间接证据②,还达不到作为第三重证据的程度。

总之,虽然学界一直试图扩充"二重证据法",但目前似乎还没有一个得到学界普遍承认的结论,因此本文的讨论,只关注王氏谈论"二重证据法"时的严格限定。

二、"二重证据法"是否科学

近年来,在众人推崇"二重证据法"的声音中,有知名学者说"二重证据法"也有不成功的例子,而李幼蒸更是在其两部专著中用不少篇幅讨论了多个与"二重证据法"相关的问题,认为"二重证据法"不科学③。这些关于"二重证据法"的说法,引起很多学者的注意,引发一些议论,值得深入分析。

有学者指出:

> 在用二重证据法校读古书方面,也有不成功的例子。例如:《周易·萃》六二爻辞中有"引吉"之语,高亨在《周易古经今注》中,闻一多在《周易义

---

① 参见李济:《安阳发掘与中国古史问题》,张光直、李光谟编:《李济考古学论文选集》,文物出版社,1990年,第796—797页。
② 参见饶宗颐:《谈三重证据法——十干与立主》,《饶宗颐二十世纪学术文集》卷1,台北:新文丰出版股份有限责任公司,2003年,第16—18页。
③ 李幼蒸:《顾颉刚史学与历史符号学》,《历史和伦理:解释学的中西对话》,中国人民大学出版社,2008年;《儒学解释学:重构中国伦理思想史》,中国人民大学出版社,2009年。

证类纂·四·余录》中,都根据甲骨卜辞中常见的所谓"弘吉",说《周易》的"引吉"是"弘吉"之误。到 70 年代,有学者证明卜辞中的所谓"弘吉",其实是"引吉"的误释,《周易》并没有错。①

引文以《周易》中的"引吉"是否为"弘吉"的例子,讨论校读古书的问题,是将传世文献和出土文献对照,可归于名物一类,应该属于"二重证明法"讨论的范围。因此说"二重证据法"校读古书不成功,恐怕不成立。在将出土文献和传世文献相对照的过程中,学者们或将出土文献和传世文献"趋同",或者"立异"②。上述的例子或可以看作是和《周易》"立异"(只不过释读"弘"字者或未必注意到了《周易》),而高亨、闻一多根据误释来"趋同"。"二重证明法"和"二重证据法"虽然都注重在同源的情况下"趋同",但是"二重证据法"关注的是处于传说与史实之间的人物。

不过,在《古史新证》及《殷卜辞中所见先公先王考》中,王国维所论传说与史实之间的人物"夒",就因"趋同"而有问题。王氏认为甲骨文中"'夒'必为殷先祖之最显赫者,以声类求之,盖即帝'喾'也……或作'夋'者,则又'夒'字之讹也"③。但实际上"夒"与"喾"韵部虽近,声纽却罕见相通者;这一处考证还有其他不少问题④。这看起来是王氏本人使用"二重证据法"不成功的例子。不过现在裘锡圭把"夒"视为"蓐收"的合音,并运用神话分化说,指出"少皞四叔中的玄冥和蓐收,跟商族先祖冥和夒是一回事,这正是少皞与契为同一传说之分化的反映"⑤。则照此来看,此处使用"二重证据法"或没有问题,只不过是王氏在运用时找错了对象。这显然是因为王氏过于理想化,牵合喾和夒。由此可知,卜辞中的"土"是不是"相土"、"季"是不是"冥"等,也还有待研究。当然,"夒"即是"蓐收"目前恐怕还不能说已经得到了"二重证明",详后文。

---

① 参见裘锡圭:《中国古典学重建中应该注意的问题》,《中国出土古文献十讲》,复旦大学出版社,2004 年,第 5 页。
② 同上①,第 8 页。其实为这两种倾向奠基的是"源流"同异的问题,故在此两种倾向之外还有学者在从事"溯源"的工作,于此不能详论。
③ 王国维:《古史新证——王国维最后的讲义》,第 7—8 页。
④ 参见常金仓:《古史研究中的泛图腾论》,《二十世纪古史研究反思录》,中国社会科学出版社,2005 年,第 103—104 页。
⑤ 裘锡圭:《释〈子羔〉篇"铏"字并论商得金德之说》,《简帛》第 2 辑,上海古籍出版社,2007 年,第 66 页。按:裘文主要是根据杨宽的"神话分化说"来作解释,不过笔者认为"神话分化说"有一个不可靠的一元论预设,那就是在远古时期,相关神话有一底本,诸族皆本之而讲说、分化。

值得注意的是,当出土文献中的人物和传世文献不能直接对应时,我们总要找一种对应,或做出解释。今人常通过一些通假、讹误、名与字的关系等解释,来沟通纸上之文献与地下之文献,以弥合矛盾。但是严格来说,凡属不直接对应者,所作解释都只是一种假说。当然,就假说来讲,其可信度有高有低。比如王氏所说王亥,古书或作核、该等,视之为通假,可信度比较高;惟《史记》相应人物作"振",其他则多是从"亥"得声之字,则视"振"为讹误,可信度也比较高。但是以"夒"为"喾"或"夋",可信度就要低得多。当然,即便可信度较低,那也是一种有意义的探索。但是探索,远不等于证明。

在对"二重证据法"的评论中,李幼蒸利用西方的符号学分析方法进行研究,认为它不科学。李氏说:

> 众所周知,在西方,history 这个词一直具有二义性(作为历史 1:历史实在过程[史事];历史 2:作为表达此过程的文字表现[史书]),二者的区别也是到了晚近才趋于明确的……古史辨派的古籍批评运动,可以说是自发地倾向于区分了 history 的这两层意思,意识到史书(历史 2)不仅不等于史事(历史 1),而且史书不一定正确"代表"史事。其次他们意识到,古史学家的研究对象,应当是指历史 2,而不是指历史 1……严格来说,古史学家的"真正"对象是历史 2 和历史 1 之间的"意指关系",也就是历史 2 如何"指涉"历史 1……从历史符号学角度看,所谓"二重证据法"显然不是一个严格科学性的概念。因为它简单化了两个不同学科(考古学和古史学)运作程序之间的关系问题。例如,就殷商史研究中的二重证据法而言,问题还不在于实物史料和史书史料在指涉时间上是否相合,而在于两类史料对象的构成不同。何况先秦史书的指涉时间和制作时间二者也不是一回事。另一方面,尽管先秦史书伪作甚多,但编写者在竹帛上刻制文字时具有的记录编写意识和技能,是和甲文时代书写者在龟骨上刻句时的记录意识和技能极不相同。因此也就是,二者在各自文字实践中体现的观察、记录、目的、惯习、技术条件等情况非常不一样。二重证据法打算将两套文本类型统一处置,乃因简单化地以为二者都"体现"着(实仅"指涉"着)同一客观历史对象。①

---

① 李幼蒸:《顾颉刚史学与历史符号学》,《历史和伦理:解释学的中西对话》,第 85、96—97 页。

李氏谈历史 1 和历史 2，重视"甲文时代"，比较符合"二重证据法"的限定范围；但是他将"二重证据法"指向"考古学和古史学"，已经将之扩大了。关于王国维是否混淆了历史 1 和历史 2，即使他真有所混淆，也是时代使然，不足深责。（可注意王氏在《殷虚文字类编序》中是说"得古人之真"，在《古史新证》里说"孟子于古事之可存疑者，则曰：'于传有之'"。）一般认为，李大钊在 1924 年的《史学要论》里才初步将历史 1 和历史 2 区分开，当时有此认识的研究者并不多。自谓打倒了"三皇五帝"的疑古派，真能说他们从来没有以史书代表史事吗？他们不是自己立标准，为古书定时代，并把其中的内容区分为可信之史与不可信者吗？①

李氏对顾颉刚有价值认同②，却没有将王国维的理想和作为方法本身的"二重证据法"进行区分，这可能会影响他的判断。比如出土古籍已经一再证明顾颉刚等对历史文本（典籍）的断代分析、定伪结论多是不确实的③，李济甚至称之为"不可知论"④，试问在此情况下，怎能说疑古派的历史 2（史书）研究得好？历史 2（史书）更好地"指涉"了历史 1（史事）？更何况疑古派讲究"不立一真，惟穷流变"⑤，根本不想讨论历史 1。其实出土文献和传世文献二者都是历史文本、历史材料，它们合在一起，显然比单一的传世文献要丰富；而且有些史事不见传世记载而见于新出土文献。因此结合二者所进行的文本分析，显然要比疑古派单一的典籍文本分析更丰富、更可信，更有利于讨论历史 2 和历史 1 之间的"意指关系"。

而"二重证据法"中的纸上之材料与地下之材料之间，虽然可能存在着李氏所说的一些差别：构成不同，指涉时间也不尽相合，甚至"二者在各自文字实践中体现的观察、记录、目的、惯习、技术条件等情况非常不一样"，二者属于两套不同类型的文本系统。但是需要注意的是，甲骨文、金文都是比较特殊的坚硬易保存的材料，却并不是反映上古史的唯一的、全部的材料。当时最常见的应该还是竹简，只是不能保存至今——这一点常常为许多研究者忽视，而以甲骨文、金文

---

① 参见梁园东：《〈古史辨〉的史学方法商榷》，姚奠中、梁归智选编：《梁园东史学论集》，山西人民出版社，1991 年。
② 李氏说"二十年来本人在现代中国学人间，研读最多的即为顾颉刚先生的著作"，见《顾颉刚史学与历史符号学》，《历史和伦理：解释学的中西对话》，第 79 页。
③ 参见李锐：《疑古与重建的纠葛——从顾颉刚、傅斯年等对三代以前古史的态度看上古史重建》，《清华大学学报》2009 年第 1 期。
④ 李济：《安阳的发现对谱写中国可考历史新的首章的重要性》，张光直、李光谟编：《李济考古学论文选集》，第 790 页。
⑤ 顾颉刚：《答李玄伯先生》，《古史辨》第 1 册，第 273 页。

为当时唯一的历史记录。李氏强调出土文献和历史文本的差别,恐怕就是由此认识而来。李氏认为"二重证据法"要统一处置两套不同类型的文本系统,可谓抓住了"二重证据法"的核心。但是更关键的问题在于系统不同是如何造成的;而且即使系统不同,并不代表系统之间就不具有可比性,也不代表只有一个系统具有合理性,必须要二者选一。

其实地下之材料所记载的东西,和纸上之材料所记载的东西,本来都是历史记录,是同源的,应该大体接近,指涉同一对象,只是流传方式不同。纸上之材料迭经传承,较易为后人所理解、接受、认同;但后人也会产生某些不同的理解,会存在分歧。这是因为传承、接受往往是选择性的,会屏蔽、忘掉很多内容,有时则因天灾人祸等原因佚失很多材料。地下之材料的传承,则是传之不久后便中断了,出土后再传承。而且受保存条件的限制,会偶然地只有某些文献留下来。但由于时代变化,有些东西会使后人难以理解,需要借助纸上之材料来理解,甚至因为有些纸上之材料已经被屏蔽、遗忘、佚失而一时无法理解①。由此才造成出土文献和传世文献是同源而又看似系统不同的两者,"二重证据法"则是要对这不同类型的文本系统"求同存异"。

譬如,就甲骨文来说,其中出现的商代先公先王,多见于周祭卜辞,它和传世文献《史记》等所载商代先公先王,属于不同的文本类型。参互比较数者所载先公先王,不能完全对应。根据学者们对于商代周祭制度的研究,有汤之子太丁(未立而卒)受祭,武丁之子祖己(未立)等受祭,但是未发现仲(中)壬(或以为即南壬,恐不可信)、沃丁、廪辛(卜辞中康丁所称的兄辛)受祭。对于这种情况,应该求同存异,关注不同文本类型之相同者,以说明《史记》等有可证、可信之部分;而不宜以地下之材料否定纸上之材料。像有学者认为"名号既不见于卜辞,在周祭中又没有祭祀位置的中壬、沃丁,很可能都是未曾被确定继承王位的"②,虽然用了"很可能",但是证据恐怕并不充分。因为根据同样的理由,难道要说"名号既见于卜辞,在周祭中有祭祀位置的太丁、祖己,很可能都是实际继承了王位的",《史记》等的记载有问题么?毕竟周祭卜辞是比较特殊的地下之材料,如果我们尚不清楚是否列入周祭所当遵循的准则,最好对中壬、沃丁等阙疑。陈梦家曾解释说:"中壬沃丁的不见于卜辞,因为他们都是较早的小宗,故武丁以后的

---

① 此段文字除了"选择性接受"和"偶然地留存"两句外,全部是笔者于2012年3月6日下午请益于刘家和教授所得。

② 常玉芝:《商代周祭制度》,中国社会科学出版社,1987年,第138页。

祀典中没有他们了。"①此说后来又有发展,见于《殷虚卜辞综述·商王继统法》及其后数节。但他是否可信,还需要再讨论。

李幼蒸对王国维"虽古书之未得证明者,不能加以否定;而其已得证明者,不能不加以肯定,可断言也"的论断,特别提出批评"此句重点在前半,它成了其后信古派的座右铭……如按'不能证伪,即应视为真实'原则,则可为任何虚假话语的制作大开方便之门"②,但是这个批评恐怕存在误解和夸大。

其实王氏此句话的重点或许在于后半,因为他提出"二重证据法"是为了"古史新证",是要通过部分证明了的古史,恢复对于古史系统的信心。已经得到证明了的古书,就应该肯定古人所述古史有可信性(至少这些古史对于作为阐述者的古人而言是"真"的,至于历史 2 是否符合历史 1,那是近现代才有的认识)。正因为古书可证,因此未得二重证明者,是待证,尚不能否定。当然这里有个人的理想或偏向在,他认为某些古书古史虽未得完全证明,"然容有可证明之日"③。至于王氏的"否定",是指的"抹杀",因为他在《古史新证》第四章按语中说:"经典所记上古之事,今日虽有未得二重证明者,固未可以完全抹杀也。"李幼蒸说"如按'不能证伪,即应视为真实'原则,则可为任何虚假话语的制作大开方便之门",这当然是正确的。问题是,王氏的意思只是:不能证伪,则不能被疑古派否定(或抹杀)——当然王氏的理想是相信"容有可证明之日"。

而且王氏所说的古书,有明确范围:(一)《尚书》、(二)《诗》、(三)《易》、(四)《五帝德》及《帝系姓》、(五)《春秋》、(六)《左氏传》《国语》、(七)《世本》、(八)《竹书纪年》、(九)《战国策》及周秦诸子、(十)《史记》。再确切一点说,是这些书中有关传说和史实的部分内容④。疑古派对于这些古书古史的态度多是存疑、否定或认为晚作,抹杀了很多。这一点,看看顾颉刚的《中国上古史研究讲义》就很清楚。相反,王氏本人也做辨伪工作,他就专门花时间来研究今本《竹书纪年》,指出它是伪书;而且在考证王亥时还说过"《纪年》一书,亦非可尽信者"⑤,这是说古本《竹书纪年》也不可尽信。

王国维的重要成绩是考证商代的先公先王,李幼蒸又根据丁山和陈梦家的

---

① 陈梦家:《商王名号考》,《燕京学报》第 27 期,第 128 页。
② 李幼蒸:《顾颉刚史学与历史符号学》,《历史和伦理:解释学的中西对话》,第 95 页。
③ 王国维:《殷卜辞中所见先公先王考》,《观堂集林·附别集》,第 411 页。
④ 按:上述书中不包括《周礼》《仪礼》《礼记》这本与礼制最相关的经书,这一点也有助于说明"二重证据法"与"二重证明法"有区别,因为要作《明堂庙寝通考》这样的文章,肯定不会遗漏"三礼"。
⑤ 王国维:《古史新证——王国维最后的讲义》,第 14 页。

部分意见,认为王氏的经典文章《殷卜辞中所见先公先王考》所论"殷商史实"有问题①。这个批评不能让人信服。

丁山指出:"自'高祖夒'至'高祖亥',这个八九世的'高祖之主,昭穆之世',在甲骨文里至今尚未见成系统的记载;可见殷商王朝尚知那群祖宗都是神祇,不是人物。"②陈梦家也在《殷虚卜辞综述》中指出:"商殷世系的研究,还不曾完结。第一,关于上甲以前的先公部分,其中夹杂着传说与神话人物,他们和神祇如何分别……由于系统祭祀(周祭)的发现,王国维以为上甲至示癸六示为先公的说法,已不能成立。上甲以前,属于神话传说的时代,也可以得到证明。"③

丁山和陈梦家之说看似接近,其实不同。甲骨文中自"高祖夒"至"高祖亥",《史记》有一个系谱:喾——契——昭明——相土——昌若——曹圉——冥——振(亥),而这些人物多数不见于卜辞,或不能与卜辞完全对应,丁山说这些都是虚构的神祇;陈梦家对于"神话"则有专门的叙述:"神话的发生似乎可大别为二,一是自然的,一是人为的。自然的发生,因为神话本身是历史传说,历史传说在传递中不自觉地神化了,于是变成又是历史又是神话;但是我们可以批剥华伪,把神话中的历史部分提炼出来,重造古史。还有一种自然发生的神话,乃是由于人类求知欲的伸长,以及人类想象力的奔放,往往造成极离奇的神话。人为的神话,就是所谓神道设教……本文对于神话研究,偏重从神话传说中提取古史,建立一个较可信的世系……"可见他的神话和传说之差别不大,倒是神话传说人物与神祇有明确的区别。前述其《殷虚卜辞综述》也说:"传说与神话人物,他们和神祇如何分别……"因此陈梦家会说"得明义士牧师诸拓片,乃深信王亥绝非神话人物,而是与大乙祖乙小乙武丁同为商代有功的先祖","高祖夒在卜辞中仅为求雨求年的对象而从无降暵施雨的权力,他实是人王而非天帝……先祖与河岳之神是同类的……河伯山神皆为先正,故以事人之道事之"④。

但李幼蒸在文章中批评陈梦家称赞王国维考证王亥之说:"王亥作为殷商祭祀远祖何以是'先公'呢?武丁以后殷人祭祀其神话远祖,与所谓先公之历史身份无关,也不能以此反过来证明《殷本纪》系谱的'真实性'。'真实性'在此何义?

---

① 参见李幼蒸:《儒学解释学:重构中国伦理思想史》,第105—111页。李幼蒸文中所引文献云出自丁山《甲骨文所见氏族及其制度》,匿名评审人已经指出实乃《中国古代神话与宗教考》。
② 丁山:《神话观之夏、商、周、秦建国前的先王世系》,《中国古代宗教与神话考》,龙门联合书局,1961年,第549页。
③ 陈梦家:《殷虚卜辞综述》,中华书局,1988年,第335—336页。
④ 陈梦家:《商代的神话与巫术》,《燕京学报》第20期,第486—487、504、527—528页。

二者即使真的相合,只能证明二者取自同一传说系统。"①

李氏说"只能证明二者取自同一传说系统",其实二者未必来自同一传说系统,而是世系和周祭两个系统中有相同的一部分。至于传说与神话的概念,李氏的认识大概和丁山不远,即:凡是神话、传说人物,就并非实有其人,只不过是后来神话人物被历史化了;但是王国维、陈梦家等人的意见则正好相反:神话、传说人物有"史实"依据,后来历史人物被神化了。不难发现,这里存在两种对于神话、传说截然相反的认识。王国维、陈梦家认为神话中含有史迹,即西方学界所说的"爱凡麦(Évhémère)化"②。丁山、李幼蒸的观点,则属于反"爱凡麦化",认为神话被解释成了历史。其实,目前关于"神话"的定义,以及这一概念是否适合于分析中国上古史等有关问题,正处于争议之中③。在此种情况下,应该允许不同人对"神话"、"传说"和"历史"之间的关系,存在不同的理解。李氏在不区分众人"先见"不同的情况下,要求王国维等人按照他对"神话"、"传说"的理解来讨论有关问题,恐怕不太合适。更何况李氏所推崇的顾颉刚,也相信王国维对于王亥故事的考证,指出《周易》卦爻辞中记有王亥丧牛羊于有易的故事④。

至于陈梦家所说"王国维以为上甲至示癸六示为先公的说法,已不能成立",也非定论。王国维以为六示为先公,是根据传统的商汤灭夏而建立商朝之说而言的。陈梦家认为六示不是先公,是根据这些人见于商代的周祭而得出的。因为周祭制度建立的原则我们不清楚,故不能说在周祭制度之中的就是先王。而且治甲骨的专家如于省吾,在陈梦家之后发表的文章里也仍然称六示为先公⑤,

---

① 李幼蒸:《儒学解释学:重构中国伦理思想史》,第108页。
② 参见马伯乐(Henri Maspéro)著:《书经中的神话》,冯沅君译,商务印书馆,1939年,第1、92页。按:此书有顾颉刚1936年为中译本写的序。
③ 参见常金仓:《中国神话学的基本问题:神话的历史化还是历史的神话化》,《二十世纪古史研究反思录》,第131—147页;黄铭崇:《古史即"神话"——以〈大荒经〉及〈尧典〉为中心的再检讨》,《新史学》第7卷第3期(1996年9月)。
④ 顾颉刚:《周易卦爻辞中的故事》,《燕京学报》第6期。按:李幼蒸提到顾颉刚《当代中国史学》对王亥的确信,但认为:"在这本介绍性的小册子中,顾颉刚对于现代史家成就尽量推崇,实相当于一种礼貌上肯定大家共同成就的姿态。(此书为与他人合写的宣传性小册子,具体文字可能出于合写者之笔。)"李氏在脚注中还提到:"顾颉刚说,迟至战国统治者尚且故弄玄虚,'拉拢上帝作自己的祖先,何况神权时代的商人',他们把上帝请下来,'奉之为"高祖"',那还有什么奇怪'(《古史考》,第76页)。存有这样的科学怀疑思想,顾氏还能够承认商代世系表么?"见氏著:《儒学解释学:重构中国伦理思想史》,第71页。李氏恐怕并不知道顾颉刚的《周易卦爻辞中的故事》一文,而其脚注所举顾颉刚之语,其实是指的高祖夔,不是高祖王亥。见顾颉刚:《鸟夷族的图腾崇拜及其氏族集团的兴亡——周公东征史事考证四之七》,吴锐等编:《古史考》第6卷,海南出版社,2003年,第76页。李氏非历史学专业出身,但致力于跨学科的研究,这个取向很重要。因此,类似的细节方面的问题,不再一一讨论。
⑤ 于省吾:《略论甲骨文"自上甲六示"的庙号以及我国成文历史的开始》,《社会科学战线》1978年第1期。

可见陈梦家之说并未得到公认。

由此处的争论，或许可以看出李幼蒸不满意"二重证据法"的地方，恐怕主要在于它所要证明的殷商世系谱的开端部分。确实，许多系谱的开端部分往往都有问题（详后），李幼蒸的这个质疑是可取的。只是殷商世系谱的开端中，王亥比较特殊，因此李氏的具体观点难以令人信服。

三、"二重证据法"的学术理据、局限与规则

上文区分了"二重证明法"和"二重证据法"，讨论了对于"二重证据法"的一些误解和批评。这些批评意见有一定合理因素，如指出王国维本人以"夒"为"喾"之"二重证据"的不成功，过分相信世系谱的开端人物，过于理想化等等，这对于学界破除对于王国维的迷信，深入认识"二重证据法"很有帮助。

当前，对于"二重证据法"，也有进一步的质疑。如有学者提出："王国维的'二重证据法'，其实是个很模糊的概念，怎样的史料才算是'二重'？'二重'的材料怎样结合成证据？这种结合有什么规范？如此等等，皆属朦胧状态，极易被人任意发挥，引入歧途，变为荒唐的穿凿附会。"①这种质疑，深入到了"二重证据法"的核心。"怎样的史料才算是'二重'"，前文有述。"'二重'的材料怎样结合成证据"，是问"二重证据法"如何可能？有何操作步骤？这主要是讨论"二重证据法"的学术理据和具体操作，关于后者，前述《古史新证》的写作模式，或可算一种解答。"这种结合有什么规范"，则是问"二重证据法"是否有一定的规则？因此，对于此处的质疑，尚需要探索"二重证据法"的学术理据和规则。

"二重证据法"的学术理据，王国维生前并没有直接论述，对于规则倒有部分的说明。本文对"二重证据法"的界定虽然是严格根据王国维之说而来，但是有鉴于许多学者对"二重证据法"的怀疑和批评，加之王国维提出"二重证据法"有一定理想因素在其中，因此"二重证据法"的学术理据和规则不能完全按照王国维之说而定，而只能就如何使"二重证据法"合理有效来进行探讨。

关于"二重证据法"的学术理据，笔者注意到傅斯年1927年在《史料论略》中，曾用西方的直接史料和间接史料互相为用的观点给予过说明。他指出：

---

① 乔治忠：《王国维"二重证据法"蕴义与影响的再审视》，《南开学报》（哲学社会科学版）2010年第4期，第133页。

> 史学便是史料学……史料是不同的,有来源的不同,有先后的不同,有价值的不同,有一切花样的不同……"史学的方法是以科学的比较为手段,去处理不同的记载"……凡是未经中间人手修改或省略或转写的,是直接的史料;凡是已经中间人手修改或省略或转写的,是间接的史料。《周书》是间接的材料,毛公鼎则是直接的。《世本》是间接的材料(今已佚),卜辞则是直接的……直接材料的来源有些限制,所以每有偏重的现象……若是我们不先对于间接材料有一番细功夫,这些直接材料之意义和位置,是不知道的……直接材料每每残缺,每每偏于小事,不靠较为普通、略具系统的间接材料先作说明,何从了解这一件直接材料……直接材料虽然不比间接材料全得多,却比间接材料正确得多。

其后专门选取王国维的《殷卜辞中所见先公先王考》《殷卜辞中所见先公先王续考》为例,"以见直接间接史料之互相为用"。虽然傅斯年很客气地说:"原文太长,现在只节录前篇的'王亥''王恒''上甲'三节,下篇的(引按:即《殷卜辞中所见先公先王续考》)的'商先王世数'一节,以见其方法。其实这个著作是不能割裂的,读者仍当取原书全看。"但很显然,傅斯年回避了高祖夒、季、土等这些考证有问题的部分。

"不同的记载"被区分为直接史料和间接史料,二者各有特点,相互为用,均有助于探讨"二重证据法"的学术理据。不过"二重证据法"所涉及材料的范围要小得多,而傅斯年还指出:

> 有些间接的材料和直接的差不多,例如《史记》所记秦刻石;有些便和直接的材料成极端的相反,例如《左传》《国语》中所载的那些语来语去。自然,直接的材料是比较最可信的,间接材料因转手的缘故,容易被人更改或加减;但有时某一种直接的材料也许是孤立的,是例外的,而有时间接材料反是前人精密归纳直接材料而得的;这个都不能一概论断,要随时随地的分别着看。①

---

① 傅斯年:《史料论略》,《史学方法导论》,欧阳哲生主编:《傅斯年全集》第2卷,湖南教育出版社,2000年,第309—321页。按:傅斯年此前的《中国古代文学史讲义》中也有《史料论略》,所述与此有同有异。

这些情况，就使问题变得复杂了。因此如果要借用直接史料和间接史料的区分来表述"二重证据法"的学术理据，恐怕还需要配合王国维所说的"纸上之材料""地下之材料"为宜。

由前面的有关论述，或可以将"二重证据法"的学术理据表述为：地下之直接史料和纸上之间接史料所记载的处于传说与史实之间的古史人物及其行事，本来同源，指涉着相同的对象。但是因为文献流传、材料保存等原因，造成地下之直接史料和纸上之间接史料并不完全、直接对应。纸上之间接史料较为系统，地下之直接史料虽然多数比较零碎，但封存后未再经改动。因此可以用地下之直接史料补正纸上之间接史料，证明古书之某部分全为"实录"，百家不雅驯之言也表示一面之"事实"，以利于进一步探讨史料所述古史与真实史事之间的关系。由此，"二重证据法"得以成立。

可是，"二重证据法"的学术理据既然是让地下之直接史料补正纸上之间接史料，证明古书之某部分全为"实录"，百家不雅驯之言也表示一面之"事实"，那么"二重证据法"的使用就主要是证实、补正而不是证伪，是求同而非立异，这容易导致为了较多地求同而附会，这是"二重证据法"本身所具有的第一个局限。像前述甲骨文中的商之先祖"夒"，就有"嚳""夋""蓐收"等多种说法，此中恐怕只有一种说法是正确的，也可能都不正确。对于附会，要保持警醒。

另外，"二重证据法"的学术理据既然说明处于传说与史实之间的古史人物可以证明，并且很多人物都得到了证明，这就容易让人相信处于传说与史实之间的人物全部可证。即使有些人物现在一时不可证，也相信将来可以得证。因此，遂有王国维所说"古书之未得证明者，不能加以否定"。这种想法，其实是一种由已知推未知、不完全归纳的思维陷阱，是"二重证据法"的第二个局限。有些人物，恐怕永远难以得到有效的证明（详后）。所以要对"处于传说与史实之间的人物全部可证"保持警醒。

由"二重证据法"的学术理据，可以探索其所应该遵循的规则，以及可能存在的一些推论。笔者找出了三条规则和三条推论：

傅斯年有一句名言："一分材料出一分货，十分材料出十分货，没有材料便不出货……推论是危险的事，以假设可能为当然是不诚信的事……材料之外我们一点也不越过去说。"① 这或可能是要修正王国维在《古史新证》中所说："由殷周

---

① 傅斯年：《历史语言研究所工作之旨趣》，欧阳哲生主编：《傅斯年全集》第3卷，第10页。

世系之确实,因之推想夏后氏世系之确实,此又当然之事也。"就严格的史料证明来讲,没有夏代出土文献材料所反映的夏代的人和事,就不能证明《史记》《世本》等关于夏代的纪录可信。王国维对于夏后氏世系使用了推想,这表明他有些出于理想而非实证了。

不过这里似乎存在一个"悖论":王氏所根据的甲骨卜辞,很显然全部都是在先公先王的年代之后的,然而却可以结合传世文献,讨论年代在此前的"王亥""王恒""上甲"等先公先王。这一点,傅斯年甚至顾颉刚都没有疑问。这当是因为甲骨卜辞是商代的遗存,它与商的先公先王算是属性相同的;它与夏后氏的世系则是属性不同的。因此,当王国维推论夏时,顾颉刚和傅斯年都反对①。而当王国维在《古史新证》中,根据直接史料秦公敦(引按:实为簋)和齐侯镈、钟铭文都提及"禹",又根据间接史料即传世的《尧典》《皋陶谟》《禹贡》《吕刑》《诗》等,断定"春秋之世,东西二大国,无不信禹为古之帝王,且先汤而有天下也"时,顾颉刚反在跋文中据此以证己说,说明春秋时"都不言尧舜"、"最古的人王只有禹"②。同是依据直接史料和间接史料,同是根据"二重证据法",王国维和顾颉刚得出不同的结论。对此笔者曾指出:

> 为什么王国维的《殷卜辞中所见先公先王考》和《续考》二文,根据甲骨文证《史记》等所记殷商世系,受人推崇;而根据铜器铭文证大禹为古帝王,却适得其反呢?这涉及"二重证据法"的规范性问题。王国维的前二文,是根据殷商时期的直接史料,证间接史料,直接史料的时代与所要证明的时代基本是共时性材料,故其结论可信。而根据铜器铭文证大禹为古帝王,则是希望根据春秋时期的直接史料,去证时代远在此前的史实,把异时性材料当作共时性材料,故而缺少说服力,不成功——春秋时期的史料只能说明春秋时期的情况。③

王国维的不当之处在于把异时性证据当作共时性证据。因此,结合前文的分析,可以得出"二重证据法"的第一条规则是:地下之直接史料,应与所要证明

---

① 顾颉刚指出这是王国维受传统学说的包围而不能突破,《帝系姓》是秦、汉间的伪史。参见顾颉刚:《我是怎样编写〈古史辨〉的?》,《古史辨》第1册,第15页。
② 参见顾颉刚:《附跋》,《古史辨》第1册,第267页。
③ 参见李锐:《经史之学还是西来之学:"层累说"的来源及存在的问题》,《学术月刊》2009年第8期;《新出简帛的学术探索》。按:此处引文小有修改。

的纸上之间接史料属性相同,所指涉的时间基本上是共时的。只有遵循属性相同、共时这样的规则,"二重证据法"才能发挥效用。

"二重证据法"的第一条规则说明了不能得到属性相同、共时的证明,就不能保证其有效性。可是如果反思一下,就可以发现很多记述古代人物的文献之时代是要晚很多的,即以《尚书·尧典》而论,开篇说"曰若稽古帝尧",很多学者就已经指出这是后人追述之语。另外,很多单线传递的世系谱也都是后人追述而形成的①。而目前所能见到的有文字的地下之材料,只是甲骨和金文。即使将来的考古发掘能提供更早的甲骨、金文乃至其他材质的文字材料,这些文字也很可能不足以表述当事人的名姓、事迹②。因此所能得到属性相同、共时的证明的古史人物,常常是世系谱的后段而非开端的一些人物。而且从文化人类学、民族学等的研究成果来看,世系之开端部分的那些英雄祖先,往往并非真实的人物,或可能有过加工③。因此,可以提出"二重证据法"的第一条推论为:古史人物世系谱的后段可能有希望得到确切的证明,开端部分可能很难得到严格的证明(此条推论有利于对"二重证据法"的第二个局限保持警醒)。

也就是说像炎帝、黄帝、尧、舜、禹这样的人物,恐怕很难得到属性相同、共时的证明,较多的只是异时性的证明(目前大概最多只能说在周代人的观念中他们是"存在"的),而这种证明的有效性是不足的。根据"二重证据法"的第一条推论,以及甲骨卜辞,可以证明王亥以下的一些商代先公可信。虽然这些人的时代可能是夏代,但是甲骨文中并没有出现年代在此前的夏代的直接证据,而且夏和商是属性不同的。因此关于夏代,目前得不到严格的证明。

不过,在殷商史得到证明后,学界常常纠缠于夏代史以及先夏史,却忘记一个比较重要的问题。那就是在王国维用甲骨文证殷商史之后,尚未见于甲骨文的帝乙、帝辛,尤其是属性不同的周代的世系、历史其实也一直未得到严格的证明(尽管金文中不乏可以对应的周代大臣名,但是周的世系尚没有完整地出现,或因此王国维在《古史新证》中也没有专门证周代史),可是大家都不再怀疑商末史、周代史。胡适也改变了疑古的态度,他和顾颉刚都不再谈"东周以上无史论"。此后,东西方学者也基本上没有人再怀疑周代历史的真实性。但其实,直

---

① 参见李锐:《由佛门传灯看古代中国的学术传承系谱》,《清华大学学报》2011年第1期。
② 参见徐旭生:《我们怎样来治传说时代的历史》,《中国古史的传说时代》,文物出版社,1985年,第19页。
③ 参见王明珂:《英雄祖先与弟兄民族:根基历史的文本与情景》,台北:允晨文化实业股份有限公司,2006年,第15—21、319—324页。

到近年眉县杨家村青铜器铭文的出土，里面从周文王历叙至周厉王，以及时王（周宣王），才大体上可谓用"二重证据法"证明了《史记》所述西周君王世系的可靠性①。近年在周公庙甲骨中，才出现了王季。

这说明，由"二重证据法"对殷商部分历史的证实，可以让时代稍晚、属性相同的商代史，时代更晚、属性不同的周代史得到附带的证明——虽然当时仍未有确切的证据；但是不能让时代较早的、属性不同的夏代史得到证明，也不能让人确信时代稍早、属性相同的王亥之前的先公也是真实人物。因此，可以尝试提出"二重证据法"的第二条推论：经"二重证据法"得到证明的部分古史，可以让部分所述时代晚的纸上之间接史料被附带证明，但是不能让所述时代早的纸上之间接史料被附带证明。这里的"附带证明"，并不是源自严格的"二重证据法"的证明，而是史学研究者的理性推导，因此也只是一条推论。

当然，根据"二重证据法"的第一条推论，这里所说的附带证明西周的世系，恐怕并不能包括周后稷等起源人物。至于秦、楚等的世系，根据"二重证据法"的第二条推论，也可以得到一些附带证明。但是根据第一条推论，以及新近公布的清华简《系年》来看，秦世系谱中，蜚廉以后的世系才较有可信度（当然像蜚廉于霍太山得有铭石棺这样的故事未必可信）。

根据"二重证据法"的第一条推论，可以知道像禹这样的人物，很难得到共时性的证明。但是近年公布的燹公盨铭文，有助于探讨相关的问题，下面试做一些推导。

对照"二重证据法"的第一条规则，地下之直接史料秦公敦（簋）和齐侯镈、钟铭文虽然都提及"禹"，但只能证明春秋时人提到禹，并不能证明此前必定有禹。不过，我们可以替王国维申辩说：地下之直接史料的时间虽晚，尚可等待新的发现；而且纸上之间接史料，尚有时间在直接史料年代之前者，则禹之年代尚可提前，他只是根据出土文献为说而已。

恰好顾颉刚在《古史辨》第一册《自序》中曾说及，1922年他已不信《尧典》和《皋陶谟》的年代，但是相信《吕刑》的年代较早②。顾氏后来曾有《论〈今文尚书〉著作时代书》一文，仍然认为《吕刑》"可信为真"③。则即便《古史新证》中王国维

---

① 参见李学勤：《眉县杨家村新出青铜器说明了什么》，《中国古代文明研究》，华东师范大学出版社，2005年，第139页。
② 参见顾颉刚：《自序》，《古史辨》第1册，第52—53页。
③ 顾颉刚：《论〈今文尚书〉著作时代书》，《古史辨》第1册，第201页。

为证明禹而举的《尧典》《皋陶谟》《禹贡》的年代不可信,但是仍有《吕刑》《诗》的年代较早,都提及禹(陆懋德在和顾氏辩论时曾指出《尚书》中的《立政》篇也提及禹,年代早于西周中叶①,但是顾氏在《论〈今文尚书〉著作时代书》中将此篇定为"东周间的作品"②)。当然,顾氏可以说,这时的"禹"是神,还不是人。但是王国维可以反驳说禹的神话、传说中有史实。这两种结论涉及"神话"的定义和个人"先见"的问题,难以裁断。但很可能因为有这种难以解决的间接史料时代的问题,以致顾氏后来釜底抽薪,怀疑《吕刑》成于吕灭于楚之后③,只不过他的这个意见难以服人。在当时的条件下,无意于聚讼者,只能采取如郭沫若这样的态度:根据秦公敦(簋)和齐侯镈、钟铭文,小心地说:"在春秋时代一般人之信念中,确承认商之前有夏,而禹为夏之先祖。"④

近年发现的燹公盨铭文,开篇就说:"天命禹敷土,随山浚川。"盨的年代是西周中期,裘锡圭指出:"虽然燹公盨恰好是西周中期器,但是这却并不能成为支持顾氏'禹是西周中期起来的'说法的证据。在此盨铸造的时代,禹的传说无疑已经是相当古老的被人们当作历史的一个传说了。"燹公盨铭文虽然还不足以证明王国维心目中的禹,但是回顾前面的讨论,可以看出,将说及禹的《吕刑》乃至《立政》之时代定在西周中期,应该可信。如果当时王国维肯取顾颉刚之证据定《吕刑》年代,那么在地下之直接史料(秦公簋和齐侯镈、钟)年代较晚的情况下,王国维可据间接材料,说西周中期已经信"禹为古之帝王"了(当然王国维并不会以西周中期为满足)。

由此可以提出"二重证据法"的第三条推论:如果地下之直接史料的形成时代较晚,但是纸上之间接史料的写定时代可以确定较早,则地下之直接史料所能证明者,时代可以提前至纸上之间接史料的写定时代。当然,就严格的证据来讲,用地下之直接史料的时代比较稳妥,因为对于纸上之间接史料的形成时间,常有不同意见。所以这个说法只是一个推论。

不过,裘锡圭根据燹公盨铭文指出:"可见在较早的传说中,禹确是受天,即

---

① 参见陆懋德:《评顾颉刚〈古史辨〉》,顾颉刚编著:《古史辨》第2册,第374页。
② 顾颉刚:《论〈今文尚书〉著作时代书》,《古史辨》第1册,第201页。
③ 参见顾颉刚:《顾颉刚读书笔记》卷9,台北:联经出版事业有限公司,1990年,第6753页。转引自顾颉刚、刘起釪:《尚书校释译论》,中华书局,2005年,第2090页。
④ 郭沫若:《夏禹的问题》,《中国古代社会研究》,《郭沫若全集·历史编》第1卷,人民出版社,1982年,第306页。

上帝之命来平治下界的水土的。"①但是笔者对于"天命禹敷土",有不同的理解。刘掞藜曾经在和顾颉刚的辩论中说过,如果根据顾氏之说,那么商汤、文王也是神不是人。因为当时人的思维习惯,乃至当事者自己,都认为其成功是天命②。西周恭王时期的史墙盘铭文,根据裘锡圭的考订,提及恭王得到"上帝、后稷亢保",恭王由此得到"绾命、厚福、丰年"③,则远逊文王的周恭王也是受命者。因此所谓天命,至少对西周人而言,只是一种思想观念,不能说得天命行事者都是神。

根据前文的讨论,特别是"'二重证据法'的古书"的内容,可以提出"二重证据法"的第二条规则是:地下之直接史料与纸上之间接史料皆有明确的范围。

地下之直接史料,主要是甲骨和金文。最近的战国竹简特别是清华大学藏简中有一些关于楚人、秦人祖先事迹的记述,这一部分或许可以纳入其中,有待讨论。

纸上之间接史料,王国维已经指出过有:(一)《尚书》、(二)《诗》、(三)《易》、(四)《五帝德》及《帝系姓》、(五)《春秋》、(六)《左氏传》《国语》、(七)《世本》、(八)《竹书纪年》、(九)《战国策》及周秦诸子、(十)《史记》。再确切一点说,是这些书中处于传说和史实之间的人物这部分内容。

不过根据"二重证据法"的第一条推论,可以知道《五帝德》及《帝系姓》中所记载的那些人物,恐怕很难得到共时性证明。因此,这一部分纸上之间接史料或可以取消。但是王国维在《古史新证》中提到了《山海经》《楚辞·天问》,值得考虑。《山海经》多神怪之说,涉及的人物多比王亥早,目前或可以暂时不考虑;《天问》中却有不少值得重视的记述,可以补充为纸上之间接史料。然则纸上之间接史料是:(一)《尚书》、(二)《诗》、(三)《易》、(四)《春秋》、(五)《左氏传》《国语》、(六)《世本》、(七)《竹书纪年》、(八)《战国策》及周秦诸子、(九)《史记》、(十)《楚辞·天问》。

根据王国维的《殷虚文字类编序》,以及前面"关于'二重证据法'的不科学"中的内容,可以提出"二重证据法"的第三条规则为:不能屈纸上之间接史料以就地下之直接史料,也不能绌地下之直接史料以从纸上之间接史料。地下之直

---

① 裘锡圭:《新出土先秦文献与古史传说》,《中国出土古文献十讲》,第22页。
② 参见李锐:《由新出文献重评顾颉刚先生的"层累说"》,《人文杂志》2008年第6期;《新出简帛的学术探索》。
③ 裘锡圭:《史墙盘铭解释》,《古文字论集》,中华书局,1992年。

接史料和纸上之间接史料可能分属不同的文本系统,对之应该求同存异。如果二者所论古史可以对应,或者说有比较可信的证据证明其相应,则可以适用"二重证据法";如果二者所论古史尚不能有比较坚实的证据证明其相应,则应该阙疑,或者说学者对之所做的解释只是一种假说,尚有待研究,不得视为定论。没有充分的证据,不要轻易断言相异者有一误。"阙疑"之法,有助于对"二重证据法"的第一个局限保持警醒。

"有比较可信的证据证明其相应",可参前文所提到的王亥之"亥"或作核、该,《史记》作"振"当是讹误的例子。关于"没有充分的证据,不要轻易断言相异者有一误",从形式逻辑上来讲,二者之间,一真必然另一假,才不违反(不)矛盾律。因此研究者往往在面对不可调和的差别之时,要判断地下之材料和纸上之材料的真假对错。但是就古史资料的形成来看,尚需要看地下之直接史料和纸上之间接史料的两个文本系统是否同源、属性是否相同。只有同源或属性相同者之间才有真假对错;不同源、属性不同的只能具体分析,条件不足的话,阙疑比较好。比如前述甲骨文周祭制度中的先公先王谱系,和《史记》等记载的殷商世系,二者有同源的部分,那就是殷商的世系,祭祀先公先王和世系有关系;但是也有属性不同的部分,一个是单纯的世系,一个则是祭祀系谱,祭祀不必要一定完全遵循世系,多数是有选择的(或者说除非找到该祭祀完全包含所有世系的证据,否则不能认为二者是属性相同的)。从同源的世系部分看,能够说周祭的先公先王多数见于《史记》等记载的世系,《史记》有一些错误,可据以改正。从不同的部分来看,因为祭祀制度的原则不清楚,所以某些人物被纳入祭祀,某些不见于祭祀,其原因还是阙疑较好。

四、结论

综上可以看出,王国维的"二重证据法",从其"二重证明法"而来,主要是针对疑古思潮而发,讨论处于传说和史实之间的人物及其行事,有明确的对象性和时代性,并非古已有之,确实是王国维的发明,与"二重证明法"有诸多不同,值得特别重视。将"二重证据法"与王国维重建古史的理想剥离之后,对于作为考证方法的"二重证据法",笔者推导出"二重证据法"的学术理据、三条规则和三条推论,以及两个局限性。王国维在提出"二重证据法"之时,曾对学术理据及一些规则有所论述(特别是规则二和规则三),但是因其时代的学术情境和其理想,他在使用"二重证据法"的时候,也有不合规则之处。

以上所说"二重证据法"的学术理据和局限、规则、推论,只是笔者就所见问题粗疏得出的,或有不足乃至错误之处,肯定也还有需要补充之处,希望博学之士批评指正。

平心而论,"二重证据法"所讨论的对象,极其狭窄,是在特定文化情势下提出的奠基式理论,所讨论的问题其实长时间内进展不大。相关的研究进展,都是在此基础上扩充至其他领域,使用"二重证明法"、或所谓"三重证据法"等方法得出的,但学界于此未有明确区分,对于规则未进行详细限定,因此出现某些混淆,并导致不少人怀疑"二重证据法"的效用。希望学界能进一步厘清"二重证明法"、"三重证据法"等的学术理据及运用规则,不致滥用才好。

附识:本文发轫于和易宁教授的交流,经刘家和、易宁教授及三位匿名评审人指正,曾与王志平讨论有关问题,蒙一些学者、朋友及武汉大学简帛研究中心、复旦大学出土文献与古文字研究中心惠赠书籍、资料,得到教育部哲学社会科学研究重大课题攻关项目"出土简帛与古史再建"(项目号:09JZD0042)、北京师范大学自主科研项目"新出简牍与战国秦汉史研究"(项目号:105564GK)资助,谨致谢忱!

复盘与导读

拙作《"二重证据法"的界定及规则初探》一文,最初是在和易宁先生的讨论中,由易先生倡议考察其是否有规则而撰述的。易先生不幸英年早逝,常常让我怀念他的指教和照顾。

在此之前,我已经在2009年发表的《经史之学还是西来之学:"层累说"的来源及存在的问题》一文中,指出当王国维在《古史新证》中,根据直接史料秦公敦铭文"鼏宅禹迹",和齐侯镈、钟铭文"处禹之堵",都提及"禹",又根据间接史料即传世的《尧典》《皋陶谟》《禹贡》《吕刑》《诗》等,断定"春秋之世,东西二大国,无不信禹为古之帝王,且先汤而有天下也"时,顾颉刚反在《跋》文中据此以证成己说,说明春秋时"都不言尧舜""最古的人王只有禹",所以这是"希望根据春秋时期的直接史料,去证时代远在此前的史实,把异时性材料当作共时性材料,故而缺少说服力,不成功——春秋时期的史料只能说明春秋时期的情况",已经在探讨"二重证据法"的规则了。

于是我开始收集资料,有一些文章不得见,专门去信求取。有关的文章非常多,看过绝大多数之后,感觉让人如坠云雾之中,因为多数人讲"二重证据法",全无定义,任意论述。即便是早期杨宽的《上古史导论》,晚近许冠三的《新史学九十年》,同样如此。还有人讲三重证据法、四重证据法。于是我认真读清华大学出版社出版的影印讲义《古史新证——王国维最后的讲义》,并且将有关内容和王国维的相关文章对照着看,始清楚"二重证据法"讨论的是上古史。这只有在甲骨文出土后才有可能,所以"二重证据法"是王国维的发明。

有学友告诉我,在庆祝《王国维全集》出版而召开的一个小型研讨会上,南开大学的乔治忠撰文批评"二重证据法",招致多人批评。我在《南开学报》上看到了乔治忠文,此文有一大贡献,是找到了王国维的"二重证明法",但他认为两者没有什么不同,这成了我要解决的一个重要问题。作为师友的李幼蒸、裘锡圭、李若晖,都论述过"二重证据法",或认为不科学,或认为有不成功的例子,或说只能解决微观问题,这些说法也是需要辨别的重要问题。

有关问题,时常和师友交流。王志平师兄和我交流最多,颇为受益。刘家和先生有很好的说法,我在文中已经采用。李学勤先生提示我《墙盘》铭文中,裘锡圭先生有一个"上帝、后稷亢保"的读法,应该是对的。也曾去信请教裘锡圭先生,王国维所说未得二重证明者,是待证,尚不能否定,"然容有可证明之日",就王国维而言,其说是自洽的。裘先生答以只能根据现在已经出土的材料而论,这使我明确"然容有可证明之日"只能是一种理想。

拙作的初稿完成后,曾选取一部分,题名《"二重证据法"初探》,在中国社会科学杂志社《历史研究》编辑部与陕西师范大学历史文化学院联合举办的"推陈与开新:跨学科视野下的文明和国家研究"学术研讨会上宣读;后来又做修改,在台湾大学参加由台湾人文学研究中心和台湾大学中文系主办,中国人民大学国学院协办的"出土文献研究方法国际学术研讨会"上宣读,主要目的是和学界交流。

拙作开始只有三条规则和两条推论,投稿至《历史研究》,匿名评审意见指出了一些问题,并说"第一、第二规则本身就不严谨、不规范,推论二也不能成立";还认为有曲意回护王国维的地方,要求我"明确指出王国维所论述的'二重证据法'不合乎'规则'"。

根据这些意见,我修改了论文,但是有些意见不能接受。我保留了三条规则和两条推论,略有修改和顺序调整,如将规则三列为第一:地下之直接史料,应与所要证明的纸上之间接史料属性相同,所指涉的时间基本上是共时的。并据之增加了一个推论:"古史人物世系谱的后段可能有希望得到确切的证明,开端部分可能很难得到严格的证明。"

此外增加了"二重证据法"的学术理据,以及由之得出的两个局限,基本上使规则和推论得以成立。

至于回护王国维的地方和"明确指出王国维所论述的'二重证据法'不合乎'规则'",我并未接受。因为对于王国维的学说,我们应该具备"了解之同情"。王国维的理想是重建中国上古史,重新肯定中华古代文明,所以他会有《殷周制度论》这样的作品。是故由甲骨文证殷商史而推论夏代的成立,虽未得"二重证据法"证明,但这是他的"成见"所在,对于信奉经史之学的"遗老"来讲,已经迈出了使用甲骨文来证殷商史的一步,并且回应年轻人的"史学革命",已经算不顾身份了,其实是难能可贵的。即便是顾颉刚这样专选大禹,不选甲骨文内容入《古史辨》,他只是在私下的书信中说顾颉刚像日本的文学士,大概意味着他们跟着日本人的风潮走。后来读张国安的《终结"疑古"》,论及顾颉刚始终不能解决《尧典》中的历法问题,胡适、钱玄同都未给《古史辨》第一册作序,乃至胡适要以后不"疑古"了,以及顾颉刚晚年说常梦见王国维,影响他最大的是王国维,始知王国维这样的人,不能仅仅用史学家的身份来看待他,而应该用文明学者、思想家的身份来看待他。文明是建构的,也是传承的,更是需要人持守的,是需要人信的,可以疑而后信。当时的史学则与之有不同的追求,在客观、中立等"科学"要求下,重建上古史只能到殷商时期,至今依然如此。考古的早期成果没有文字,不能和历史文献对照,故而一些说法并不可信。但是文明史则可以早很多年。

从清华简《筮法》看早期易学转进*

刘光胜**

内容提要：清华简《筮法》八卦卦名、卦序与辑本《归藏》密合，具有鲜明的《归藏》特征。但它占筮只依据八经卦，不用六十四卦系统，其占筮形式与方法又与《归藏》表现出显著差异。《左传》《国语》某卦之"八"是指筮数八，韦昭"八为不动阴爻"说，存在明显误读。数字卦向符号卦的过渡，为先秦易学表现形式的一次重要转型。清华简《筮法》所反映的数字爻与符号爻的分工，可能是数字卦向符号卦转型的重要原理与依据。殷周揲蓍法乙与以清华简《筮法》为代表的楚地筮法形式最为接近，如果寻找楚地筮法的最初源头，揲蓍法乙是颇值得注意的对象。清华简《筮法》重要的学术意义在于：六个筮数联用，不是判定殷墟易卦为重卦的充分条件。如果没有筮法作支撑，不知时人对筮数如何分析，单据六个筮数联用，依然不能断言重卦在商代晚期已经出现。

关键词：清华简《筮法》；揲蓍法乙；符号爻；含"八"筮例

目前易学的考古发现成果，多是一些占筮实例，如殷墟易卦、包山简、葛陵简等。2013年12月，《清华大学藏战国竹简》第4辑出版，其中《筮法》一篇分十七命、三十节，不仅有五十七个揲蓍实例，更系统介绍占筮的理论与方法，为我们解

---

* 原载《历史研究》2015年第5期，后被人大复印报刊资料《中国哲学》2016年第3期全文转载。本文撰写得到国家社科基金重大项目"清华简《系年》与古史新探"（项目号：10&ZD091）、中国博士后基金（项目号：2013M540925）及上海市教委科研创新项目"《清华大学藏战国竹简（壹）》整理研究"（项目号：12YS048）的资助。承蒙两位匿名审稿专家提出宝贵修改意见，谨致谢忱。

** 刘光胜，中国孔子研究院教授，出土文献与中国儒学研究中心主任，博士生导师，山东省泰山学者特聘专家，主要从事出土文献与儒学史研究，主持"出土文献与民本思想溯源研究"（19BZX056）等国家、省部级项目多项。在《历史研究》《中国史研究》《文史哲》等期刊发表论文50余篇，出版《出土文献与〈曾子〉十篇比较研究》《清华简〈系年〉与〈竹书纪年〉比较研究》等学术专著。

读、研究早期易学演进历程,提供了难得契机(以下简称清华简《筮法》或《筮法》)。清华简《筮法》八经卦卦名、卦序,与辑本《归藏》皆同,那么《筮法》与《归藏》的关系如何?先秦秦汉,是早期易学数字卦向符号卦转型的重要时期。清华简《筮法》六、七爻的符号化,为我们观察早期数字卦向符号卦的演进,提供了怎样的参照?《左传》《国语》说"《艮》之八""《泰》之八",为何只有某卦之"八",没有某卦之"七"?包山简、葛陵简作为卜筮祈祷简,其筮法的源头究竟何在?本文试图以《筮法》为线索,结合其他考古发现,对以上问题加以探究。不当之处,敬请方家批评指正。

一、《筮法》、《别卦》与《归藏》的异同

清华简《筮法》、《别卦》与《归藏》之间关系非常密切,李学勤先生敏锐地指出:一是八经卦的卦名彼此一致;二是占筮之例都为六画卦;三是八卦卦序按乾坤六子少、中、长排列①。《筮法》坤卦写作"奥",见于《汗简》《碧落碑》等,是《归藏》特有的写法。坎卦作"癸(劳)",见于秦简《归藏》。震卦作"来",与辑本《归藏》"厘"都是来母之部字。可以说,《筮法》八卦卦名与《归藏》密合。

关于第二点,李先生说《筮法》全篇占筮之例都是六画卦,值得进一步讨论。《筮法》表面上看是两组六画卦,实际却由四个三画卦,分居右上、右下、左上、左下之位组成。《筮法》第二十四节《卦位图、人身图》、第二十五节《天干与卦》八卦所用卦画,皆为三画。清华简《别卦》虽为六十四卦系统(重卦),但观察其八经卦所用卦画,依然是三画。据朱震《汉上易集传》的说法,传本《归藏》八经卦皆为六画卦②,所以《筮法》、《别卦》与《归藏》八卦的卦画并不相同。

清华简《筮法·仇》:"三男同女,女在旨上。"此卦兑在左上之位,兑为少女,所以整理者把"旨"释读为"卟"③,是很正确的。《说文·卜部》:"卟,易卦之上体

---

① 李学勤:《〈归藏〉与清华简〈筮法〉、〈别卦〉》,《吉林大学社会科学学报》2014年第1期。
② 孔颖达说:"世有《归藏易》者,伪妄之书,非殷易也。"孔颖达斥《归藏》为伪书,此后马端临、吴莱、皮锡瑞等皆持此说。1993年,湖北省江陵县荆州镇郢北村发掘清理出一批墓葬群,出土大批秦代"易占"文献,有数条内容,如"昔者羿善射,毕十日,果毕之"等,与今传《归藏》直接对应或相似,证明传本《归藏》确非伪书。《归藏》亡佚,马国翰《玉函山房辑佚书》有辑佚本,本文所论即据此书。(参见杜预注,孔颖达疏:《春秋左传正义》卷三十,阮元校刻:《十三经注疏》,中华书局,1980年,第1942页;马国翰:《玉函山房辑佚书》,上海古籍出版社,1990年,第31—43页;王明钦:《王家台秦墓竹简概述》,艾兰、邢文编:《新出简帛研究——新出简帛国际学术研讨会文集》,文物出版社,2004年,第26—39页。)
③ 李学勤主编:《清华大学藏战国竹简(肆)》,中西书局,2013年,第89页。

也。《商书》曰：'贞曰悔'。"①据传统说法，《归藏》为商代筮法。贞悔之说见于《尚书·洪范》，商人称上卦为"悔"，与《筮法》合。占筮术语的相同，说明清华简《筮法》与《归藏》之间确实存在某种联系。

判断三易之间的区别，卦序是最重要的参照。清华简《筮法》第二十五节讲八经卦与天干相配，第二十六节讲各卦之祟，所用的卦序是乾、坤、艮、兑、坎、离、震、巽，正与辑本《归藏·初经》同。清华简《别卦》上卦卦序是乾、艮、坎、震、坤、兑、离、巽，下卦卦序是乾、坤、艮、兑、坎、离、震、巽，实质都是分为纯阳卦和纯阴卦两组，然后六子卦按少、中、长顺序排列。《归藏》六子卦按照少、中、长排列，而《周易》则按照长、中、少排列，清华简《筮法》、《别卦》卦序明显与《归藏》更为接近。可以说，清华简《筮法》、《别卦》与《归藏》有着相同的八卦卦序。

清华简《筮法》、《别卦》与《归藏》的差异也很明显。《归藏》既有八卦卦序，又有六十四卦卦序。对于《归藏》六十四卦的卦序，异说有二：一是朱元升《三易备遗·中天〈归藏〉易》保存了《归藏》首尾四卦卦序："始于坤、乾，终于比、剥。"②清华简《别卦》稍加调整，卦序可以是首坤，但第二卦却不能再是乾卦。剥卦为艮卦统领，排序第二，因此"终于比、剥"更不可能。二是李过《西溪易说·原序》所记："《归藏》易……与《周（易）》卦名同者三之二，曰屯、蒙、讼、师、比、畜、履，次序大略亦同。"③据李过所言，《归藏》与《周易》卦名次序略同，但《别卦》讼卦后为同人，蒙卦后为贲卦，师卦后为明夷，其次序与《周易》绝不相同。李过对《归藏》卦序的描述，有些内容或不可信，但不管从以上哪种说法看，清华简《筮法》、《别卦》与《归藏》相同的只是八卦卦序，六十四卦卦序却存在着显著差异。

按照传统说法，爻辞为周人的发明。在辑本《归藏》中只有卦辞、卦象，并无爻辞、爻象。《筮法》未见卦爻辞，却出现了爻象。《筮法》第二十九节专讲诸爻之象，比如说五爻之象"为天、为日、为贵人、为兵，为血"，四爻之象"为地，为圆"④。朱震《易丛说》、罗苹《路史》注引《归藏》："乾为天，为君，为父，又为辟，为卿，为马，为禾，又为血卦。"传本《归藏》以乾卦为天，为血（卦），以坤卦为地，而《筮法·爻象》以五爻代表天、血，以四爻代表地，则与传本《归藏》在易象归属上存在明显

---

① 许慎：《说文解字》，中华书局，1963年，第69页。
② 朱元升：《三易备遗》卷5，影印文渊阁《四库全书》，上海古籍出版社，1987年，第20册，第811页。
③ 李过：《西溪易说·原序》，影印文渊阁《四库全书》，第17册，第625页。
④ 李学勤主编：《清华大学藏战国竹简(肆)》，第120页。

矛盾。

唐人贾公彦认为:"《归藏易》以纯坤为首,坤为地,故万物莫不归而藏于中,故名为归藏也。"①《归藏》所谓"藏",是指以坤卦为首,万物皆藏于地坤之中。《筮法》第二十四节:"奚故谓之兑?司收,是故谓之兑。奚故谓之罗?司藏,是故谓之罗。"②《筮法》以离(罗)卦司藏,已与《归藏易》有所差异。《说卦》第九章:"坤为腹。"第十一章又说:"(离)其于人也,为大腹。"在《说卦》中,离卦、坤卦皆可指人的腹部。从《筮法》人身八卦图看,它将坤卦、离卦同时置于人的腹部,似皆有收藏之意③。坤卦收藏,保存的是《归藏》的古义,而《筮法》离卦同时也兼具收藏之义,已表现出了自己的易学特征。

《归藏》既有八卦系统,又有六十四系统。由王家台秦简看,《归藏》主要是以六十四卦卦辞占断吉凶,而《筮法》是四位八卦分析法,占筮的载体主要是靠八经卦,而与六十四别卦无关。更重要的是,《筮法》说:"凡爻,如大如小,作于上,外有吝;作于下,内有吝。"④《筮法》以八、五、九、四爻的出现,作为吉凶悔吝的征兆,其对祸福的预示,已由卦体转向爻体。《筮法》宣扬乾坤运转,以八卦对八方,以天干地支配八卦、六爻,其对吉凶的判定,综合分析岁时、卦祟、丁数等多种因素,同样也是《归藏》所没有的思想观念。

总之,清华简《筮法》与《别卦》之间的联系并不紧密:一是形制明显不同。《筮法》简长35厘米,三道编绳,每支简背后皆有编序符号,除编绳外,背后皆用丝带黏贴,而《别卦》简长只有16厘米,两道编绳,简背没有编号。二是《筮法》只用八卦分析系统,就能独立完成占筮任务,根本不用《别卦》的六十四卦系统。但两者都有《归藏》特有的卦名,如《筮法》坤卦作"舆",坎卦作"裳(劳)",《别卦》剥卦作"僕",豫卦作"介"等,明显拉近了它们与《归藏》之间的距离。贞悔之说见于《尚书·洪范》,《筮法》称上卦为"毇",与商人占筮用语合,且清华简《筮法》、《别卦》与《归藏》八卦卦序密合,因此可以说它们是具有明显《归藏》特征的易学系统。同时必须指出的是,《归藏》的占筮形式、方法,又与清华简《筮法》有显著的不同:辑本《归藏》、秦简《归藏》皆有卦辞,六十四卦都有卦名,而清华简《筮法》没有卦辞,只有八经卦之名,没有六十四卦之名;《归藏》阴阳爻之数为八、七,而

---

① 郑玄注,贾公彦疏:《周礼注疏》卷24,阮元校刻:《十三经注疏》,第803页。
② 李学勤主编:《清华大学藏战国竹简(肆)》,第112页。
③ 廖名春以帛书《系辞》为据,认为清华简《筮法》"离"作"罗",当训为"藏"。参见廖名春:《清华简〈筮法〉篇与〈说卦传〉》,《文物》2013年第8期。
④ 李学勤主编:《清华大学藏战国竹简(肆)》,第120页。

《筮法》为六、七;《归藏》既有八卦系统,又有六十四卦系统,依据卦辞、卦象占断,而《筮法》只有八卦系统,没有六十四卦系统,它占筮只依据八经卦,吉凶的征兆由卦体转向爻体,八、五、九、四的爻象成为占断的重要依据。鉴于以上差异,笔者怀疑两者可能分属于不同的易学系统。

二、符号爻与数字爻的功能分工

殷墟数字卦,常见的符号是"一""五""六""七""八""九",使用频率高的是"六""七""八",然后是"一""五""九"。西周数字卦使用频率高的是"一""六""八",然后是"七""五""九"。和殷周之际广泛流行数字卦相比,春秋战国时期则是符号卦大量涌现:《左传》《国语》皆是符号卦;上博简《周易》阳爻用"一",阴爻用"八";马王堆帛书《周易》阳爻用"一",阴爻用"⊥⊥";王家台秦简《归藏》阳爻皆用"一",阴爻用"∧"①。可以说,数字卦向符号卦的过渡,是先秦易学表现形式的一次重要转型。虽有学者发现战国秦汉时期易卦筮数有不断减少的趋势②,但筮数如何变为卦画,数字卦如何变为符号卦,依然是学界尚未解开的谜。台湾地区学者李宗焜曾有一个富有启发性的提问:是什么方式让数字向一、六、八集中的?集中的根据或标准究竟是什么?③

清华简《筮法》为解开数字卦向符号卦过渡之谜,提供了难得契机。《筮法》中出现的卦画有" ""∧""八""✕""〜""⌒"六种,简文以十二地支配卦画,"地支与爻"的关系如下:

表 1　《筮法》地支与爻的对应

己亥	辰戌	卯酉	寅申	丑未	子午
四	✕	∧	一	八	九

从"四""五""六""一""八""九"的顺序看,《筮法》"∧""一"代表的筮数实际

---

① 王明钦:《王家台秦墓竹简概述》,艾兰、邢文编:《新出简帛研究——新出简帛国际学术研讨会文集》,第35页。
② 参见韩自强:《〈周易〉卦画演变考》,《传统文化与现代化》1997年第1期;季旭升:《古文字中的易卦材料》,刘大钧主编:《百年易学菁华集成·易学史》,上海科学技术文献出版社,2010年,第222页。
③ 李宗焜:《数字卦与阴阳爻》,台北"中研院"历史语言研究所《集刊》,第77本第2分,2006年,第287页。

就是六、七①。清华简《筮法》684爻,"六""七"出现六百多次,出现频率明显比"四""五""八""九"高。《筮法·爻象》一节只论述"四""五""八""九"的爻象,而不说"六""七"的爻象,说明"六""七"与"四""五""八""九"性质不同,已经上升为一般的阳爻和阴爻②。在《筮法》人身八卦图中,一个惊人的发现是出现了全部由"八""一"两个数字构成的卦画③。乾坤八卦卦画清一色地用"八""一"表示,不再用"四""五""八""九"诸爻。"八""一"已由六、七两个筮数,转变为八、五、九、四等全部筮数阴阳属性的代表,这标志着"六""七"爻的符号化已经实现。

"六""七"上升为一般的阴、阳爻之后,对于"八""五""九""四"的作用,《筮法》说得很清楚。《筮法·爻象》:"凡爻……作于上,外有咎;作于下,内有咎;上下皆作,邦有兵命、燹怪。"④这里的爻,仅指"八""五""九""四"。"八""五""九""四"在上卦或下卦出现,内、外就有悔吝之忧。上下皆作,国家就可能面临外敌入侵。《筮法·祟》一节更是详列"八""五""九""四"在八卦各卦出现,会发生溺死、为奴而死、为妾而死等各种灾祸。这些表明《筮法》对诸爻功能已有所分工:"六""七"成为阴爻、阳爻的符号标志,而对吉凶的判定,更多地转向那些出现概率较低的爻——"八""五""九""四"。《筮法》"八""五""九""四"有爻象,而"六""七"没有爻象,说明在占筮过程中,低概率的爻已成为预测吉凶的主要手段,其预测功能得到显著强化、凸显。

《周易》"大衍筮法"揲蓍之后,得到的筮数是六、九、七、八。据董光璧推算,六、九、七、八出现的概率依次是 $1/16, 3/16, 5/16, 7/16$⑤。七、八出现的概率高,为少阳、少阴,其爻不变。六、九出现的概率低,为老阴、老阳,其爻易变。《周易》七、八符号化⑥,而九、六则成为预测吉凶的主要征兆。我们猜测,七、八爻与九、六爻的功能分工,或许在《周易》中也同样存在。

---

① 参见廖名春:《清华简〈筮法〉篇与〈说卦传〉》,《文物》2013年第8期;马楠:《清华简〈筮法〉二题》,《深圳大学学报》2014年第1期。另韩自强论及天星观楚简时,亦有"一"为"七"的说法。(参见韩自强:《阜阳汉简〈周易〉研究》,上海古籍出版社,2004年,第91页。)
② 廖名春已指出这点,参见氏著:《清华简〈筮法〉篇与〈说卦传〉》,《文物》2013年第8期。
③ 人身八卦图图版参见李学勤主编:《清华大学藏战国竹简(肆)》,第4—5页。
④ 李学勤主编:《清华大学藏战国竹简(肆)》,第120页。
⑤ 董光璧编著:《易学科学史纲》,武汉出版社,1993年,第66页。
⑥ 我们认为,上博简《周易》阳爻"一"是筮数七,阴爻"八"为筮数八。濮茅左以为上博简《周易》阴爻为六,阳爻为九。"八"字形与战国文字"九"明显不合,恐非。(参见马承源主编:《上海博物馆藏战国楚竹书》(三),上海古籍出版社,2003年,第134页。)

清华简《筮法》六、七上升为阴、阳爻符号的,我们称之为符号爻。而四、五、八、九依然是数字的,我们称之为数字爻。现在看来,出现概率高的筮数符号化,上升为阴爻、阳爻,占筮功能降低。而概率低的筮数出现次数少,地位特殊,反而成为吉凶预测的主要风向标。数字卦转变为符号卦的过程,可以清楚描述如下:一是早期数字卦广泛流行。当时数字卦筮数为三个、六个,甚至为四个,组合形式并不固定,常见于甲骨、金文筮例之中。二是爻的符号化。出现频率最高的两个筮数(一奇一偶)符号化①,上升为一般的阳爻、阴爻,而出现频率低的爻更多承担占筮功能,不同爻之间出现了功能分工。清华简《筮法》展现的便是数字爻与符号爻并存的图景②。三是卦的符号化。出现频率低的筮数按阴阳属性,各自归并至阴爻、阳爻之中,这样数字卦就转变为纯粹的符号卦。四是数字卦的消亡。为何《左传》《国语》中的春秋筮例为符号卦,包山简、葛陵简中的战国筮例却依然是数字卦?符号卦产生之后,数字卦并未立刻消亡,二者并存过一段时期。至秦汉之际,如帛书《易传》、秦简《归藏》、阜阳汉简《周易》等皆为纯粹的符号卦,数字卦逐渐消失,并入符号卦之中。

从出土材料看,商周之际流行的数字卦逐渐被符号卦取代,顺应了"易道尚简"的趋势。张政烺说筮数"二、三、四、五、七已被取消,集中到一、六两项下"③,但筮数为何要集中到一(七)、六那里,而不集中到其他筮数那里,是学界尚未解决的易学难题。符号卦的形成始于爻的符号化,以出现频率高的两个筮数上升为阴爻、阳爻为重要标志,清华简《筮法》所展现的这种符号爻与数字爻之间的功能分工,很可能是筮数八、五、九、四向六、七集中的原理与依据。

三、《筮法》与《左传》《国语》含"八"筮例

对于《左传》《国语》中含"八"筮例的阐释,从杜预至孔颖达,从韦昭至高亨,虽经无数学者精心研究,但至今尚未取得令人信服的答案④。究其根源,就是《左传》《国语》记录筮例时,偏重义理阐发,只简单录入占筮结果,而忽略揲蓍的具体过程。清华简《筮法》以筮例为证,详细叙述占筮的原则与方法,为准确解释

---

① 不同揲蓍法,概率高的筮数不同。
② 我们只是借清华简《筮法》揭示筮数转换为卦画的原理,并不是说卦画的出现晚至战国、秦汉之际。
③ 张政烺:《试释周初青铜器铭文中的易卦》,《考古学报》1980年第4期。
④ 相关研究成果参见刘大钧:《周易概论》,齐鲁书社,1986年,第127—133页。

《左传》《国语》含"八"筮例内涵,提供了新线索。

最早注意到清华简《筮法》与《左传》《国语》含"八"筮例关系的是程浩,他说在《筮法》卦例中,九、八、五、四等"恶爻"出现,会使卦象由吉转凶。观诸《左传》《国语》诸例,遇八之后卦象大多是不利的。《左传》穆姜筮卦之例,很有可能最初就是用《筮法》一系的古易占筮得来。在其"四位"的某一位《艮》卦中包含恶爻"八",就出现杜预所说的"史疑古易遇八为不利,故更以《周易》占"的情况①。

《左传》《国语》含"八"筮例共三例,晋国有其二。清华简虽属楚文字系统,但带有明显的晋系文字特征(字例见表2),《筮法》"夕"作"夕",见于《古玺汇编》1723;"返"作"返",见于中山圆壶②。这些例证为《筮法》与《左传》《国语》含"八"筮例之间的密切联系,提供了文字学方面的证据支撑。

表 2　清华简楚、三晋例字对照

例字 类别	尹	百	昭	夕	返	史
清华简	良臣 3	良臣 10	良臣 5	筮法 3	筮法 40	良臣 1
三晋	集成 11577	货系 1346	玺汇 3310	铭文选(2) 881	铭文选(2) 882	玺汇 0301
典型的楚文字	包 126	包 138	包 214	天卜	鄂君启节	包 138

说明:材料参见李守奎:《楚文献中的教育与清华简〈系年〉性质初探》,复旦大学出土文献与古文字研究中心编:《出土文献与古文字研究(第六辑)——复旦大学出土文献与古文字研究中心成立十周年纪念文集》,上海:上海古籍出版社,2015年,第291—302页。

《左传》《国语》所记筮例,一向被视为研究《周易》的范例,唯含"八"筮例有所不同。《左传》襄公九年史官占断卦变之后,穆姜说"是于《周易》曰";《国语·晋语四》重耳揲蓍后,司空季子换用《周易》解卦,这些都说明《左传》《国语》含"八"筮例所用揲蓍之法,一定不属于《周易》系统。《筮法·死生》说:"三吉同凶,恶爻处之,今焉死。三凶同吉,恶爻处之,今焉死。"③《筮法》中的恶爻,指的是八、九、

---

① 程浩:《清华简〈筮法〉与周代占筮系统》,《周易研究》2013年第6期。
② 参见李守奎:《清华简〈筮法〉文字与文本特点略说》,《深圳大学学报》2014年第1期。
③ 李学勤主编:《清华大学藏战国竹简(肆)》,第79页。

五、四。《筮法》说"天之道,男胜女,众胜寡",三卦为吉祥,一卦为凶,揆诸天道,吉卦占优。但三吉卦不如一恶爻,一旦有恶爻出现,则卦兆由生转死。《左传》《国语》所选筮例,皆能在现实生活中得到印证。恶爻八在《艮》六二位置出现,据《筮法·四位表》当宫廷之位(见表3),而宫廷有眚,恰是穆姜薨于东宫的征兆,因此程浩定《左传》《国语》含"八"筮例,为《筮法》一系古易揲蓍的结果,是非常有见地的。

表3 宫室四位布局

外之位也	门之位也
宫廷之位	室之位也

必须指出的是,程浩只注意到《左传》《国语》含"八"筮例与清华简《筮法》相同的一面,但对于二者的差异并未细致梳理。一是《筮法》"八"为恶爻,但为何《国语》"遇《泰》之八"却是吉兆?《国语·晋语四》:"董因迎公于河,公问焉,曰:'吾其济乎?'对曰:'……臣筮之,得《泰》之八。曰:是谓天地配亨,小往大来。今及之矣,何不济之有?'"春秋时期,史官占筮碰到怪咎之象,为避讳会换用其他筮法解卦。《国语》重耳遇"《屯》《豫》皆八",司空季子改用《周易》解释;《左传》穆姜遇"《艮》之八",史官换用《周易》变卦。需要特别说明的是,"小往大来",为《周易·泰》卦辞,便是史官遇恶爻"八"之后,换用《周易》解卦的例证。虽然按照《筮法》,"《泰》之八"为恶兆,但董因等巧妙地换用《周易》卦辞解卦,所以为吉。

二是《筮法》为八卦系统,没有六十四卦名及卦爻辞,但为何《左传》《国语》占筮却出现《屯》《豫》等别卦之名?《左传》襄公九年:"穆姜薨于东宫。始往而筮之,遇《艮》之八。史曰:'是谓《艮》之《随》。《随》,其出也。君必速出。'姜曰:'亡!是于《周易》曰:《随》,元、亨、利、贞,无咎。'"《筮法》不用六十四卦系统,没有别卦之名。根据《筮法》,《随》卦是无法称呼的。史官此处将《筮法》一系古易转换为《周易》,所以《随》卦的出现,实际是借用的《周易》卦名。

上文讲过,清华简《筮法》可以脱离《别卦》,独立进行占筮,但它们为何在一起出现?整理者认为《别卦》是经卦衍生谱,对于《周易》卦象、卦名及经卦的衍生研究都有一定参考价值[①]。八经卦为三画卦,六十四卦为重卦、六画卦,二者卦画的数量不同。但清华简《别卦》独特之处是卦象为经卦,与《筮法》同属八卦系

---

① 李学勤主编:《清华大学藏战国竹简(肆)》,第128页。

统,但其卦名为别卦,属六十四卦系统。质言之,《别卦》是八卦系统与六十四系统的合体。《筮法》没有别卦,别卦之名见于《别卦》。《筮法》占筮只用八卦系统,《别卦》既有八卦系统,又有六十四卦系统。《别卦》既无经文,又无传文,只是一个卦序,不能占筮,又无实际内容。战国之际,三易皆是六十四卦系统,我们怀疑清华简《别卦》与《筮法》同地出土,可能是因为它是《筮法》八卦系统,与其他易学六十四卦系统转换时的辅助材料。

三是《筮法》两卦为一组,一个六画卦不能占筮。但穆姜得《艮》卦,董因得《泰》卦,为何他们占筮仅得一卦?《左传》史官据《周易》卦变,由《艮》卦之《随》卦,说明当时只筮得一卦。如果有两卦,为何只言《艮》卦的卦变,不言后一卦的卦变?《左传》《国语》解卦只用卦象,从不用爻象,为何《筮法》中却有爻象?这就说明《左传》《国语》含"八"筮例所用揲蓍法,与清华简《筮法》显然存在差异。对此又该如何解释呢?

我们以周原扶风卜骨为例,卜骨正面有一组筮数(单卦一组):

一六一六六八。

背面有六组筮数(两卦一组):

六九八一八六;
九一一一六五。
一八六八五五;
六八一一一一。
六八一一一八;
八八六六六六。①

沣西张家坡卜骨一组是:

一一六一一一;

另一组是:

六六八一一六;
六一六六六一。②

李学勤先生研究数字卦,有个非常重要的发现:殷周数字卦揲蓍法,可以分为甲、乙两种③。扶风卜骨、沣西张家坡卜骨为西周时期,皆属于李先生所说的

---

① 罗西章、王均显:《周原扶风地区出土西周甲骨的初步认识》,《文物》1987年第2期。
② 张亚初、刘雨:《从商周八卦数字符号谈筮法的几个问题》,《考古》1981年第2期。
③ 李学勤:《周易溯源》,巴蜀书社,2006年,第231页。

揲蓍法乙，可见当时揲蓍法乙有两种占筮形式，一是单卦一组占筮，二是两卦一组占筮。《左传》《国语》含"八"筮例一种是穆姜得单卦，与扶风卜骨正面单卦占筮同；一种是重耳得《屯》《豫》两卦，与扶风卜骨背面两卦对占同。因此，《左传》《国语》含"八"筮例所用筮法，正是西周时期扶风卜骨、沣西张家坡卜骨所用的筮法。程浩说的"《筮法》一系古易"，很可能是殷周揲蓍法乙。清华简《筮法》必须以两卦一组为占筮，因此《左传》《国语》含"八"筮例，真正和清华简《筮法》相同的是重耳得《屯》《豫》两卦，而穆姜、董因得单卦，与《筮法》只是近似。

《左传》《国语》含"八"筮例之所以成为千古不解之谜，其难点主要表现在：一是上六爻也不变，为何不说"之八"？二是为何只说阴之八，不说阳之七？《国语·晋语四》说："公子亲筮之，曰：'尚有晋国。'得贞《屯》、悔《豫》，皆八也。筮史占之，皆曰：'不吉。闭而不通，爻无为也。'"韦昭注曰："内曰贞，外曰悔，震下坎上，《屯》。坤下震上，《豫》。得此两卦，震在《屯》为贞，在《豫》为悔。八，谓震两阴爻，在贞在悔皆不动，故曰皆八，谓爻无为也。"①《屯》卦变为《豫》卦时，六二、六三两阴爻不动，仍为"八"，因此韦昭称之为"皆八"，并把史官所说的"爻无为"，解释为"阴爻不动"。韦昭之说影响深远，刘禹锡、钱大昕、尚秉和等学者皆采其说。

但刘大钧对此反驳说，《屯》上六爻亦为筮数八而未变，何以独指六二、六三两爻，而不及上六爻？② 八，过去学者或训为"半"③，或训为"别""背"等④。现在由清华简《筮法》看，"八"即指筮数八，音近通假之说并不可信。"之八"是说卦中某筮数为八，"皆"的意思是"都"，"皆八"是说《屯》内卦、《豫》外卦皆为筮数八。西安市长安区西仁村陶拍数字卦"八八六八一八"，是目前所知出土材料中占得"八"最多的一卦，有四个"八"，即是内卦、外卦皆有"八"的例证。过去的研究，如程迥《周易古占法》、钱大昕《潜研堂文集·答问》、高亨《周易古经通说》等，皆把"贞《屯》、悔《豫》"视为本卦与之卦。今以清华简《筮法》为参照，可知它可能是由两个重卦构成的一组卦，并非本卦与之卦的关系。

《左传》襄公九年"《艮》之八"，杜预注："《周礼》大卜掌三《易》，然则杂用《连

---

① 徐元诰：《国语集解》（修订本），中华书局，2002年，第340页。
② 刘大钧：《周易概论》，第125页。
③ 俞志慧：《〈国语·晋语四〉"贞屯悔豫皆八"为宜变之爻与不变之爻皆半说》，《中国哲学史》2007年第4期。
④ 廖名春：《〈左传〉〈国语〉易筮言"八"解》，方铭主编：《〈春秋〉三传与经学文化》，长春出版社，2009年，第6—13页。

山》《归藏》《周易》。二《易》皆以七八为占,故言遇《艮》之八。"①《归藏》以不变为占,占七、八之爻;《周易》以变为占,占九、六之爻。此处占筮遇"《艮》之八",所以杜预怀疑是《归藏》易。但杜预之说不能解释的是,既然《归藏》以七、八为占,为何《左传》《国语》中只言"遇八",却不提及"遇七"的筮例?② 吴曾祺说:"此当以《连山》《归藏》占之,故有'皆八'之语。观下'是在《周易》云云',其义自见。"③其下《周易》云云,只能说明此处所用筮法并非《周易》。但不是《周易》,并不意味着一定就是《归藏》。

清华简《筮法》卦画由四、五、六、七、八、九组成,六、七出现的频率非常高,且有符号化的趋势,真正能预测吉凶的是八、五、九、四。《筮法·祟》:"坤祟:门、行。纯乃母。八乃奴以死。"④《坤》卦虽有六爻,但只有八爻出现,男子才会为奴而死。《归藏》七爻、八爻共同担负占筮职责,言八爻必言七爻。而清华简《筮法》的独特之处在于七爻符号化,占筮功能削弱,只要八爻单独出现,便能兆示吉凶,此正能解释《左传》《国语》只言八爻、不言七爻的疑难。

对于筮史所说"不吉。闭而不通,爻无为也"的含义,刘大钧解释为,《屯》内卦震为车,外卦坎为险陷,有震车遇坎险之象,不是有作为的卦爻⑤。廖名春说《屯》为"难生"之义,豫有"犹豫"之义⑥。清华简《筮法·爻象》:"凡爻⋯⋯作于上,外有吝;作于下,内有吝;上下皆作,邦有兵命、燹怪。"八作为恶爻,出现在上卦,则国外有吝;出现在下卦,则国内有吝;上下卦皆出现,则整个国家将有外敌入侵等祸灾。我们据此推测,重耳贞问"是否得国",占筮的结果是上下卦皆有八,即上下皆有吝,国家有灾,所以巫史占断为"不吉"。重耳问能否主政晋国,占筮的结果是左下、右上皆八。据《筮法·四位表》左下之位为宫廷之位,右上为门之位(见表3)。重耳之筮,八在《屯》居宫廷之位,在《豫》居门之位。内不得于宫廷之位,外不得于门之位,不得其门而入,正合史官所说的"闭而不通"。葛陵简乙二·2:"一六六六六一;六八六一六六。"⑦学者已注意到此筮例中两个"六"之间的"八",写得比一般数字大,说明其为吉凶的重要征兆。八为恶爻,它出现之

---

① 杜预注,孔颖达疏:《春秋左传正义》卷30,阮元校刻:《十三经注疏》,第1942页。
② 参见李道平:《周易集解纂疏》,中华书局,1994年,第756页;尚秉和:《周易古筮考通解》,山西古籍出版社,1994年,第293—294页。
③ 徐元诰:《国语集解》(修订本),中华书局,2002年,第340页。
④ 李学勤主编:《清华大学藏战国竹简(肆)》,第115页。
⑤ 刘大钧:《周易概论》,第122页。
⑥ 廖名春:《〈左传〉〈国语〉易筮言"八"解》,方铭主编:《〈春秋〉三传与经学文化》,第6—13页。
⑦ 河南省文物考古研究所:《新蔡葛陵楚墓》图版一三〇,大象出版社,2003年。

后,宫廷之位与门之位闭塞不通,其他爻虽有吉兆,亦不能有所作为,因此史官说"爻无为也"。

四、《筮法》与殷周揲蓍法乙

与以先秦诸子为代表的精英文化相比,《筮法》属于一般的知识、思想与信仰世界,其特点是历史悠久,稳定性强,在民间影响久远。《筮法》揲蓍之法与包山简、葛陵简相同①,可见其在楚地流传极广。《筮法》是楚人所创,还是另有来源?由于文献记载缺乏,对《筮法》源头的追溯,是一件极其困难的事情。《楚辞·离骚》:"巫咸将夕降兮,怀椒糈而要之。"王逸《章句》云:"巫咸,古神巫也,当殷中宗之世。"②清华简《楚居》说:"丽不从行,溃自胁出,妣隹宾于天,巫咙(咸)该其胁以楚。"③妣隹难产,巫咸以荆条包扎其肋骨。巫咸为商朝太戊时期大臣,与妣隹所处时代相去甚远,古代职业世袭,因此《楚居》中的巫咸,我们怀疑是巫咸的后裔或族众。巫咸作为商代名臣,而屡见于楚文献,似可证明楚文化与殷商文化之间,有着深厚渊源④。巫咸精通占筮之术,其后人远涉楚地,特别是《商书》的占筮用语"贞曰卟",亦见于《筮法》,这使我们猜测,清华简《筮法》与殷周早期数字卦之间,是否存在着某种程度的关联?

殷商甲骨易卦有两种类型,一是奇数卦组合,主要为一组或为三组。如刘家桥村北卜骨:一一六六一五;九七七;六八八八六六⑤。二是偶数卦组合,常见于殷商陶片或铜戈,以两卦一组为多。最典型的是殷墟苗圃北地80号墓出土一件筮数砾石,正面易卦有三组:

七六六六六七;

七六八七六七;

六六五七六八。

侧面有一组:

---

① 参见马楠:《清华简〈筮法〉二题》,《深圳大学学报》2014年第1期。
② 黄灵庚:《楚辞章句疏证》,中华书局,2007年,第443—444页。
③ 咸字释读,参见复旦大学出土文献与古文字研究中心研究生读书会:《清华简〈楚居〉研读札记》,复旦大学出土文献与古文字研究中心网,http://www.gwz.fudan.edu.cn/SrcShow.asp?Src_ID=1353,2011年1月5日。
④ 清华简《楚居》说季连娶盘庚之子妣隹,血统渊源的存在,亦证明楚、商关系非同一般。
⑤ 安阳市文物工作队:《1995—1996年安阳刘家庄殷代遗址发掘报告》,《华夏考古》1997年第2期。

六六七六六八。

背面有两组：

八一一一六六；

八一一一一六。①

《尚书·洪范》："立时人作卜筮，三人占，则从二人之言。"同一件事三个人分别占筮，听从占筮结果相同或相近的二人之言。殷墟易卦中的三卦一组，可以理解为"乃卜三龟"，即三人分别占筮。但一组两卦是不是一事占两次？如果两人占卜结果互相矛盾，以谁的占筮结果为准？张朋说，这是两次占筮相同或相近，所以不再进行第三次占筮②。但以西周淳化陶罐两卦一组为例：八一一八一六；六八五六一八③。一爻相同，不同的多达五爻，怎么能说是两次占筮结果相近呢？出土资料中，甚至出现四卜乃至六卜的情况。如长安西仁村陶拍：

八八六八一八；

八一六六六六。

一一六一一一；

一一一六一一。④

周原扶风卜骨背面有六组筮数：

六九八一八六；

九一一一六五。

一八六八五五；

六八一一一一。

六八一一一八；

八八六六六六。⑤

《礼记·曲礼》说："卜筮不过三。"对一件事的占卜，最多不能超过三次，超过则是亵渎神灵。而清华简《筮法》为我们提供了两个六画卦同时对占的例证，因此西仁村陶拍、扶风卜骨明显不是一件事连续卜四次，乃至六次，很可能是一次占筮得两卦，是两卦一组的对占，才符合"卜筮不过三"的古礼。

---

① 中国社会科学院考古研究所安阳工作队：《1980—1982年安阳苗圃北地遗址发掘简报》，《考古》1986年第2期。
② 张朋：《数字卦与占筮——考古发现中的筮法及相关问题》，《周易研究》2007年第4期。
③ 姚生民：《淳化县发现西周易卦符号文字陶罐》，《文博》1990年第3期。
④ 曹玮：《陶拍上的数字卦研究》，《文物》2002年第11期。
⑤ 罗西章、王均显：《周原扶风地区出土西周甲骨的初步认识》，《文物》1987年第2期。

  李学勤先生指出，殷周揲蓍法分为两种：一种是殷墟甲骨、陶器、岐山卜甲和金文筮数所代表的揲蓍法甲，另一种是淳化陶罐、扶风和沣西卜骨筮数所代表的揲蓍法乙①。清华简《筮法》是否源于甲种呢？揲蓍法甲有时会有卦名或卦辞，如殷墟四盘磨卜骨："七五七六六六，曰：囟（斯）□。七八七六七六，曰：囟（斯）□。"②而清华简《筮法》占筮不使用卦名、卦爻辞。揲蓍法甲筮数"一"与"七"并存，以安阳殷墟卜甲为例："六七一六七九。"③清华简《筮法》"一"代表"七"，因此一卦筮数之中，"一"与"七"不可能同时共存。鉴于以上两点显著差异，清华简《筮法》出自揲蓍法甲的可能性并不大。

  考察清华简《筮法》与殷周易卦的关系，关键一点是将揲蓍法甲与揲蓍法乙分开。关于扶风卜骨，李学勤先生曾说"值得注意的是完全没有七"④，李先生的解释是揲蓍法乙中七极难或不能产生之故⑤。但五、六、八、九都能依次揲蓍出来，为何中间唯独缺少七？从先秦唯一尚存的筮法——大衍筮法看，这种可能性几乎不存在。清华简《筮法》"七"写作"一"，有两个重要特征。一是清华简《筮法》只有一，没有七。殷周揲蓍法甲一、七并存，则七不可能写作一。而殷周揲蓍法乙只有一，没有七，才是七被一代替的前提。二是《筮法》"一"（七）概率特别高。"一"在殷墟砾石概率是58%，在扶风卜骨是33%，在沣西张家坡卜骨是58%，在西仁村陶拍是50%，在淳化陶罐是62%⑥。不必再多举例，按照清华简《筮法》"一"（七）出现频率高的情况推测，殷周揲蓍法乙的"一"，可能就是"七"。清华简《筮法》"七"写作"一"的发现，正好能解决殷周揲蓍法乙没有七的疑难。殷周揲蓍法乙不是不能产生"七"，而把"七"写作"一"，或许才是它的特征。

  殷周揲蓍法乙与楚地筮法的相同之处⑦，可以归结为以下五点：一是筮数分布基本相同。清华简《筮法》所用筮数为四、五、六、一（七）、八、九，唯独四不见于揲蓍法乙。但从《筮法》看，筮数四出现的概率极低，仅为1%，四不见于揲蓍法乙，是由于它出现概率低的缘故。葛陵简、包山简、天星观简同样不见筮数四，四

---

① 李学勤：《周易溯源》，第231页。
② 此处文字释读，采李学勤之说。参见李学勤：《周易溯源》，第205页。
③ 肖楠：《安阳殷墟发现"易卦"卜甲》，《考古》1989年第1期。
④ 李学勤：《周易溯源》，第228页。
⑤ 李学勤：《周易溯源》，第231页。
⑥ 以下数据皆见表4，不再一一注明。
⑦ 由于清华简《筮法》与葛陵简、包山简、天星观简揲蓍之法相同，所以笔者把它们统称为楚地筮法。

少见甚至是不见，反而是揲蓍法乙与楚地筮法相同的明证。

二是筮数出现频率的规律。揲蓍法乙六、七出现的概率最高，概率之和一般在60％以上，如沣西张家坡卜骨竟高达96％，而其他筮数概率明显偏低。《筮法》亦是如此，六、七概率之和高达92％。清华简《筮法·爻象》说："八为风，为水，为言……五象为天，为日，为贵人，为兵……九象为大兽，为木，为备戒……四之象为地，为圆，为鼓。"①除六、七外，《筮法》其他筮数按照八、五、九、四顺序排列。为何八、五、九、四的顺序排列，目前的解释有两种：一是筮数出现的概率由高到低。但《筮法》筮数出现的概率，八是1％，五是2％，九是3％，四是1％。九的概率高于八和五，五高于八，似乎不支持这种说法。二是时间先后。《筮法·得》："春见八，乃亦得。夏见五，乃亦得。秋见九，乃亦得。冬见四，乃亦得。"②八、五、九、四与春夏秋冬对应，似乎是时间的顺序。对此，我们该如何取舍？

《筮法》是介绍占筮原则与方法的"说明书"，为更加详细地介绍占筮的原理，可能对无关或重复筮例进行了剔除、淘汰。葛陵简、包山简、天星观简与清华简《筮法》揲蓍之法相同，是筮占的真实例证，未经筮人的筛选，更能反映当时筮占的原貌。葛陵简筮数概率，八是4％，五是3％，九是1％，四是0％③。包山简筮数概率，八是9％，五是1％，九是0％，四是0％。天星观简筮数概率，八是6％，五是1％，九是1％，四是0％。从葛陵简、包山简等看，八、五、九、四按照概率由高到低排列，依然是楚地筮法筮数排列的一般规律④。

殷墟砾石（背面）、沣西张家坡卜骨及西仁村陶筮数只有八，没有五、九、四，无法考察。扶风卜骨筮数概率，八是24％，五是7％，九是5％，四是0％。淳化陶罐筮数概率，八是15％，五是5％，九是3％，四是0％。从扶风卜骨和淳化陶罐看，殷周揲蓍法乙八、五、九、四按照概率由高到低排列，依然成立。从一般情况看，殷周揲蓍法乙筮数概率七高于六，战国楚简筮数六高于七（包山简七高于六）。除了六、七之外，八、五、九、四按照概率由高到低排列，是殷周揲蓍法乙与楚地筮法的共同特点。

三是都存在两卦并占的占筮形式。清华简《筮法》占筮全部是两卦一组，格式如下：

---

① 李学勤主编：《清华大学藏战国竹简（肆）》，第120页。
② 李学勤主编：《清华大学藏战国竹简（肆）》，第84页。
③ 某筮数未出现，按照0％计算。下同。
④ 之所以说是一般规律，并不排除个别例外存在。另八、五、九、四如果既是时间顺序，同时也是概率顺序，似乎也并不矛盾。

$$\begin{matrix} \text{爻} & \text{爻} \\ \text{众} & \text{众} \end{matrix}$$

这种两组卦并占的形式，亦见于揲蓍法乙，如长安西仁村陶拍、周原扶风卜骨等。四是筮数没有"一"与"七"共存的现象，"一"的出现概率特别高，如殷墟砾石背面易卦为58%，包山简为47%。五是殷周揲蓍法乙与《筮法》都不使用卦爻辞，吉凶预测主要借助筮数及其位置对应关系。

以上五点，占筮都不使用卦爻辞，占筮形式都存在两卦并占的例证，筮数分布相同，一、七不共存，八、五、九、四的概率顺序基本一致①，特别是包山简筮数七、六、八、五、九的排列顺序，与揲蓍法乙完全相同，明显拉近了清华简《筮法》与殷周揲蓍法乙之间的距离。

《连山》《归藏》《周易》皆是六十四卦系统，而清华简《筮法》只有八卦系统，没有六十四卦系统，它独立于三易之外。殷周揲蓍法甲一、七并存，与《筮法》筮数组合明显不同。《左传》《国语》易卦多本卦、之卦之变，大都不见于《筮法》②。因此，揲蓍法乙是目前所知与楚地筮法形式最为接近的早期数字卦。清华简《筮法》涵盖十七命，内容丰富，布局严谨，自成一系，其形成可能有一个比较漫长的过程。如果寻找楚地筮法的最初源头，揲蓍法乙是颇为值得注意的对象。

需要说明的是，揲蓍法乙与楚地筮法存在不少差别：一是揲蓍法乙有两种形式，一组一卦与一组两卦，而楚地筮法只有一组两卦。二是揲蓍法乙筮数概率七高于六，而楚地筮法一般则是六高七。三是筮数概率取值范围差异。揲蓍法乙筮数五的取值范围是5%—7%，而楚地筮法只有1%—3%。揲蓍法乙筮数六的取值范围是15%—38%，而楚地筮法高达43%—56%③。鉴于以上差异，说楚地筮法源于揲蓍法乙，目前似乎尚不能完全论定。

推断殷墟卜骨上的奇异数字是易卦，是张政烺卓越的学术贡献，其对数字卦的破解，是按照"偶数为阴，奇数为阳"的原则，把数字卦转换成《周易》卦画④。受其影响，学界却走入把数字卦等同《周易》的误区。淳化陶罐的一组筮数是：

---

① 殷周揲蓍法乙筮数概率顺序，自高到低依次是七、六、八、五、九、四。楚地筮法则有六、七、八、五、九、四与七、六、八、五、九、四两种，后者与揲蓍法乙顺序同。
② 《左传》《国语》含"八"筮例除外，所用我们用"大都"加以限定。
③ 殷周之际，揲蓍法乙占筮形式是一组一卦与一组两卦。春秋时期，《左传》《国语》含"八"筮例也是一组一卦与一组两卦，而战国时期，楚地筮法皆变为一组两卦，一个合理的猜测是，楚地筮法对揲蓍法乙有所改革，有所损益。
④ 张政烺：《试释周初青铜器铭文中的易卦》，《考古学报》1980年第4期。

表 4　揲蓍法乙与楚地筮法筮数分布、概率对照

易例筮数	殷墟砾石（背面）		扶风卜骨		沣西张家坡卜骨		西仁村陶拍		淳化陶罐		葛陵简		包山简		天星观简		清华简《筮法》	
	数量	概率	数量	概率	数量	概率	数量	概率	数量	概率	数量	概率	数量	概率	数量	概率	数量	概率
四																	7	1%
五			3	7%					3	5%	5	3%	1	1%			13	2%
六	3	25%	13	31%	9	38%	13	36%	10	15%	80	56%	31	43%	50	52%	323	47%
一（七）	7	58%	14	33%	14	58%	18	50%	41	62%	53	37%	34	47%	38	40%	308	45%
八	2	17%	10	24%	1	4%	5	14%	10	15%	4	3%	6	9%	6	6%	10	1.5%
九			2	5%					2	3%	2	1%	0	0%	1	1%	23	3%

说明：由于出土文献中所见筮例来源复杂，卜骨筮数字迹有时模糊不清，甚至残缺，因此笔者的统计也未必全面、准确。

"八一一八一六;六八五六一八。"前者相当于《周易》的困卦,后者相当于《周易》的解卦。李学勤认为是一爻不动,恰好是五爻阴阳互变①。长安西仁村陶拍采集:2筮数组合依次是:

八八六八一八;

八一六六六六。

一一六一一一;

一一一六一一。

采集:1的筮数组合是:

六一六一六一;

一六一六一六。

李学勤先生说按照奇阳阴偶的原则,采集:2分别对应《周易》的《师》《比》《小畜》《履》四卦,采集:1对应的《既济》《未济》两卦,与《周易》卦序高度吻合。由《师》至《履》、《既济》至《未济》两处局部卦序,可知当时《周易》卦序基本同于今传本卦序,《周易》在那时已经存在②。梁韦弦认为,陶拍上的数字卦已能体现出六十四卦之间"非覆即变"的关系③。其他学者,如史善刚、董延寿等,也都以此立说④。

淳化陶罐、西仁村陶拍是殷周揲蓍法乙的典型筮例,而揲蓍法乙与《周易》的不同,可以归结为以下五点:一是筮数不同。揲蓍法乙有五、六、一(七)、八、九,至少5个筮数,而《周易》只有六、七、八、九4个筮数。《周易》筮数九不可或缺,而淳化陶罐、西仁村陶拍只用六、一(七)、八,无九亦能成卦。二是概率不同。揲蓍法乙筮数概率自高到低依次是一(七)、六、八、五、九,而《周易》是八、七、九、六⑤。三是筮数概率取值范围不同。揲蓍法乙筮数八概率最高为24%,而《周易》高达44%。筮数九的概率,《周易》高达19%,而揲蓍法乙最高只有5%。四是《周易》有卦名、卦爻辞,而揲蓍法乙不见卦名及卦爻辞。五是爻变不同。《周易》卦变是九、六变,六变七,九变八,但七、八不变。即"老变少不变"。淳化陶罐是八变六、一(七)变八,西仁村陶拍是八变一(七),八变六,一(七)变六。不仅

---

① 李学勤:《西周筮数陶罐的研究》,《人文杂志》1990年第6期。
② 参见李学勤:《周易溯源》,第237页。
③ 梁韦弦:《关于数字卦与六十四卦符号体系之形成问题》,《周易研究》2007年第1期。
④ 史善刚、董延寿:《王家台秦简〈易〉卦非"殷易"亦非〈归藏〉》,《哲学研究》2010年第3期。
⑤ 《周易》筮数概率,八为44%,七为31%,九为19%,六为6%。参见董光璧:《易学科学史纲》,第66页。

七、八变,六与八皆是偶数,均为阴爻,竟然互变。试问这种卦变,在《周易》系统内如何解释?上述研究者以西仁村陶拍、淳化陶罐两卦一组筮例,讨论两组筮数之间的卦变关系,推论今本《周易》卦序问题,把非《周易》系统当作《周易》系统讨论,所得出的结论,恐难以令人信服。

先秦时期,占筮是每个易学系统的主要功能。殷周揲蓍法乙中两两并列的数字卦,如殷墟苗圃北地筮数砾石(背面)、西周扶风卜骨及沣西张家坡卜骨等没有卦名,不能像《周易》那样依据卦辞、爻辞进行占筮,它们只有一组或两组数字,试问是如何预测吉凶的呢?从揲蓍法乙与清华简《筮法》多重相似性来看,揲蓍法乙占筮也有可能是根据小概率的筮数,依据不同筮数之间的位置关系,来预测吉凶悔吝的。

五、余论

《周易》古经的形成,与文王紧密相关。《易传·系辞下》说:"《易》之兴也,其当殷之末世,周之盛德邪? 当文王与纣之事邪?"《史记·周本纪》:"西伯盖即位五十年,其囚羑里,盖益《易》之八卦为六十四卦。"①《易传·系辞》《史记·周本纪》明确肯定文王演周易的贡献,是将八卦推演为六十四卦。但近几十年来,殷周易卦的发现,导致学界对文王重卦说的直接否定。张亚初、刘雨指出,在文王之前或同时,从商都王城到边远地区都广泛流行着重卦符号,因此说"重卦"是文王发明的,是不太可能的②。姜广辉、林忠军、邢文等学者,皆从此说。

既然殷周揲蓍法乙不属于《周易》系统,而和楚地筮法有诸多相似,那么它也有可能像《筮法》一样,从属于四位八卦分析系统。揲蓍法乙中六个筮数联用的易卦,就不一定是别卦,而有可能是两个彼此独立的单卦③。清华简《筮法》重要的学术贡献,就是告诉我们:六个筮数联用,不是断定殷墟易卦为重卦的充分条件。殷墟出土的六个筮数联用的易卦,有可能是重卦,也有可能是两个互不隶属的单卦,如殷墟筮数砾石背面:八一一一六六,就有可能是两个单卦。在两种可能性并存的情况下,如果不知其筮法,不知筮者对六个筮数如何规定、分析,我们

---

① 司马迁:《史记》卷4《周本纪》,中华书局,1959年,第119页。
② 张亚初、刘雨:《从商周八卦数字符号谈筮法的几个问题》,《考古》1981年第2期。
③ 由于篇幅所限,本文讨论的对象仅限揲蓍法乙。对于揲蓍法甲中两卦一组的筮例,我们将另文讨论。

依然无法断言重卦在当时已经产生。殷周之际,筮法流变复杂,我们能确定的内容却极其有限。学者看到六个筮数在文王之前已经联用,便断言文王不曾推演六十四卦,现在看来,六个筮数联用,与六十四卦系统形成并不能画等号,"重卦的筮法首先出现于商,后来才推广到周",也未必是铁板钉钉的结论。

综上所述,清华简《筮法》八卦卦名、卦序与《归藏》密合,具有鲜明的《归藏》特征。但它占筮只依据八经卦,不用六十四卦系统,其占筮方法与原则,又与《归藏》表现出显著的差异。《筮法》六、七爻符号化,筮数八可独立兆示吉凶,使《左传》《国语》不言阳之七、只言阴之八的学术公案,获得了合理的解释。《左传》《国语》某卦之"八",即是筮数八。韦昭"八为不动阴爻"说法,存在明显的误读。数字卦向符号卦转型,是先秦易学表现形式的重大调整。清华简《筮法》为我们提供了数字卦向符号卦过渡的生动样板,它所反映的数字爻与符号爻的分工,很可能是先秦时期数字卦向符号卦转型的重要原理与依据。

殷周揲蓍法乙与楚地筮法都不使用卦爻辞,占筮形式都存在两卦并占的例证,筮数分布相同,一、七不共存,特别是包山简七、六、八、五、九的筮数概率排列顺序,与揲蓍法乙完全相同,因此揲蓍法乙是目前所知与楚地筮法形式最为接近的早期数字卦。如果寻找楚地筮法的最初源头,揲蓍法乙是颇为值得关注的对象。殷墟易卦有六个筮数联用的情形,学者据此认为重卦在文王之前已经产生,文王不曾重六爻。而清华简《筮法》告诉我们,仅靠一组六个筮数相连,如果不知其筮法,并不能断定其必然是重卦。殷墟卜骨上六个筮数相连的易卦,有可能是重卦,也有可能是两个彼此独立的单卦。六个筮数联用,与六十四卦系统形成不能画等号。如果不知其筮法,单据六个筮数在商代晚期联用的情形,断言重卦在当时已经出现,似乎依然难以成为定谳。

附记: 本文在《历史研究》2015年第5期发表,后被人大复印报刊资料《中国哲学》2016年第3期全文转载。2016年,该文获上海市第十三届哲学社会科学优秀成果论文二等奖。

 复盘与导读

《周易》为大道之源,三玄之冠,而先秦时期是易学形成的奠基时代。目前易学的考古发现成果,多是一些占筮的实例,如殷墟易卦、青铜器铭文中的筮数、包山简、葛陵简、天星观简卜筮内容等。2013年12月,《清华大学藏战国竹简》第4辑出版,其中《筮法》一篇分十七命、三十节,不仅有五十七个揲蓍的实例,更系统介绍占筮的理论与方法,为我们解读、研究早期易学演进历程,提供了难得契机。

清华简《筮法》为何用八、五、九、四占筮,而不用六、七?符号卦是如何出现的?数字卦与符号卦是何关系?这些看似简单的问题,其实却很难给出明确的回答。利用新材料,解决学术界长期难以解决的学术公案,是我们选题的主要根据。笔者采用的方法是二重证据法,将出土文献中的占筮内容和传世文献的易学记载结合起来,把筮例与筮法结合起来,注重相互印证,以期推进我们对于早期易学的理解。

《连山》《归藏》《周易》是先秦三大易学系统,清华简《筮法》可谓是三易之外的"第四易学系统"。本文的研究,是在先秦易学分系的视野下展开的。清华简《筮法》八卦卦名、卦序与辑本《归藏》密合,具有鲜明的《归藏》特征。但它占筮只依据八经卦,不用六十四卦系统,其占筮形式与方法又与《归藏》表现出显著差异。《左传》《国语》某卦之"八",可能并非属于《周易》系统,韦昭"八为不动阴爻"说,存在明显误读。

"提出新说"是创新,"推翻旧说"也是创新。殷墟卜骨上的奇异数字是易卦,是张政烺先生卓越的学术贡献。但学者受其影响,把所有出土文献上的奇异数字,皆归入《周易》范畴,笔者认为可能是有问题的。笔者的创新之处,就是证明扶风卜骨、沣西张家坡卜骨、淳化陶罐、长安西仁村陶拍等资料上的奇异数字,可能属于殷周揲蓍法乙,而非《周易》占筮符号。

近年来,史学研究的"碎片化"深为学界所诟病。我们特别强调"精细的考证"与"宏观的视角"结合,在实证的基础之上,上升到理论上的总结与归纳。甲骨卜辞、扶风卜骨、《左传》与《国语》所记春秋时期的占筮之例、清华简《筮法》、包山简、葛陵简易卦等,从商代到战国时期,我们将出土易学材料全部纳入学术视野,呈现出长时段、多种易学材料研究的纵向展开。我们进而做出归纳:数字卦向符号卦的过渡,为先秦易学表现形式的一次重要转型。清华简《筮法》所揭示的数字爻与符号爻的分工,可能是数字卦向符号卦转型的重要原理与依据。本文的撰作,旨在为纠正史学研究"碎片化"偏颇,贡献自己的绵薄之力。

由清华简《芮良夫毖》之"五相"论西周亦"尚贤"及"尚贤"古义*

宁镇疆**

内容提要：《芮良夫毖》中两次出现的"五相",其实就是清华简《皇门》中的"大门、宗子、迩臣"与"元武、圣夫"这五类人。他们是商周两代主要的辅政之臣。"五相"之中,"大门、宗子、迩臣"多系"世官",而"元武、圣夫"则往往是出身异族或身份低贱的人,其实即"尚贤"。这一则说明西周"世官"制下同样强调"尚贤","尚贤"之举并不待春秋之时或墨子鼓吹而始有;另外也说明:"尚贤"就其本义来说,其实是试图于"世官"之外别辟一用人通道,而贵族仕途中那种正常的晋升其实并不属于"举贤"范畴。

关键词：芮良夫毖；五相；皇门；世官；尚贤

一、《芮良夫毖》之"五相"解

清华简《芮良夫毖》之"五相"凡两见,即所谓"五相柔訨"和"五相不彊",对于"五相"的具体含义,迄今没有让人满意的解释。两处"五相"都在晚近学者讨论比较多的所谓"绳准"一段中：涉及该篇从简18至简24,具体内容从"德刑態纵"到"民用庆尽,咎何其如台哉"①。为讨论方便计,今参考诸家意见,将该段尽量

---

* 原载《学术月刊》2018年第6期,后又被人大报刊复印资料《先秦、秦汉史》2018年第6期全文转载。
** 宁镇疆,上海大学历史系教授、博士生导师、博士后合作导师。中国先秦史学会常务理事、副秘书长。研究方向为先秦史、儒家经学等,尤其重视利用新出土文献对先秦历史与文献的研究。代表性专著有《〈孔子家语〉新证》(2016),《〈老子〉"早期传本"结构及其流变研究》(2007),前者获得第二十一届华东地区古籍优秀图书奖 一等奖(2017),后者获得上海市哲学社会科学优秀成果奖二等奖(2008)。在《历史研究》、《中国史研究》等海内外权威刊物发表论文数十篇。
① 学者讨论这一段时,多将前面的"天之所坏,莫之能支……"几句列入,刘乐贤先生怀疑前面的"天之所坏……"几句应该与上文连读,我们认为是可信的。参见文《也谈清华简〈芮良夫毖〉跟"绳准"有关的一段话》,《清华简研究》第二辑,中西书局,2015年,第137页,下引刘说均见该文。

以宽式释文具列如下:

> 德刑懸绋,民所訛訛。约结绳准,民之关闭。如关柭肩管,绳准既正,而五相柔訛,適易兇心,研甄嘉惟,螯和庶民①。政令德刑,各有常次,邦其康宁,不逢庶难,年谷纷成,风雨时至。此惟天所建,惟四方所祗畏。曰其罰时当,其德刑宜利。如关柭不闭,绳准失椟,五相不疆,罔肯献言,人容奸违,民廼嗥嚻,靡所屏依。日月星辰,用交乱进退,而莫得其次,岁乃不度,民用庋尽,咎何其如台哉!

这一段词义艰涩,自《芮良夫毖》篇公布以来,学者甚至就专论此段,如沈培、刘乐贤等教授②。王瑜桢给全篇作集释,但最后仍专门论到此段③,可见问题之复杂。当然,经诸位学者从不同方面的反复推求,个人认为该段整体叙述逻辑已趋厘清。这里可以引刘乐贤教授的看法为代表。刘教授认为,此段总体上可分三个部分:"第一部分是总述,提出'约结绳准'乃是'民之关闭';第二部分是正述,从正面讲述如果'约结绳准'得当,则会出现各种和谐局面;第三部分是反述,从反面讲述如果'约结绳准'失度,则会出现各种不良后果。"厘清三部分乃总、正、反述的表述逻辑,对于理解本文将要重点讨论的"五相"的含义是非常重要的。顺便说一句,依照这种表述逻辑,正、反部分开头的"如关柭肩管,绳准既正,而五相柔訛"与"如关柭不闭,绳准失椟,五相不疆"六个词组其实都应该是互为对反的主谓格式。如"绳准既正"对应"绳准失椟",那么自然"关柭肩管"也应该与"关柭不闭"相对,这样一来,"关柭"肯定是主语,而"肩管"也应该理解为动词④。同样,"五相柔訛"和"五相不疆"也应该都是主谓词组:"五相"是主语,"柔訛"与"不疆"分别说明"五相"的情况。明确"五相"是名词性的主语,是弄清其本义的基本前提。

关于"五相"的理解,目前主要有三种意见。其一是整理者赵平安教授认为

---

① "螯"字之释参王瑜桢《〈清华三·芮良夫毖〉"頪"字考——兼释"螯和庶民"》,"第二十五届中国文字学会国际学术研讨会"会议论文,台湾地区中国文化大学中文系2014年5月。下引王说均见该文。
② 沈培:《试说清华简〈芮良夫毖〉跟"绳准"有关的一段话》,《出土文献与中国古代文明——李学勤先生八十寿诞纪念论文集》,中西书局,2016年,第177页。
③ 王瑜桢:《〈清华大学藏战国竹简(三)·芮良夫毖〉释读》,《出土文献》第六辑,中西书局,2015年,第184页(下引王说均见该文)。王氏最后讨论的18—19简,正在所谓"绳准"一段中。
④ 王瑜桢已将"肩管"理解为动词。

"五"通"互",故"五相"即"互相"。但诚如黄杰指出的那样,"互相"一词辞气上稍显不古①。另外,如将"五相"理解为"互相",那就不是名词了,显然与上面的表述逻辑龃龉。实际上,如将"五相"理解为"互相",此句还找不到主语:无论"关枑"还是"绳准",作为"互相"的主语都是不合适的。第二种意见是读为"五相",理解为五位辅佐的臣佐。如马楠认为"五相盖指朝廷重臣",并引《礼记·曲礼下》"天子之五官,曰司徒、司马、司空、司士、司寇……"比况②。黄杰也认为"五相"当指五位辅政者。还举出周、召二公"二相行政"、"黄帝得六相而天地治"《管子·五行》的例子。此外,桂珍明也同意"五相"之释,但又认为"不必实指某几位或某五位"③,与沈、黄二说又微有不同。第三种意见是以沈培教授为代表,认为当把"五"读为"午",午相即"旁午交错"。此外,曹建国以为当理解为"交互""纵横",与沈氏接近④。依此说,"午相"同样不是名词,它的问题其实与第一种说法是一样的。笔者认为,从上下文的语言环境来看,"五相"确实当指辅佐君王的人,但学者或以具体的职官解之,又太过指实。其实,这里的"五相"当即清华简《皇门》之"大门、宗子、迩臣"以及"元武、圣夫"这几类人,而非具体的职官。兹试为证之。

关于《芮良夫毖》之"五相"与清华简《皇门》"大门、宗子、迩臣"及"元武、圣夫"的关联,一个关键线索就是上述"绳准"一段在讲反面情况时说"五相不疆,罔肯献言"。该句的潜台词是:正常情况下,"献言"是"五相"的重要职能,现在"罔肯献言"了,才出现国家治理方面的一系列反面情况。我们再来看清华简《皇门》的表述。该篇提到"自(釐)臣至于又贫私子,苟克有(谅),亡不䚔达,献言在王所",其中同样提到"献言"。当"自(釐)臣至于又贫私子"这些人"苟克有(谅),亡不䚔达"时就能"献言"在王所。其中"䚔达"之"䚔",学者原多释为"禀",后陈剑改释为"遂"⑤,鄙意以为极当。陈氏对文献中"遂""达"并举之例多有检举。联系到《皇门》此处重在讲"自(釐)臣至于又贫私子"等臣佐辅弼君王,还可以补充证据如《逸周书·月令解》:"命司马赞杰隽,遂贤良,举长大",这里也是讲选材任能,故所谓"遂贤良",实即"贤良遂",即让"贤良"能施展抱负,与皇门的"亡不䚔

---

① 黄杰:《清华简〈芮良夫毖〉补释》,《简帛研究》2015年(秋冬卷),广西师范大学出版社,2015年。
② 马楠:《〈芮良夫毖〉与文献相类文句分析及补释》,《深圳大学学报》2013年第1期。
③ 桂珍明:《清华简"训"、"毖"类文献研究》,贵州师范大学2017年度硕士学位论文。
④ 曹建国:《清华简〈芮良夫毖〉试论》,《复旦学报》2016年第1期。
⑤ 陈剑:《清华简〈皇门〉"䚔"字补说》,《战国竹书论集》,上海古籍出版社,2013年,第385页。

达"义同。实际上,作为辅弼君王的"自(釐)臣至于又贫私子",显然应该是"贤良"之材,因此《皇门》该句的意思显然是说,当"自(釐)臣至于又贫私子"这些人"亡不遂达",即都能施展抱负时,就能很好地辅佐君王治理国家,而他们辅弼天子的一大特征就是"献言在王所",而《芮良夫毖》篇恰恰提到当"关枳不闭,绳准失楋"这样的反面情况出现时,就"五相不疆,罔肯献言"。其中之"疆",整理者认为当理解为"勤",刘乐贤教授主张解为"劝勉""勉励"义,二说实相近,而前说更优。因此,《芮良夫毖》这句的意思就是说当"五相"不能勤勉于政事、施展抱负时(即《皇门》所谓之"齧达"),就会出现"罔肯献言"的情况,此与《皇门》篇"献言在王所"显为一事。虽然《皇门》篇周公言说的背景是"二有国之哲王"时,但周公把前朝五类人辅佐治国作为典范,其实也说明周朝这五类人同样存在。这一点,我们从后面的"我王访良言于是人""呜呼,敬哉,监于兹""朕遗父兄及朕荩臣,夫明尔德,以助余一人忧"即可推知。关于两篇文献所谓的"献言",我们认为即文献中形形色色的"言谏"。如《国语·周语上》提道:"百工谏,庶人传语。近臣尽规,亲戚补察",其中"谏""语""规""补察"之类,其实都是"言谏",尤其是"谏""语"二者还都从"言"。又如《国语·楚语上》提道白公胜举殷王武丁让傅说等贤臣"朝夕规、诲、箴、谏"①,还提到"齐桓、晋文"之所以成功,就因为"近臣谏,远臣谤,舆人诵,以自诰也"。《芮良夫毖》下文也提到:"胥训胥教,胥箴胥诲",所谓"规""训""诲""箴""谏""谤""诵""诰",它们要么是从"言",要么就是语体,其实都应该是《皇门》《芮良夫毖》篇所谓的"献言"。顺便要提到,《皇门》下文还提到"至于厥后嗣立王"时,弊政丛生,就在于"不肯惠听无辜之辞",这还是强调"献言"的重要。当然,对于"言谏",君臣双方负有不同责任。《皇门》下文称:"我王访良言于是人,乃维作诟以答":所谓"访良言",即求"言",这是从君王的角度上说;而"乃维作诟以答",这是从臣下的角度上说。"诟"亦从"言",但显然是贬义的。这样的"言"就无法起到辅佐、匡政的作用,因此"俾王之无依无助"。关于谏言对辅佐君王的重要性,《国语·郑语》云:"择臣取谏工",所谓"谏工"其义不言自明。述盘铭文在提到"皇亚祖懿仲"时也说他能"匡谏言"②,因此就能够"甸保"孝王、夷王,这同样把谏言之于辅政的重要性,说得很清楚了。最近清华简第六辑之《郑文公问太伯》中太伯还引古人有言云:"为臣而不谏……"就如何如何,

---

① 《左传·襄公十四年》云:"工诵箴谏,大夫规诲,士传言,庶人谤",与此类似。
② "匡"字之释参李学勤:《眉县杨家村新出青铜器研究》,《中国古代文明研究》,华东师范大学出版社,2005年,第141页。

下文还说孔叔等四人及詹父的作用是："方谏吾君于外""内谪于中"①。无论"谏"还是"谪"，都当是对于治国理政非常重要的"献言"。

既然《芮良夫毖》的"五相"和《皇门》之"自（釐）臣至于又贫私子"都职司"献言"或谏言的职能，他们要么就是同一类人，要么在职能上有类似性。《芮良夫毖》的"五相"具体到"五"，比较指实，而后者的"自（釐）臣至于又贫私子"，其"自……至于……"的表达方式，从文例来看显然是指从高的"（釐）臣"到低的"又贫私子"这样一个明显有范围概念的"一类人"或"一群人"。然则，"自（釐）臣至于又贫私子"到底指的是哪些人呢？兹将《皇门》篇与"自（釐）臣至于又贫私子"有关的上下文移录于此，以窥究竟：

> 我闻昔在二有国之哲王，则不共于恤，廼隹大门、宗子、迩臣，椓扬嘉德，乞有宝（孚）以助厥辟，勤恤王邦王家。廼方求选择元武、圣夫，羞于王所。自（釐）臣至于又贫私子，苟克有（谅），亡不遂达，献言在王所。是人斯助王共明祀，敷明刑……

从《皇门》篇的这一段来看，所谓"自（釐）臣至于又贫私子"这样一个人群范围是紧跟在"大门""宗子""迩臣""元武""圣夫"之后的。自清代至晚近，学者无论是疏解传本《逸周书·皇门》还是简本此篇，罕有将"自（釐）臣至于又贫私子"与"大门""宗子""迩臣""元武""圣夫"之间的逻辑关系讲清楚的。我们认为，从文义逻辑上看，"自（釐）臣至于又贫私子"显然应该是对"大门""宗子""迩臣""元武""圣夫"的总结。试看《皇门》此段的表述逻辑：总体讲"二有国之哲王"时臣辅的积极辅佐，先说到"大门""宗子""迩臣"时云"廼隹"，再说到"元武""圣夫"时则云"方求"，以训诂求之，所谓"方求"即"旁求""别求"，隐有扩大范围之义，而下文的"自（釐）臣至于又贫私子"正是一个从高到低的范围概念②。"方求选择"之

---

① 李学勤主编：《清华大学藏战国竹简（六）》下册，中西书局，2016年，第119页、125页（甲、乙本）。

② 当初会议自由讨论时，冯胜君教授提出，"釐臣"和"私子"一样，可能都是低阶层的，这样就没有等级落差。今按，"釐臣"照目前一般的理解，都是讲成"治臣"，然则与"私子"之间还是存在等级落差。另外，像《皇门》此处"自（釐）臣至于有贫私子"这样的"自……至于……"结构，笔者认为最近的辞例就是《大盂鼎》的"人鬲自驭至于庶人"，其中"自驭至于庶人"修饰"人鬲"，也是"自……至于……"的结构。过去由于把"人鬲"讲成奴隶，导致其中的"驭""庶人"等身份颇不易明。现在学者已大多认识到"人鬲"系赐给盂的人员总称，并非奴隶。其中的"驭"是这些人中的低等级贵族，是地位较高者，就与一般的"庶人"差异明显。可参裘锡圭《说"仆庸"》，《裘锡圭学术文集》第5册，复旦大学出版社2012年，第107页。裘（转下页）

"元武圣夫"属范围的扩大,文中还有一处能够证明,即他们都系"羞于王所",而讲"大门、宗子、迩臣"时并无此语。《尔雅·释诂》:"羞,进也",然则"羞于王所"即从外向"王所"进献之义。而"大门、宗子、迩臣"属于王朝官员,属"内",自然不存在"进献"的问题。另外,《尚书·多士》云"夏迪简在王庭,有服在百僚",这是讲汤灭夏之后,夏的俊杰之士也有被任用的。所谓"简在王庭"与《皇门》的"羞于王所"辞例可谓极近,尤其是《多士》中夏人服事于商这样的背景,对我们理解《皇门》"羞于王所"背后任官范围的拓展可以说是很有力的证据。因此,从"大门、宗子、迩臣"到"元武圣夫",既是由"内"到"外"的范围扩大,而就这些人的身份等级说,则是"自(釐)臣至于又贫私子",也就是由"高"到"低"的范围扩大。就此来看,它们前后相承是没有疑问的。清庄述祖解释相当于简本"釐臣"的"善臣"时说:"善臣,谓元圣武夫",陈逢衡谓"善臣,犹荩臣也"①,陈氏也以下文的"人斯"(简本作"斯人")之"人"指"元圣武夫",可以说都不够全面。程浩以为:"'是人'指代上文的'大门宗子近臣''元圣武夫'等,简本此句意为'这些人都助王恭明祀'"②,以我们的理解看,程说是。我们进一步也可以说,"是人"这样一个指称代词,其实与"自(釐)臣至于又贫私子"指的是同一类人:"是人"是宽泛的指称,而"自(釐)臣至于又贫私子"则是将这类人从内到外或者从高到低进行了概述。内部的是"大门""宗子""迩臣",外部的是"元武""圣夫",它们恰好是五个——考虑到"五相"之"五",二者是巧合吗?非也。

不过,"大门""宗子""迩臣"与"元武""圣夫"要符"五相"之数,有个问题需要首先澄清,那就是其中的"大门、宗子",旧注如孔晁者是理解为偏正词组的。因此"大门宗子"即"大门之宗子",遂谓:"大门宗子,嫡长",如果"大门宗子"即"大门之宗子",那就是一个东西了,显然难符"五"之数。孔说影响很大,后来学者颇

(接上页)文专门指出"人鬲"是"有自驭至于庶人的不同等级";亦可参沈长云《释〈大盂鼎〉铭"人鬲自驭至于庶人"》,《上古史探研》,中华书局,2002年,第219页。沈文对"驭"之为高于"庶人"的贵族阶层论证尤详。明乎此,则"自驭至于庶人"同样是一个从高到低的人群范围指称,这与《皇门》的"自(釐)臣至于有贫私子"可以说完全一致。另外,同样是西周"授民"材料,宜侯夨簋(《集成》8·4320)提到在"庶人"之前,尚有"奠七伯""庐(房)",同样是有等级落差的(参裘锡圭:《说殷墟卜辞的"奠"——试论商人处置服属者的一种方法》,《裘锡圭学术文集》第5册,第169页),此可与《大盂鼎》"自驭至于庶人"比观。

① 黄怀信、张懋镕、田旭东:《逸周书汇校集注》,上海古籍出版社,2007年,第547页。
② 程浩:《"书"类文献先秦流传考——以清华藏战国竹简为中心》,清华大学出土文献研究与保护中心2015年度博士论文,第55页。

多因袭,清华简《皇门》的整理者亦采纳这种意见①。果如此否？王连龙则明确对孔晁混合"大门""宗子"为一的说法提出批评,认为"大门"与《穆天子传》的"盛门"近似,指望族。"宗子"属宗法系统,与"大门"所代表的君统有别②。王氏"宗统""君统"的区分是否恰当还可再讨论,但我们认为其将"大门""宗子"析分为二还是合理的。一个最简单的道理是,如按孔注将"大门宗子"理解为"大门之宗子"或者说即"嫡长",那么《皇门》此处就只剩下"嫡长"和"迩臣","二有国之哲王"的统治基础萎缩到只有这两项是很可疑的。此外,"大门之宗子"毕竟还是"宗子",《皇门》虽然说的是"二有国之哲王"时,但后来注《逸周书》者多以周之宗法制度比况。即以周制而论,按照《诗·大雅·板》所云"价人维藩,大师维垣。大邦维屏,大宗维翰。怀德维宁,宗子维城",可知在"宗子"之外,对于周能够"维垣""维屏""维翰"的其实还有多种角色,只云"宗子",失之于孤。而且,以目前西周史特别是金文官制研究而论,即便是小宗之宗子也有升至高位的情况③,何止于"大门之宗子"？至于孙诒让等学者所说"大门宗子"可以省称作"门子",更是错误。因为从《左传·襄公九年》的:"将盟,郑六卿公子騑、公子发、公子嘉、公孙辄、公孙虿、公孙舍之及其大夫、门子皆从郑伯",以及《左传·襄公十年》的:"大夫、诸司、门子弗顺,将诛之"这两处记载看,"门子"地位并不高,甚至还要在"大夫"甚至"诸司"之下,这与《皇门》此篇对他们的期许也是不相称的。关于《皇门》的"大门、宗子、迩臣"的具体所指,特别是应该作三分理解,我们还可以举出一个侧面证据。《墨子·尚贤上》提到当圣王为政时,竞于为义的有四类人,分别是"富贵""亲者""近者"和"远者"。依墨子的表述逻辑,所谓"远者"实即属"尚贤"范畴,然则前面的"富贵""亲者""近者"可以说正相当于王朝旧官。这些旧官其实与《皇门》基本对应:"富贵"对应"大门"④;"亲者"对应"宗子",属宗法范畴;"迩臣"对应"近者","迩"即"近"也。可以说,墨子这样的三分对我们理解《皇门》

---

① 李学勤主编:《清华大学藏战国竹简(一)》下册,中西书局,2010年,第166页。清华简《皇门》系李均明教授整理,其后来为此篇续作校读,虽释"大门"为"望族","宗子"为"嫡长子",但仍以"大门之宗子"为称(参李氏《周书〈皇门〉校读记》,《耕耘录——简牍研究丛稿》,人民美术出版社,2015年,第21页)。李先生还举孙诒让之说"盖详言之曰大门宗子,省文则曰门子,其实一也",孙氏明显也是"大门之宗子"为称。

② 王连龙:《〈逸周书〉研究》,社会科学文献出版社,2010年,第138页。

③ 参见朱凤瀚:《商周家族形态研究》(增订本),天津古籍出版社,2004年,第395页。另外,像西周晚期的南仲、南叔、毛叔虽出小宗,但都曾跻身王朝三有司之列,可参见刘源:《从亲簋铭浅谈西周王朝三有司的任用》,《青铜器与金文》第1辑,上海古籍出版社,2017年,第90页。

④ 《墨子》此处的"富贵"与前述王连龙的"盛门""望族"说近似。又,《国语·晋语一》有"大家邻国将师保之",其中"大家",韦注云"上卿也",位居贵宠,或与《皇门》的"大门"有关。

的"大门宗子迩臣"基本无违碍①。总之,我们认为《皇门》此处"大门宗子迩臣"应该作三分处理,二分则有诸多不合情理处。既然三分处理作"大门、宗子、迩臣",则其与后面的"元武、圣夫"合计就恰好为"五":依《皇门》篇文意,当这五类人"苟克有谅,亡不遂达",就会"献言在王所",这样国家就治理得好;《芮良夫毖》则从反面来讲,当"五相不疆"则会"罔肯献言",这样国家就治理不好。准此,我们认为《芮良夫毖》的"五相"说的就应该是《皇门》篇的"大门、宗子、迩臣"与"元武、圣夫"这五类人。

关于《芮良夫毖》的"五相"即《皇门》的"大门、宗子、迩臣"及"元武、圣夫",还可以补充一些侧面证据。其一,《皇门》此段说到"大门""宗子""迩臣"的功能时是"助厥辟,勤恤王邦王家",而下面说包含"元武""圣夫"在内的"自(釐)臣至于又贫私子"的功能也是"助王共明祀,敷明刑",所谓"助厥辟""助王",总归不离一"助"字,而"助"即"相"也。而且,诚如上文所言,《皇门》还提到反面情况:当"我王访良言于是人"时,这些人反而只能"乃维作诉以答",于是乎就"俾王之无依无助","无助"即无"相"也。另外,《芮良夫毖》同样提到,当"五相不疆,罔肯献言"时,君王就"靡所屏依",没有"屏依",实则就是没有"助"、"相"之人。然则,无论从"五"者之数还是两篇上下文的文义逻辑来看,所谓"大门""宗子""迩臣""元武""圣夫"实即"五相"应无可疑。其二,《皇门》篇提到当上述辅弼天子的臣子都能在朝廷各尽其职时,就能政通人和,即所谓"百姓万民,用亡不順比在王廷"。"百姓万民"实是对"自(釐)臣至于又贫私子"这一范围概念的笼统泛称,且"順比在王廷"显与"献言在王所"义同。"順比"之"順"整理者读为"扰",训为"顺"。学者多已指出此字应读为"柔",训为"顺"②,甚是。而《芮良夫毖》该段提到在"关柭扃管,绳准既正"的正面情况时,就会"五相柔訨",此"柔訨"显与皇门之"順比"义同,而"五相"之所指更不待言矣。其三,作为同是芮良夫作品的《诗经·大雅·桑柔》篇,其中言"秉心宣犹,考慎其相",这里的"相"显与"五相"之"相"同义。毛传解"相,质也",郑笺云"相,助也","言择贤之审",《正义》调和传、笺之说,以"相"即美质之臣。马瑞辰认为郑笺训助为是,且言"此对下'自独俾臧',言

---

① 另外,《礼记·缁衣》篇曾区分"大臣""迩臣""远臣"三者。下文将会提到,所谓"远臣"实当为举外族之贤,然则王朝官员就只剩下"大臣""迩臣"。有人可能会觉得这不是二分吗?但请注意,除了"迩臣"对应于《皇门》外,《缁衣》仅剩的"大臣"其实是无法概括"大门宗子"的,或者说"大臣"也仅仅只对应"大门"。故"大臣"只可能是捃述或泛称,反观《皇门》的"大门宗子迩臣"还是应该作三分理解。
② 前揭沈培教授文所引网友"海天游踪"(苏建洲)之说,另张崇礼于复旦读书会《清华简〈皇门〉研读札记》一文下的评论中亦已指出此点。

无助者也"①,甚是。我们认为《桑柔》的"考慎其相"之"相",其实即当指"顾比在王廷""献言在王所"的诸位臣佐,具体来说就是《芮良夫毖》篇的"五相",而实指的话就是《皇门》篇的"大门""宗子""迩臣""元武""圣夫"这样五类人。之所以要以"类"为称,因为其中有些名目如"宗子""迩臣"显然不是哪一个人,"大门""元武""圣夫"之称恐怕也同样如此。就此而言,那种把"五相"简单对应五种职官的看法就不合适了,这样看来,前述桂珍明所谓不宜实指的看法确有合理处。其四,清华简《说命下》武丁追述商之先王之所以能灭夏,关键在于"惟庶相之力胜"。"商之先王"恰属于"二有国之哲王",故所谓"庶相",恐怕亦是《芮良夫毖》"五相"及《皇门》"大门""宗子""迩臣""元武""圣夫"的间接证明。与"庶相"相应,《芮良夫毖》也有"众偁"之称。其文曰:"昔在先王,既有众偁。□□庶难,用建其邦。平和庶民……",这是讲"众偁"对于"先王"的重要性——所谓"用建其邦,平和庶民",简直是一片太平景象,依稀又让我们看到了"五相柔訨"时的情形。其中的"众偁",其实与清华简《说命下》的"庶相"非常接近:"庶"即"众"也,而"偁"因有偁作、服力役之义,故与作为王之佐助,且操劳王事的"相"字义近。《芮良夫毖》下文还称辅佐先王的这些人"以武及勇,卫相社稷",既是"众偁",又能"卫相",也是"偁""相"相通的佳证,故"庶相"与"众偁",均可视为"五相"的侧面证明。

由上述讨论看,"五相"之说《芮良夫毖》与《皇门》实暗通心曲:《皇门》无"五相"之词而有"五相"之实,《芮良夫毖》有"五相"之词而无"五相"之实。《桑柔》的"相",则稍为抽象和笼统,如果没有《皇门》《芮良夫毖》二篇,只能理解为宽泛的臣佐,现在有此二篇,则其所指就相对明确。《桑柔》为芮良夫作品,历来无疑义,就其中"相"字与上述二篇尤其是《芮良夫毖》的关联看,我们认为《芮良夫毖》作为芮良夫的作品同样是可以坐实的。还要提到的是,如上所言,《芮良夫毖》此段是从正反两个方面叙述,而《皇门》篇同样如此:前面言"我闻昔在二有国之哲王"时,大门、宗子、迩臣、元武、圣夫这"五相"俱在,故政通人和;而后面"至于厥后嗣立王"时则是从相反的方向说,此时"五相"不在,相反却是"以家相厥室"(仍然紧扣"相"),这样就不能很好地辅佐王,故"俾王之无依无助",而《芮良夫毖》也提到当出现"五相不疆"的反面情况时,就"民迺嗥嚣,靡所屏依"。所谓"靡所屏依"与《皇门》的"无依无助"简直绝类。再如前文提到《皇门》篇作为反面情况的"乃唯作诉以答",而《桑柔》也提到"维彼不顾,征以中垢";《皇门》云"邦亦不宁",

---

① 马瑞辰:《毛诗传笺通释》,中华书局,1989年,第970页。

而《芮良夫毖》亦云"自起残虐,邦用不宁",均属近似辞例。由此观之,在一些重要观念、语词及表述逻辑上,《芮良夫毖》一篇与周书之《皇门》、大雅之《桑柔》均多有印证,其为芮良夫的作品应无可疑。

二、由"五相"兼综"世官"与"尚贤"说到"尚贤"古义

《芮良夫毖》"五相"之所指及其与《皇门》的关系既明,我们还想对《皇门》篇中"自(釐)臣至于又贫私子"这样一个范围指称所蕴含的深义再作探讨。如上所言,"自(釐)臣至于又贫私子"是一个从内到外的范围指称,而"自(釐)臣至于又贫私子"所指又与"五相"同,"五相"的"内"显然就是其中的"大门""宗子""迩臣",而外则是"元武""圣夫"。其中的"大门""宗子""迩臣"应该是周代的世家大族,或以为是王之近臣,这一点古今学者无异辞①;而对于向外拓展的"元武""圣夫",庄述祖云"元圣可以为公卿,武夫可以为将帅者",陈逢衡云:"元圣可以资治道,武夫可以备腹心",我们认为这过于笼统,而且还不乏想当然处。在我们看来,如果说前面的"大门、宗子、迩臣"主要是指出自世家大族的"世官"的话,那么后面的"元武、圣夫"则主要是指出身异族或低贱的人。与"世官"相对,任用这些人,意味着西周从立国之初就是非常强调"尚贤"的。言及周代的选官用人制度,传统且主流的看法是"世卿世禄",似乎是铁板一块,与所谓"尚贤"格格不入。如真是这样,文献记载的那么多低阶层的人被举为上官,又如何解释呢?《周礼》虽有严密的考绩、晋升记载,但此书晚出,用其来说周制显然不够严谨。晚近学者则通过对周代第一手资料特别是铜器铭文的研究指出,所谓周代的"世官"制只是就主流或总体上言之,它同样并不排斥事功和任能②。我们认为《皇门》篇"五

---

① 这一点可以庄述祖之说为代表,其解释"势臣"时即云:"大宗、门子之能左王治国者,所谓世臣也。"参黄怀信、张懋镕、田旭东:《逸周书汇校集注》,第546页。
② 朱凤瀚:《商周家族形态研究》,天津:天津古籍出版社,2004年,第395、669页;李峰:《西周的政体》(生活·读书·新知三联书店,2010年)第四章对西周官职任命中"世袭"与"非世袭"因素亦有考察与讨论。杜勇先生通过考察西周井氏家族及其采邑变迁,亦指出"世卿制度本身亦有尊贤机制,是一个'亲亲'与'尊贤'相辅为用的矛盾统一体"(杜勇:《从井氏采邑看西周世卿制度的尊贤功能》,《商周青铜器与金文研究学术研讨会论文集》,2017年,郑州)另可参何景成:《西周王朝政府的行政组织和政治运作》,光明日报出版社,2013年,第217—237页,特别是其中对官员"考绩"的讨论。另外,王治国亦于其博士论文中专辟一节讨论"西周官制中的世袭与选贤",参王氏《金文所见西周王朝官制研究》,北京大学2013年度博士论文,指导教师:朱凤瀚教授。总体来看,我们认为在"世官"之外同时强调"非世",或者说"功"与"德"同样是任官考量的重要因素,可以说是晚近西周官制研究中一个越来越得到证明的共识。当然,以本文的讨论看,尽管贵族的职阶晋升中也要看他的才能,但这却并不属于"举贤"。早期对于"贤"的界定,是仅限于那些出身异族或出身低贱的人。

相"之"大门""宗子""迩臣"其实多是"世官",而所谓"元武""圣夫"则意在强调举贤,特别是任用那些出身异族或低贱的人,以使国家统治有一个更广泛的基础。换言之,《皇门》"自(釐)臣至于又贫私子"这样一个范围指称,实际透露了周代任官从"世官"到"尚贤"的全部秘密。谨再试为证之。

首先要提到,学者在疏解传本《皇门》的"方求论择元圣武夫"之"方求"时,多引《国语·楚语上》武丁得傅说的故事,其一则曰:"……又使以象梦旁求四方之贤,得傅说以来,升以为公,而使朝夕规谏",再则曰:"……使以象旁求圣人。既得以为辅……"此处也屡称"旁求",如前所述,所谓"旁求"云云者,当即《皇门》之"方求",这是两篇文献相关联的训诂学根据。而且,依《楚语上》,被"旁求"的傅说这类人,属于"四方之贤"。所谓"四方",其实就意味着范围的向外扩大——这与《皇门》标示范围概念的"自(釐)臣至于又贫私子"也暗契。相对"中央","四方"更多地指向边裔或异族,而"贤"者正是由之而出,这表明它与正统的举材通道并不相同。其实,类似"方××"表范围扩大的辞例还可考虑逑盘的"方狄不享"与"方怀不廷",前人对文献及铭文中的所谓"不享"与"不廷"早有定论,即指那些"不来享"或"不来王"的边裔方国或异族。"方狄不享"下句云"用奠四国万邦","四国"与《楚语上》的"四方"正相应。然则,所谓"方狄"与"方怀",其实也就是"旁狄"与"旁怀",意指讨伐①或抚柔那些"不来享"或"不来王"的边裔方国或异族,这同样是指统治范围的扩大。此与前述所谓"旁求""方求"之语近似。准此,由《皇门》的"方求"到《楚语上》的"旁求",再到逑盘的"方狄""方怀",文献中这种表范围扩大的辞例实不在少②,在选人、用人的辞例中,它们也多指取材范围的拓展。当然,《楚语上》此处记载更值得注意的是,被"旁求"的傅说等人是"四方之贤",明确标举"贤"字。而且,傅说其人起于版筑之间这样的身份,最后竟升为武丁的臣佐,真的是"出自幽谷,迁于乔木"(孟子语),其非出自世官而系

---

① "狄"之有讨伐、征讨义,可参见裘锡圭:《史墙盘铭文解释》,《裘锡圭学术文集》第3册,复旦大学出版社,2012年,第6页。及李家浩:《说"猛不廷方"》,《安徽大学语言文字丛书·李家浩卷》,北京师范大学出版社集团、安徽大学出版社,2013年,第12页。
② 顺便指出,《逸周书·官人解》云:"措身立方而能遂,曰有知者也。"(《大戴礼记·文王官人》此句作:"错身立方而能遂,曰广知者也。")对于"立方"旧解或以为"立义"(参黄怀信、张懋镕、田旭东:《逸周书汇校集注》,第788页引潘振说),窃以为所谓"立方"可能同样当解为"立旁"或"择旁",其实即"别立",也是讲任官范围的扩大。因为《逸周书》的《官人》篇主要是讲选人、用人的,其云"措身立方而能遂"才能算"有知者也"。而《尚书·皋陶谟》即云"知人则哲,能官人",同样将"知"与"官人"相关联,似非偶然。另外,《逸周书·谥法解》亦云:"官人应实曰知。"然则,《逸周书·官人》的"措身立方而能遂",窃以为也是在讲选人用人的明智之举,那就是一则要扩大遴选范围,即"立方",也可以说是"立旁"或"旁立";另一方面要"能遂",所谓"遂"即上文所谓的"遂达"之"遂",因此"能遂"即是让有才能的人施展抱负的意思。

论贤举升,更是显而易见的。

其次,上文曾经提到,《皇门》述"元武圣夫"的出现方式是"羞于王所",所谓"羞"即从外进献之义。与此相关,我们觉得文献中所谓"荩臣""献民""献臣"等词对我们理解"元武圣夫"系异于世官的举贤也会是很好的参照。《皇门》云"朕遗父兄,罙朕荩臣",《芮良夫毖》也有类似说法如"凡百君子,及尔荩臣",《大雅·文王》亦谓"王之荩臣,无念尔祖",都提到"荩臣"。《尔雅·释诂》云:"荩,进也。"毛传解《大雅·文王》"王之荩臣"同此,郑笺更谓:"今王之进用臣。"孔疏亦云:"文王进臣之道。"都是把"荩"理解为"进用"①。文王是如何"进用"贤臣的呢?《国语·晋语四》借胥臣之口对此有专门交代,"及其即位也,询于'八虞',而谘于'二虢',度于闳夭而谋于南宫,诹于蔡、原而访于辛、尹,重之以周、邵、毕、荣",清华简《良臣》提到文王之"良臣"则是闳夭、泰颠、散宜生、南宫适、南宫夭、芮伯、伯适、师尚父、虢叔这样的组合②。上述文献中的散宜生、南宫、虢叔等虽系姬姓人士③,但其中同样有辛氏、尹氏、师尚父等异姓之人,还有闳夭、泰颠这样虽氏族不详④,但依《墨子·尚贤上》,却是出身"罝罔"之中的低贱身份⑤。因此,《晋语四》把这些人统为"四方之贤良",突出"四方",其实还是想强调文王用人不遗那些出身异族或身份低贱的人。尤其是,这里的"四方之贤良"与上述《楚语上》讲傅说时所说"四方之贤"可谓绝类,都强调"四方",还是指任官范围的扩大,不局限于本族或朝廷旧臣。另外,《逸周书·大戒解》云"材在四方",卢文弨谓"在四

---

① 独朱熹《诗集传》认为:"荩,进也,言其忠爱之笃,进进无已也。"朱子虽亦取"进"之说,但由"忠爱之笃,进进无已也"来看,朱子之理解实与"进用"有别,而重在"忠爱"。这也影响了后来学者。唐大沛注《逸周书》即采其说,但却误会成"诗疏"之义(参见黄怀信、张懋镕、田旭东:《逸周书汇校集注》,第559页。该书亦因袭了唐氏的错误,谓"当如诗疏所训",实则这根本就不是诗疏之义)。清华简《皇门》整理者亦取朱子"忠臣"之说(《清华大学藏战国竹简(一)》,中西书局,2010年,第171页)。今按,朱子之说实不可信,后来说诗者多取"进用"之义而弃朱子之说,可参见林义光《诗经通解》,中西书局,2012年,第302页;吴闿生:《诗义会通》,中西书局,2012年,第222页;高亨:《诗经今注》,上海古籍出版社,2009年,第372页。又,马楠认为"荩"是"灰烬"之"烬"的通假,故"荩臣"其实即"遗臣",亦不可信。参见程浩:《"书"类文献先秦流传考——以清华藏战国竹简为中心》,第60页所引。
② 《尚书·君奭》所举文王之臣则是虢叔、闳夭、散宜生、泰颠、南宫括。
③ "散"为姬姓,可参见陈颖飞:《清华简〈良臣〉散宜生与西周散氏》,《出土文献》第九辑,中西书局,2016年,第73页。
④ 李零教授最近认为闳夭可能是以"宏"为氏,而"泰颠"即"蔡颠",周之西土亦曾有蔡氏,参见李氏《待兔轩读书记(二则)》,《文史》2017年第1期。
⑤ 《墨子·尚贤下》还说武王将闳夭、泰颠、南宫括、散宜生等人都"推而上之",言下之意,他们本来都非出身高位,这其中甚至包括了南宫、散宜生等出身姬姓的人。应该指出的是,尽管《晋语四》《良臣》所记文王之辅臣有很多人,但《尚书·君奭》所举只有虢叔、闳夭、散宜生、泰颠、南宫括这五个,恰合"五相"之数,而且其中既有虢叔、南宫这样的姬姓贵族,还有出身低贱的闳夭、泰颠,不知这是否可算"五相"的一个侧面证明。

方,言野多遗贤","野多遗贤"云云,可谓近之。其实,孔晁注《逸周书·皇门》即云:"苌,进也。言我进用之臣……"同样取"进用"之义。因此,"进用之臣",实即"进献之臣"。由此而及文献与彝铭中"献民"或"献臣"之称。《尚书·大诰》"民献有十夫","民献"即《尚书·洛诰》及《逸周书·作雒》、《商誓》等篇的"献民"。伪孔传解《大诰》之"民献"曰:"四国人贤者有十夫来翼佐我周",一谓"贤者",一谓"翼佐":分别点明他们的"才能"和"职能"。其中的"贤者"还是"四国人",而且云"来",依稀可见《楚语上》"四方之贤者"或《晋语四》"四方之贤良"的影子,这同样表明这些"贤者"非本族或朝廷旧臣。孔传解《洛诰》之"殷献民"径谓"殷贤人"。后来训诂,多将"献"训为"贤",其实是过于侧重这些人的"才能"。我们认为就这些人的出身和来源上讲,"献"可能本当训为"进献"之献,此与上述训为"进用"的"苌"字正同。《尚书·酒诰》:"予惟曰:'汝劼毖殷献臣、侯、甸、男、卫;矧太史友、内史友越献臣百宗工'",孔传:"汝当固慎殷之善臣信用之。"蔡沈集传谓:"献臣,殷之贤臣。"无论是"殷之善臣"还是"殷之贤臣",都表明他们是出身于"殷",如今又"进用"于周。周任用殷人,与前述《尚书·多士》云夏人被商"简在王庭",道理是一样的。也说明由商至周,这种传统一直存在。而周人在自己同族或旧臣之外,还任用出身异族的"殷献臣",从选材范围来说其实就是《楚语上》的"旁求"或《皇门》的"方求"。还应提到的是,周厉王之害夫簋亦云:"肆余以义士、献民,䍒嫠先王宗室",其中之"献民"应与上述"献臣"同义,指出身异族的贤者,学者或认为系"周之世族"[①],依本文的讨论看,恐怕是有问题的。

最后,也是最重要的一点,那就是学者在疏解《皇门》之"方求论择元圣武夫"(简本)"迺方求选择元武圣夫时",多不约而同地注意到《墨子·尚贤》的两处记载。其一是《墨子·尚贤中》:

> 且以尚贤为政之本者,亦岂独子墨子之言哉?此圣王之道,先王之书,距年之言也。传曰:"求圣君哲人,以禆辅而身。"《汤誓》曰:"聿求元圣,与之勠力同心,以治天下。"

其二是《墨子·尚贤下》:

---

① 王辉:《商周金文》,文物出版社,2006年,第209页。

于先王之书《竖年》之言然,曰:"睎夫圣武知人,以屏辅而身。"此言先王之治天下也,必选择贤者,以为其群属辅佐。

墨子这两处引书都出自"尚贤"篇中是需要高度重视的。墨子云"以尚贤为政之本者,亦岂独子墨子之言",也就是"尚贤"不是他自己的发明,古代所谓"圣王之道,先王之书,距年之言"都明确有"尚贤"的记载了。"此言先王之治天下也,必选择贤者,以为其群属辅佐",所谓"选择贤者,以为其群属辅佐",其举贤之义非常明确。墨子所引的"先王之书",一则是《汤誓》,另一则是《竖年》。《汤誓》云"聿求元圣,与之勠力同心,以治天下",而《竖年》云"睎夫圣武知人,以屏辅而身",所谓"勠力同心""屏辅而身"均强调这些贤才的辅佐作用,而这些贤才或称"元圣",或云"圣武",其实都不过是对诸如《皇门》传世本"元圣武夫"或简本"元武圣夫"的撮述。实际上,此前学者既已注意到这一点①。孙诒让也是径引《皇门》篇来为《尚贤中》的"圣武知人"作注②。《竖年》之书不详,但《汤誓》却是明明白白的"商书",这也说明《皇门》称举"大门、宗子、迩臣"与"元武"、"圣夫"是"昔在二有国之哲王"时,确非虚言,甚至要说周公是在暗引《汤誓》一类书也是可能的。墨子既明言上述"元圣""圣武知人"话或出《汤誓》,或出《竖年》,则其明显非据《皇门》而来。不过,尽管墨子所引非据《皇门》,但其"元圣"或"圣武"的表述又与《皇门》绝类,而所谓"元圣"或"圣武"又仅是上述"五相"的后两项。我们推测,墨子所引《竖年》等文献中,可能不排除同样有"五相"前三项的内容,而墨子独把后两项列入"尚贤"范畴,其含义就是不言自明的:那就是只有任用这些所谓"元圣""圣武"或者说"元武""圣夫"才算"举贤"。而且,把任用"元武""圣夫"一类人列入"尚贤"举措,商周两代这种观念其实也是一贯的。

关于《皇门》中"五相"实并举"世官"与"任贤"的事实,传世文献还有两条材料可以提供侧面的证明。其一是《国语·晋语七》记载晋悼公初立时的举措,其文称:"辛巳,朝于武宫。定百事,立百官,育门子,选贤良,兴旧族,出滞赏。"所谓"立百官、育门子、选贤良、兴旧族",除了次序与《皇门》的"五相"略显参差外,内容可以说大致对应:所谓"立百官、育门子、兴旧族"大体对应《皇门》的"大门、宗

---

① 黄怀信、张懋镕、田旭东:《逸周书汇校集注》,第547页所引庄述祖之说。亦可参刘师培:《周书补正》,《刘申叔先生遗书》第2册,台北:京华书局,1970年,第895页。王连龙也指出墨子引书如"睎夫圣武知人,以屏辅而身"云云者,"应与本篇(即《皇门》,笔者按)有关",参王连龙:《〈逸周书〉研究》,第140页。

② 孙诒让:《墨子间诂》,中华书局,2001年,第70页。

子、迩臣"——"百官"①与"迩臣"对应,"门子"与"宗子"对应,"旧族"与"大门"即世家大族对应;至于其中的"选贤良",说的就更为直白了。依上文的看法,《皇门》的"元武、圣夫"就是要强调与"世官"相对的举贤,然则就与《晋语七》的"选贤良"可以说完全对应了。悼公是晋国历史上一代雄主,霸业达到极盛,其虽少年即位(十四岁),但面对晋厉被弑、国内错综复杂的政治形势,其所施展的内政、外交方面的举措,很短的时间内就使国政为之一振。此处的"立百官、育门子、选贤良、兴旧族"主要涉及国内政治,这些举措兼具稳定大门世族和任贤使能两大功效,可以说十分全面。当然,从《皇门》《墨子·尚贤》等篇的记载来看,悼公的这些举措也是有着旧章可循的。另一则材料是《晋语四》提到晋文公在秦穆支持下回国,其施行的政治举措如"昭旧族,爱亲戚,明贤良,尊贵宠,赏功劳,事耇老,礼宾旅,友故旧",其中的"旧族""贵宠""故旧"无疑接近"世官",而同时依然少不了"明贤良",就此而言,这依然是"世官"与"任贤"并举的结构。顺便说一句,《晋语四》提到的"旧族"中,"胥、籍、狐、箕、栾、郤、柏、先、羊舌、董、韩,实掌近官",且"诸姬之良,掌其中官",另外,"异姓之能,掌其远官"。"中官"依韦昭注即"内官",然则其全部外朝官即划分为"近官"与"远官"两大系统。"近官"由胥、籍等十一个大的旧族充任,隐约又让我们看到了《皇门》的"大门、宗子、迩臣","迩"即"近"也。充任"远官"的则是所谓"异姓之能",实际上这就是在"举贤",依上文所论,"方求""进用"的贤能之士往往多出自异族,这与"异姓"又恰相吻合。《逸周书·大戒解》还称:"内姓无感,外姓无谪",陈逢衡云:"内姓无感,亲亲得其所也。外姓无谪,尊贤各有等也。"②可谓极当。与《皇门》"五相"兼举"世官"与"任贤"类似,《逸周书·大匡解》还有"六位"的说法,其构成是新、故、外、内、贵、贱。归结而言,所谓故、内、贵,其实即"世官",而新、外、贱则相当于举贤,它的构成其实与上述《晋语七》《晋语四》所谓晋悼、晋文的举措可谓惊人一致。这再次说明,此种搭配是久有渊源的。

我们上文曾论及《皇门》兼举"世官"与"任贤",就范围上说实是兼顾"内"与"外",这种"内外"关系换一种说法其实即"近远"关系。与此相应,我们也注意到古书中又经常以"远、近"或"远、迩"来概括任官的全面性,而"远"者又多意味着举贤。《左传·昭公二十八》年晋灭祁氏、羊舌氏,魏献子主持分其地而任之官,

---

① 《晋语七》这里的"百官"其实与《芮良夫毖》的"凡百君子"亦近。
② 黄怀信、张懋镕、田旭东:《逸周书汇校集释》,第567页。

因为任官公道而颇受孔子好评,夫子的评价是"近不失亲,远不失举","近"对应"亲",而"远"对应"举",杜注:"以贤举。"同样是"近——亲族""远——贤人"的搭配。再者,前面曾提到《墨子·尚贤上》述及因君王尚贤而竞欲为"义"的四类人,除了"富贵""亲者",还有"近者""远者"。如前所言,"富贵"与"亲者"其实基本对应《皇门》的"大门""宗子","近者"实对应"迩臣"。因出自"尚贤"篇中,"远者"实当即"元武、圣夫"了。因为是"远者",也恰好吻合《楚语上》《晋语四》的所谓"四方"。此外,《墨子·尚贤中》还提到"虽天亦不辨贫富贵贱,远迩亲疏","远迩"既与"亲疏"对举,其中的"远"无疑对应"疏",则其出身如何亦可推知。《墨子·尚贤中》还提到如果国家富足,那样就可以"内有以食饥息劳,将养其万民;外有以怀天下之贤人"①,相对于国内的"万民","贤人"却是"外有以怀",如此,则"贤人"出自哪里也是很清楚的。另外,《孟子·离娄下》云"武王不泄迩,不忘远",赵岐注:"不泄狎近贤,不遗忘远善。近谓朝臣,远谓诸侯。"赵氏将"迩"释为"朝臣",焦循更举武王用太公、周公、召公、毕公等人,申"迩谓朝臣"之义,都是正确的。不过赵氏的"近贤"之称则又惑于后世的贤能观念。下面会提到,从本来的意义上说,只有出身异族或低贱的人,才能称为"贤"。赵注指"远谓诸侯",焦氏更引《牧誓》"友邦冢君"及"庸""蜀"等八国解"远谓诸侯也"②。其实,准确地讲应该是诸侯中贤能的人,因为《离娄上》前一句云"汤执中,立贤无方",同样也是讲举贤。以此反观前举《楚语上》评论齐桓、晋文之所以成功的"近臣谏,远臣谤"③,其中之"远臣"应当也是属举贤的范畴④。

既然《皇门》之"方求选择元武圣夫"是强调与"世官"相对的举贤,这对我们理解其中所谓"自(釐)臣至于有贫私子"中的"有贫私子"也会有所帮助。"私子",孔晁、陈逢衡都解释为"庶孽"。这种理解依然不出宗法关系的范围,作为与

---

① 王念孙以为此处"外有以"三字涉上文而衍,并举下文"内者万民亲之,贤人归之",认为"养民与怀贤皆内事非外事也"(《读书杂志》,江苏古籍出版社,2000 年,第 564 页)。今按,王说可商。墨子"内有"之"养万民","外有"之"怀贤人",主要讲其财富的施用方向。关于古代国家有为怀"外"之贤人而专辟的经济或财富支出,请看《国语·齐语》的记载:"为游士八十人,奉之以车马、衣裘,多其资币,使周游于四方,以号召天下之贤士。"这是讲齐桓公的招贤之举。其中"车马、衣裘,多其资币""周游于四方""贤士"三项,我们觉得已把问题讲得很清楚了。墨子下文之所以将"万民亲之""贤人归之"俱归"内者",其实是就"结果"而言——当贤者最终归附、为我所用时,自然属于内政。两者其实并不矛盾。
② 焦循:《孟子正义》,中华书局,1987 年,第 571 页。
③ 上博五《竞建内之》亦有"近臣不谏,远者不谤",与此相类,只不过从反面说而已。
④ 值得注意的是,《周礼》"乡大夫"之职有"兴贤""献贤能"的责任,《国语·齐语》《管子·小匡》也提到"乡"的长官要"进贤",甚至《礼记·文王世子》还说:"凡语于郊者,必取贤,敛才焉……谓之郊人。""贤"的范围多出"乡""郊"之地,恐怕也暗合上文屡见的"远者"。

"世官"相对的概念,显然是有问题的。当然,孔、陈没有认识到所谓"元圣武夫"实际上是在讲举贤,这种理解也无足怪。庄述祖解释为"余子""无氏族可列者",王连龙解为"小子",我们认为也不准确。独朱右曾解为"家臣",可谓近之。晚近朱凤瀚先生认为是"贵族家族内为主家服役的家臣子弟"[①],亦确。如上所云,居于外部的"有贫私子"对应"元武圣夫",实为举贤,而《墨子·尚贤中》的一段记载可能恰对"有贫私子"的理解不无启发性。"贫"字,整理者受传世本《皇门》影响,主张读为"分",历来注《周书》者亦多据"分"字为说[②],现今学者亦多从之[③]。我们认为,此字读为本字即可,恐不劳读为"分"。证据就是《墨子·尚贤中》在引《汤誓》之后,历举舜、伊挚、傅说等本微贱之人,但被尧、汤、武丁任用后却最终富贵,其中说:"此何故始贱,卒而贵?始贫,卒而富?""始贫"即对应"有贫私子"的"有贫",说明这些人原本出身微贱。至于"私子",墨子下文在提到"伊挚"的例子时又说:"伊挚,有莘氏女之私臣,亲为庖人。""私臣"即"私子"也,亦证上述朱右曾、朱凤瀚看法的正确性。由此看来,《墨子》的记载不但对我们理解《皇门》之"元武圣夫"及"尚贤"本义大有帮助,即便是"有贫私子"这样的词汇,离开了《墨子》中的相关记载也是很难索解的。长期以来,学者对战国诸子所讲遗文古事都不太当回事,往往认为他们为立说需要不免造作故事。现在看来,至少就《墨子》一书而言,我们惯常的看法实有简单化之嫌。对《墨子》一书述古的严肃及忠实,实在需要重新估量。

上述《皇门》"五相"兼举"世官"与"任贤",以及《晋语》中晋文、晋悼初立时将"兴故旧"与"明贤良"并举,都告诉我们这样一个事实,那就是周代的任官,从一开始就是"世卿世禄"与"任贤"并重的,后人往往将周代官制简单概括为"世卿世禄",可以说很不全面。学者说"西周春秋时代世卿世禄,选贤任能不出贵族之外"[④],不唯把周代的世卿制看得过于简单,对于"世卿"与"选贤"之间的关系恐怕也存在误解。学者或由《墨子·尚贤》三篇的记载,认为"尚贤"说晚至战国的墨子,甚至将"世官"与"尚贤"两种选材手段完全对立起来,更是极为错误的。关于这一问题,当初王国维在《殷周制度论》中其实已有分教,其说:

---

① 朱凤瀚:《读清华简〈皇门〉》,《清华简研究》第一辑,中西书局,2012年。
② 黄怀信、张懋镕、田旭东:《逸周书汇校集注》,上海古籍出版社,2007年,第547页。
③ 李均明:《周书〈皇门〉校读记》,《耕耘录——简牍研究丛稿》,人民美术出版社,2015年,第21页。魏慈德:《从出土的〈清华简·皇门〉来看清人对〈逸周书·皇门〉篇的校注》,《出土文献》第七辑,第63页。
④ 阎步克:《士大夫政治演生史稿》,北京大学出版社,1996年,第134页。

> 然尊尊、亲亲、贤贤,此三者治天下之通义也。周人以尊尊、亲亲二义,上治祖祢,下治子孙,旁治昆弟,而以贤贤之义治官。故天子、诸侯世,而天子、诸侯之卿、大夫、士皆不世。盖天子诸侯者,有土之君也。有土之君,不传子不立嫡,则无以弭天下之争。卿、大夫、士者,图事之臣也,不任贤,无以治天下之事。①

王氏明确将周代任官制度概括为"尊尊""亲亲"与"贤贤"并举(兼括"世卿"与"举贤"),确为不刊之论②。其实,从前文《皇门》《墨子》等的记载看,强调"举贤",商代也是同样如此。另外,如果细加留意的话,早期文献中将"亲亲"与"贤贤"的并举的提法,是俯拾皆是的。即以《皇门》篇而论,除了上文既论证的"大门、宗子、迩臣"多系"世官",而"元武、圣夫"则属"举贤"外,其下文还谆谆告诫"朕遗父兄,眔朕荩臣","父兄"之谓显系"亲亲",而"荩臣"上文已有论证,实乃"进用"之臣,亦系举贤。然则,这同样是"亲亲"与"贤贤"并举的提法。《芮良夫毖》也有与之类似句子,"凡百君子,及尔荩臣":"百君子"多系世官,而"荩臣"则系举贤,同样是世卿与任贤并举。《国语·周语中》富辰的话还有"尊贵、明贤、庸勋、长老、爱亲、礼新、亲旧","明贤"作为一项原则,同样与"尊贵""爱亲""亲旧"等并列。类似的话,《左传·僖公二十四年》亦有云:"庸勋、亲亲、昵近、尊贤,德之大者也。"依然是将"亲亲"与"尊贤"并举。甚至《晋语四》借僖负羁之口,说得更加简捷明快:"爱亲、明贤,政之干也。"铜器铭文中,类似提法同样有见,如徐王子方旊钟有云:"以乐嘉宾、朋友、诸贤……兼以父兄、庶士,以宴以喜。"(集成182),与"诸贤"并列的,是"朋友""父兄"等人。"父兄"自不必说,"朋友"一词,前人早有明断,本出家族伦常③,因此这里仍然是将"亲亲"与"贤贤"并举之例。进而思之,后世儒家将仁、义并举,且云"仁者"是"亲亲为大",而"义者"是"尊贤为大",尤其还说"亲亲之杀,尊贤之等,礼所生也"(《礼记·中庸》语),考虑到周代官制"世官"与"任贤"并举的特点,儒家的这些说法可谓由来有自。诚所谓"文武之道,布在方策",与《墨子·尚贤》篇一样,看来述古的成分确实更多一些。

---

① 王国维:《殷周制度论》,《观堂集林》(附别集),中华书局,1959年,第472页。
② 当然,王氏的所谓"任贤"已是后世泛化的概念;它也包括姬姓贵族中的有才能者。但从本文的讨论看,这其实并不符合任贤的本义。
③ 钱宗范:《"朋友"考》,《中华文史论丛》第8辑,上海古籍出版社,1978年;朱凤瀚:《商周家族形态研究》,天津古籍出版社,2004年,第295—296页。

一方面西周从立国之初就是"世官"与"尚贤"并重,但另一方面,也必须指出,周代的"尚贤"(包括商)就其本义来讲,与后世还是很不一样的。从上举贤臣往往是"四方之人",或是"远者""远人",尤其还多是"进献"之臣或"异姓之能"来看,我们认为商、周"尚贤",就其的本义来说,应该是想强调任用那些出身异族(邦)或身份低贱的人①。任用这些出身异族(邦)或出身低贱的人,较之"大门、宗子、迩臣"之类的世家大族或朝臣,无疑是"非常规"的选人手段。唯其如此,才能使王朝的统治有一个更为广泛的基础。关于这一点,《史记·鲁周公世家》还以周公的口吻称:"我文王之子,武王之弟,成王之叔父,我于天下亦不贱矣。然我一沐三捉发,一饭三吐哺,起以待士,犹恐失天下之贤人。"②一则云己之出身"不贱",但同时又说明自己求"贤"之渴是"一沐三捉发""一饭三吐哺",周公把"不贱"与"贤"对举,尤其是这"贤"还是"天下之贤人","天下"之称,隐与前述文献多见的"四方"之语义同——这与本文将周代"尚贤"的本义定位为任用那些异族(邦)或身份低贱人的特征也是基本吻合的。《吕氏春秋·求人》云:"先王之索贤人无不以也:极卑,极贱,极远,极劳。"其中的"贱"与"远",可以说均切"尚贤"之古义。商、周"尚贤"之古义既如此,那就意味着,官员由于成绩突出所致的正常晋升、提拔,其实本不属于"举贤"的范围。如前所述,当前的西周官制研究中,学者多已注意到周代任官并非简单的"世卿世禄",或者说"世"的因素仅意味着一种资格或可能性,贵族最终能否升至高位也和他的历练、从政成绩有关。学者或直接将这种重视才能或成绩的现象称为举贤,从本文的讨论看,这种仕途中的正常晋升现象恐怕并不符合商、周"举贤"的本义。这方面一个明显的证据是,学者所举周代那些虽出身世家,后天却是由于自己的才能得到擢升的铭文材料,罕有将此举称为举贤的,甚至"贤"字根本就没有出现③。进而论之,目前铜器铭文及早期文献中"贤"字含义往往较狭窄:多表示"多于""胜过"的意

---

① 《墨子·尚贤中》所述舜、伊挚、傅说等被举之前,都曾有服"贱役"的背景。《大戴礼记·文王官人》述古代考察人才的"官人"之法,选材范围同样包括"贫穷者"(《逸周书·官人解》作"贫贱者")。
② 关于周公不辞贱以礼贤之说,《荀子·尧问》《吕氏春秋·下贤》《尚书大传·周传》《韩诗外传》卷3、《说苑·尊贤》《孔子家语·贤君》等篇尚多有类似记载。
③ 如本文所论,《皇门》的"五相"中,"大门、宗子、迩臣"相当于"世官",而"元武、圣夫"相当于"举贤",但周人当初是否就把后者称为"贤"还是缺乏材料证明的。不过,无论当初周人对后者作何指称,从《皇门》篇及《墨子》等文献来看,周人推举"元武、圣夫"之类人士是意在"世官"之外另辟一用人途径,这则是确定无疑的。《周礼》"乡大夫"之职提到地方长官有定期从民众中"兴贤""献贤"于王的记载。《周礼》虽成书较晚,但就此强调从底层民众中举贤并献之于王的记载看,也的确符合周人于"世官"之外另辟一用人途径的制度设计。

思^①,或者就是相对具体的含义。如《诗·小雅·北山》的"我从事独贤",毛传"贤,劳也"(亦可引申为"多")。《诗·大雅·行苇》:"序宾以贤。"郑笺:"以射中多少为次第。"我们耳熟能详、文献中较为常见的"贤能"一词,当已是后来泛化的结果。当然,它也是从早期"多于""胜过",甚至在某一具体技能上存在优长之义上引申出来。最后,从周代"尚贤"之古义来看,"贤"与"不贤"本来都是针对"臣"的,并非君王。那些诸如"贤君"或"君贤"甚至"贤主""贤王"的概念^②,都应该是后起的,或者说同样是"贤"字含义泛化的结果。

复盘与导读

此文最早是提交给复旦大学出土文献与古文字研究中心 2017 年 10 月 14—15 日举办的"出土文献与传世典籍的诠释"国际学术研讨会的论文,后会议论文结集出版为《出土文献与传世典籍的诠释》一书(中西书局 2019 年版),小文亦收入其中。首发的刊物虽不是《中国社会科学》《历史研究》这样圈内公认的权威刊物,但敝帚自珍,我认为这却是最近几年自己最为满意的一篇:不唯解决了重要的问题,就问题意识、论证推勘、资料搜集来说,这篇小文对于刚入行的年轻学子来说可能也更具借鉴意义。

就成文过程来说,这篇小文并非如很多学者所说围绕某一问题久久为功、日积月累,最后水到渠成、终于成文的写作模式,而是属于瞬间抓住头脑中倏忽即逝的灵感火花,然后排比材料,推理求证,最后在很短的时间内就解决了问题。我印象中整个写作过程也就三四天,后面虽有增补,但大都属于补充证据,文章的整体架构和结论倒并没有什么变化。

从论证逻辑和解决的问题来看,这篇文章属于典型的环环相扣,逐次推进:

---

① 陈剑:《柞伯簋铭补释》,《传统文化与现代化》1999 年第 1 期。
② 《左传》"贤君""君贤"之类语用未见,《国语》中"贤君"两见,都在年代相对较晚的《越语》中。前引《墨子·尚贤中》引"传曰"所谓"圣君哲人",揆诸文意,这个"圣君"是"臣",并不是"王"。而且,"传曰"云云者,明是古代之书,与墨子年代落差明显。不过《墨子·尚同》篇说连"天子"也是"贤可""贤良"之人,就应当是"贤"字泛化后才有的概念。《吕氏春秋》屡称"贤主""贤王",《礼记·丧服四制》亦云"武丁者,殷之贤王也",都当是晚出观念(此语为衍出之注文,详参拙文《〈礼记·丧服四制〉篇形成研究》,《孔子家语》新证》,中西书局,2017 年,第 347 页)。对于君王的贤明,早期文献中倒是经常称"哲王",如《尚书·酒诰》云"在昔殷先哲王",《诗·大雅·下武》谓"下武维周,世有哲王"。《皇门》云"我闻昔在二有国之哲王",清华简《厚父》也有"在夏之哲王",《史墙盘》同样有"渊哲康王"的说法。

一旦在一个点上打开局面,就可以在多个方向上迅速扩张,连带解决多个问题。我最初只是想弄清楚清华简《芮良夫毖》最"烧脑"一段中的"五相"到底指啥,注意到它讲反面情况时说"五相不疆,罔肯献言",而清华简《皇门》篇也说"……亡不遂达,献言在王所",俱云"献言",这可能是有力的线索。但《皇门》篇"献言"的主语是"自(釐)臣至于有贫私子"这些人,似乎又与"五相"邈不相关。不过,如果仔细梳理《皇门》上下文就可以发现,这里的"自(釐)臣至于有贫私子"实际上是对前文"大门、宗子、迩臣"和"元武、圣夫"这五类人的概括性总结(这是该文于《皇门》文义疏通方面的另一发现,此前学者于此多未能明)。它们正好是五个,适足"五相"之数,这已经让人有点激动了。而且,进一步的推勘论证,我认为这并非巧合,"五相"其实就当是这五类人。到此为止,"五相"的问题其实就基本解决了。但我好奇的是,这五类人为什么分两拨("大门、宗子、迩臣"与"元武、圣夫")叙述?这两拨人之间又是什么关系呢?突破点其实就在最后总结性的话"自(釐)臣至于有贫私子",它类似英文中的"From……To……",作为一个范围性的人群指称,它显然指由高到低(也可以理解为由近及外),作为相近文例,文中我也引用了大盂鼎"人鬲自驭至于庶人"的例子:"人鬲"之中有高的"驭"和低的"庶人"。当然,训诂上,《皇门》的"迺方求选择元武、圣夫"之"方求"可训为"旁求""别求",此与《国语·楚语上》"以象梦旁求四方之贤"之"旁求"同义,相对于"大门、宗子、迩臣","元武、圣夫"明显是范围的拓展,也是有力的证据。"自(釐)臣至于有贫私子"既然是个由高到低的人群指称,低的显然是"有贫私子"。其中的"贫",清华简整理者受传世本《皇门》篇影响破读为"分",目前很多学者从之,其实是没有必要的。我们既知"有贫私子"为低阶层,其中"贫"读为本字即可,即贫贱、贫穷,而"有贫"不过是早期《诗》《书》类文献常见的"有+形容词"的构词格式,"有贫"即"非常""贫穷"之义。文中我还引了《墨子·尚贤中》舜、傅说等被举为贤才之前"始贱……始贫"的文例以为佐证。这等于是在文义确定的情况下,将其中疑难字词的释读给倒逼、"挤压"出来了。这是该文于《皇门》字词释读方面的另一收获。

既然"五相"中的"元武、圣夫"对应"自(釐)臣至于有贫私子"中的"有贫私子",则"元武、圣夫"显然也指相对低贱的人;或就范围来讲又可指"由内而外"的"外",或"由迩及远"的"远"。这时如果我们再与《墨子》《尚贤》三篇的记载对比就会有惊人的发现:《墨子》这三篇或曰"求圣君哲人",或曰"圣武知人",或引《汤誓》曰"聿求元圣",所谓"圣君哲人""圣武知人""元圣"均当是"元武、圣夫"的隐括。《墨子》书中又只把这些人称为"尚贤",因此不难得出结论:所谓"举贤",其实最初只是指那些贫贱的人,或相对"近者"的"远者",而像"大门、宗子、迩臣"这些人,仅从名称来看,我们也容易看出他们应该是些世卿贵戚。无论《皇门》还是《墨子》《尚贤》三篇,都说商、周尤其是周之用人"大门、宗子、迩臣"与"元武、圣夫"都有,然则,"尚贤"即西周贵族社会时也是常态,它不唯非自墨子始,其实也非思想史上很多人认为的春秋时世卿衰落之后才有的事。晚近学者的西周史特别是官制研究,已通过对金文资料的梳理,同样得出西周亦"尚贤"的结论,本文则从清华简古书与传世文献的对勘得出相同的结论,可谓同归而殊途。当然,在本文看来,"尚贤"其实最初只是指任用那些贫贱或异族人士,世家大族的正常晋升倒并不属于"尚贤"。另外,"尚贤"既然指选用贤才,而贤才往往又多贫贱或远在"四方"的,因此本文最后又指出"贤"与"不贤"最初肯定不能指君王,它本来就是专为"臣"准备的。传世文献中的"贤君""贤王"甚至"贤主"显然是"贤"字含义泛化的结果。有的读者可能没太留意文末这聊聊几句的弦外之音:从两周金文来看,称美君王或诸侯之词或曰"哲",或曰"圣",或曰"聪",何曾有过"贤"？这对于"贤"字的训诂可以说又提供了历史特别是制度方面的参照。

回头来看,我最初的目的是弄清"五相",属于"小切口"入手,但论文的格局却被一步步打开,直到弄清"尚贤"本义以及西周任官制度的双轨并行。属于想到了开头,没料到结尾。这个结尾虽然貌似意外收获,但我以为问题的意义和重要性又要远超"五相"。顺便说一下,最近公布的清华简《四告一》有云:"王所立大正、小子、秉典、圣任、处士",笔者认为这五种角色与《皇门》篇的"大门、宗子、迩臣"和"元武、圣夫"也基本能够对应,《四告一》的"圣任、处士"大致与《皇门》的"元武、圣夫"相当,同样属举"贤"范畴。

原壤所歌：逸诗《狸首》考*

胡 宁**

《狸首》是周代诸侯射礼中用为射节的乐诗，早已亡佚。历来研究者对这一重要礼仪用诗，或仅言逸诗，或据旧注认为是礼书中所载"曾孙侯氏"云云，或另有新见却并未详考。本文试图依据典籍中相关线索，考证此诗，并通过对相关古史传说的研究揭示其用于礼仪的时代背景以及政治、文化意义。

一、《狸首》非《曾孙》

《礼记·射义》："其节，天子以《驺虞》为节，诸侯以《狸首》为节，卿大夫以《采蘋》为节，士以《采蘩》为节。"郑玄注："《狸首》逸，下云'曾孙侯氏……'是也。"陆德明《音义》："狸之言不来也。首，先也。此逸诗也。"①所谓"狸之言不来也"也是源自郑玄，《仪礼·大射礼》："乐止命太师曰：'奏《狸首》，间若一。'"郑玄注：

> 《狸首》，逸诗《曾孙》也。狸之言不来也。其诗有"射诸侯首不朝者"之言，因以名篇。后世失之，谓之《曾孙》。曾孙者，其章头也。《射义》所载诗曰"曾孙侯氏……"是也。以为诸侯射节者，采其既有弧矢之威，又言"小大莫处，御于君所，以燕以射，则燕则誉"，有乐以时会君事之志也。②

---

* 原载《历史研究》2014年第4期。
** 胡宁，北京大学历史学博士，上海大学历史系副教授、硕士生导师，中国诗经学会会员。研究方向为先秦史，主要研究领域为先秦诗学与诗史，兼及出土文献、经学史、佛教史等，出版专著《楚简逸诗》《楚简诗类文献与诗经学要论丛考》，主持国家级项目3项，发表论文40余篇。
① 《礼记正义》卷62《射义》，阮元校刻：《十三经注疏》，中华书局，1980年，第1686页下栏、1687页上栏。
② 《仪礼注疏》卷17《大射》，阮元校刻：《十三经注疏》，第1042页上栏。

以《狸首》为逸诗,又认为此诗就是《礼记·射义》所载《曾孙》,按《射义》引"诗曰":"曾孙侯氏,四正具举。大夫君子,凡以庶士,小大莫处,御于君所。以燕以射,则燕则誉。"郑注:"此《曾孙》之诗,诸侯之射节也。"①

以"曾孙"云云为《狸首》,实不足凭信。此诗通篇未言及"狸首",郑玄曰"狸之言不来也",是将"狸"音训为"不来",胡培翚《仪礼正义》云:"'狸'与'来'古音相近,'不来'即是'狸'之合声,犹'终葵'之为'椎'、'邾娄'之为'邹'也。"②"诗三百",从未有如此命名者,所谓"射诸侯首不朝者"亦不类诗中语句,且若言"首不朝",诗名何不为"首狸"? 与《狸首》一样被用为射节的《驺虞》《采蘋》《采蘩》三首诗都很简短,重章叠句,与《曾孙》的形式、风格绝不相类③。同为射节,不应差别如此之大。

其实,以《曾孙》释《狸首》只是郑玄的一家之言。《礼记·乐记》"左射《狸首》",孔疏:

> 所以歌《狸首》者,皇氏以为旧解云:"狸之取物,则伏下其头,然后必得,言射亦必中,如狸之取物矣。"郑注《大射》云:"《狸首》,逸诗。狸之言不来也,其诗有'射诸侯首不朝者'之言,因以名篇。"不取于狸之伏物。④

皇侃是南朝梁的经学家,南北朝礼学皆宗郑玄,则皇侃于此处所言"旧解"当是与郑注相较而言之"旧",也就是汉儒旧说而为郑玄所不取者。郑玄为什么在注解"《狸首》"时放弃"旧解"而用《曾孙》释之? 因为《狸首》久已亡佚,"旧解"也不过是就诗名中"狸"字发挥,而《礼记·射义》言"《狸首》者,乐会时也",若以"狸之取物"解释《狸首》,则与"乐会时"的意旨全不相干。与之相比,《曾孙》所描述的就是射礼的过程,且其中有"小大莫处,御于君所"的诗句,可与"乐会时"之"会"相牵合,但这样的一首诗又何以名为"狸首"? 就字面难以讲通,只好采用倒序和音训的方式曲解之。他这样解释"狸首",应是源自今见于《史记·封禅书》的一段

---

① 《礼记正义》,第1687页中栏、下栏。
② 胡培翚:《仪礼正义》卷15《大射三》,《续修四库全书·经部·礼类》,江苏古籍出版社,1993年,第221页下栏、222页上栏。
③ 孙希旦《礼记集解》卷60引刘敞曰:"《驺虞》《采蘋》《采蘩》三诗,皆在二南,则《狸首》亦必其俦。"(中华书局,1989年,第1440页)甚是。
④ 《礼记正义》卷39《乐记》,第1543页中栏。

记载:"是时苌弘以方事周灵王。诸侯莫朝周,周力少。苌弘乃明鬼神事,设射狸首。狸首者,诸侯之不来者。依物怪欲以致诸侯。诸侯不从,而晋人执杀苌弘。周人之言方怪者自苌弘。"①这显然属于今文经学中的"非常异议可怪之论",其人物时代之错乱,如苌弘不及事灵王,泷川资言辨之甚详②,而整体上的荒诞不可信正如孙诒让所言:"《狸首》本射节,非苌弘所设,《史》说不经,与《礼》违。"③皇侃所引"旧解"当是古文家说,郑玄不取,而利用今文经学中"诸侯之不来者"一义试图将《狸首》释为《曾孙》,但即便以"不来"解"狸",此二诗也显然无法联系起来,"射诸侯之首不朝者"根本不像诗句,《曾孙》中也没有这句;《曾孙》中说的是诸侯设射而"大夫君子""御于君所",并不是天子设射,根本谈不上诸侯之"来"或"不来"。

二、原壤所歌二句应属《狸首》

对于郑玄的注解,后世亦有怀疑并试图另做诠释者。刘敞言:"或曰:《狸首》,《鹊巢》也。篆文'狸'似'鹊','首'似'巢'。"④这仅是推测,且字形差异很明显,不足论。其实若钩沉《狸首》,文献中也不是无迹可寻。陈澔《礼记集说》注《射义》篇"诸侯以《狸首》为节"一句引吕大临曰:"《狸首》诗亡,《记》有原壤所歌,乃此篇所引'曾孙侯氏……',疑皆《狸首》诗也。狸首,田之所获,物之至薄者也。君子相会,不以微薄废礼,诸侯以燕射会其士大夫,物薄诚至,君圣相与习礼而结欢,奉天子而修朝事,故诸侯之射以是为节,所以乐会时也。"⑤《记》指《礼记·檀弓下》,篇中记载孔子友人原壤歌曰:"狸首之斑然,执女手之卷然。"吕大临认为这两句当属《狸首》。吕氏将原壤所歌视为《狸首》中的诗句,很值得重视。但他将此二句与《曾孙》作为一首诗的不同部分,却没有觉察两者内容、风格、形式上的迥异,"狸首,田之所获"云云也是想当然尔。

原壤所歌,《礼记·檀弓下》原文为:"孔子之故人曰原壤,其母死,夫子助之沐椁。原壤登木曰:'久矣,予之不托于音也。'歌曰:'狸首之斑然,执女手之卷然。'夫子为弗闻也者而过之。"郑注"原壤登木"至"托于音也"曰:"木,椁材也。

---

① 《史记》卷28《封禅书》,中华书局,1959年,第1364页。
② 泷川资言考证、水泽利忠校补:《史记会注考证附校补》,上海古籍出版社,1986年,第784页。
③ 孙诒让:《周礼正义》,中华书局,1987年,第1806页。
④ 孙希旦:《礼记集解》,第1440页。
⑤ 陈澔:《礼记集说》卷10《射义第四十六》,凤凰出版社,2010年,第479页。

托,寄也,谓叩木以作音。"注"歌曰"以下曰:"说人辞也。"孔疏则云:

> 原壤登椁材而言曰:"久矣,予之不托于音也。"托,寄也,谓我遭丧母以来,日月久矣。我不得托寄此木为音声,于是乎叩木作音,口为歌。曰"狸首之斑然"者,言斫椁材,文采似狸之首。"执女手之卷然"者,孔子手执斤斧,如女子之手,卷卷然而柔弱。以此欢悦仲尼,故注云"说人辞也"。①

《说文》:"托,寄也。""托于音"即以音为寄托,原文仅言原壤先"登木曰"而后"歌",郑注却加上"叩木以作音",实际上把"托于音"偷换成"托于木",孔疏延续了这个错误,言"托寄此木为音声"。孔疏以"椁材文采似狸之首"释"狸首之斑然",是把"登木"的"木"当成制作棺椁的木材,这是误解。《说文》:"登,上车也。"②《玉篇》:"登,都棱切,升也,上也,进也。"古人有登高歌呼的习惯。礼仪用乐,弦歌恒于堂上,称"升歌",即《礼记·郊特牲》所云"歌者在上"。《韩诗外传》"登高必赋"③是在山上赋诗(赋类似于歌),《礼记·礼运》"升屋而号"④是爬上屋顶号哭招魂(丧事之号类于哀歌,至今亦然),此处的"登木"而歌,实即上树唱歌而已,也是登高而歌的一种。

所歌内容,郑注"说人辞也",并不错,但孔疏却发挥过度,不仅以"狸首"为椁材的文采,还把"卷然"之"手"释为孔子之手,牵强附会实甚。此段下文紧接着说"夫子为弗闻也者而过之",何尝言二人握手言欢?此二句诗,显然是表达欢悦的成句,并不是原壤即兴创作的。其风格与风诗类似,且开头即言"狸首",愚意以为应属逸诗《狸首》。理由如下:

(一)就现存《诗经》来看,诗名绝大多数都是取诗中二字,与《狸首》同为射节的《驺虞》,即取首章末句中二字为名,《采蘋》、《采蘩》皆取首句二字为名。所以,诗中有"狸首",即以"狸首"为名,合乎先秦诗名的常规。

(二)"射节"是节奏性的音乐,而且射箭的节奏应与音乐节奏相配合,即《礼记·射义》所言"循声而发"⑤。换言之,这乐曲的节奏应该适于作射节。射箭的

---

① 阮元校刻:《礼记正义》卷10《檀弓下》,阮元校刻:《十三经注疏》,第1315下栏、1316页上栏。
② 许慎:《说文解字》,第38页上栏。
③ 《宋本玉篇》卷10,中国书店出版社,1983年,第199页。
④ 《礼记正义》卷25《郊特牲》,阮元校刻:《十三经注疏》,第1446下栏。
⑤ 《礼记正义》卷62《射义》,阮元校刻:《十三经注疏》,第1689页下栏。

诀窍,据《射义》所云,应先"心平体正,持弓矢审固"[①],如此控弦蓄势,然后才释弦而发。也就是说,先静而后动,先缓而后急。每射一箭皆是如此。那么,作为射节的音乐也应该简单明晰,能突出射箭过程的前后对比。诗句犹歌词,是与乐曲相适应的,乐曲的节奏也会反映在诗句上,《驺虞》《采蘩》《采蘋》三诗皆篇幅短小且重章叠句,每章内部明显有重复的节奏感,正可与射箭的节奏相对照,而原壤所歌两句,我们姑且视其为《狸首》诗中的一章,也是如此的,表1说明如下:

表1 《驺虞》《采蘩》《采蘋》节奏对照

	蓄势	发射	蓄势	发射
驺虞	彼茁者葭	壹发五豝	于嗟乎	驺虞
采蘩	于以采蘩?	于沼于沚	于以用之?	公侯之事
采蘋	于以采蘋?	南涧之滨	于以湘之?	维锜及釜
原壤所歌	狸首之	斑然	执女手之	卷然

这种节奏,在《采蘩》《采蘋》中是以一问一答形式表现出来的,而在《驺虞》中是以"壹发五豝!"和"驺虞!"的语气表现出来的。原壤所歌的句式与"于嗟乎驺虞!"最为接近,都是用虚词造成前半句的舒缓,以突出末二字的急促,以前者为铺垫而强调后者。尤其是说"执女手之"而不说"执女之手",说明了"之"在节奏上的意义。因此,就其节奏感而言,原壤所歌是适于作射节的。

(三) 从诗的意旨来看,《礼记·射义》言《狸首》用于射礼之意旨云:"《狸首》者,乐会时也。"原壤所歌可不可以引申出"乐会时"的意旨呢?可以。"会"而言"时",《周礼·秋官·大行人》言"时会"云:"时会以发四方之禁,殷同以施天下之政。"郑玄注:"时会,即时见也,无常期。"[②]而《诗经》中男女相会之诗,《小序》多言"时",如《召南·摽有梅》,《小序》曰:"男女及时也。"[③]又如《郑风·野有蔓草》,《小序》曰:"思遇时也。……男女失时,思不期而会焉。"[④]值得注意的是,《左传》襄公二十七年"垂陇七子赋诗"一会中,郑国子大叔正是赋《野有蔓草》来表达与晋国赵孟相会的喜悦。原文为:"子大叔赋《野有蔓草》,赵孟曰:'吾子之

---

① 《礼记正义》卷62《射义》,阮元校刻:《十三经注疏》,第1686页下栏。
② 《周礼注疏》卷37,阮元校刻:《十三经注疏》,第890页上栏。
③ 《毛诗正义》卷1,阮元校刻:《十三经注疏》,第291页上栏。
④ 同上③,卷4,第346页中栏。

惠也。'"杜注:"取其'邂逅相遇,适我愿兮'。大叔喜于相遇,故赵孟受其惠。"①"狸首之班然,执女手之卷然"是"说(悦)人辞",也应是男女"邂逅相遇",也是表达相遇的喜悦,按照古人解诗、用诗的常规,正可用以表达"乐会时也"的意思。

基于这三点,笔者认为原壤所歌应为《狸首》之诗句。

另外还有一个言及《狸首》节奏的材料值得考究,《庄子·养生主》言庖丁解牛"合于《桑林》之舞,乃中《经首》之会。"成玄英疏:"《经首》,《咸池》乐章名,则尧乐也。"②言之凿凿,但并未说明依据出处。罗勉道《南华真经循本》于"经"字下注"狸字之讹"③,近人奚桐亦持此见,曰:"'经首',义不可晓,疑系'狸首'之误,'貍'俗作'狸',与'经'形相近也。……会,聚也。(见《乐记》郑注。)言乐声汇聚之处。即节奏也。"④王叔岷先生指为"臆说"⑤。罗、奚二人确实没有提出多少证据,但细思这种观点,实不为无见。

(一)《经首》与《桑林》并提,应该是当时为人所知的古乐之名,《桑林》见于《左传》,汤祷于桑林的传说见于《吕氏春秋》。而《经首》除此处之外,现存先秦典籍中皆不见提及,毫无踪迹可循,未免令人诧异。

(二)《狸首》被作为射节,说明它是节奏性的音乐,而"乃中经首之会"所描摹的也是解牛的节奏。是说庖丁解牛的动作节奏与《经首》的节奏相合("会"在这里表示节奏,前文已言),如果《桑林》并无舞蹈,《庄子》中就不会说"合于《桑林》之舞";如果《经首》不是节奏功能突出的诗乐,《庄子》中就不会说"乃中《经首》之会。"文中言:"每至于族,吾见其难为,怵然为戒,视为止,行为迟,动刀甚微,謋然已解,如土委地。"⑥这显然与前述先静而后动、先缓而后急的节奏感是一致的。

(三)"狸"(繁体作"貍")讹为"经",确有可能。郭店楚简《大一生水》:"地之所不能釐",隶定为"釐",白于蓝释为"薶"⑦。《穷达以时》中"理"亦写作"釐"⑧,

---

① 《春秋左传正义》卷38,阮元校刻:《十三经注疏》,第1997页上栏。
② 郭象注、成玄英疏:《南华真经注疏》上册,中华书局,1998年,第67页。
③ 罗勉道:《南华真经循本》,《道藏》第16册,文物出版社、上海书店出版社、天津古籍出版社,1996年,第41页。
④ 转引自王叔岷:《庄子校诠》,台北"中研院"历史语言研究所《专刊》之八十八,1988年,第104页。
⑤ 王叔岷:《庄子校诠》,第104页。
⑥ 郭象注、成玄英疏:《南华真经注疏》卷2《养生主第三》,第69页。
⑦ 白于蓝:《郭店楚简补释》,《江汉考古》2001年第2期。
⑧ 陈剑:《郭店楚简〈穷达以时〉、〈语丛四〉的几处简序调整》,《国际简帛研究通讯》第2卷第5期,2002年。

按"薶"从艸从里,在《大一生水》中为掩藏义,释为"薶"不误,俗字即"埋",《说文》无"埋"字,而曰:"薶,瘗也。"《广韵》:"与埋同。"释为"狸"亦可,《周礼·天官·鳖人》:"凡狸物,春献鳖、蜃,秋献龟、鱼。"孙诒让《正义》:"凡此经薶藏字皆借'狸'为之,注或作'埋',则'薶'之俗也。"① 将"薶"和"狸"视为假借的关系,不确,"狸"应是"薶"的本字,盖狸原是"伏兽"(《说文》)之名,假借以表示埋藏义,后为区别,加艹,又俗作埋。其字形于楚简中可写作 𡨴 ,而"经"字初文为"巠",《说文》所载篆体字可作 巠 形,郭店楚简《尊德义》中作 巠 形,《唐虞之道》作 巠 形②。与"薶"字确实形近。

从这三点来看,罗、奚二人认为《庄子·养生主》所言"经首"是"狸首"之讹的观点,是可从的。文中以"《桑林》之舞"与"《经(狸)首》之会"并言,《左传》襄公十年记载宋公以《桑林》享晋侯一事,杜预注:"《桑林》,殷天子之乐名。宋,王者后;鲁以周公故:皆用天子礼乐,故可观。"③可知《桑林》是商代乐舞。《淮南子·说林训》:"上骈生耳目,桑林生臂手,此女娲所以七十化也。"高诱注:"上骈、桑林皆神名。"④那么,《狸首》是不是也与神灵、古传说有关呢?这正是下文所要探讨的。探讨《狸首》与古史传说的关系,也有利于我们深入理解此诗以及此诗被用于礼仪的时代背景。

三、《狸首》与古史传说

《驺虞》《狸首》同为射节,"驺虞",毛传:"义兽也。白虎,黑文,不食生物,有至信之德则应之。"⑤《周礼·春官·钟师》贾公彦疏:"今《诗》韩、鲁说:驺虞,天子掌鸟兽官。"⑥则本为义兽,后又以之名天子掌鸟兽官。既是兽,也是人。那么,作为诸侯射节的《狸首》,其诗名又有什么含义呢?《说文》:"狸,伏兽,似貙。"段注:"伏兽,谓善伏之兽。"⑦也就是野猫、山猫,"狸首"是不是某种动物形象呢?若是,则正与"驺虞"相似。

---

① 孙诒让:《周礼正义》卷8,第306页。
② 这两个古字形摘自张守中、张小沧、郝建文:《郭店楚简文字编》,文物出版社,2000年,第160页。
③ 《春秋左传正义》卷31,阮元校刻:《十三经注疏》,第1947页中栏。
④ 张双棣:《淮南子校释》卷17《说林训》,北京大学出版社,1997年,第1751页。
⑤ 《毛诗正义》卷1,阮元校刻:《十三经注疏》,第294页上栏。
⑥ 《周礼注疏》卷24,阮元校刻:《十三经注疏》,第800页下栏。
⑦ 段玉裁:《说文解字注》,上海古籍出版社,1981年,第458页上栏。

先秦有狸姓，《国语·周语上》"有神降于莘"，内史过曰："昔昭王娶于房，曰房后，实有爽德，协于丹朱，丹朱凭身以仪之，生穆王焉。是实临照周之子孙而祸福之。"又言祀丹朱之法曰："使太宰以祝、史帅狸姓，奉牺牲、粢盛、玉帛往献焉，无有祈也。"韦注："狸姓，丹朱之后也。神不歆非类，故帅以往焉。"①如此则狸姓为尧子丹朱后裔之族姓。先秦典籍言得姓之由，往往带有很强的宗教神秘色彩，如禹母吞薏苡而生禹，故夏人姒姓，"姒"即从"苡"而来；又如简狄吞鳦子（燕鸟卵）而生契，故商人子姓，都为众所熟知，狸姓的得姓之由想必也有类似的神话传说。李宗桐先生认为姓"实即原始社会之图腾"②，这提示我们：狸姓的由来亦应与某种图腾形象有关。

尽管狸姓之始的传说早已无传，但我们尚可以从其他传说获得一点启发，《尚书·尧典》："胤子朱启明。"顾颉刚、刘起釪两位先生注解甚详③。

其中论及"丹朱"即"驩头""讙头""驩兜"……是鸟形神名，与"离朱""离俞""离娄"等名都是源自"一种神鸟"的不同名称，传为苗民之祖神。据《山海经》所述状貌，如"鸱"，则其形象类似于猫头鹰一类的猛禽。"驩""讙"字皆从"蘿"，疑本应作"蘿头"，甲骨卜辞中有 (蘿)字，亦有 (萑)字，皆象《说文》"萑"字条下所云"有毛角"之鸟形。此二字在卜辞中用法有别，但就其字形而言，实为同源，所以前辈多将此二字并观。"毛角"正是猫头鹰的特征。商周彝器有鸱鸮尊，"为鸟兽形尊中最多见的"④。其中有一些，如妇好墓出土鸮尊，就特别突出其"毛角"和眼睛。（如下图）这样看来，神名为"蘿头"，实言其首类鸱鸮。神首类萑，故名"蘿头"，而萑首类狸（故有猫头鸟、猫头鹰等名），"狸首"当即萑之异名。

我们可以从"离朱"出发作进一步探讨。在传说中离朱既是人也是动物，《庄子·骈拇》："是故骈于明者，乱五色，淫文章，青黄黼黻之煌煌非乎？而离朱是已。"陆德明《音义》引司马彪曰："离朱，黄帝时人，百步见秋毫之末。一云见千里针锋。《孟子》作离娄。"⑤按《庄子·秋水》："鸱鸺夜撮蚤，察毫末，昼出瞋目而不见丘山，言殊性也。"⑥猫头鹰眼睛的弱光敏感性极强，其"察毫末"的夜视力正是

---

① 上海师范大学古籍整理组校点：《国语》卷1《周语上》，上海古籍出版社，1978年，第32、33页。
② 李宗桐：《中国古代社会新研》，中华书局，2010年，第30页。
③ 顾颉刚、刘起釪：《尚书校释译论》，中华书局，2005年，第67—69页。
④ 朱凤瀚：《古代中国青铜器》，南开大学出版社，1995年，第99页。
⑤ 陆德明：《经典释文·庄子音义》，中华书局，1983年，第373页。
⑥ 郭象注，成玄英疏：《南华真经注疏》卷6《秋水第十七》，第338页。

妇好鸮尊图(现藏于中国国家博物馆)

传说中善视者"离朱""百步见秋毫之末"的原型。我们可以从另外一则材料中窥见"离朱""离娄"目明特性与猫头鹰的关系,《楚辞·九章·怀沙》:"玄文处幽兮,矇瞍谓之不章。离娄微睇兮,瞽以为无明。"洪兴祖《补注》:"《淮南》曰'离朱之明',即离娄也。……睇音弟,《说文》曰:'目小视也。南楚谓眄曰睇。'"[①]"睇"就是斜视,离娄微微斜视,为什么就被当成'无明'呢? 正与猫头鹰的眼部特性相关,猫头鹰的柱状眼球因为有坚硬的巩膜环支撑,所以是只能"正视"不能"睇(斜视)"的,要看不同方向的东西只能转动颈部。古人虽无解剖学的知识,对于猫头鹰这种形态特征当很熟悉。《怀沙》这里用"离娄微睇",与前文"玄文处幽"都是以反常现象喻贤人的不得志,反被愚众误解,故下文紧接着说:"变白以为黑兮,倒上以为下"。而"胤子朱启明"一句中的"启明",《尚书校释译论》曰:"《史记》译作'开明'。意为性格开朗明达,用以称赞丹朱。"[②]"启明"(开朗明达)是对作为鸱鸮形神丹朱自明善视(也就是猫头鹰极好夜视力特点)的理性化说法。《庄子》所谓"骈于明"、《孟子·离娄上》所谓"离娄之明"[③],都用"明"表示视力、善视,这一具体的特性,在历史人物化的丹朱身上被抽象为"启明"。与"离朱"相比,另一个传说人物在名称上与"狸首"的同一性更加显而易见,《抱朴子·道意》:"隶首不能计其多少,离朱不能察其仿佛。"[④]这个被葛洪用来与"离朱"并列的"隶首",是传说中算数的创制者,《世本》言"隶首作算数",宋衷注:"隶首,黄帝史也。"[⑤]隶首的精于算数,无论从辨物计数还是从思维明晰来说,都显然与丹朱的"启明"一样源自目明善视这一特性。在传说中前者是黄帝之史,后者是尧帝之子,而孙作云先生在《黄帝与尧之传说以及地望》中早已指出尧即是黄帝,并列举不少例子[⑥],近年也有学者对这个观点作了进一步论证[⑦]。据顾颉刚、刘起

---

① 洪光祖:《楚辞补注》,中华书局,1983年,第143页。
② 顾颉刚、刘起釪:《尚书校释译论》,第69页。
③ 《孟子注疏》卷7上《离娄章句上》,阮元校刻:《十三经注疏》,第2717页上栏。
④ 王明:《抱朴子内篇校释(增订本)》卷9《道意》,中华书局,1985年,第170页。
⑤ 秦嘉谟等辑:《世本八种·秦嘉谟辑补本》,商务印书馆,1957年,第356页。
⑥ 孙作云:《黄帝与尧之传说以及地望》,《孙作云文集——中国古代神话传说研究》(上),河南大学出版社,2003年,第127—139页。
⑦ 王青:《黄帝即尧帝考》,《中国神话研究》,中华书局,2010年,第137—141页。

釪两位先生对"丹朱"的考证,"朱"音同"头",头即首。狸、离、隶三字,上古音同属来母,虽韵部相隔较远,实可视为传说人物名称在流变过程中的音转①。

通过以上对传说的梳理,我们可以知道:传说中以䳼——鸥鹬的一种为原型的神在历史化的过程中演变为驩兜、丹朱、隶首、离朱等不同的人物,而无论如何演变,都在称呼、形象或特长上提示着共同的源头:䳼最主要的形象特征——狸头或言狸首。由此我们知道,"狸首"、狸姓其实皆与"狸"这种动物无关,而是与首似狸的鸥形神丹朱有关。狸姓"狸"应即从"狸首"一名而来,上古史籍中言"丹朱""驩兜",皆"反面人物",或为尧之不肖子,或为"四凶"之一。而言"离朱""隶首",皆明达之人。愚意以为"䳼头"之称是敌对部族所用,传说流变而有"离朱""隶首"等名,也就是说,狸姓族群远古时以鸥鹬为图腾(祖先、保护神),称为"狸首",他们的姓——"狸"即由此而来,他们并不称图腾为"䳼"。但是,在传说的演变过程中,这一形象终于被狸猫替换了,这一点我们即将谈到。

如今已不能知其详的丹朱传说,是狸姓的族源神话,而《国语·周语上》所载房后为丹朱所"凭仪"②而生周穆王的传说,则是周穆王的感生故事。关于周穆王的传说很多,汲冢竹书《穆天子传》就是以穆王西征为内容的,其中多载远邦古族、奇物异闻。因此这则穆王的感生故事,应该放到有关他的种种古史传说中去考察。在正式考察之前,却必须先从一个年代相当靠后的故事说起,这就是"狸猫换太子"的故事。

"狸猫换太子",古典小说和传统戏曲都有演绎,情节众所周知,兹不赘述。这个故事以宋代李宸妃与仁宗母子事迹为现实原型,到元代就已经出现于戏剧中。但是,宸妃、仁宗事迹只是早已流传的此类型故事得以表现和定型的一个凭借,其源头远不止于宋朝而已。已有学者对"狸猫换太子"故事的源头进行探索研究,如李小荣依据《佛说孝顺子修行成佛经》与《大阿育王经》中都有与"狸猫换太子"极其类似的情节,从而认为这两部佛经中的故事就是"狸猫换太子"的源头③。伏俊琏、刘子立《"狸猫换太子"故事源头考》一文则指出这一类型故事在

---

① 《论语·雍也》"犁牛之子骍且角",何晏注:"犁,杂文也。"皇侃:"或音狸。狸,杂文也。"(皇侃:《论语集解义疏》卷3,商务印书馆,1937年,第72页)而《礼记·少仪》"离而不提心",《释文》:"犁,本又作离。"(《礼记正义》卷35《少仪》,阮元校点:《十三经注疏》,第1515页下栏)这说明"狸""离"虽韵部隔远,或可相通。

② 韦昭注:"凭,依也。仪,匹也。《诗》云:'实维我仪。'言房后之形有似丹朱,丹朱凭依其身而匹偶焉,生穆王也。"(上海师范大学古籍整理组校点:《国语》卷1《周语上》,第32页)

③ 李小荣:《狸猫换太子的来历》,《河北学刊》2002年第2期。

中国本土传说中的来源比佛经的传入更早①。他们的依据是严可均《全上古三代文》卷 15 辑录的汲冢竹书《古文周书》二则之一：

> 周穆王姜后昼寝而孕,越姬媲,窃而育之,毙以玄鸟二七,涂以彘血,置诸姜后,遽以告王。王恐,发书而占之,曰："蜉蝣之羽,飞集于户。鸿之庑止,弟弗克理。重灵降诛,尚复其所。"问左史氏,史豹曰："虫飞集户,是曰失所。惟彼小人,弗克以育君子。"史良曰："是谓关亲,将留其身,归于母氏,而后获宁。册而藏之,厥休将振。"王与令尹册而藏之于椟。居三月,越姬死,七日而复,言其情曰："先君怒予甚,曰:'尔夷隶也,胡窃君之子,不归母氏?将置而大戮,及王子于治。'"②

这则越姬窃姜后之子而育之的故事中,越姬用"玄鸟""涂以彘血"偷换了姜后所生之子。从故事类型看,与前述"狸猫换太子"等确属同类。特别值得注意的是,此事被系于周穆王和姜后,那么也是一个与周穆王有关的传说,而且文中用以替换孩子的是涂了猪血的"玄鸟",让我们想到周穆王感生故事中的"丹朱"(鸱鹗形神)。下面拟以列表方式对穆王感生神话与"换子"类型故事进行比较(佛经中的同类型故事因为不属于本土传说,暂不考虑):

表 2　周穆王感生神话与"换子"类型故事比较

传说故事	人物	故事中出现的神或动物	故事核心情节
穆王感生	周昭王、房后、周穆王	丹朱(鸱鹗形神)	丹朱凭房后之身而仪之,生穆王
越姬窃姜后之子	周穆王、姜后、越姬、姜后所生子	玄鸟(涂以彘血)	越姬窃姜后之子而易以涂了彘血的玄鸟
狸猫换太子	宋真宗、李妃、刘妃、宋仁宗	狸猫	刘妃窃李妃之子(后来的仁宗)而易以狸猫

从表 2 可以看到传说演变的轨迹:这三个故事都是以王后(或皇后)生子为核心的,在穆王感生神话中,丹朱作为鸟形神与房后交合,生下穆王,这样穆

---

① 伏俊琏、刘子立:《"狸猫换太子"故事源头考》,《文史哲》2008 年第 3 期。
② 严可均辑:《全上古三代秦汉三国六朝文》卷 15《古逸》,中华书局,1958 年,第 109 页。

王就在血缘上与丹朱及其鸟类形象发生联系。在越姬窃姜后之子的传说中，用以偷换姜后之子的是"玄鸟"，也就是说，姜后之子（也就是穆王之子）与"玄鸟"是同位关系。丹朱是鸱鸮形神，鸱鸮的形象是首似狸的鸟，也就是某个外形特征与兽类相关的鸟类。"玄鸟"是鸟，但传说中特别说"涂以彘血"，实际上也是把兽类因素加到鸟类形象上。第一个故事是关于房后生穆王的，第二个故事是关于穆王之后生子的，世次上下移一位，但我们可以明显看到"鸟类+兽类因素"的传承，因此可以肯定这两个传说之间有演变关系。到第三个故事中，鸟类形象已经完全不见，与皇后所生太子处于可替换位置的是一只剥了皮的狸猫。但是，除在整个的故事类型上与第二个故事相同以外，"狸猫"依然与第一个故事中神的形象——鸱鸮有联系，因为鸱鸮是首似狸的鸟。所以，我们可以看到传说演变中动物形象的演变过程，并且推论出在第三个故事之前、第一个故事之后，与第二个故事平行的还应该有别的故事，而这另外的故事才是第三个故事的真正源头，是演变过程中的缺环。第二个故事中鸟类形象突出，而兽类形象被弱化为临时涂上的彘血（按故事情节来说，本可以只用"玄鸟"，不必涂彘血，这一看似没必要的添加正说明其与丹朱、房后故事的渊源关系）。而在这个亡佚了故事中，得到强化的应该是兽类形象，而鸟类形象被弱化，所以到第三个故事中，鸟类形象完全不见，只剩下兽类形象。我们反过来看这个演变过程，故事中动物形象最终落在"狸猫"上，也可以证明丹朱确是"狸首"的。

　　既然"狸首"指的是丹朱，出现在周穆王的感生传说中，"执女手之卷然"又该作何解呢？首先，"女手"当是指女子之手，而非指"汝手"，遍查先秦典籍，"女手"除见于原壤所歌以外，仅见于《诗经·魏风·葛屦》："掺掺女手，可以缝裳。"毛传："掺掺，犹纤纤也。妇人三月庙见，然后执妇功。"郑笺："言女手者，未三月未成妇。"此"女手"即女子之手。而意为"汝手"的"女手"，典籍中未见这样的表达。"卷然"一词上，孔疏释为"卷卷然柔弱"，认为是形容"女手"之柔弱，非也。《说文》："卷，厀曲也。"《诗经·大雅·卷阿》"有卷者阿"，毛传："卷，曲也。"①又此诗"卷然"，陆德明《音义》曰："本作拳。"②指掌卷合而握则为拳，所以"卷然"或"拳然"用来形容"女手"，应该指卷曲握拳之状。"狸首斑然"的丹朱执"卷然"之"女

―――――――

① 《毛诗正义》卷17，阮元校刻：《十三经注疏》，第545页上栏。
② 《礼记正义》卷10《檀弓下》，阮元校刻：《十三经注疏》，第1315页下栏。

手",这显然是某个传说中的场景,典籍无载。幸运的是,我们可以从另外一个传说中窥其一二,这就是"钩弋夫人"的故事。据史载,钩弋夫人姓赵,是汉武帝晚年宠幸的女子,汉昭帝刘弗陵的母亲,武帝担心自己死后会出现女主干政的情况,在立弗陵为太子之前将她下狱并杀害。《史记·外戚世家》褚少孙补注简略记载她的生平,并没有什么特异之处。到《汉书·外戚传》中,钩弋夫人的传记已在很大程度上变成传说故事:"孝武钩弋赵婕妤,昭帝母也,家在河间。武帝巡狩,过河间,望气者言此有奇女,天子亟遣使召之。既至,女两手皆拳,上自披之,手即时伸,由是得幸,号曰拳夫人。……拳夫人进为婕妤,居钩弋宫,大有宠。太始三年生昭帝,号钩弋子,任身十四月乃生,上曰:'闻昔尧十四月而生,今钩弋亦然。'乃命其所生门曰尧母门。"①这里面钩弋夫人主要有两个特异之处,一是手握成拳,直到武帝"披之"才伸展开。还有一个是怀孕十四个月产下昭帝,在妊娠时间上与传说中的尧母相似。到《汉武故事》《列仙传》等书中,钩弋夫人的主要特异之处依然是这两点。

汉武帝与周穆王一样,是"箭垛"式的人物,有关他的传说很多,而且有的就是从穆王传说那里移植过来的,最明显的莫过于和"西王母"相会之事,这里不予赘述②。钩弋夫人作为武帝晚年宠幸之人,又是昭帝之母,还有着令人同情的结局,自然会在传说中占有一席之地。就《汉书·外戚传》所载的两个特异之处来看:手握成拳而不得展开,是钩弋夫人最突出的特征,故"号曰拳夫人"。武帝执钩弋夫人之手而披之,与丹朱执"卷然"之"女手"对照一下,不难看出后者正是前者的原型。而怀孕十四个月才生下昭帝,故事中特别说明与尧母相同,且"命其所生门曰尧母门",这一方面是因为汉帝姓刘,自认是尧的后裔,另一方面也表明钩弋夫人传说的归结点是昭帝之诞生;钩弋夫人"两手皆拳"、遇武帝而始开,文中说"由是得幸",也显然是被作为孕育昭帝的最初根由。而在穆王感生传说中,房后被丹朱"凭身而仪之"所指向的当然是周穆王的诞生。与这两个传说相比照,"狸首之斑然,执女手之卷然"显然是前文所言狸姓族源神话中的场景,我们不妨再用表格列出:

---

① 《汉书》卷 97 上《外戚传第六十七上》,中华书局,1962 年,第 3956 页。
② 钩弋夫人故事中也有明显来自西王母传说的因素,如《汉武故事》言武帝在夫人死后"起通灵台于甘泉,常有一青鸟集台上往来,至宣帝时乃止。"(上海古籍出版社编:《汉魏六朝笔记小说大观》,上海古籍出版社,1999 年,第 176 页)青鸟在传说中是西王母之使,参见袁珂校注:《山海经校注》卷 7《海内北经》,巴蜀书社,1992 年,第 358 页。

表 3　狸姓族源神话传说

	父	母	子
狸姓族源神话	狸首之斑然（丹朱）	女手之卷然（狸姓女始祖）	狸姓男始祖
周穆王感生传说	丹朱	房后	周穆王
钩弋夫人传说	汉武帝	钩弋夫人	汉昭帝

男性始祖为神人交合而生，是族源神话的常见模式，这种模式可以被移用到某个伟大人物的诞生上，颜徵在"祷于尼丘得孔子"①（《史记·孔子世家》）实际上就属于这种情况，刘媪"梦与神遇""已而有身，遂产高祖"②（《史记·高祖本纪》）则更为明显。房后与丹朱交合而生周穆王，显然也是对族源神话模式的借用，而且其所借用的可以肯定就是狸姓的族源神话。承载了这个神话的《狸首》一诗，当其原始含义湮没，后人从政治教化的角度试图阐述其用于射节的原因时，其意旨被总结为"乐会时"，这依然隐含着神人不期而会的原始内蕴。另一方面，这个神话在民间的长期流传过程中，以汉武帝和钩弋夫人的故事为新的形式"浮出水面"。

四、从古史传说看《狸首》用于礼仪的时代背景

从狸姓族源神话被移用为周穆王感生传说这一点出发，我们可以探究《狸首》被用为射节的时代背景。很多学者谈到过西周历史研究中穆王时期的重要性，就礼乐制度而言，无论是青铜器纹饰开始于此一时期的明显变化③，还是由彝铭所表现出的，政治运作和礼乐仪式上的变化④，都提示我们，这是一个西周历史上重要的转折时期。青铜装饰上鸟纹的普遍运用应是受到东夷的影响，表明与东方、南方诸部族的交往在穆王时期所具有的重大意义，而这个过程应是始于其父昭王时期。昭王南征的大本营在洛邑，已是学界共识，正是在昭王时期，东都洛邑才真正成为政治的中心，这当然更便于东方文化对周人的影响和渗透。

---

① 《史记》卷47《孔子世家》，第1905页。
② 《史记》卷8《高祖本纪》，第341页。
③ 关于西周中期的青铜器纹饰，朱凤瀚师说："以龙纹的2类（即顾龙纹）的鼎盛、鸟纹的2、3类（即长卷尾鸟纹与大鸟纹）的尤为流行与简省变形动物纹的5类（即窃曲纹）的兴起为特征。"（朱凤瀚：《中国青铜器综论》，上海古籍出版社，2009年，第614页）
④ 最明显的莫过于"册命金文"的大量出现。

昭王之后来自房国,地在今河南省遂平县,位于洛邑的东南方,而房国也正是传说中丹朱的居地①。《国语·周语上》所载房后"实有爽德"以及被丹朱附身交合而生穆王的传说,提示我们昭王与房后的婚姻很可能具有特殊的政治背景并且造成意义深远的影响。白川静先生在论及穆王前后的时代特色时说:

> 反映了周之大一统终于完成的事实,就是辟雍礼仪的盛行,昭、穆之南征、远游故事也作为这种大一统的反映而流传。……洋洋颂声与雅声,大约是以辟雍礼仪为中心而兴盛起来的。这的确是一个礼乐盛行的时代。②

辟雍礼仪是以射礼为主要部分的。从西周彝铭来看,静簋、长由盉、义簋盖等器铭文都记载了穆王行射礼的情况,表明"作为一种繁复的礼仪,射礼是在西周穆王时代成熟盛行起来的"③。射礼在穆王时期的成熟盛行,理所当然也会表现在用乐上。穆王前后是礼制建设的重要时期,也作为仪式乐歌创作的繁荣期受到学者的重视。马银琴依据传世文献和出土文献,将《诗经》中的一些诗篇考定为穆王时期的仪式乐歌,并得出结论:"穆王时代仪式乐歌的内容及其性质、功能都得到了进一步的扩大。"④出于大兴礼乐的需要,仪式乐歌的创作和采录都应以穆王时代为一个高峰期,《狸首》应该就是在这样的时代背景下被采录、加工并用于礼仪的。

现在再回头看"狸首之斑然,执女手之卷然",如前所述,这两句诗描写的是狸姓族源神话中的场景,这个神话传说的女主角后来被置换为昭王之房后,就成了《国语·周语上》内史过所言的故事。因为房后来自传说中的丹朱居地,而且这次婚姻很可能标志着东方异族势力对周人的影响和渗透以及由此造成的各方面变化。丹朱的传说流传于房国,《狸首》这首诗是其承载者之一,而这样一首有着丹朱神话背景的诗歌,也只有在穆王时期才会被采入礼仪。这对于我们研究周代礼乐文化建设的历程却有着重要的启发意义,启发我们思考在这一过程的关键时期,异民族文化因素的实际参与及其政治契机。

---

① 今本《竹书纪年》:"帝子丹朱避舜于房陵,舜让,不克,朱遂封于房,为虞宾。"(王国维:《今本竹书纪年疏证》,辽宁教育出版社,1997年,第45页)
② 白川静:《西周史略》,三秦出版社,1992年,第70页。
③ 刘雨:《西周金文中的射礼》,《考古》1986年第12期。
④ 马银琴:《西周穆王时代的仪式乐歌》,赵敏俐主编:《中国诗歌研究》第1辑,中华书局,2002年,第3—28页。

通过以上辨析，可以得出如下结论：《礼记·檀弓下》中原壤所歌就是《狸首》中的诗句，很可能是其中一章；"狸首"即鸱形神丹朱；《狸首》的内容与狸姓族源神话有关；《狸首》是在西周穆王时期被用于礼仪的。

 复盘与导读

这篇论文是我读博期间写的，可以说是写作博士论文过程中的"副产品"，在中期考核时作为提交的两篇习作之一，初稿仅 8 000 余字，后来经过反复修改，才达到发表时的篇幅。字数的多少当然并不重要，重要的是深化了研究、扩充了内容，并在这个过程中磨练了思辨能力与写作技巧。特别值得一提的是，此文的编者晁天义先生、前后三次外审的专家们，提出了种种意见，对笔者多有启发，文中一些部分的论证能得以加强，乃至于一些观点的确立、一些重要材料被引入被运用，可以说是他们"逼"出来的，这正可说明论文写作和修改中同道相切磋的重要性。

《狸首》是"诗三百"最重要的佚篇之一，典籍明确记载周代射礼中用为射节的诗乐有四首，按照使用级别从高到低分别为《驺虞》《狸首》《采蘋》与《采蘩》，除《狸首》外其他三首皆见于《诗经·召南》。《狸首》虽然是佚诗，传统上认为实际上并未失传，只是没收录到《诗经》中而已，《礼记·射义》记载了一首诗，以"曾孙侯氏"开头，郑玄认为就是《狸首》，后世学者多从之。郑玄说《曾孙》就是《狸首》，理由非常牵强，《射义》所载诗的内容与"狸首"一名完全牵扯不到一起。而且与《狸首》同为射节的其他三首诗都在《召南》中，可以与《曾孙》比对，无论篇幅还是风格都差异巨大，同一种礼仪、同样的用途，形式上不可能如此悬殊。

笔者对《狸首》一诗引起关注，是因为《礼记》中另一篇的记载，《檀弓下》记孔子的老朋友原壤在其母葬礼上唱歌，歌词曰："狸首之斑然，执女手之卷然。"笔者怀疑原壤唱的就是《狸首》中的两句，查阅相关资料后，得知这样怀疑的早有其人，即南宋吕大临，他说原壤所歌和《曾孙》都是《狸首》的内容，这就未免草率了，因为"狸首之斑然"两句与"曾孙侯氏"云云风格明显不同。

以上是一个发现问题并初步形成观点的过程，这个观点就是"原壤所歌即《狸首》诗句"，虽然简单，因为并无直接相关的证据，论证起来并不容易。笔者从先秦诗名的常规、射节这一用途对诗乐形式的要求、《射义》所载《狸首》"乐会时也"的主旨这三个方面展开,总算利用现有材料作了较充分的论证,达到了人文学科所能达到的严谨。

在论证过程中,我发现《庄子·养生主》中有一则相关材料,即"庖丁解牛"故事中"合于《桑林》之舞,乃中《经首》之会"的《经首》一名就是《狸首》之误,这需要做字形分析。罗勉道、奚侗等人早有此疑,前辈学者依据小篆字形"狸""经"二字差别太大,认为是"臆说",轻易否定了。近几十年楚简文献不断面世,丰富了人们对战国古文字的认知,正可据以重新审视此二字,经过比对,发现楚文字字形是相当近似的,从而肯定了罗、奚等人的怀疑是有道理的。对这则材料的辨析,不仅加强了《狸首》为节奏感强之诗乐的论证,而且通过与《桑林》并言这一点,自然过渡到对《狸首》与古史传说之关系的发掘,即此文的下半部分。

《狸首》内容仅剩两句,但诗名和零句皆提示着其有很深的古史传说背景,同为射节的《驺虞》一诗以一种"义兽"(毛传)为名,"狸首"是不是也是一种动物形象呢?"狸首之斑然"是不是对这种动物的描绘呢?"执女手之卷然"应是男女相会的场景,为什么要用"卷然"形容"女手"?凡此皆透露出神秘的气息,吸引我去一探究竟,这些神秘之处也正是展开下一步研究的突破口。笔者的老师朱凤瀚先生在指导学生论文写作时常强调要"小中见大",笔者研究佚诗《狸首》,也希望能做到,原本的计划只是从这首诗出发,扩而论述周代射礼所用诗乐的特点,但随着研究的深入,一系列疑问就像水渐渐升温泛出一连串的气泡,引导我慢慢揭开古史传说的面纱,窥见一个跨越千年的传说流变过程。

从"狸首"和"卷然"的"女手"出发,经过广泛联系与深入辨析,笔者先后论及周穆王感生传说、丹朱及其在传说中形象的转变(离娄、离朱、隶首等)、"狸猫换太子"的故事、汲冢竹书所载周穆王姜后之事、钩弋夫人的故事等,揭示了这些传说之间的深层联系,在研究过程中较多地运用了音韵学和故事类型学的方法。"狸猫换太子"在中国是众所耳熟能详的,戏曲舞台上多有表现,其时代背景是北宋。汉武帝钩弋夫人之事亦有很高的"知名度",尽管是载于史书的人物和事迹,实际上带有明显的神话传说色彩。此二者在中国古代传说中占有重要地位,影响很大,虽以"宋朝的事情""汉朝的事情"面目出现,源头其实远在周代,是周穆王传说的一部分,与更为古远的时代亦有联系。

上古神话传说失传者多,文献记载下来的多仅片段,往往令学者扼腕叹息。但在书面文献之外还有民间口头传承,一些传说的信息长期处于民族文化的"潜层",在一个合适的时机下又"浮出水面","改头换面"成为"新"的传说,可以是故事的形式,可以是歌谣的形式,甚至可以出现在"正史"的记载中。透过这"新"的表象,钩沉索隐,可以发现"新瓶"里装的是"旧酒",从而让古史传说中的重要信息重新回归它原本属于的时空。笔者在此文下半部分所做的,正是这样的工作,这关涉史学、文献学、神话学、民俗学等多个学科,需要兼具不同领域的敏感性,以不同的视角看问题,而这种研究之所以可行,最根本的原因恰恰在于中国传统文化源远流长、历数千年而从未中断,很晚近的材料中包含的信息也有可能已经穿过了数千年的历史云烟。这是非常值得重视的,呼唤更多跨时代、跨学科的综合研究,并不是不顾材料的时代,而恰恰是要在充分尊重材料时代性的基础上,提炼出超越时代性的东西。这,就算是笔者通过此文想要向学界献出的刍荛之议吧。

古书成书研究再反思

——以清华简"书"类文献为中心*

程 浩**

内容提要：近年来，出土简帛书籍的大量发现为重新审视古书成书与流传的过程提供了许多新认识。通过将清华简中的"书"类文献与《尚书》《逸周书》的流传进行对比，可以明显地体会到我们对古书成书复杂程度的估计严重不足，对其在流传过程中的未知因素了解还是太少。如果要对古书的成书年代进行准确把握，就必须首先了解古书"层累"作成的过程，并深入开展文本中每一处篇章字句来源与时代的考察。在考虑古书文本的流变时，还应适当考虑书写载体对文本演变起到的作用，而汉代人的古书整理工作对传世文本产生的影响也是考虑古书流传问题所不容忽视的。

关键词：清华简；"书"类文献；古书成书；文本演变

一、引言：古书成书和流传研究的成就与进展

中国有着悠久的学术传统，传世古代典籍浩如烟海。历代学者对古代历史文化的认识，都离不开对古书的研治。然而对古书本身的成书与流传情况进行深入研究，则是从近代才开始的。二十世纪二三十年代，受西方学术思想影响，中国古史学界掀起一股影响深远的"疑古"思潮。主张"疑古"的学者致力于推翻

---

* 原载《历史研究》2016 年第 4 期。本文为国家社科基金重大项目"中国国家起源研究的理论与方法"（项目号：12&ZD133）阶段性研究成果。承蒙两位匿名审稿专家提出宝贵修改意见，谨致谢忱！

** 程浩，清华大学出土文献研究与保护中心副教授，主要从事清华简以及先秦文献与历史的研究。在《历史研究》《中国语文》《文物》《文献》《出土文献》等刊物发表论文 40 余篇，主持国家社科基金重大项目、青年项目，以及中国博士后科学基金特别资助、面上资助（一等）项目各 1 项。

影响中国古代社会两千余年的尊古传统,其中非常重要的一项工作就是对传统古史观的史料基础——传世古书进行清算。"疑古派"继承清代辨伪的成果,并结合当时新兴的考古学,在古书成书年代的辨析方面较前人有了较大推进。如顾颉刚在《古史辨》第1册中将今文《尚书》28篇按照成书年代分为三组①,以今天的眼光来看依然大致是可信的。然而"疑古派"对许多古书进行疾风骤雨般地全盘否定,造成的结果往往是矫枉过正。顾颉刚编辑的《辨伪丛刊》以及张心澂所著《伪书通考》,几乎将传世典籍怀疑殆尽,甚至认为先秦古书更是"无书不伪"。

在"疑古派"对古书进行"辨伪"的同时,那个时代的学者也作了大量"证真"工作。王国维首倡"二重证据法",利用地下出土文献资料对传世古书的记载进行验证,取得丰硕成果。他考订的甲骨卜辞中所见殷代先公先王的世系,与《史记·殷本纪》所载基本相符②。王氏著《观堂集林》首卷专论《尚书》,将金文记载与传世《尚书》相印证,亦有较多创获③。王国维虽未对古书真伪问题作出明确表态,但他的工作一定程度上证明了《史记》《尚书》等古书记载的可信性。

近代学者中对古书问题认识最为深刻的要数余嘉锡,他的《古书通例》一书基本摒弃古书真伪的纷争,深入对古书体例的研究,揭示出古书成书与流传的一般规律。余先生熟谙经籍古书,通过对传世文献的归纳,提出"古书不题撰人""古书不皆手著""古书单篇别行"等精彩论断④,大部分可以得到近出简帛古书的验证⑤。

二十世纪七十年代以来,随着新文献不断发现,尤其是简帛古书大量出土,深入思考古书成书与流传问题迎来前所未有的新契机。一些亲身参与简帛古书整理工作的学者,在第一时间对"疑古派"疑书过甚的倾向进行了批判。

首先倡导对古书开展深层"第二次反思"的是李学勤。他通过将简帛书籍与传世古书进行对比,在《对古书的反思》一文中归纳了古书在产生和流传过程中

---

① 顾颉刚编著:《古史辨》第1册,上海古籍出版社,1982年,第201—202页。
② 王国维所著《殷卜辞中所见先公先王考》及《续考》皆收入《观堂集林》(参见王国维:《观堂集林》,中华书局,1959年,第409—450页)。
③ 王国维:《观堂集林》,第1—74页。
④ 参见余嘉锡:《目录学发微 古书通例》,中华书局,2007年,第200、265、287页。
⑤ 参见顾史考:《以战国竹书重读〈古书通例〉》,武汉大学简帛研究中心主办:《简帛》第4辑,上海古籍出版社,2009年,第425—442页。

值得注意的十种情况。在此基础之上,李先生提醒我们要重视古书流传过程中的流动性,避免以"静止的眼光看古书",正因如此,他认为"我国古代大多数典籍是很难用'真'、'伪'二字来判断的"①。

李零在对古书的二次反思中也做了大量工作。他的《出土发现与古书年代的再认识》从"疑古派"对古书的辨伪说起,批评了它们"对古史形成的复杂过程理解过于简单",并认为"把先秦古书的年代普遍拉后","不仅对先秦古书的形成过程是一种曲解,而且对古书的流传和整理也是一种曲解"。接下来,他又结合出土简帛书籍的情况,总结出古书体例的八项特征②,将古书成书与流传情况研究推向新高度。

经过李学勤与李零的疾呼,古书成书与流传问题在古史与古典学界逐渐受到应有的重视。如谢维扬即多次撰文呼吁重视古书成书的复杂情况,并提倡真正确立起一种公认的古史史料学的基本理论。其他如廖名春、冯胜君、梁涛等学者,也在不同程度上参与了古书问题的讨论③。

虽然通过近几十年来的努力,古书成书与流传情况的研究取得许多突破性进展,再也没有人以"真"与"伪"的标准去片面地看待古书,然而限于简帛古书本身解读工作的困难性与复杂性,目前我们依据出土材料对古书体例、源流以及文本演变规律的认识仍是远远不够的。裘锡圭就曾指出,由于我们对古书体例不够熟悉,在解读简帛古籍时便很容易出现"不恰当的'趋同'和'立异'两种倾向"④。面临近年层出不穷的简帛古书,裘先生更是深切地感受到"在利用新出土文献校勘、解读古书方面,还有大量的工作要做"⑤。有鉴于此,如何深层次揭示古书成书与流传过程中的更多细节,使之更好地为古史重建与古典学重建服务,可谓二十一世纪中国古史研究面临的主要问题之一⑥。

清华简中战国时期经史类古书的大量发现,为进一步推进古书成书与流传

---

① 李学勤:《对古书的反思》,《简帛佚籍与学术史》,江西教育出版社,2001年,第28—33页。
② 李零:《出土发现与古书年代的再认识》,《李零自选集》,广西师范大学出版社,1998年,第22—57页。
③ 相关成果由梁涛等先生编集成书,颇便于观览,参见梁涛、白立超编:《出土文献与古书的反思》,漓江出版社,2012年。
④ 裘锡圭:《中国古典学重建中应该注意的问题》,《中国出土古文献十讲》,复旦大学出版社,2004年,第8页。
⑤ 裘锡圭:《出土文献与古典学重建》,清华大学出土文献研究与保护中心编:《出土文献》第4辑,中西书局,2013年,第17页。
⑥ 参见谢维扬:《二十一世纪中国古史研究面临的主要问题》,《历史研究》2003年第1期。

问题的研究提供了新的有利条件。特别是其中的许多"书"类文献①,仅目前公布者就至少有《尹至》《尹诰》《傅说之命》《程寤》《厚父》《金縢》《皇门》《封许之命》与《祭公之顾命》等9篇。我们知道,《尚书》的流传在古书中最为多舛,秦代挟书令的焚禁、汉代今古文的争锋以及魏晋伪古文的纷扰,都对其篇目与文本造成极大损害。清华简中早期"书"类文献文本的再次发现,对了解《尚书》成书、流传与演变都有重要价值。而《尚书》作为情况极为复杂的个案,可以在很大程度上帮助我们廓清古书成书与流传的一般规律。下面我们就结合清华简中的"书"类文献,谈一谈古书成书和流传研究中需要注意的问题与值得借鉴的思路。

二、充分考虑古书成书复杂程度与未知因素

根据古书记载,春秋战国的知识分子皆雅言诗、书,因此在先秦时期流传的典册书籍体量应该十分庞大。但是经历秦代焚书坑儒后,传到汉代的古书已然十不存一。即便是《汉志》著录的书籍,经过两千多年的不断散佚,现在能看到的也已只有其中很少一部分。因此,我们对先秦古书的整体了解实际上非常少,对其成书和流传过程中的复杂情况与未知因素的认识也十分有限。

《汉书·艺文志》载"古之王者,世有史官,君举必书,所以慎言行,昭法式也",并说"左史记言,右史记事,事为《春秋》,言为《尚书》"②。作为君臣言论记录的"书",数量应该是非常多的。《墨子·贵义》云:"昔者周公旦朝读书百篇。"周初之时观夏、商之"书"已经可以朝读百篇,如果再加上有周一代的"政事之纪","书"类文献的体量应当十分可观。然而我们通过传世典籍能够得知的"书"的篇目,就只有《书序》百篇以及先秦古书中对"书"的零星征引,显然不能展现先秦时期流传的"书"类文献的全貌。

这一认识可从清华简中得到有力证明。清华简目前公布的9篇"书"中,只有《尹诰》、《傅说之命》与《金縢》见于百篇,《程寤》《皇门》与《祭公之顾命》等篇在汉代被编入《逸周书》,至于《尹至》《厚父》与《封许之命》则是前所未见的篇目。

---

① 本文所说"书"类文献是指君臣在行政过程中的言论记录所形成的文本,即《汉书·艺文志》所谓"左史记言,右史记事,事为《春秋》,言为《尚书》"。"书"类文献作为"政事之纪",是一种官方性质、记言体裁的文献,其范畴在先秦时期甚为广泛,包括但不限于今传《尚书》《逸周书》中的部分篇目。详见程浩:《"书"类文献辨析》,清华大学出土文献研究与保护中心编:《出土文献》第8辑,中西书局,2016年,第139—145页。

② 《汉书》卷30《艺文志》,中华书局,1962年,第1715页。

清华简中的这些篇目简长一致、简制统一,可见墓主人对它们是等而视之的,并没有所谓"《尚书》""《逸周书》"或"佚书"的区别。这种类型相同的文献编排在一起的情况提示我们,在先秦时期古书往往"以类相存",并没有完全定型。正如李零所说,"战国秦汉的古书好像气体,种类和篇卷构成同后世差距很大"①,"书"类文献篇章在先秦的流传就处于分合无定与异本共存的复杂状态。

清华简的"书"与传世《尚书》《逸周书》的差异不仅体现在篇目选编上,其篇题、文本也不尽相同。如《金縢》一篇在清华简中原题便为《周武王有疾周公所自以代王之志》,而《说命》作《傅说之命》,《祭公》作《祭公之顾命》,与传世本皆有不同程度差异。余嘉锡在《古书通例》中指出:"古书之命名,多后人所追题,不皆出于作者之手。"②"书"类文献篇题的拟定大体就是由藏"书"者或传"书"者完成的。清华简与传本在篇题方面的差异恰恰体现了二者同源异流的关系。在文本方面,《金縢》篇由于有传世本对照,可以发现二者之间有多处整句的缺失。而《孟子》《礼记》等文献对《厚父》《说命》《尹诰》等篇的引用与清华简的文本也并不完全一致。

正是由于注意到以上情况,李学勤在介绍《金縢》与《傅说之命》两篇时,就分别采用"清华简与传世本《金縢》应分属不同的流传系统"③、清华简与《礼记》引《说命》"大概是传本不同的缘故"④等论述。裘锡圭《出土文献与古典学重建》一文讨论"书"的流传时,也认为"清华简的主人,显然并未受到儒家《诗》《书》选本的影响","今传《尚书》《诗经》属于儒家系统,清华简的《诗》《书》则属于非儒家的流传系统"⑤。从清华简中"书"的篇目选取与文本演变看,这批材料可能与墨家在楚地对"书"的传授有关⑥。而《封许之命》这篇封建许国的文献的选入,体现了清华简中"书"的版本也有很强地域性。我们知道,在春秋战国时期,诗、书、礼、乐是天下之公器,对"书"的搜集、选编不止儒、墨两家,"书"的流传也不限于齐鲁或晋楚地区。我们现在所见传世《尚书》的版本以及清华简"书"的版本,实

---

① 李零:《简帛古书与学术源流》,生活·读书·新知三联书店,2008年,第214页。
② 余嘉锡:《目录学发微 古书通例》,第210页。
③ 李学勤:《清华简九篇综述》,《文物》2010年第5期。
④ 李学勤:《新整理清华简六种概述》,《文物》2012年第8期。
⑤ 裘锡圭:《出土文献与古典学重建》,清华大学出土文献研究与保护中心编:《出土文献》第4辑,第14页。
⑥ 战国时期墨家在楚国影响很大,《墨子·贵义》载墨子南游于楚,曾献"书"于楚惠王。细审清华简中的9篇"书"类文献,多载商汤、伊尹事,不讳言鬼神,与墨家商人后裔的身份以及墨家"明鬼"的思想有着千丝万缕的关系。再加上《墨子·尚同中》引《说命》一句较《缁衣》更近于清华简,我们猜想清华简的"书"类文献较多地受到了墨家的影响。

际上只是先秦时期流传的"书"类文献的冰山一角,还有更多佚篇、异本是我们所未知的。

正是由于我们对上述古书成书以及流传过程的复杂性了解太少,在讨论相关问题时便不得不将其中的未知因素提前考虑进去。疑古派对古书所作的"辨伪"工作之所以有颇多不能成立,即是由于其在对古书成书及流传过程复杂性知之甚少的情况下过度使用"默证"所致。张荫麟在对顾颉刚进行批评时曾对"默证"下过一个定义:"凡欲证明某时代无某历史观念,贵能指出其时代中有与此历史观念相反之证据。若因某书或今存某时代之书无某史事之称述,遂断定某时代无此观念,此种方法谓之'默证'。"①换言之,"默证"就是将凡在古书中未见过的事情直接判定为当时没有。使用"默证"的风险在于,有太多未知因素是我们所不能及见的,然而事实是今天没有流传并不代表当时就一定不存在。

虽然清华简中"书"类文献的情况已经提醒我们,过去建立在传世文献基础上的对"书"的认识十分有限,但仍有一些学者未走出以有限的"已知"去否定无限的"未知"的误区。清华简中《尹至》与《尹诰》两篇记载的都是夏商之际商汤与伊尹的对话,其中《尹诰》即书序所谓的《咸有一德》,在《礼记·缁衣》中还被称引过,《尹至》虽属佚篇,但部分文句与《尚书》的《汤誓》及《吕氏春秋·慎大》篇可以互见。可见这两篇"书"都流传有序,至少底本应该是商代的②。然而有学者认为这两篇"书"属春秋末期到战国中期的拟作,其主要依据之一便是这两篇体现的"民本思想"是战国才有的③。过去学术界一般认为民本思想起源于孟、荀,是由于传世文献中找不到更早的记载。现在的情况则大有不同,即便我们抛开《尹至》与《尹诰》不谈,清华简第5辑整理报告刚刚公布的《厚父》一篇中即有"民心惟本,厥作惟叶"④的明文。根据我们的研究,《厚父》大约是一篇周朝建国之初武王向夏遗民厚父乞言的记录⑤。从《孟子·梁惠王下》对该篇的征引来看,孟子对《厚父》是熟稔于心的,其民本思想也很有可能受到这篇"书"的影响。由此可见,至少在周初所谓民本思想就已比较成熟,怎能因为没有机会认识到这点就

---

① 张荫麟:《评近人对中国古书之讨论》,顾颉刚编著:《古史辨》第2册,第271页。
② 《尹至》《尹诰》的许多用字尚保留着商代甲骨文的用法,如用"彔"表示夜晚、"戠"表示"剪灭"等,可见其底本之古老。
③ 夏大兆、黄德宽:《关于清华简〈尹至〉〈尹诰〉的形成和性质——从伊尹传说在先秦传世和出土文献中的流变考察》,《文史》2014年第6期。
④ 李学勤主编:《清华大学藏战国竹简(伍)》,中西书局,2015年,第110页。
⑤ 参见程浩:《清华简〈厚父〉"周书"说》,清华大学出土文献研究与保护中心编:《出土文献》第5辑,中西书局,2014年,第145—147页。

轻易判定体现该思想的文献都是晚出的呢？因此，当我们见到一种前所未见的新事物时，不应当盲目地以现有知识体系去进行衡量，而应将其作为未知领域加以充分考虑①。

三、不断深入对篇章字句的考察

除以有限的已知推论无限的未知外，部分学者在讨论古书成书的年代问题时还可能陷入以局部看整体的误区。梁启超总结辨别伪书及考证年代的方法，很重要的一种就是"从文章上辨别"，其中又包括从"名词""文体""文法"与"音韵"等四方面进行辨别②。语言文字代有变迁，以古书文本中的字词、语法所体现的时代性进行断代当然是很好的方法。但这种方法的过度使用也十分危险。特别是抓住局部内容的个别问题不放，否定文本整体的价值，就很容易制造"冤假错案"。有些倾向于过度疑古的学者往往抱着"一字晚出，全篇皆伪"的观念看待古书，仍是由于对古书成书与流传的过程不十分了解。

实际上，古书由原始材料编纂成书一般都经历了相当长的一个过程，而即便形成相对固定的文本，也难免在后世的流传过程中遭到整理与改动。李学勤通过对简帛古籍的研究，认为古书多经"后人增广"，他说："古书开始出现时，内容较少。传世既久，为世人爱读，学者加以整补，内容加多，与起初大有不同。"而除被增补附益外，古书还遭受"后人修改"并"经过重编"③，掺杂较多后世的内容元素。在李零看来，古书也"多经后人整理""多经后人附益和增饰"，他还举银雀山《孙子兵法·用间》中"燕之兴也，苏秦在齐"晚出的例子说明汉代流传的本子就已经过改动④。如果忽视"古书不皆手著"而多后人增广这一现象，对古书的理解就很容易成为余嘉锡所说"若因其非一人之笔，而遂指全书为伪作，则不知古人言公之旨"⑤。

我们还可借用顾颉刚"层累地造成的中国古史"这一命题看待古书形成的过

---

① 就比如同样是注意到《尹诰》篇体现的民本思想，廖名春就将其视作孟子民主思想的源头。参见廖名春：《清华简〈尹诰〉篇的内容与思想》，清华大学出土文献研究与保护中心编：《清华简研究（第一辑）——〈清华大学藏战国竹简（壹）〉国际学术研讨会论文集》，中西书局，2012年，第43页。
② 梁启超演讲：《古书真伪及其年代》，中华书局，1962年，第57—61页。
③ 李学勤：《对古书的反思》，《简帛佚籍与学术史》，第30—31页。
④ 李零：《出土发现与古书年代的再认识》，《李零自选集》，第30—31页。
⑤ 余嘉锡：《目录学发微 古书通例》，第296页。

程,因为从后人对古书的不断整理与改动看,绝大多数古书应该都是"层累"地形成的①。这方面最典型的例子可举清华简与《尚书》互见的《金縢》篇。如果对《金縢》的内容进行仔细辨别,可以将该篇划分为"周公自以代王""周公居东"与"成王启金縢之匮"3章。其中"周公自以代王"章也就是周公为武王禳疾的祷词大约是周公自作,而后两章则可能出自后人增益。如宋人苏轼就提出:"《金縢》之书,缘周公而作,非周公作也,周公作金縢策书尔。"②于省吾也认为:"《金縢》下半篇系后人所增纂。"③细审其文,《金縢》的下半篇多怪力乱神,不似"典谟训诰",而且介词"于"多写作"於",与《尚书》和清华简中"书"类文献的用法都不相符,属于春秋战国时期的用字习惯④。因此,我们猜想《金縢》这篇"书"在最初只有周公自作的祷词,也就是简本篇题所说的"周武王有疾周公所自以代王之志",后来在流传过程中春秋战国时人根据当时流行的关于"周公居东"与"成王启金縢之匮"的传说进行增补,就形成我们现在看到的这种面貌。特别值得注意的是,《金縢》的文本在基本定型后依然在不断发展变化,简本与传本两种"同源异流"的本子虽整体上比较接近,但个别文句在各自流传过程中依然产生较多差异。

在明晰古书"层累"地形成的过程之后,古书中个别字句即便有"晚出"嫌疑,也就可以理解了。利用"从文章上辨别"的方法研究古书成书年代,应该排除局部后世窜入的干扰因素,而对文本整体进行准确把握⑤。"书"类文献由记言档案文书编纂整理而成,因此篇中主体(也就是记言部分)一般年代较早,而卷前对故事背景的介绍及篇中"王若曰""王曰"等连接词则可能是后人所加。对"书"类文献进行时代判断,应当首先抓住它的主体记言部分。如果按照这一标准进行考察,清华简中的9篇"书"类文献主体大体都是其声称的时代的作品。然而经

---

① 最早借用"层累"概念解释古书形成过程的是李零先生,他在《出土发现与古书年代的再认识》一文中说到:"这个概念只要略作修改(应称为'层累形成'),对于古书年代的研究还是很有用的。"(李零:《出土发现与古书年代的再认识》,《李零自选集》,第23页。需要注意的是,顾颉刚先生"层累地造成的中国古史"说,含有越早发生的史事被编造问世的时代越晚之意味。本文借用"层累"解释模型解释古书形成的规律,是对"层累"说的批判性继承,并不认可其中"作伪"的隐喻。相关理论探讨可参见宁镇疆:《"层累"非"作伪"——再论今本〈孔子家语〉的性质》,《学术界》2009年第5期。
② 苏轼:《东坡书传》卷11《金縢》,中华书局,1991年,第351页。
③ 于省吾:《双剑誃群经新证》,上海书店出版社,1999年,第55页。
④ 参见程浩:《清华简〈金縢〉性质与成篇辨证》,《上海交通大学学报》2013年第4期。
⑤ 李锐先生即认为对于古书形成的年代问题,"我们不当问全文全书的早晚,而是要辨文字和辨'主体部分'或'主题思想'。"参见李锐:《先秦古书年代问题初论——以〈尚书〉〈墨子〉为中心》,《学术月刊》2015年第3期。

历长时间流传,其中难免掺杂一些记事语句及后人整理的因素,但这些干扰因素的影响毕竟只存在于局部,并不妨碍整篇"书"的品质。就比如清华简《傅说之命》共有3篇,其中上篇记事内容占绝大部分,文辞也没有中、下两篇古老,因此很多学者怀疑上篇并不属于《书序》所说"《说命》三篇",甚至认为它只是该篇的序。如果说《傅说之命》上篇尚有后人拟作的可能,而中、下两篇则全部记言,并且通过与甲骨卜辞及商代《盘庚》三篇对比,基本上可以判定为商代中期所作①。因此,《傅说之命》三篇的情况大致就是中、下两篇为原始文本,而上篇则受后世整理影响较多。然而有学者认为简本《傅说之命》整体是东周时期作品,依据仅仅是篇中个别字句时代可能早不到商代,显然又是忽略了篇中可能存有后世整理的因素。如果将《傅说之命》三篇作为一个整体来看待,恐怕仍应如裘锡圭说《尚书·商书》各篇那样:"大概确有商代的底本为根据,然而已经经过了周代人比较大的修改。"②

大家知道,清代学者在《尚书》学方面一项重要贡献是对孔传本《古文尚书》的证伪,并从中"去伪存真"拣选出今文《尚书》28篇。然而古书成书研究进展到今天,仅仅探讨"书"或"篇"这一层次的真伪与早晚已远远不够。从上文所举几例可见,要对古书成书问题准确把握,就应在充分考虑文本"层累"形成过程及个别内容元素为后人增入的前提下,深入对篇章乃至字句的研究,对文本每一部分的年代都有正确判断。这种做法不仅对古书成书研究具有重要意义,对于作为史料的古书本身价值的影响也不言而喻。正如谢维扬所言:"从史料学的立场上看,重要的当然是对文献中内容元素价值的确定。因为在古史研究中用到的最终还是这些内容元素。"③然而真正要做到对古书中每个篇章字句的时代进行准确认识无疑是非常艰难的,我们现在能够做到的只有充分重视这种情况的存在,并为达到这一目标而努力。

四、适当估计书写载体对文本流变的影响

出土文献保留着古书在早期流传阶段的原始性状,除文本比较真实外,其书

---

① 参见程浩:《清华简〈说命〉研究三题》,《古代文明》2014年第3期。
② 裘锡圭:《谈谈地下材料在先秦秦汉古籍整理工作中的作用》,《中国出土古文献十讲》,第141页。
③ 谢维扬:《从〈清华简(壹)〉看古书成书和流传的一些问题》,清华大学出土文献研究与保护中心编:《清华简研究(第一辑)——〈清华大学藏战国竹简(壹)〉国际学术研讨会论文集》,第340页。

写载体本身也可为我们考虑古书体例与流传的问题提供大量启示。随着近年来简牍古书的不断发现,越来越多学者开始对古书的书写载体——简牍帛书的形制特征进行总结,并初步揭示了古人阅读习惯及抄手个人因素对古书文本流变的作用。

清华简简制规格较高,保存状况良好,对于认识战国时期的简牍形制以及书写习惯提供了诸多便利。下面试举几例,谈谈书写载体对文本流变的重要影响。

竹简作为古代最普遍的书写载体,取材简易、书写方便、携带便捷,因此较其他材料使用更为广泛。但由于材质本身限制,竹简极易朽坏残断,用于编联竹简的丝线断开后也经常造成简序散乱。《汉书·艺文志》载:"刘向以中古文校欧阳、大小夏侯三家经文,《酒诰》脱简一,《召诰》脱简二。率简二十五字者,脱亦二十五字,简二十二字者,脱亦二十二字。"①可见汉代人见到的"书"的文本,就已发生脱简现象。清华简中《傅说之命》与《封许之命》两篇都有整简的缺失,这对于埋藏地下两千余年的出土文物来说本不足为奇。最值得注意的是《金縢》一篇,该篇从简背编号来看并没有脱简,但通过与传本的对比,我们发现传本的"四方之民罔不祗畏。呜呼!无坠天之降宝命,我先王亦永有依归!今我即命于元龟"等 32 字全然不见于简本。考虑到简本《金縢》每简容字即在 32 字左右,我们有理由怀疑简本的祖本在流传过程中于此处脱失了一支简。此外简本《皇门》篇的末句作"毋作祖考羞哉"②,而传本仅余"汝无作"。传本脱去的"祖考羞哉"四字原来可能是写在最末一支简上的,但传本在流传过程中不幸遗失了这支简,因而我们在《逸周书》中看到的《皇门》就仅以这三字结尾了。还有简本《祭公之顾命》的"曰:三公,敷求先王之恭明德,刑四方,克中尔罚"一句,同样为传本所无,大概流传到汉代的《祭公》在这里已经发生脱简。

除整简缺失外,个别文句的脱漏也值得注意。比如简本《金縢》在周公纳册后的"乃命执事人曰:勿敢言"一句,就是传本所没有的。但这句话不仅可以与下文呼应,《史记·鲁世家》引《金縢》也有这项内容,因而传本此处还应属脱漏。除此之外,《金縢》的"就后武王力,成王犹幼在位"一句也近于《史记》的"其后武王既崩,成王少",传本仅作"武王既丧"应该是缺失了部分内容。这种文句脱漏的情况同样见于《皇门》篇,而且传本的缺文与讹误的位置集中在简本每简的简

---

① 《汉书》卷 30《艺文志》,第 1706 页。
② 李学勤主编:《清华大学藏战国竹简(壹)》,中西书局,2010 年,第 165 页。释文采宽式,下引此书不再出注。

首与简末。如简本第 1 简简末"覭"字之下,传本增"告于"二字;第 4 简简首"在"字之下,传本增"于";第 5 简简首"脜比",传本减作"茂";第 7 简简首"穧"字之上,传本增"用"字;简 10 简末与简 11 简首写有"善夫"并合文符号,传本脱去合文号又增一"俾"字。这些讹误增脱集中出现在两支简交接之处,绝非偶然。我们知道,由于竹简的编联是借由契口与编绳完成的,用三道编绳编联的简册,其上下两处契口往往位于距简首简尾不远处,这也就导致竹简在这两处最易残断。清华简中几乎每篇都有简端残断的情况,而这种现象对于我们考虑传本《皇门》衍文与脱文的现象十分有启发性。因为如果传本以竹简为书写载体的底本,形制与清华简《皇门》篇相同或类似,那么上述衍文与脱文就极可能是其简端残断后所脱去以及脱文后后人的妄加增补。

简编的朽坏除会造成脱简外,重新编排后造成的错简与字句颠倒也时有发生。错简的情况亦见于《皇门》,该篇简本有一句"我王访良言于是人",传本与之对应之处作"王阜良,乃惟不顺之言于是人"。传本所增的"乃惟不顺"几字,在简本属前句之文,实为传本的底本发生残断后误缀于此处。今人在整理出土简册时对断简的缀合、简序的调整常有悬而未决者,想必古人对古书的整理也会遇到相同困难,而所谓错简就是在这种情况下发生的。

脱简、残断以及错简都是在简册编联遭到破坏后产生的现象,而清华简中保留的完整的编联信息对于理解古书的流传也十分有帮助。比如与汤和伊尹有关的《赤鹄之集汤之屋》《尹至》《尹诰》三篇,从契口、竹节的位置以及简背刻划线贯联情况看,原来都很可能是编联在一卷的。① 但是在该卷简册的背面只题有《赤鹄之集汤之屋》一则篇题,而这个篇题显然不能囊括整卷书的内容。然而如果这卷简册在后世的流传过程中没有得到很好的解读,就有可能发生把《赤鹄之集汤之屋》《尹至》与《尹诰》都称作"赤鹄之集汤之屋"的情况。

这种现象为我们理解传世《尚书》诸篇的分合情况提供了重要启发。比如《顾命》与《康王之诰》的分合,向来就有争议。《周本纪》、"书序"与马郑古文都单独有《顾命》与《康王之诰》,而伏生今文则合之为一篇。《顾命》为成王的临终遗言,《康王之诰》为康王即位时所作的训诰,从时代上看两篇是紧密相接的。或许今文《尚书》原始的本子中《顾命》与《康王之诰》就是像上述清华简三篇那样编联

---

① 参见肖芸晓:《试论清华竹书伊尹三篇的关联》,武汉大学简帛研究中心主办:《简帛》第 8 辑,上海古籍出版社,2013 年,第 471—476 页。

在一卷的,但是由于该卷竹书只题写了《顾命》一则篇题,今文家就统称这两篇为《顾命》了。类似情况还有成王所作《康诰》《酒诰》与《梓材》。《书序》云:"成王既伐管叔、蔡叔,以殷余民封康叔,作《康诰》《酒诰》《梓材》。"① 这三篇共用一则"序",可见关系之密切。郑玄序《周礼》时就说《康诰》为三篇之数,盖以《康诰》《酒诰》《梓材》皆可称《康诰》。《韩非子·说林上》有"《康诰》曰:'无彝酒'"②,然"无彝酒"实为《酒诰》之文。因此,清人段玉裁、皮锡瑞等都认为此三篇为同一篇。《康诰》《酒诰》《梓材》皆为成王所作,诰示对象也都是康叔封,当然有本为一篇的可能。但还有一种可能性存在,就是韩非子看到的卷册即为《康诰》《酒诰》《梓材》合编的版本,但该卷只有一则篇题《康诰》,遂引卷中《酒诰》之文作《康诰》。

除篇章分合外,传世《尚书》篇目序次的情况也可借由清华简的情况重新进行理解。清华简的《傅说之命》实际是由三篇竹书组成的,并且在每一篇末简的简背都题有篇题。但各篇的篇题均作"傅说之命"四字,并不能揭示三篇之间的先后关系。这种情况很容易让我们联想到"商书"中的《盘庚》。《盘庚》在传世《尚书》中也有三篇,但上、中、下三篇中盘庚的讲话前后违背,首尾不能相顾,因而前人对其次序颇多怀疑。如俞樾《群经平议》就说:"以当时事实而言,《盘庚中》宜为上篇,《盘庚下》宜为中篇,《盘庚上》宜为下篇,曰'盘庚作,惟涉河以民迁'者,未迁时也。曰'盘庚既迁,奠厥攸居'者,始迁时也。曰'盘庚迁于殷,民不适有居'者,则又在后矣。"③ 由此看来,该篇在竹简形态时恐怕也如清华简的三篇《傅说之命》那般,未将三篇间的顺序加以标示。现在这种上、中、下三篇的排列次序,很可能是后人在简序散乱后臆定的。

古人用作书写载体的材料有很多,对"书"除了"书于竹帛",还会"镂于金石,琢于盘盂"。如《礼记·大学》引有《汤之盘铭》,想必就是一篇书写在青铜盘上的铭文。又如《逸周书·大聚》篇末载武王"乃召昆吾冶而铭之金版,藏府而朔之"④,就是以铜器铭文的形式对政事进行记录。清华简虽以简册为书写载体,但一些篇目还留存了一些以金石盘盂为书写载体的文本特点。其中最典型的就是《封许之命》,该篇内容为成王封建吕丁于许的册命,不仅格式内容与西周册命

---

① 孔颖达:《尚书正义》,阮元校刻:《十三经注疏》,中华书局,1980年,第202页。
② 王先慎:《韩非子集解》,中华书局,1998年,第176页。
③ 俞樾:《群经平议》,阮元、王先谦编:《清经解·清经解续编》,凤凰出版社,2005年,第6824页。
④ 黄怀信等:《逸周书汇校集注》,上海古籍出版社,2007年,第409页。

金文近似，其中一些字还保留着西周早期的古老写法。或许该篇本就是铭刻于铜器之上的一篇册命，由后人将这篇重要的铜器铭文转抄成简册①。由于该篇流传不广，传抄次数不多，就保留了较多以金石为书写载体时的文本特征。

以上这几种情况提醒我们，书写载体在文本演变过程中产生的重要影响是不容忽视的。以往学术界在研究古书体例与流传问题时对书写载体的重视程度略显不足，但相信随着简牍古书的发现越来越多，我们对古书载体形制的认识会越发准确，随之对古书流传与演变的理解也会更加清晰。

五、准确考量汉代人对古书的整理工作

在两千多年的流传过程中，古书在遭受书写载体等客观因素影响的同时，后人的主观整理也导致其文本产生诸多变异。特别是汉代人对先秦古书的整理工作，基本确定了我们现在所得见古书的面貌，它对古书流变的影响是我们讨论古书问题时不得不着重考虑的。

《史记·太史公自序》："秦拨去古文，焚灭诗书，故明堂石室、金匮玉版、图籍散乱。"②秦代的焚书坑儒对先秦古书的流传造成毁灭性打击，直接导致秦汉两代文化上的"割裂"，到汉朝初年学者几乎已无书可读。有鉴于此，汉代从官方到民间都有意识地开展了复兴古书的工作。《汉书·艺文志》："汉兴改秦之败，大收篇籍，广开献书之路。"汉惠帝废除挟书之令，到武帝时又专门设官搜集民间藏书充实到"秘府"中。除对古书进行搜集外，汉代还开展专门的整理工作。汉高祖之世，张良、韩信曾序次兵法，武帝时尝命杨仆纪奏兵录。然而此时的整理仅限于篇目编次与目录之学，对古书真正开展大规模的整理是在汉成帝的时候。同书载："至成帝时，以书颇散亡，使谒者陈农求遗书于天下。诏光禄大夫刘向校经传诸子诗赋，步兵校尉任宏校兵书，太史令尹咸校数术，侍医李柱国校方技。"③刘向及其子刘歆校书数十载，作《七略》，班固删其要成《汉志》，为后世治古书者必读之要目。

实际上，刘向刘歆父子的工作不止于校勘与奏目，许多在秦汉之际散乱残缺

---

① 吴振武在《清华大学藏战国竹简（伍）》成果发布会发言指出，《封许之命》记赏赐器物较册命金文更为详细，体现了青铜器作为书写载体由于篇幅的限制并没有反映所记事件的全貌。吴先生对《封许之命》的认识与笔者略有不同，但也注意到书写载体对文本的影响。
② 《史记》卷130《太史公自序》，中华书局，1959年，第3319页。
③ 《汉书》卷30《艺文志》，第1701页。

的古书都经过他们的再编订。我们见到的一些古书的今貌,大体都是出自刘氏父子的整编。余嘉锡讨论刘向对诸子之书的整理时说道:"诸子传记,非残缺即重复。今日所传之本,大抵为刘向之所编次,使后人得见周、秦诸子学说之全者,向之力也。"根据诸书存世情况不同,整理方法也各异,"向所编校,有但定其篇第者,如《管子》《孙卿子》之类是也。有并改其章次者,如《晏子》是也。又有合同类之书数种,离合其篇章,编为一书者"。这种深层次的整理对古书的影响有如再造。如《战国策》本为中秘所藏的列国策书,刘向因国别者,略以时次之,汇编为一书,就连"战国策"的书题也是他自己拟定的。正是由于看到这种现象,余嘉锡遂感叹道:"今人得见秦、汉古书者,刘向之功也。"①

经过刘向刘歆父子的整理,许多在先秦时期并没有定本的文献在这一时期就整编成为文本相对固定的典籍。类似情况还有今之所谓《逸周书》。《汉书·艺文志》载有"《周书》七十一篇",颜师古注引刘向云:"周时诰誓号令也,盖孔子所论百篇之余也。"②这71篇《周书》,恐怕并不是从先秦流传下来的版本。陈梦家即云:"今所见《逸周书》,当是刘向根据中秘的原始材料而加以整齐成编,如他所编的《新序》《说苑》一样。"③陈先生之说不无道理,因为汉代流传的《尚书》就只有29篇,刘向受百篇书以及"孔子删书"说的影响,从中秘中拣选出71篇"周史记"编订成书,遂可与29篇凑成百篇之数。另一则证据是《逸周书》的《王会》篇中有一句"《商书》,不《周书》,录中以事类来附"④,孙诒让认为:"此十字疑刘向校书时所加,若《晏子春秋》《韩非子》常有此例,恐未必是孔注也。考《汉书·艺文志》无《商书》,而小说家有《伊尹》二十七篇,疑朝献即《伊尹》书之一篇,秦汉人录附《周书》,而刘向校定遂因而存之耳。"⑤刘向的这则校记申明他选编《逸周书》的原则就是"以事类来附"。实际上,将中秘的古书以事类文体进行区分再整编成书就是刘向校书、编书常用的手法。

经过刘向整编成书的71篇《周书》,由于编选的原则仅为"以事类来附",因而其中不止"周时诰誓号令",许多不属于"书"类文献的篇目也被拿来凑百篇之数。梁启超即云:"以吾度之,今至少应有十一篇为伪造者;其余诸篇,亦多窜乱,

---

① 余嘉锡:《目录学发微 古书通例》,第274—276、278页。
② 《汉书》卷30《艺文志》,第1706页。
③ 陈梦家:《尚书通论》,中华书局,2005年,第291页。
④ 黄怀信等:《逸周书汇校集注》,第908页。
⑤ 孙诒让:《周书斠补》,《大戴礼记斠补》,齐鲁书社,1998年,第150页。

但某篇为真,某篇为伪,未能确指。"①《逸周书》中,可明确为其声称之时代所作的,则可谓寥寥无几。蒋善国《尚书综述》说:"《克殷解》《大聚解》《世俘解》《商誓解》《度邑解》《作洛解》《皇门解》《王会解》《祭公解》《芮良夫解》十篇可以与《尚书·大诰》诸篇有同等价值。"②刘起釪先生则认为:"初步可以肯定为周代《书》篇的,是关于周武王的几篇和周公篇卷中少数几篇,即《克殷》《世俘》《商誓》《度邑》《作洛》《皇门》《祭公》七篇,可确认为西周文献。"③今以清华简观之,刘向将《程寤》《皇门》《祭公》等篇编入《周书》大致得当。至于《命训》一类虽托言周代,但实为战国辩士假托的篇目,未加以分辨就以周"书"视之便是他的失误了。

有读者可能会有疑问,如果《周书》到刘向时才整编成书,那么先秦古书中经常称引的"周书"又当如何解释呢?我们认为这里的"周"字只是用来表示引"书"的时代之用,并不意味着在先秦就已有编订的《周书》。因为《左传》曾引"郑书",《大学》引有"楚书",我们很难想象还有"《郑书》"与"《楚书》"两种书,"郑"、"楚"与"周"一样,都只是区别"书"的时代与归属形容词而已。

从清华简中"书"类文献的文本中,也可看到今传《逸周书》受汉人影响的一些痕迹。如简本《皇门》与《祭公之顾命》绝大多数的"邦"字,在《逸周书》中都避高祖讳而改作"国"或"封"。《祭公之顾命》"作陈周邦"与"改大邦殷之命"的两个"邦"字,到了传本中甚至被直接删去。尤其值得注意的是《皇门》中的一类避讳现象,简本中用作第一人称代词的"朕",在传本中几乎被删除殆尽。"朕"字是先秦时期诗中常见的第一人称代词,并没有特殊意义,任何人都可自称"朕",到秦始皇以后才开始作为皇帝专称。《逸周书》的《皇门》篇统删"朕"字,大概是觉得作诰的周公不得僭越称"朕",显然是汉人的以今律古。

除刻意的避讳以外,对底本的误读也会招致汉代人对文本进行改窜。秘中书多为民人所献的战国古文本,而到汉代中期就基本没有人能准确识读古文了。再加上长期壁藏造成的腐朽散乱,给刘向等人的整理工作增添许多困难,导致许多讹误。如简本《皇门》中读为"迹臣"之"迹"的"埶"字,传本就认成"势",将"迹臣"误读为"势臣"。同样是简本《皇门》中多次出现的"𠿕"字,传本与之对应之处分别作"允""暴""而"等,可见转写传本底本的人并不认得这个字。又如《祭公之顾命》有一个字"𦧶"在简本中出现两次,都应读为"厚"。而传本分别作"始"与

---

① 梁启超:《中国历史研究法》,华东师范大学出版社,1995年,第28页。
② 蒋善国:《尚书综述》,上海古籍出版社,1988年,第440页。
③ 刘起釪:《尚书学史》,中华书局,1989年,第96页。

"宅",大概是由于不能正确识别此字,便将其通假成两个"石"声的字。

今天从事出土文献整理的学者在遇到不能正确识读之处时往往会存疑处理,但《逸周书》的整理者并没有这样做。简本《皇门》有一句"蔑有耆耇虑事屏朕位,肆朕沈人非敢不用明刑,惟莫开余嘉德之说",而传本改作"克有耇老据屏位,建沈人,非不用明刑,维其开告于予嘉德之说",句意完全相反。究其原因是传本将句首的"蔑"读为"克",句中的内容便不得不随之更改,"非敢不"变成"非不","莫开"也变成"其开"。传本对此句的错误理解还导致本属下读的"今我譬小于大"一句从上读为"命我辟王小至于大",主语也从周公变成"耇老"。

最明显的例子见于《祭公之顾命》,该篇简本有一句记载了三公之名,作"毕桓、井利、毛班"①,但是传本未能正确识读,将其误认为一则整句,改易为"毕桓于黎民般"。正因由此,传本还把原作为"毕桓、井利、毛班"谓语的"乃召"与上句的"允"连读,将两句合为一句"允乃诏"。原文的"'好的。'就召来了毕桓、井利、毛班",在传本中就变成了"'答应你的要求,毕桓于黎民般'"。传本的这种错误很明显就是由三公之名讹为"毕桓于黎民般"衍生而来的。然而这则讹误造成的影响远不止于此。下文祭公说的话"三公,谋父朕疾惟不瘳",到传本中"三公"又变成"天子",乃是由于传本不知此时有三公在场而作的改易。再往后简本中有一句"天子,三公,我亦上下譬于文王之受命",在此句中"天子""三公"都是祭公训诰的对象。而传本将此处改作"天子,自三公上下,辟于文武",又是不明其实而作的妄改。

由此可见,我们现在看到许多先秦古书,实际上都经过了汉人的整编与改动,并不能展现它们在先秦时期流传的原貌。虽然刘向等人为古书的辑存做了大量有益工作,但由于其中掺杂一些主观的理解,我们今天再来思考这项工作必须抱以审慎的态度。既然古书的流传在秦汉之际遭到"割裂",那么我们"割裂"地看待先秦古书与经过汉人整理与编定的传世古书似乎也并不为过。

六、结语

综上所述,在出土简帛古书大量发现的今天,再以疑古过甚的态度以及片面

---

① 参见杜勇:《清华简〈祭公〉与西周三公之制》,《历史研究》2014年第4期。

的真伪去看待古书早已不合时宜。古书成书过程的复杂程度与其中的未知因素是我们了解与认识古书的主要障碍。正是由于我们对于古书的了解仍十分有限,因而在开展相关讨论时应当将目前未知的因素充分考虑进去。以有限的"已知"去否定无限"未知"的方法,尤其应该加以避免。

由于古书"层累"形成的特点,在长期的流传过程中难免受到整理与改动,其文本并不固定。因此以局部内容的时代去判断文本整体价值的方法并不可取。在充分考虑个别内容元素可能为后世增入的前提下,深入到每一篇章字句形成时代的研究,才能对文本的整体价值进行正确判断。

作为文本书写载体的简牍、帛书等,由于材质的脆弱性,在流传过程中极易发生简序散乱、简文脱漏以及篇目分合、序次的错乱。适当估计书写载体对文本流变的影响,对认识古书的流传与演变的过程将大有裨益。

秦汉之际的动荡局势导致了秦汉两代文化上出现了"割裂"。汉代人对先秦古书做了大量的整理工作,但由于释读水平与主观认识的限制,其中难免有破坏文本、混淆视听的情况存在。因此,准确考量汉代人对古书的整理工作,也是正确看待古书的一种必要态度。

以上就是我们借由清华简中"书"类文献的提示对古书成书与流传问题所作的几点思考。在将古书作为史料进行利用时,只有充分注意此类细节并加以重视,才能正确发挥古书的古史史料价值,更好地为古史重建与古典学重建服务。

 复盘与导读

对于中国古史的研究,由于需要研究者同时具备古文字学、古文献学与历史学、考古学等多学科背景的训练,可以说是人文学科中最难以入门的一种门类。相应的,古史研究论文的写作也便面临着更高标准的要求。若非数十年的积累与锤炼,恐怕都难以达到基准水平。正因由此,当宁老师命我就多年前的这篇小文谈谈论文写作的心得时,我实在是羞于提笔。以我现在的认识程度,重新检阅这篇旧作,已深感无论是内容还是形式,都是满满的教训,又怎敢去误导别人。无奈师命难违,只好借此机会对自己还不算长的学术写作生涯进行自省,在"悔其少作"的同时,也希望读者少走一些我们走过的弯路。

一、选题:高屋建瓴,显幽阐微

选题是文章写作的第一步,同时对于初学者来说也是最难的一步。

综观近年发表的古史研究论文,往往会选择一个很小的切入点开展论说,比如一件(篇)新出土的文物(文献)、某一历史人物或事件等。这当然是由于目前的古史研究尚处于新材料解读的阶段,而基础的、局部的探索也是开展全局研究的必经之路。但即便是做最"细枝末节"的考证工作时,心中也要有"星辰大海"。就像李学勤先生生前经常说的,"一个人不见得要做理论的工作,但必须有理论的高度,在研究过程中可能考证的只是一个字,但心里得想着一个大的事儿"[①]。我们这一代的古史学习者,生逢新材料井喷的时代,跟进层出不穷的新材料都力不能及,或许一辈子都没有机会进行系统的理论阐释。然而我们每做一项研究,每写一篇文章,其中还都应该呼应一些理论关切。

此篇小文的选题,即是受这种意识的影响。我读本科时,有幸在谢维扬先生家中听课,常听他教育博士师兄:博士论文中的个别论点,随着新材料的发现、研究水平的进步,早晚会有过时的一天,但对概念的凝练、理论的总结,则是学术史中永远绕不过去的(此记大意)。后来我跟着李学勤先生读博士,受先生的耳濡目染,这种意识又进一步巩固。我的博士论文虽然着眼的是清华简中一些具体篇目的字词章句,但我在写作过程中所思考的,却一直是它们对于古书成书问题有何启示。这篇小文,就是对相关思考的一个汇总。正是由于所关切的问题是近百年古史研究中最重要、也是最热点的话题,又有新材料的加持,所以即便文中还有不少的缺陷,却依然幸运地得到了编辑部和审稿专家的支持。

二、学术史回顾:全面总结,突出重点

传统的古史研究由于材料比较集中,很难找出前人没有涉足过的"蓝海",即便是新发现的材料,关注的学者也很多,一般很快就会有充分的研究。因此,学术史的全面总结是古史研究论文必不可少的环节。

严格来讲,所有的前人研究成果在学术史的综述中都应该有所体现。然而面对汗牛充栋的论著,在篇幅有限的文章中又该如何取舍呢?就此问题,我也曾经有过困惑,并专门请教过李先生。在李先生看来,从实际操作的层面考虑,有一些显然靠不住或者缺乏论证过程的观点,或许可以直接略过,但需要重点关注并介绍对这一问题有过重要推进或与自己的论点密切相关的研究。

---

① 刘国忠:《李学勤:"一些的一切,一切的一些"》,《光明日报》2017年4月19日第16版。

在我的这篇文章中,就选取了顾颉刚、王国维、余嘉锡、李学勤、李零等对古书成书研究有突出贡献的学者进行了观点介绍。

三、谋篇布局:逻辑引领,纲举目张

在古人看来,高超的写作技艺没有固定模式,即所谓"文无定法"。但学术论文追求的是对学术观点的准确表达,规范的篇章结构仍是十分必要的。

一篇有一定篇幅的学术论文,一般都要分章节,每个章节虽然各自为总体论证服务,但各章节之间一定是有着清晰的逻辑关系的。记得我本科时上宁老师的课,他就呼吁大学里无论文理学科都应该学习基本的逻辑学,以之引导学术思考与写作。

古史研究领域的论文,具体到历史进程、事件的研究,一般采用时间顺序①;历史问题、制度、规律的研究,则有由个别到一般②、由现象到本质③等多种类型;如果是古文字的考释,一般用形、音、义三段论或用时间顺序揭示字形的演变过程。我这篇小文章,由于探讨的是几个不同层面的问题,章节之间基本上是并列关系,同时又兼顾了一定的递进,这也是古史论文写作中最常见的篇章结构。

然而学术论文终究"随时书事,因事成言",也没必要写成"八股文"。谋篇布局的方法,只要多读名家的文章,自然可以参悟出来。

四、删改:壮士断腕,大刀阔斧

有论文写作经验的人都知道,几乎没有哪篇像样的文章是一蹴而就的,一般都要经过几轮的删改。关于修改的方法,写完搁置一段时间,待"冷静"后自己改,以及请师友过目提意见改,大概需要兼用并行。我这篇文章虽然反复修改数次,但现在重新来看,仍有不少问题,这也再次说明了不厌其烦修改文章的重要性。

在这里尤其想要强调的是,初学者写论文很容易犯啰唆、重复的毛病,相同的意思有的时候会在文章中表达数次,甚至文句也基本类似。而有的表述虽然体现了作者的思考过程,但对文章的论证帮助不大,其实也应该删去。但是由于"码字不易",很多时候我们都不舍得删掉自己辛苦推敲的字句,而这样的不舍显然会影响文章的质量。因此,在删改文章的时候,对于可有可无的部分,还是要

---

① 程浩:《从"逃死"到"扞艰":新史料所见两周之际的郑国》,《历史教学问题》2018 年第 4 期。
② 程浩:《清华简〈祷辞〉与战国祷祀制度》,《文物》2019 年第 9 期;程浩:《〈封许之命〉与册命"书"》,《中国典籍与文化》2016 年第 1 期;程浩:《清华简〈筮法〉与周代占筮系统》,《周易研究》2013 年第 6 期。
③ 程浩:《牢鼠不能同穴:基于新出土文献的郑国昭厉之乱再考察》,《史林》2019 年第 3 期。

毅然决然地"断舍离"。

五、拟题：信达雅

给文章拟题是一个专门的学问，好的标题可以给文章增色不少，亦会直接吸引读者的关注。关于如何取好标题，前辈学者已经作了很好的指引①。我本人在拟题方面没有太好的办法，这篇文章的标题就先后改了四次。目前的标题呼应了李先生的《对古书的反思》一文，但其实最后也是由责编晁天义老师改定的。

据我观察，古史研究的文章标题总体来说都比较平实，远不如中古史领域取得既恰当又有诗意（如《"山中"的六朝史》《宠：信—任型君臣关系与西汉历史的展开》），这也是需要古史研究者共同学习的。

---

① 晁福林：《关于论文写作的十个重要问题》，《历史教学（下半月刊）》2017 年第 16 期；荣新江：《学术训练与学术规范：中国古代史研究入门》第十讲第一节"标题"，北京大学出版社，2011 年，第 185—187 页。